21世纪普通高等教育“十三五”规划教材·工商管理系列

运营管理

（第二版）

吴 迪 主编

上海财经大学出版社

图书在版编目(CIP)数据

运营管理/吴迪主编．—2版．—上海：上海财经大学出版社，2020.3
（21世纪普通高等教育“十三五”规划教材·工商管理系列）
ISBN 978-7-5642-3442-3/F·3442

Ⅰ.①运… Ⅱ.①吴… Ⅲ.①企业管理-运营管理-高等学校-教材
Ⅳ.①F273

中国版本图书馆CIP数据核字(2020)第002631号

□ 责任编辑　黄　荟
□ 封面设计　张克瑶

运营管理
（第二版）
吴　迪　主编

上海财经大学出版社出版发行
（上海市中山北一路369号　邮编200083）
网　　址：http://www.sufep.com
电子邮箱：webmaster@sufep.com
全国新华书店经销
上海新文印刷厂印刷装订
2020年3月第2版　2020年3月第1次印刷

787mm×1092mm　1/16　19.25印张　493千字
印数：5 001—8 000　定价：49.00元

21世纪普通高等教育“十三五”规划教材
21 SHIJI PUTONG GAODENG JIAOYU “SHISANWU” GUIHUA JIAOCAI

编 委 会

BIAN WEI HUI

再版前言

作为读者，自己在阅读一本书时，尤其是专业性质的书籍，总是习惯先看看书的目录，这样可以了解全书知识的整体结构，以及作者的写作思路，想必大家也会有同感。所以，在写作本书时，首先思考的一个问题是，选择什么样的内容及逻辑结构来写作；其次才是如何组织各部分内容的具体写作。相比之下，觉得前者更为重要。实际上，讲课也是如此，在一门课程上，给学生们讲什么内容应该远比怎么讲重要，当然这只是自己从事教学的一点体会，不敢奢望大家都赞成。

本书写作的内容正是基于这样的考虑选择的。之所以说是选择，是因为运营管理作为工商管理学科出现最早的一个分支，是一个历史悠久的学科领域，无论是泰勒的科学管理原理诞生，还是福特发明的流水生产线，都已经有百余年的历史了。这期间经过理论与实践长期的探索，形成了许多经典的理论与方法。例如，大量生产原理、质量控制方法、经济批量方法、库存控制方法、准时生产技术、物料需求计划技术等，这些理论与方法为学科提供了丰富的知识。

近年来，由于市场环境的变迁，运营管理学科面临许多新的课题。例如，随着服务业在经济环境中比重的增加，需要研究无形产品(服务)生产过程的管理问题；随着信息技术的应用，经济全球一体化的形成，产品的生产过程广泛地采取外包加工、全球采购，跨企业、跨地域的企业间合作等现象，需要从产品形成的价值链过程来研究运营管理问题等。因此，运营管理又是一个发展非常迅速且不断有大量新知识出现的学科。

如此丰富的知识体系，很难在一门课程中全部涵盖，而且有些领域的知识已经独立形成了一个分支学科，如质量管理、设备管理、供应链管理、采购管理、项目管理等。因此，本书在内容的选择上，考虑到多数工商管理专业课程设置的情况，主要是以企业内部产品生产流程的组织与运行为核心来编写的。同时，力求兼顾既要展现一个具有逻辑性、系统性的学科知识结构，为学生理解产品生产活动的客观规律、掌握学科的基本原理与方法打好基础；又要跟踪学科知识的最新发展，使学生理解最新的理论与方法。例如，在流程组织与分析等基础理论与方法的章节中，注意了服务业的特点，增加了许多服务流程的内容以及实例，同时加入了流程改善与再造的内容，注意了基本原理与实际应用的结合；在计划与控制相关章节中，将几种已经很成熟且被企业广泛应用的先进方法体系，如物料需求计划(MRP)系统、准时生产计划与控制技术、最优生产技术(OPT)，分别结合到对应的生产类型计划章节讲解；此外，专门设一章对供应链管理做了概括性讲解，便于与相关知识的衔接。这是本书的第一个特点。

由于学科的研究对象是产品生产活动这一特性，决定了运营管理是一门实践性、应用性很强的学科，需要对企业的生产活动实践有一定的理解，但是在校的学生多半没有关于企业生产活动的感性知识，这为学习本课程增加了难度。另外，企业千姿百态，生产的产品多种多样，产品的生产过程差别也是巨大的。例如，汽车、电脑、服装的生产过程与钢铁、化工产品的生产过程可能是完全不同的。因此，即便是有一定生产实际经验、对于某种产品的生产有所了解的MBA学生，也很难对各种产品的生产活动有全面的了解。也就是说，在学习运营管理知识时，涉及产品生产的专业背景知识，这是学科知识的一个突出特点，也是学习本课程的一个难点。因此，本书在进行概念、原理、方法等问题的讲解时，大多是通过对实际案例进行分析，尽量以学生能够理解的、浅显易懂的实例来说明其中蕴含的原理与方法，并不是单纯地给出抽象的定义。同时，各章附有一定数量的案例与练习，供阅读与参考，也可以作为教师课堂讨论的素材，帮助学生理解使用。这是本书的第二个特点。

运营管理虽然是一门应用性、操作性很强的学科，有较多的技术性、定量的分析方法，但并非只是一种方法体系，其中仍然需要关注思想理念以及战略与策略问题。实际上，企业的产品生产有两个方面的问题需要考虑，首先是采用怎样的方式进行生产，其次才是采用什么方法与手段进行生产。而采用怎样的方式进行生产关系到企业的战略选择。同时，它也是企业的生产系统与外部市场环境的协调。例如，在供不应求的市场环境下，毫无疑问，企业会主要追求产量的提高；而在市场趋于饱和、竞争十分激烈的环境下，企业一定会更关注品种、成本、质量等因素，这些因素都会导致企业的生产方式不同。因此，本书内容的组织及讲解充分地体现了这一点，并不是孤立地讲解方法，而是从企业所处的市场环境、生产方式的变迁、方式与方法之间的协调关系来讲解具体的理论与方法，更注重启发学生发现规律、系统思考及分析问题的能力。这是本书的第三个特点。

在本次修订过程中，仍然保持了上述三个基本特点。此外，考虑了在过去5年多的使用过程中发现的不足，以及环境变化提出的新问题，对全书进行了修改。主要是更进一步地完善了知识体系，注意对知识结构的逻辑性、概念与方法的明确清晰性做了改进，便于学生能更好地理解、掌握学科知识。

本书的写作除了参考已有的理论知识外，还使用了许多实际调研的素材，是根据笔者多年的教学经验以及一定的理论与实践积累完成的。但终因个人水平所限，加之本书涉及的内容非常广泛，新的理论与方法也较多，难免会有一些不当与错误之处，恳请同行专家及读者批评指正。

最后，对为本书的策划工作以及编审等工作做出贡献的各位编辑表示诚挚的谢意，没有他们的执着与辛勤劳动，本书是难以出版的。

吴　迪
上海交通大学安泰经济与管理学院
2019年7月

目　录

再版前言

绪　论

第一节　运营管理概述 …… 1
第二节　职能与地位 …… 5
第三节　学科知识体系 …… 9

第一章　运营模式

第一节　运营模式的概念 …… 13
第二节　产品与工艺 …… 15
第三节　流程与资源 …… 20
第四节　生产类型 …… 27
第五节　运营模式的演进 …… 31

第二章　流程组织与分析

第一节　流程的构成 …… 42
第二节　流程组织原理 …… 47
第三节　流程运行分析 …… 56
第四节　流程改善与再造 …… 60

第三章　流程设施布局

第一节　设施布局概述 …… 70
第二节　柔性流向布局设计 …… 75
第三节　线性流向布局设计 …… 81
第四节　单元型布局设计 …… 89

第四章　流程能力

第一节　流程能力的概念 …… 101
第二节　能力核算与分析 …… 105
第三节　能力规划 …… 111
第四节　相关理论与方法 …… 115

第五章　库存控制

第一节　库存控制系统 …… 125

第二节 订购量与周转库存 …… 130
第三节 订货时间与安全库存 …… 137
第四节 单周期库存控制 …… 143
第五节 库存管理相关问题 …… 145

第六章 生产计划
第一节 生产计划体系 …… 158
第二节 年度生产大纲 …… 163
第三节 月度出产进度计划 …… 168
第四节 作业计划概述 …… 178

第七章 大量生产与 JIT 技术
第一节 流程运行特征 …… 186
第二节 作业计划制订方法 …… 189
第三节 准时生产计划技术 …… 192
第四节 作业控制——看板系统 …… 204

第八章 成批生产与 MRP 系统
第一节 流程运行特征 …… 219
第二节 作业计划制订方法 …… 225
第三节 MRP 的基本原理 …… 228
第四节 进度控制——累计号系统 …… 239

第九章 单件生产与 OPT 系统
第一节 流程运行特征 …… 246
第二节 作业计划制订方法 …… 248
第三节 OPT 系统的基本原理 …… 253
第四节 作业排序与控制 …… 265

第十章 供应链管理
第一节 供应链管理概述 …… 276
第二节 系统性机理 …… 283
第三节 准时生产供应链 …… 285
第四节 敏捷生产供应链 …… 290

绪　论

在现代社会中，无论你生活在哪里，每天都会与企业提供的各种各样的产品打交道，因为人们的衣、食、住、行是离不开产品的。企业的基本使命正是向社会提供满足人们需求的各种产品，而运营就是完成这些产品生产过程的各种活动。同企业的财务活动主要以资金流为核心、信息活动主要以信息流为核心相比，运营活动主要是以产品流，即以产品的形成过程为核心展开的。所以可以说，运营管理的研究对象是企业系统中产品的生产流程，运营管理是一门研究生产流程运动规律的学科。

生产制造虽然是一个很古老的话题，但产品是人们生活的基础，因此，如何有效地生产产品，一直是人类社会关注的问题。将生产制造活动作为一门科学进行系统的研究，可以追溯到 19 世纪初弗雷德里克 · W. 泰勒(Frederick W. Taylor)以工作研究为核心所提出的科学管理原理，以及稍后亨利 · 福特(Henry Ford)以流水生产线技术为核心所提出的大量生产原理。在此基础上，经过多年的企业实践及理论总结，逐渐形成了系统的知识体系。由于核心内容主要起源于实物生产的制造业，所以在以往的工商管理学科知识体系中，将其称为生产管理。

运营(生产)管理是管理学科中出现最早的一个领域，同时也是发展很快、非常活跃的学科领域。近年来，随着经济技术环境的变迁，服务业在经济中的比重日益增加，传统的生产管理所研究的内容已经发生了变化，生产概念的外延得到延伸，不仅包括有形产品的制造，同时也包括无形产品(服务)的提供过程。因此，生产概念的内涵以及学科研究领域与内容都得到了不断的发展。

第一节　运营管理概述

一、生产与运营

人们为了生存与发展，需要获得满足衣、食、住、行等各方面需求的诸多物品，如食物、衣服、房子、汽车、家电等。但是，自然界的物质(资源)往往是以原始形态存在的，是无法直接满足人们各种需求的。例如，矿藏、土地、森林、海洋等，需要通过人类的各种活动将自然资源转换成能满足人们生活需要的各种物品。如通过种植及养殖活动获取食品、通过开采获取煤炭、通过纺纱织布获取布匹等，所有此类活动我们一般将其称为生产(Production)。

生产活动表现为各种各样的形式，但其实质是相同的，目的都是为了获取满足人们生活需求的各种物品。同时，生产活动也是人类社会创造、积累财富的源泉。在现代社会中，生产活动需要使用大量的先进技术与装备，需要投入大量的资本与劳动。尤其是工业生产活动，个人的力量是力所不能及的，多半是通过有组织的活动实现的，即以企业的形式组织实施的。所以，生产活动是企业的一项基本功能，其核心内容是将资源转换成产品的过程。

传统意义上，企业的生产活动一般仅指实物产品的生产，即制造业的生产活动。这是因为在社会生产力水平较低、人们的基本物质需求尚得不到充分满足的环境下，对于服务(无形产品)的需求相对较少，在经济系统中所占比重也比较低。随着社会经济环境的不断变迁，技术进步、生产力水平提升、人们生活水平提高，需求也越来越多样化，除对实物产品的需求外，对于非实物的服务产品的需求也日益增加。例如，购物、餐饮、旅游、交通、医疗、保险等。这些行业的产品表现形式虽然不同于制造业是无形的，但其基本性质是相同的，即满足人们的各种需求。因此，传统的生产概念随之发生了变化，其外延的范围延伸，既包括制造业有形产品的生产，也包括服务业无形产品(服务)的生产，以至于理论界认为，有组织地创造财富的过程，或者说一切社会组织将输入资源转化为输出产品的过程都是生产。

从管理的角度对生产活动内涵的描述先后出现过两个概念：生产，是指有形的、实物产品的制造过程；运作，是指无形的、服务产品的作业过程。但两者的实质是相同的，即概念的内涵是相同的，无论是生产还是运作，都是经过一系列的转换过程来形成产品的，只不过产品的表现形式不同，所以最终两个概念统一为运营(Operation)。

如上所述，探寻如何组织生产活动，使产品的生产过程更有效率、更经济合理，是人类社会实践活动从经验走向科学化进程中最早出现的一个领域，但传统的生产管理除在范围上只是针对制造业的实物产品外，从内容上也多是将产品的形成过程分为供、产、销不同环节，生产管理仅是对制造环节的管理，是一种职能式分工模式下逐渐形成的理念，它将一个完整的系统运行过程分割开了，具有一定的时代局限性。运营的概念更多的是基于产品形成过程整体而言的，包括从物料采购、投入制造，直至产品出产、储运、分销等系统性的活动，尤其是近年来外包、全球采购等策略的广泛运用，使得产品的形成过程更加复杂，涉及企业间的协作生产，所以运营更强调产品形成过程的系统性，是以流程式分工模式形成的理念，或者说从供应链的角度研究生产活动，并非单纯的名词的改变。

值得注意的是，现代社会的生产活动多是有组织的企业行为，企业是一种社会组织，它的一项基本功能是生产能够满足人们需求的各种产品。但同时企业又是一种经济性组织，其生存与发展的方式是通过向社会提供产品收回投入资金来实现的。也就是说，企业必须生产出能够满足社会需求的产品，并且通过向社会提供产品取得收益来收回投入的资金，以支持它的再生产过程，才能够生存与发展。

因此可以说，运营活动不仅仅是一个物质转换的过程，同时还是一个实现价值增值的过程。运营活动是一种功能，也是一个过程，是将投入企业中的各种资源转换成有形或无形的产品，并且实现价值增值、产生效用的过程。这是企业运营活动的两个基本属性，其概念模型如图 0－1 所示。

同时，可以得到一个分析、评价企业运营活动成效的思路，即用企业生产系统的产出与投入之比来考察运营活动的绩效，这就是生产率(Productivity)指标。生产率是一项能够综合反映企业运营活动效果的指标，其计算公式如下：

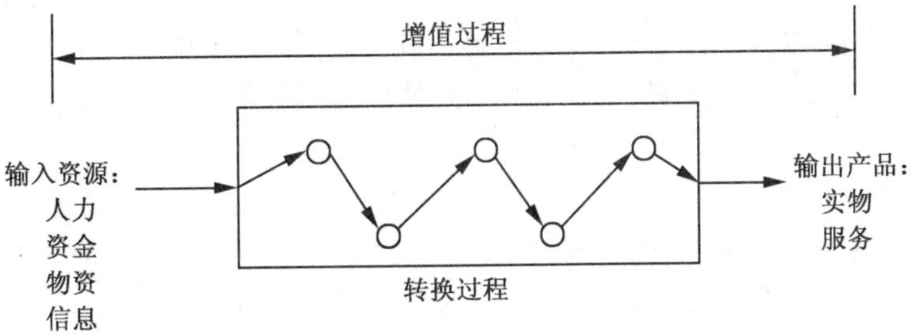

图 0—1 运营的概念模型

$$生产率=产出/投入 \tag{0—1}$$

关于生产率指标的具体计算方法,可以将产出与投入都用价值量表示,这样可以计算得到较综合的反映运营活动的状况;也可以只计算某项资源的投入与产出之比,来分析单项资源的运用状况,如只计算人力资源的投入即劳动生产率、只计算固定资产的投入即固定资产生产率等。具体应用可以根据分析的目的来确定。

二、运营管理

在经济理论中对于供求关系有一个基本假定,也就是价格的变动会使供求关系达到平衡:如果产品(商品)供大于求,价格会下降;反之,供不应求,价格会上升。这个假定在经济学领域(对于供求总量)或许是成立的,它是基于市场机制实现的。但在管理领域,从某个企业个体的角度看,要做到生产出来的产品恰好等于需求是极其困难的。或者说要做到这一点,至少需要满足两个要求:第一,企业的产品要能被市场接受,也就是企业的产品在品种、数量、时间、质量方面得到顾客认可,可以实现实物的转换过程;第二,市场上达到供求平衡的价格企业可以接受,即企业生产的产品成本比市场价格低,投入与产出相比有剩余,可以实现价值的增值过程。所以,对于作为经济系统中个体的某一个企业来说,生产与需求的平衡不是靠市场机制这一"看不见的手"来实现的,而是靠组织中的管理这一"看得见的手"来实现的,是管理者通过对生产活动进行合理的组织以及有效的计划与控制来实现的,这些针对生产过程的管理活动就是运营管理(Operations Management)。

因此概括地说,运营管理的主要任务就是力求实现供求平衡地组织企业的生产活动。但这个平衡涵盖两个方面,即不仅要满足产品能够适应市场需求(在品种、数量、时间、质量方面),而且成本要低,这些是运营管理活动的五项基本要素。同时,在目前充分竞争的市场环境下,多数商品基本是需求主导的市场,即买方市场。所以,五项要素具体表现为市场对企业的四项要求:质量(Quality)、成本(Cost)、交货期(Delivery,实际为时间要素)、灵活性(Flexibility,实际为品种与数量要素),这些要素正是企业生产系统力求具备的性能,但如何实现这些性能,需要解决诸多供求之间的协调问题。下面我们先举几个生活中能够体会到的小例子,来说明运营管理需要考虑的问题。

第一个例子是关于定制西装的问题。假如你需要购买一套西装,此时基本可以有两种方式可供选择:其一是到商店直接购买一套自己喜欢的西装;其二是到专门的服装店定制一套西装。选择第一种方式的好处是,服装是按标准尺寸、工艺加工的,一般来讲质量好、成本低(价格低)。但缺点是,款式、颜色、尺寸等可能不会满足你的需求。选择第二种方式的好处是,可以更好地适应你个性化的需要,如款式、面料、颜色、尺寸等都会根据你个人的需要确定,但缺点是，由于个别生产，很难采用标准的工艺及专用的设备生产，产品质量会差些，而且成本(价格)也会相对较高。那么对于生产制造服装的企业来讲，是否存在一种生产组织模式，能够将两种方式的优点结合起来，既具有大量生产的高效低成本的优点，又具有能满足消费者个性化需求的效果呢？此类问题就是运营管理要研究的关于生产方式的问题。

第二个例子是空调机脱销的问题。某年的夏季气候非常反常，中国北方(如北京)天气特别热，以至于空调机一度脱销，即使买到空调后还要排队等待安装。此时，所有生产空调机的企业开足马力生产也来不及满足需求。那么，这些空调机的生产企业为什么不事先多生产一些空调机储存起来，待夏季到来时销售呢？或者说，有了这个经验后，企业下一年度是否可以事前多生产一些空调机等待夏季销售呢？答案毫无疑问是否定的，因为库存物品不仅积压大量资金，而且还会产生保管费用，导致产品成本增加，同时如果不发生需求高峰的话，会有产品卖不掉的风险。这类问题是运营管理要研究的计划与控制问题。

第三个例子是超市购物问题。超级市场是一种新型商业模式，出现后很快得到消费者的认可并受到欢迎。那么，消费者为什么愿意去超市购物呢？可能是由于超市的商品较齐全、价格便宜等原因。但从运营的角度分析，超市是提供服务产品的一个机构，它的特点在于将消费者的购物流程组织在一个空间里完成，即你排一次队就可以完成全部购物过程，会让消费者感到方便，也会节省消费者的时间。只要与医院的看病流程做一个比较就会清楚，医院的看病流程你要经过几次排队才能完成全过程。所以，如何组织提供产品的生产流程是运营管理研究的又一个领域。

第四个例子是汉堡包的制作问题。大家可能都品尝过麦当劳的汉堡包，但是否想过为什么麦当劳的汉堡包会经营得如此成功，是否是因为汉堡包口味非常好，或者说有营养，利于健康呢？答案很明显，这些都不是。实际是汉堡包的制作运用了制造业中的大量生产原理，如同生产汽车、电脑一样生产汉堡包，将汉堡包分解成若干标准构件，如面包、肉饼等，在顾客到来时(订单下达时)马上进行组装、烤制。而且，烤制的作业过程也是标准化的，所以既能保证及时提供(数量、时间因素)食品，又能保证食品卫生、口味的一致性(质量因素)，同时快餐店采取的是单一品种策略，所以在品种方面消费者不需要有过多的选择。这些就是运营管理要研究的产品结构、品种选择，以及流程作业的标准化等问题。

通过上述几个小的事例，可以从生产方式、计划与控制、流程的组织、产品与流程的规划等方面对运营管理活动有一定理解，当然运营管理的内容还不仅限于这些。综合上述分析，我们可以将运营管理的概念简单地概括为：运营管理是指对企业产品形成与价值增值过程进行计划、组织与控制等活动。

因此，运营管理的主要目标也表现为以下两个方面：一是保证能够高效、准时、优质地生产适应市场需求的产品，实现物质的转换过程；二是要尽力充分利用现有资源、降低运行成本，实现产品价值的增值过程。而且，这两个目标往往是相互矛盾的，需要进行协调与平衡。

现代大生产体系下的企业，生产过程呈现两个明显的特点：其一是社会分工逐步细化。每个企业都处于产品形成全过程(供应链)中的局部，很少有企业能够完成产品形成的全过程。例如，目前大多数生产加工装配型产品的企业都采取大部分零部件外包的策略，自己主要负责产品的总装。因此，社会分工不仅是在行业之间划分，而且在行业内也得到进一步划分，这被称为产品内分工。这样一来，价值的增值过程也超出企业的范围，是在产业链条上逐步实现的，这种现象被称为价值链。其二是生产手段的技术含量不断提高。生产过程的机械化、自动化、信息化程度不断提升，不仅仅是机器替代体力劳动，而且计算机替代脑力劳动，管理领域也有信息技术的应用。

因此,对于一门研究生产过程规律的学科而言,面对的研究内容及需要解决的问题都会发生变化,需要不断地探索新的理论与方法。这也是这门古老学科的生命力所在。站在某一个企业的角度,考虑上述两个基本特点,从企业完整流程及价值链的角度分析,对运营管理的内涵及范围做一个简要的归纳,如图 0—2 所示。

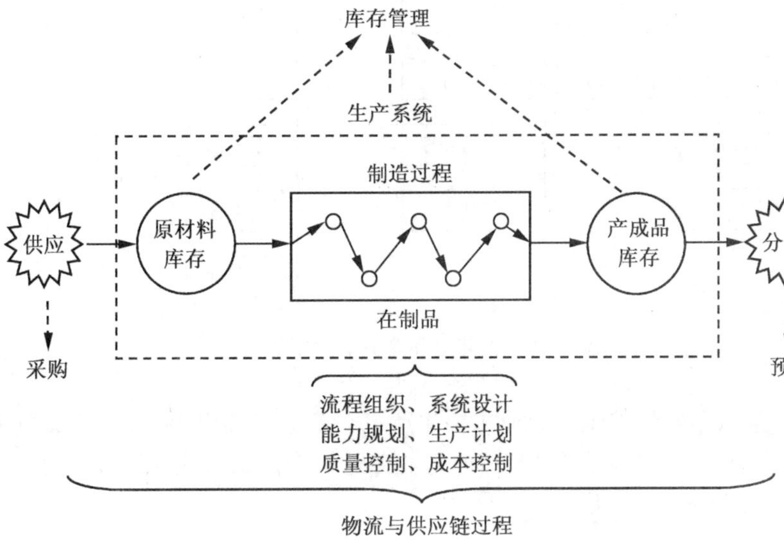

图 0—2　运营管理的内涵及研究内容

第二节　职能与地位

一、实践中的运营职能

在企业的实际业务中,各种管理职能是通过分工协作实现的,具体表现为通过企业的管理机构的设置以及各机构的分工与协作关系来实现。随着市场环境的变化以及理论与实践的发展,企业管理机构的设置方式也在发生变化,从较传统、典型的职能制分工,不断地向以系统、流程为核心的分工方向发展。但目前在不同的企业仍然存在各种不同方式,下面我们通过两个企业实例,从管理的实践来分析运营职能的表现,不仅可以看到运营管理的地位、作用,也可以体会到运营管理与其他职能的关系,更可以理解生产与运营两者内涵的不同。

【例 0—1】 某化妆品公司主要生产面向大众消费者的中高档日用化妆品,在国内有较高的市场占有率,近几年销售量增长也较快,企业总部及研发机构在国外,企业目前主要完成产品的生产与销售过程,所以它的主要管理机构采取的是较典型的职能制结构,其中运营及相关职能的设置如图 0—3 所示。

在此实例中,因属于实物生产的制造业,所以仍然以生产的概念对产品形成过程进行管理,将与产品制造过程相关的生产、计划、采购、质量、技术分别设置对应的机构,并统归于生产制造部总监管理。

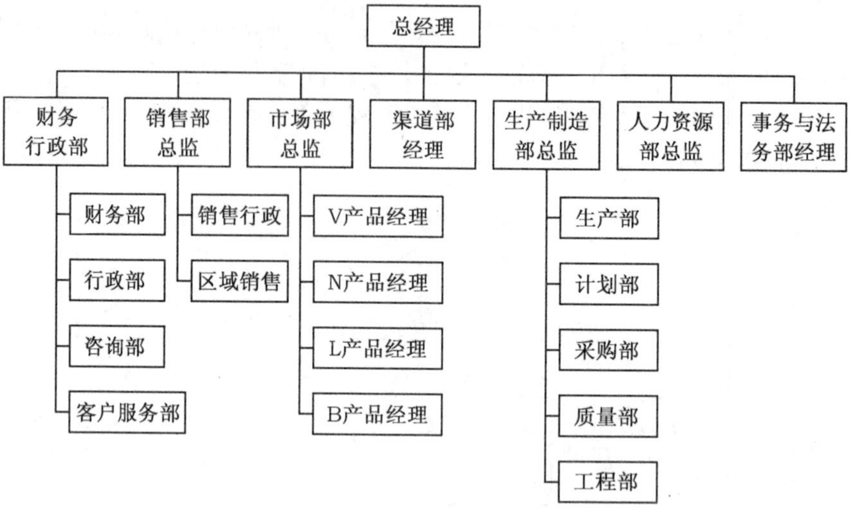

图 0—3　某化妆品企业的组织机构

【例 0—2】　某汽车零部件生产企业主要生产汽车产品中的电器配件，产品较多地是出口给国外的汽车生产商，处于供应商的位置，而且业务过程中进出口业务占较大比重。它的职能机构设置如图 0—4 与图 0—5 所示。

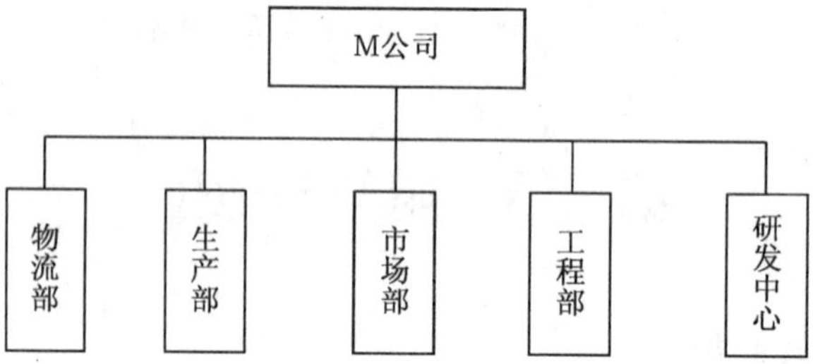

图 0—4　某汽车零部件企业的组织机构(1)

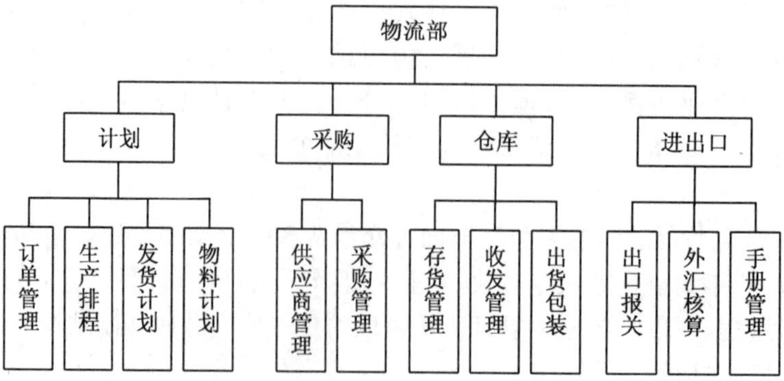

图 0—5　某汽车零部件企业的组织机构(2)

在此实例中，运营管理主要涉及两个部门：生产部与物流部。其中，物流部的内部结构包括计划、采购、仓库、进出口四项职能，可以看出计划职能是从订单管理开始，经过生产计划安排、发货管理，直至物料的采购计划，完成的是控制物流运动的信息过程。而采购、仓库与进出口恰好形成对物流实物流程的管理。如果物流部的分工是这样的，那么根据产品业务构成推理可以知道，生产部的职能主要是制造过程的执行活动。可以看出，这个组织结构的设置已经与典型的职能制不同，而是向以流程为核心的分工模式转变，但并没有完全改变，是一种混合的、过渡性的分工模式。

从上述两个实例可以看出在实践中运营管理的地位、作用，同时通过两个实例的对比，尤其是第二个实例的分析，可以对生产与运营的内涵有更好的理解，两者不仅仅是名词及外延的变化，而且有更深刻的本质变化，生产往往是一种将系统流程按专业分解、按职能分工的概念，而运营则是从系统流程整体的角度进行管理。

二、战略与运营职能

在竞争的市场环境下，企业生产的产品是否能够销售出去，不仅取决于运营、营销等职能，更取决于战略决策。反之，企业战略决策的实现也依赖于各个管理职能，或者说各职能领域的战略。下面从企业战略的几个关键要素与运营活动的关系，进一步分析、理解运营职能的地位。

我们可以将企业战略决策的关键要素归纳为事业范围（投资领域）、资源配置与竞争优势三项内容。按照市场运行的规律分析，首先，企业需要选择正确的投资方向（事业范围），这是企业经营成功的前提条件，无疑也是最重要的因素；其次，企业要能够根据投资领域的需要合理地配置各种资源，如人力、资金、设备、技术等，这是经营成功的必要条件，但上述两项要素尚不是成功的充分条件，因为每个在市场上经营的企业都会如此思考，所以只有做到第三项要素才能保证成功；最后，可以比同行其他企业做得更好，即获取竞争优势，这是企业成功的充分条件。

运营活动对应上述三个要素，分别起到具体实现作用。首先，事业范围确定后运营领域需要做出产品规划，对产品的技术特征、质量水平、品种结构等都要进行合理的规划，才能保证投资决策的实现；其次，是对资源合理配置的实现，对应地要对生产系统的规模、流程的组织模式、设施的布置原则等进行规划，以保证资源的利用效率；最后，企业竞争优势体现在哪些方面，运营管理的作用更加明显，如企业竞争优势是成本低还是质量好，或是品种多、交货期短等，这些优势更需要靠科学、合理的运营管理来实现。

例如，同样是电脑生产商，戴尔与苹果采取的就是完全不同的产品与市场策略。戴尔生产大众化的、经济型的电脑；而苹果生产专业化的、技术领先型的电脑。戴尔以规模效应及独特的直销方式取胜；苹果以技术先进、性能可靠的产品取胜。两者对应的目标市场、产品的功能与性能，以及竞争优势所在都有所不同，毫无疑问其内部的资源配置、流程组织都会不同。

再如，大家所熟悉的宜家家居，同样是生产销售家居用品的企业，与一般家具企业的产品比较，它可以提供更经济、个性化更强、更新颖的家居用品，其产品市场地位不同于传统的家具企业，它的竞争优势也就体现在这里。当然，企业内部的流程组织、资源的配置要能够保证这种模式的实现。

通过以上的分析可以看到，对应于企业的战略要素，运营领域分别也存在职能战略问题，如产品规划、流程组织策略、资源配置特征等。但同时更重要的是，通过运营活动能使这些战略得到实现，能使企业的竞争优势得以充分显示。所以，只有企业整体战略与运营活动很好地配合，才能更有效地实现企业目标。

当然，对于运营活动怎样才能实现上述目的，还需要后续内容的学习来逐步了解，尤其是内部的流程组织与资源的运用，需要较详细的讨论、分析，才能更好地体会、理解运营管理的知识及运用。关于运营职能与企业战略要素的对应内容，简要归纳如表 0－1 所示。

表 0－1　　运营与企业战略的关系

企业战略	运营职能战略
事业范围	产品规划与决策： 产品特征与差别性、品种与产量规划
资源配置	流程规划与组织： 流程组织模式、设施配置及布置； 生产能力规划、厂址选择等
竞争优势	竞争重点的选择： 低成本、质量与可靠性； 交货期与可靠性； 应变能力与开发速度

三、竞争力与运营活动

一个企业的竞争优势究竟来源于哪里、竞争力的形成过程如何、构成要素是怎样的，这些都是理论与实业界非常关注的热点问题，需要更多的综合知识去分析解释，这里我们仅从企业能力的角度来分析运营活动在其中的作用。

作为消费者，你感到企业竞争力可能主要表现为：产品的品牌、价格、产品的适用性及性能、购买便利性等因素。也就是营销学中所说的 4P(产品、价格、渠道与促销)要素。因为企业的产品最终需要得到市场认可，才能实现实物的转换与价值的增值过程，因此这些无疑是竞争力的重要构成要素，是消费者能够感知的因素。从企业管理的角度来说，就是营销能力或市场能力。

如果作为外部投资者，你可能会关注企业的业绩表现，如销售收入、收益率、现金流、资金周转状况等。因为这些指标能够说明企业的运转状况，说明得到投资回报的可能性，是企业经营状况的反映。所以，这些指标也确实是企业实力的表现。

但深入地分析，企业如果不能生产具有竞争力(物美价廉)的产品，上述营销能力、财务指标都将是无本之木。因此，企业的生产效率、运行成本、产品质量、应变能力，也就是我们前面说的运营管理的五项要素(品种、数量、质量、时间、成本)的表现，是更深层次的竞争力。

那么，何以保证企业能够稳定地生产物美价廉的产品呢，是先进的装备、独特的技术，还是独占的资源？这些都非常重要，但都不是最基本的要素，而最根本的要素是人，是由全体员工组成的组织(企业)能力。例如，员工的基本素质、掌握的知识与技能、作业的认真程度、遵守规则的自觉程度，以至于不断发现、不断改善、不断创新的能力等，都是实现生产制造过程的优化乃至实现企业目标的基础。

基于上述分析，企业竞争力的表现，以及生产制造(运营)能力在其中的地位，如图 0－6 所示。这不仅仅适用于制造业，即便是生产无形产品的服务业也同样是适用的。

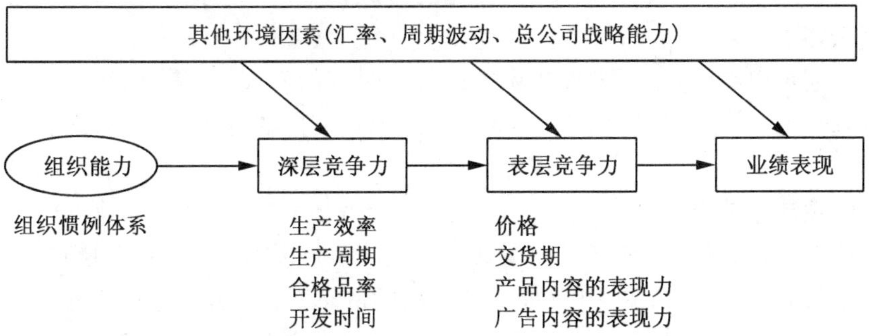

资料来源:藤本隆宏:《能力构筑竞争》,中信出版社 2007 年版,第 20 页。

图 0—6 企业竞争力与运营活动的关系

第三节 学科知识体系

企业是一种经济组织,是在市场环境中生存与发展的,随着市场环境的不断变迁,每个时期生产系统面临的核心问题是不同的。例如,在供不应求的市场环境下,企业面临的主要问题是提高生产效率,出产更多的产品;在多样化需求的市场环境下,企业面临的主要问题是增加品种、提高质量;在需求多变的市场环境下,企业面临的主要问题是快速反应、及时交货。所以,生产制造技术以及对制造活动的管理理论与方法,也是随着环境的要求不断地产生与发展的。用这种思路来分析企业生产系统的变化,被称为生产系统的进化论。下面我们以这样的思路来对运营管理知识体系的形成做一个简要的归纳与分析。

首先,在 20 世纪 70 年代初之前,由于社会的生产力水平较低,市场上的商品处于供不应求的状态,生产与需求的主要矛盾是数量。此时,企业只要生产出产品就能卖得出去,所面临的基本问题是,如何高效率地大量生产已有的定型产品,通过扩大产量来降低成本,获取最大利润,即追求规模经济性。因此,这一时期产生的管理理论与方法,也都是以提高生产效率为主的。其中,以泰罗的科学管理原理、福特的大量生产方式最具代表性。

其次,随着社会生产力水平的不断提高,市场上商品逐渐丰富,消费者开始对产品有了选择的余地,市场需求出现了结构性饱和,生产与需求的主要矛盾不再仅仅是数量,更重要的是品种与质量。这样一来,企业需要考虑开发新产品、扩大品种范围、提高产品质量,以满足不同的需求,即追求范围经济性。此时,运营管理的任务不仅仅是追求高效率地生产,而且需要多品种、高质量地生产。先后出现了准时化生产(JIT)技术、物料需求计划(MRP)技术、成组生产技术、柔性生产系统等一系列先进制造与管理技术,质量控制与全面质量管理技术也在这一时期得到很好的发展。

再次,随着社会生产力水平的进一步提高,企业提供的商品越来越丰富,市场表现为充分饱和的状态,没有新的产品出现将很难吸引消费者;同时,产品生命周期越来越短。因此,生产与需求的主要矛盾更突出地表现为时间因素,要求生产系统具有灵活快速响应的能力。运营管理面临的主要任务是,要能适应市场快速变化的要求,实现多品种、小批量生产,灵活、柔性生产,分散、快捷生产,即追求速度经济性。这一时期,提出了敏捷制造、合作生产等思想,从 20 世纪 80 年代末开始出现了外包生产、贴牌生产(OEM)等新的分工现象。同时,由于信息与网络技术的快速发展，以及经济全球一体化的形成，出现了全球生产、供应链管理等新的运营模式及方法体系。

从上述论述可以看到，运营管理知识经过各个时期的发展、积累，已经具有了十分丰富的内容，逐步形成了比较系统的知识体系，本书根据知识结构的逻辑关系，将内容规划为以下四个模块。

(一)运营模式与战略

一个企业在确定了产品范围(投资领域)后，组织生产要解决的首要问题不是用怎样的方法与手段生产，而是用什么方式生产(如西装生产的例子)，也就是企业运营模式(生产方式)的决策，这是运营领域的战略性问题。因此，此模块的知识主要是从运营系统总体的角度，研究如何解决产品策略、流程组织模式、资源配置方式等问题。内容包括产品的需求与生产特征分析、产品与流程的匹配关系分析、资源组织方式的选择等。

(二)流程组织与系统设计

在运营模式确定后，需要解决的问题是设计(或再设计)一个生产流程。虽然对于多数管理者而言，遇到新组建一个企业的生产流程的机会很少，但是对于目前运行的流程进行分析、改进设计的机会还是非常多的。无论是新建流程还是对现有流程的改进，都需要懂得流程的构成、运行特征等基本原理，这就是此模块研究的目的及作用。这有些类似于医学中的人体解剖学，医生只有在充分了解人体结构、生理特征的基础上，才能够很好地诊断、医治疾病。不同的是，人体是自然客观的，而企业的生产流程是人工的，是我们根据需要进行组织、设计的，但其也是有客观规律可以遵循的。因此，这部分知识主要是在对流程运行规律分析的基础上，研究如何组织、设计运营系统。内容包括流程的描述与分析、流程组织模式及特征分析、生产与服务系统的设计方法、工厂及设施布局等。

(三)系统运行的计划与控制

管理者面临最多的是生产系统日常运行需要解决的问题。例如：在一定时期应该生产什么产品、生产多少；库存数量应该保持多少合理；各种物料需要多少、什么时间需要；等等。这些一般都是计划与控制需要解决的问题。但是流程一旦组建起来，它的组织模式、运行特征以及生产能力对于计划与控制就会起到制约作用，不同类型的流程，其计划与控制方法也会有很大不同。因此，这部分知识主要从产销平衡的角度，研究如何对不同模式的系统运行进行计划与控制。内容包括对生产能力的分析、平衡及规划，企业生产计划体系的构成，生产计划与控制系统的功能与流程，生产计划的制订、日程计划的编排，以及生产与库存控制等。

(四)先进生产方式及体系

人类社会有组织的生产活动可以说已经有一个多世纪了，随着人们生活水平的不断提高，以及科技进步、生产力水平的提高，市场环境在不断变化，企业对于如何能够更好、更有效地生产产品也在不断地追求与探索。在生产运营领域先后出现过许多新的管理思想与方法，如流水生产线技术、成组技术(GT)、柔性制造系统(FMS)、计算机集成制造系统(CIMS)、经济批量方法(EOQ)、物料需求计划(MRP)、企业资源计划(ERP)、准时生产(JIT)与精益生产(LP)、最优生产计划(OPT)与约束理论(TOC)、物流与供应链管理(SCM)等等。

本书的知识结构注意了上述变化，力求在基本原理的基础上跟踪企业的最新实践，将学科最新发展的理论与方法纳入知识体系。但由于内容非常多，一些先进系统已经有独立的体系和对应的课程。例如，ERP 系统、精益生产、约束理论、供应链管理等。另外，根据目前学科发展的情况，其中许多内容已经发展成为较独立的一个分支领域，如设备管理、质量管理、采购管理等。

所以,本书内容结构的选取,是以企业的流程为核心,将成熟的先进理论与方法结合到相关的内容中。例如,将 MRP 技术结合到成批生产的内容中、将 JIT 技术结合到大量生产中、将 OPT 技术结合到单件生产中讲解,形成一个新的运营管理知识体系,这也是本书的一个显著特点。

最后,根据以上的思路,将本书各部分内容按知识的逻辑关系归纳成图 0—7。

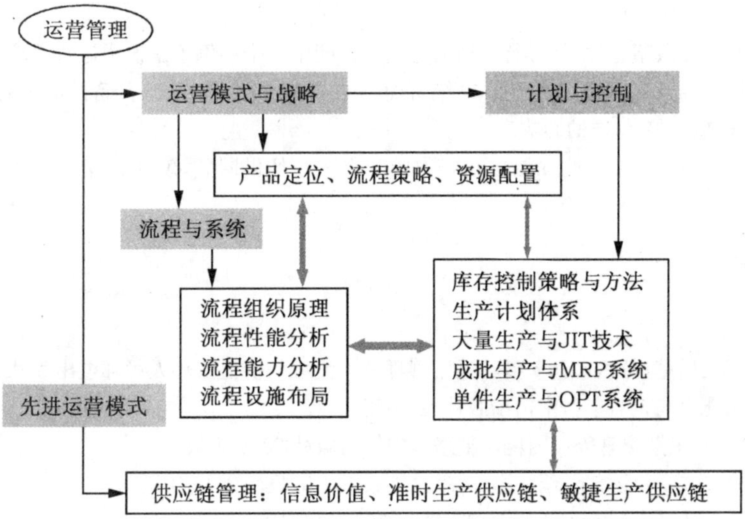

图 0—7　本书的知识体系及内容

需要指出的是,市场环境仍然在不断变化,有许多新的现象会出现。例如,目前已经广受关注的资源与环保问题就是其中之一。这会对企业的生产系统提出新的要求,需要企业在充分考虑节约资源、不损害环境的条件下进行生产制造活动。在企业实践方面,已经出现了循环生产、再制造等先进的思想与技术;另外,最新出现的智能制造技术也会对生产流程的组织与运行有新的改变。这些将是运营管理学科有待进一步研究与充实的内容。

关键词

生产(Production)
运营(Operation)
运营管理(Operations Management)
生产率(Productivity)
质量(Quality)
成本(Cost)
交货期(Delivery)
灵活性(Flexibility)

复习与思考

1. 生产与运营两个概念的内涵与外延有什么不同？在理论与实践方面都有什么表现？

2. 怎样理解物质转换与价值增值两个过程？两者对消费者与生产者分别有什么作用，关系如何？

3. 生产率指标的含义是什么？怎样计算此项指标？怎样运用它对企业的运营活动进行综合分析？

4. 运营管理考虑的五项基本要素是什么？它们在企业实际业务中表现为生产系统的哪几项性能？对企业的竞争力有怎样的影响？

5. 运营职能对企业战略、竞争优势有怎样的作用？你能举一个小例子来说明运营活动的作用吗？

6. 随着企业所处经营环境的变化，生产系统所面临的问题以及要求系统具备的能力有怎样的变化？这些对运营管理知识的演进有怎样的影响？

7. 你同意生产制造能力是企业深层次竞争力的观点吗？如果同意，怎样解释一些品牌企业（如耐克公司）的贴牌生产模式？

参考文献

1. 李・克拉耶夫斯基、拉里・里茨曼：《运营管理——流程与价值链》，人民邮电出版社 2007 年版。

2. 藤本隆宏：《能力构筑竞争》，中信出版社 2007 年版。

3. 克莱顿・M. 克里斯坦森等：《困境与出路》，中信出版社 2004 年版。

4. 威廉・J. 史蒂文森：《运营管理》（第 12 版），机械工业出版社 2016 年版。

5. 詹姆斯・P. 沃麦克等：《精益思想》，商务印书馆 1999 年版。

6. 詹姆斯・P. 沃麦克等：《改变世界的机器》，商务印书馆 1999 年版。

7. 马蒂亚斯・霍尔韦格：《第二汽车世纪》，机械工业出版社 2006 年版。

8. 卡利斯 Y. 鲍德温、金・B. 克拉克：《价值链管理》，中国人民大学出版社 2001 年版。

9. B. 约瑟夫・派恩：《大规模定制》，中国人民大学出版社 2000 年版。

10. 青木昌彦：《模块时代》，上海远东出版社 2003 年版。

11. 西口敏宏：《战略性外包的演化》，上海财经大学出版社 2007 年版。

12. 艾利・高德拉特、杰夫・科克斯：《目标——简单而有效的常识管理》（第 3 版），电子工业出版社 2009 年版。

13. 迈克尔・波特、詹姆斯・钱皮：《企业再造》，上海译文出版社 2007 年版。

14. F. 罗伯特・雅各布斯、理查德・B. 蔡斯：《运营管理》（第 14 版），机械工业出版社 2015 年版。

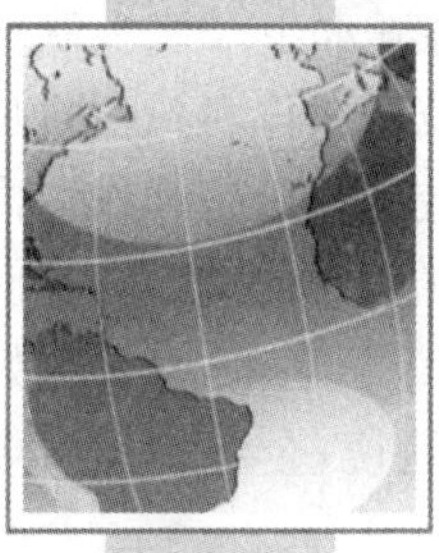

第一章 运营模式

作为消费者，你在选购商品时一定会希望有更多的选择，可以让你购买到称心如意的物品，但事情往往不尽如人意。这是因为，作为生产者的企业，希望大家都购买或者说都使用同样的商品，甚至是颜色、规格都相同。道理很简单，这样企业可以大量地生产相同的产品，最大限度地获取规模经济带来的收益。我们在绪论中所举的购买西装的例子，其实说明的就是这个道理。

那么，为什么大量地生产同样的产品就可以获取规模经济效益？反之，为什么生产更多品种产品，效益就不如大量生产好呢？是否能够有一种模式，既能够有大量生产单一品种的规模效益，又能够出产更多品种的产品来满足消费者的多样性需求呢？回答这些问题，需要研究以怎样的方式生产产品会产生怎样的效果，这就是运营模式（生产方式）要研究的问题。[1]

其实，人类社会一直在探索以怎样的方式制造产品更加有效。例如，以福特发明流水生产线大量生产体系为标志，生产方式发生了第一次质的飞跃，生产力水平得到了大幅度提高，使消费者的需求在数量上得到了很大的满足。但随着生活水平的不断提高，消费者的需求越来越多样化，大量生产体系的局限性也充分显露。因此，人们不断地探索、创新，先后出现了精益生产、大规模定制、供应链集成等先进的运营模式，一定程度上解决了生产与需求之间的矛盾。

生产方式的变革对于提高人类社会生产力水平做出了巨大的贡献，这一点从福特公司创建的大量生产、丰田公司创建的精益生产，以及戴尔、利丰、耐克等公司采取的供应链运营模式的实践中，都可以得到很好的证实。当然，在此过程中固然有科技水平提高、装备与技术进步等因素的贡献，但其中的管理思想、方法与技术，尤其是生产方式的变革所起的作用是毋庸置疑的，这正是学习本章内容的意义所在。

第一节　运营模式的概念

一件产品的生产制作过程（流程）需要经过若干个步骤（工序），例如制作一件衣服要经过准备布料、裁剪、缝制、熨烫等作业，在这个过程中需要用到各种设备、工具，以及掌握各种技能的员工等，无论是制造业还是服务业这些都是必要的。但是，如何配置这些要素，每个企业却

① 基于我们对生产与运营概念的界定，在本书中将运营模式与生产方式等同使用。

有不同的选择。就服装制作的例子来说，如果是一个小的量体裁衣的服装店，它可能仅需要基本的设备如缝纫机就可以了。但它至少需要一名高级裁剪技师和一名高级缝纫技师，或者是一名全能的技师。但是，如果是一个大量生产服装的工厂，服装一般是在流水生产线上制作的，所以就需要配备一条流水生产线。而制作过程是详细分工的，每个岗位的操作者只负责加工一部分内容，此时并不一定要求操作者有很高的技能，只要能够熟练完成岗位分工的作业内容就可以了。这就是以不同的方式生产产品，对流程与资源（设备、人员）有不同要求的道理。因此，研究应该如何选择、配置这些要素，或者说以怎样的方式将这些要素组织起来，能够很好地解决生产与需求之间的矛盾，就是运营模式要解决的问题。因此，简单地说，企业的运营模式（Operation Models）是指企业对资源的组织与运用方式。

如果你注意观察身边的企业，就会发现每个企业的生产、销售过程都会有自己的特点，这对于一些经营成功的企业可能更加明显。例如前面提到的麦当劳，它从事的是快餐业，但是它提供的食品是特定的汉堡包，而且制作过程与其他中式快餐有所不同，是将汉堡包分成几个标准的组成部分，烤制的工艺过程也是非常标准的，在顾客确定购买后即时烤制，可以实现即时提供品质保证的食品。而且，在这个过程中，由于产品结构、制造工艺都是标准的，一般都采用专门的烤制设备制作，所以对操作人员的技术要求并不高（基本是熟练的普通员工），这与一般的饭店需要配备具有一定技能的厨师相比有很大不同，可以节省大量的人工成本，大大降低了生产运营成本。

另一个例子是实物制造业的戴尔电脑，它的产品生产与销售也采取了与其他企业不同的方式。其产品可以在网上根据顾客的选择订购，然后根据顾客选择的配置在工厂组织生产，在一定时间内交给顾客。产品的制造方式同样也是将产品分解成若干标准的组成部分（模块），几乎将全部零部件（模块）外包生产，戴尔只负责最后的组装与销售，其组装过程仍然是在流水生产线上进行的，这样既可以满足顾客多样性的需求，又可以具有大量生产的规模经济性。

第三个例子是可口可乐的生产。可口可乐是一种很受消费者喜爱的饮料，在市场上的销量非常大，市场的范围也非常广泛，在我国境内也有生产工厂。它的产品制造方式是将产品分成原浆生产以及最终产品的配制，因此既可以保证大量生产满足数量需求，又可以保证产品质量的一致性。

那么，这些成功的运营方式与方法对于其他产品（如家电、服装、家具、汽车等）是否也适用呢？要回答这个问题，我们必须先讨论一下，从管理的角度看它们成功的要素是什么。上述几个实例中，虽然各个企业的经营领域不同，提供的产品不同，但是其中运用的管理技术却有许多共同之处。比如，对产品进行标准化的结构分解，制定标准流程，以及在例子中我们没有深入提及的装备选择、人员技术等因素，这些恰恰是完成运营活动所涉及的关键要素，可以简要地归纳为产品、流程、技术（包括装备）、人员四个方面，因为人员、设备等都属于资源性质的要素，所以也可以更概括地归纳为产品、流程与资源。要素之间的关系是相互作用、相互依存的，而且是取决于市场环境的，如图 1—1 所示。

首先，顾客的需求特征决定产品，如需求量的多少决定产品产量的大小、需求品种的多样化决定企业产品品种范围等。其次，企业提供的产品特征决定生产流程的组织。例如，在戴尔电脑的例子中，产品最后的组装是在流水生产线上进行的，这是因为不同配置的电脑，其结构、工艺等是近似的，能够在一条生产线上组装。再次，采用的流程决定装备与人员（资源）的配置特性。例如，在麦当劳的例子中，资源配置特点是采取专用的烤制设备，以及普通的操作员工。这是因为它的产品品种较单一、产量较大，制作流程非常标准，可以采用专用设备；操作标准、

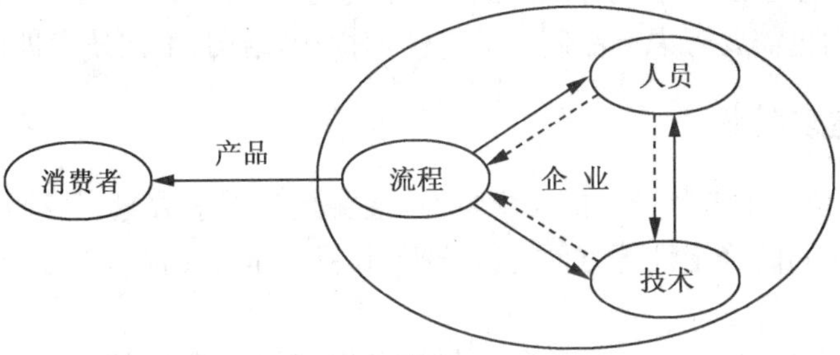

图 1—1 运营模式的构成要素及相互关系

简单,可以由普通技能员工操作。

对于运营模式的每一种要素,企业都可以采取不同的策略。例如,对于产品要素,企业可以采取单一品种、大量生产策略,也可以采取多品种、小批量生产策略,这取决于企业的总体战略及市场定位。又如,对于流程要素,企业可以采取流水生产线的组织方式,也可以采取工艺加工车间的组织方式①,这主要取决于产品的结构与工艺技术、品种多少与产量大小等因素。再如,对于资源(如设备和人员)的配置,企业可以采取详细分工、专用设备配置,或粗略分工、通用设备配置的策略,这主要取决于流程的组织模式、产品结构与工艺稳定程度,以及操作标准化程度等因素。

上述各种策略的选择是一个运营职能的战略问题,需要同企业的总体战略、市场定位相一致。各要素的具体内容将在下面逐步讨论,但是,无论企业采取怎样的策略组合,最终都会形成一个具有独特模式的运营系统,如图 1—2 所示。

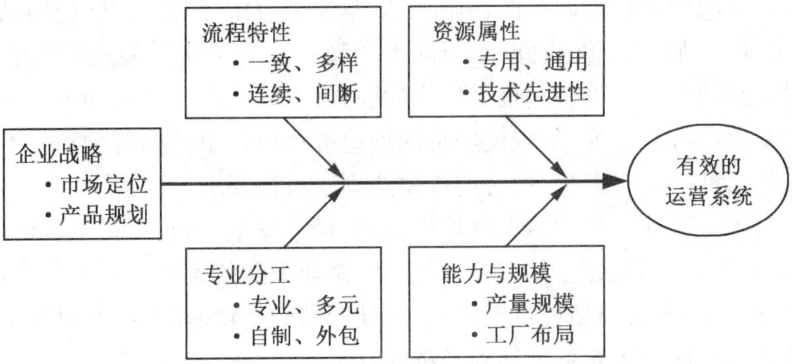

图 1—2 企业运营模式要素的选择

第二节 产品与工艺

产品是具有特定功能与性能、能够满足消费者某种需求的物品或活动。它是生产作业活动的结果,通过一定的形态将其内涵传递给消费者。例如,电视机的基本功能是提供图像与声音,满足消费者的视听需求;性能是提供的图像与声音的清晰程度、保真程度等。产品是连接

① 工艺原则组织的加工车间是一种流程组织形式,具体的基本原理与组织可参见第二、第三章的内容。

生产与需求的介质，企业选择生产什么产品（品种）、生产多少（产量），一方面需要考虑市场需求的特点，另一方面也需要考虑产品制造的特性，对产品结构、工艺技术进行规划。

一、产品的需求特性

从生产运营的角度来考察产品的需求特性，主要是对需求数量、品种及个性化的要求、需求的稳定性、需求时间的确定性等方面进行分析，其目的是为产品的规划以及供求平衡策略选择提供依据。

首先是分析需求量，这是决策品种范围与数量规模的主要依据。但这里对需求数量的分析不同于市场营销部门对需求数量的预测，后者主要是为制订计划提供依据的，所以要根据订单、销量等提出具体的需求数量；而前者主要是根据消费者群体、购买特点等对需求数量方面的表现特征进行分析。例如，对于电视机来讲，一般是每个家庭需要一台（现在甚至是几台），所以根据这一特征，以及一个区域家庭的数量就可以推断，电视机的需求量较大；而对于像网球拍这样的体育锻炼用品，需求群体是打网球的人，数量会少得多，所以需求量也会较小。根据需求的表现特征，从运营的角度可将需求分为以下几种：

（1）连续型需求。这种类型的产品需求表现为：数量非常大，从总量上看几乎是连续、不断的，而且是重复、稳定的。上述提到的电视机等家电产品、服装中的西装、个人电脑、私人轿车，以及一般家庭或个人用的日用消费品都属于此类产品。所以，如果企业的产品定位在这个领域，就可以考虑采取少品种、多产量的模式组织生产，因为较少的品种就可以保证生产系统的规模经济性。

（2）间歇型需求。这种类型的产品在一个时期内需求数量有一定规模，但是比前一种连续型需求要小，因此，不能认为是连续不断的，但会重复发生，所以可以认为是一种间断性的需求。例如，前面提到的网球拍等体育锻炼用品，以及家用血压计等医疗保健用品或旅游休闲用品等，另外，企业用的消耗性原材料也属于此类产品。对应于这个领域产品的企业在进行品种、产量决策时，会采取相对多品种、批量生产的模式，也就是在一个时期内每种产品生产的数量不是很多，需要生产若干品种，从规模经济的理论解释就是单一品种的产量不足以满足经济规模，所以生产的品种一定要多些，使总的规模达到经济性要求。

（3）偶然型需求。这种产品的需求数量很少，不经常发生，而且不是重复稳定地发生，或者说需求的变化没有规律。如家庭用的高档奢侈品、企业采购的各种专用设备等，对应于此类产品的企业一般采取生产产品的品种范围较大，每种产品的产量非常少，有时甚至只生产一台的模式，这样以品种多来保证运营系统达到经济性。

（4）一次性需求。这是一种较特殊的需求模式，产品一般只是一次性需求。其特点是不仅需求发生没有规律，而且是不重复发生。例如大型机电产品、软件开发项目、工程建设项目、会展活动等。所以一般将此类产品称为项目，在运营管理领域也是一项特殊的内容，目前已经逐渐形成项目管理学科。

对于需求特性分析的第二个方面是需求的波动性，也就是分析产品需求数量的波动幅度如何、波动的原因是什么，因为这对于运营系统的组织、计划安排都有很大的影响。市场需求的波动是必然的，在分析波动性时首先应该界定一个数量界限，如波动幅度在平均需求量的20%以内，可以认为是稳定的需求，当然这个数量界限要根据产品及其市场特点，以及企业管理的目标等界定，不能一概而论，这里说的20%只是举例。如何分析波动产生的原因可能会有不同的思路，这里我们介绍两种分析的思路与方法。

(1)季节性或系统性因素的波动。由于季节性的,或某种确定性(系统性)因素引起需求的波动,这是最常见的一种现象,此时产品需求受季节性或系统性因素影响,呈现高峰或低谷的周期性变化。例如,服装产品中的时装,家电产品中的空调机、电风扇等,都受季节变化影响从而需求呈现波动的状态。另外,服务业中季节因素影响的例子也很多,如旅游线路的淡旺季;但也有一些是受系统性因素的影响,如铁路运输的黄金周、春运等,都是受到固定的节假日制度的因素影响导致需求发生波动。

(2)产品功能属性理论。所谓产品的功能属性,是指产品的功能满足的是消费者什么样的需求。例如,食品满足的是人们最基本的生理需求,是不可或缺的;而平板电脑、手机等数码产品满足的是人们随时上网或处理信息的需求,是一种较时尚的需求,不是必需的。当然什么是基本生活需求、什么是时尚需求,是一个随时代变化的因素。

根据这种产品属性的不同,可以将产品大致分为功能性产品与创新性产品两种类别。其中,功能性产品满足人们的基本需求,功能比较单一,性能差别也较小;而创新性产品满足人们的特殊需求,功能组合性强,性能差别也较大。当然,这种划分没有截然明确的界限,一般是比较而言的,有一个逐步变化的过程,我们可以用一种比较的图谱来描述这种功能属性的变化。如下述几种产品,相对比较而言,其属性如图 1—3 所示。

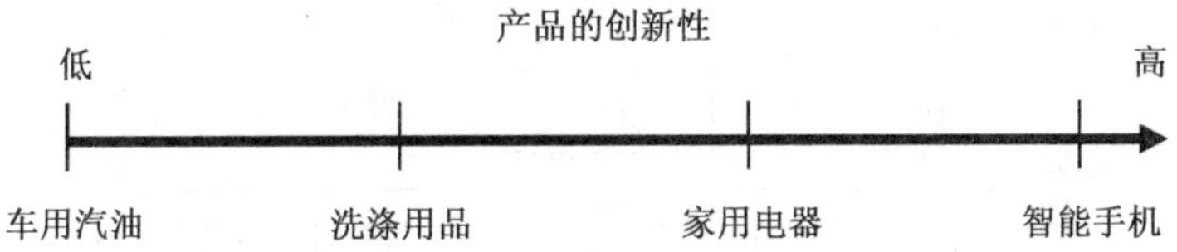

图 1—3　产品功能属性分析图谱

产品的这种属性对于需求稳定性的影响是较大的,一般来讲,功能性产品因为满足的是基本需求,需求群体与行为特征都是比较确定的,而且产品也比较成熟,所以需求比较稳定;而创新性产品因为满足的是追求时尚、彰显个性等方面的需求,需求群体与行为特征不确定的因素较多,产品的成熟性也不充分,所以需求波动性较大。表 1—1 是两种产品对应几种经营指标的数据分析,也可以提供对需求波动性分析的思路。

表 1—1　　产品功能属性特征指标比较

特征指标	功能性产品	创新性产品
边际收益率	低	高
平均预测误差	10%	40%～100%
平均脱销率	1%～2%	10%～40%
平均销毁率	0	10%～25%

资料来源:森尼尔·乔普瑞、彼得·梅因德尔:《供应链管理——战略、规划与运营》,社会科学文献出版社 2003 年版,第 31 页。

二、产品制造特性

这里所说的产品制造特性主要是指产品的结构、工艺方面的特点,一般称为产品的结构工艺性,简单地说,就是产品是不是容易制造。例如,我们前面实例中提到的汉堡包和个人电脑,都是可以将产品分解然后组装，而且分解的部件都是非常标准的（模块化的）。毫无疑问，这种产品可以分别在不同的时间、地点生产构成的部件，最后组装成产品，比较容易制造。

但是，对于像布匹、钢材、啤酒等非结构类型的产品，则没有办法将产品分解成各种构件，所以也不可能采取零件加工、组装式的生产。另外，对于像服装、家电、汽车等产品，虽然可以进行加工、组装式的生产，但是构成产品的零部件没有像电脑的构件那么标准（模块化），所以也不可能进行模块化的标准生产，相对来讲就不容易制造。弄清这些问题是组织产品制造过程的基础。我们将从下述几个方面对产品做一个分类：

（1）产品的形式。这主要是指产品是有形的或是无形的，即企业向顾客提供的是有形的实物产品还是无形的服务产品，这是区分制造业与服务业的标志。生产有形的实物产品的一般为制造业，如家电、服装、家具、电脑、汽车等都是此类企业。而提供无形的服务产品的，如商业、餐饮、旅游、银行等都是服务业。因为实物产品的制造过程与提供服务的过程是完全不同的，所以这是运营领域对产品的一个最基本的分类。

（2）产品的物理结构特性。从产品的物理结构观察，有些产品是结构性的，即产品的构成可以逐级展开，形成一个树形结构，如一台电脑可以分解为主板、内存储器、硬盘、显示器、键盘等构件，各构件再细分还可以展开为下一级的零件，这类产品可以将其结构绘制成如图 1－4 所示。

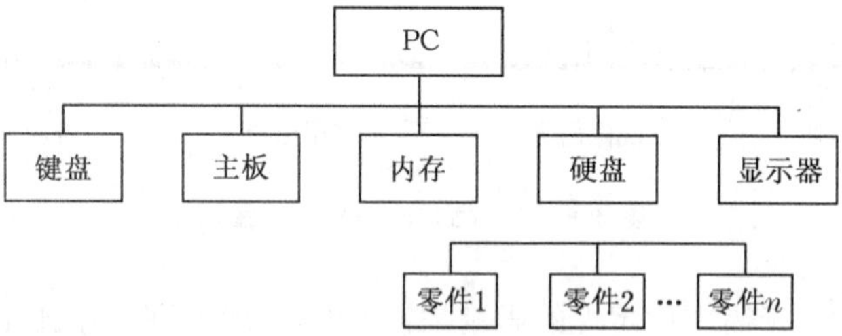

图 1－4　计算机的产品结构

而另一类产品则是非结构性的，像前面提到的布匹、钢材、啤酒等，是液体、线材、粉状等物理形态的产品。这类产品也被称为流程性材料，其物理构成无法用如图 1－4 的形式表示。根据产品的两类不同物理结构很容易得到一个基本判断：结构性产品可以采取分散加工、集中装配的生产方式，而非结构性产品则只能集中生产。企业的实践也恰恰如此，前一类产业一般称为加工—装配式生产，如服装、家电、汽车等企业；后一类产业一般称为流程式生产，如纺织、化工、钢铁等企业。

（3）产品的制造工艺特性。从制造的重复性观察，有些产品的构成、性能是完全一致的，可以进行大量的重复生产，这类产品一般称为标准产品，也可以说是由于市场对产品的构成、性能等要求是一致的，企业将产品设计好后大量地反复生产。与其对应的另一类产品，其构成、性能可能都是根据用户的具体要求配置的，有的甚至是根据用户需求从功能开始设计的，这类产品一般称为定制产品。对于前者，企业可以采取比较标准、规范的工艺流程进行大量生产；而对于后者，则需要配置较灵活的流程，能够适应各种变化的制造过程。

上述几个方面的分类，是从对生产流程组织影响的角度，根据产品特性进行的基本分类。在 ISO 标准系列中将产品分为硬件、软件、流程性材料和服务四种，也是从各种产品的制造流程差异较大、质量控制方法不同的角度进行分类，其基本思路是相同的。随着生产制造技术的发展以及服务业的发展，新的制造与管理技术也不断出现，下面我们讨论两种主要的技术。

(1)模块化(Product Architecture)生产技术。近年来，对于产品的制造方式产生重要影响，甚至对社会经济发展都起到重要作用的一项技术，就是模块化生产技术。简单地说，产品的模块化就是将一个复杂结构的产品(系统)分解成若干相对独立的模块(子系统)，模块的功能是独立的，结构是标准的，接口也是标准的。最典型的例子就是计算机，如前面已经提到(见图 1—4)，一台计算机可以分解成若干独立的模块，模块与计算机之间是通过标准的接口连接起来的，所以可以简便地组装起来。

模块与产品的部件有时可能类似，甚至不容易区分，但两者的实质是有区别的。前面提到的结构性产品都是可以分解成若干部件的，从形式上看，这与模块化的产品是一样的，但产品部件不一定是模块化的。严格意义上的模块化产品，应该是产品的功能结构与物理结构是一一对应的。如一台计算机的功能可以表述为信息处理，进一步分解为存储、运算、输入、输出等，其物理结构也正好对应为内存、主板、键盘、显示器，功能结构与物理结构是一对一的。如果产品的某个功能需要几个物理结构协调完成则是非模块的，是协调型的产品。两种产品的区别可以用图 1—5 来表示。

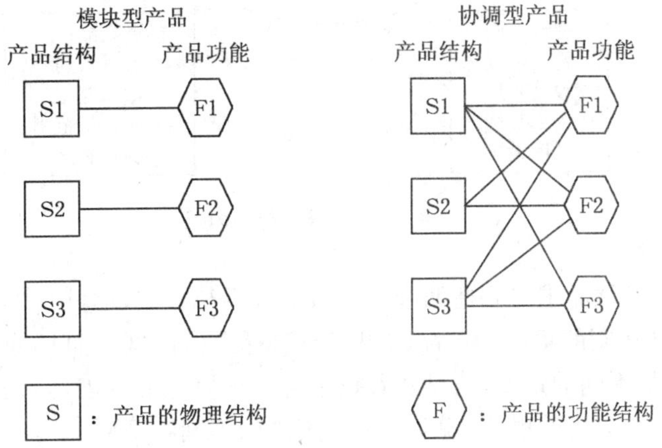

图 1—5　模块型产品与协调型产品的比较

模块化的产品具有很优越的制造性。首先，由于模块相对独立，所以可以集中大量生产，进而取得规模经济效益；其次，由于模块接口比较标准，有利于产品结构的通用，便于企业之间的广泛分工协作生产，对于提高社会经济系统整体生产效率是非常有利的。近年来，其在信息、数码产业得到了成功运用，而对于一般机械电子类产品的模块化尚在发展进程中。当然模块化生产也是有一定局限的，不是所有产品都可以采取模块化。另外，从企业战略决策看，模块化是一种战略决策，也有本身的弱点，例如对于后发展的企业或者不掌握核心技术的企业，可以采取外购产品的核心模块，然后进行组装生产、销售的策略，这样对于技术领先的企业是一种挑战，所以采取协调一体化的产品策略也是企业的一种选择。

模块化生产技术一般是运用在结构性产品领域，但是在可口可乐的例子中我们也看到，可口可乐采用的生产策略，实际是将模块化技术成功地应用到了液体状态产品的生产过程中，不仅效率高、成本低，而且可以保护核心技术。

(2)服务包理论。服务产品的基本特点是无形的，因此产品的功能不是依存于一个物理的实体提供给消费者，而是依赖于服务活动传递给消费者的，而且服务产品的内涵是多元的。例如，旅游产品首先表现为一条旅游线路，这是由旅游公司产品设计决定的，也可以说旅游产品的品种是以旅游路线表示的。因此，产品包含的内容可能会有此线路包括的景点、使用的交通工具、饮食与住宿等要素，很难用一个实体或是一种服务设施来界定。这些内容是通过一系列服务活动实现的。

所以一般说的服务产品，应该包括构成产品的所有要素，而且这些要素有的是显性的、能够看到的，如旅游景点、交通工具等；有的是隐性的、看不到的，需要消费者去体会，如旅游感受、服务满意程度等。因为旅游产品满足的恰恰是消费者休闲娱乐、感受体会自然的需求。因此，服务产品的内容是多元的，这种包含不同构成要素的服务产品称为服务包(Service Package)，是各种构成产品要素的组合，服务包的概念如图 1—6 所示。服务包的理论指出了服务产品的结构特点，为服务流程的组织、资源的配置提供了依据。

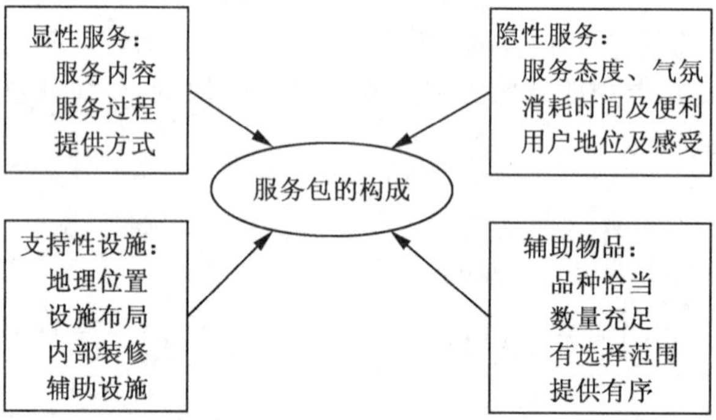

图 1—6　服务包的内涵

至此我们对产品从需求与制造两个方面做了分析与分类，但其目的并不是对产品进行研发与设计[①]，而是从运营的角度为产品的规划与选择提供依据。而且分析与分类的方法不应仅限于上述内容，从不同的角度，或是随着技术与管理思想的发展，它是会不断变化的。本书的目的在于建立一个分析的思路，说明产品所表现的不同特征对流程组织与资源配置都会有重要的影响。

第三节　流程与资源

流程(Process)是指为完成某一特定的任务(产品)而进行的一系列逻辑相关活动的有序集合。如果你有乘坐飞机旅行的经历，就会体会到，从购票准备旅行开始，直至到达目的地完成旅行为止，中间需要经过诸多的环节，例如，办理行李托运及登机手续、安全检查、登机、空中飞行、到达出港、提取行李等。其实，这个过程就是航空公司为你提供旅行服务产品的流程。

流程中各个活动环节(工序)是有客观的逻辑关系的，完成一个流程，尤其是有组织地完成一个流程，需要组织机构内部的分工与协作来实现。例如，航空客运流程中，办理登机手续、安检、登机等，是需按先后顺序进行的，需要航空公司内部机构的分工与协作。所以，流程是由产品本身的客观逻辑以及机构内分工形成的，这是决定流程特性的两个基本因素。

① 实际我们上述分析的产品特点，与产品的研发与设计有着密切的关系，只是本书的范围是运营过程，不过多涉及研发与设计的内容，也可以将其作为与研发管理的一个接口来理解和学习。

一、流程的逻辑

流程的逻辑反映的是产品的技术要求，是客观的。例如，对于上面航空客运的例子，其中离港（如国内航线的出发）的流程，其环节及逻辑关系如图1—7所示。

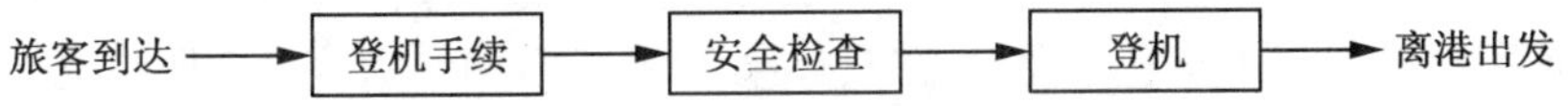

图1—7　航空客运的离港业务流程

这虽然是一个很简单的服务流程，逻辑关系也非常清楚，但它可以反映出流程中的作业内容、各内容之间的逻辑关系、使用的技术装备与加工方法、作业人员等因素。例如，在离港的流程中，办理登机手续的内容是交付托运行李、换取登机牌，需要有值机柜台及作业员（或者自助值机）；安检处需要有安检机及安全检查员；等等。

流程的逻辑可以反映流程的复杂性，对于一个结构比较复杂的产品，流程也会是较复杂的。例如，在制造业中，家电、电脑、汽车等产品的生产流程都是很复杂的。其实，航空客运的服务流程也是较复杂的，图1—7只是描述了其中的局部流程，还有大家不太注意到的，如行李托运流程、食品供应流程、票务流程等，才能组成一个完整的客运服务流程。

对于制造业流程的逻辑一般称为工艺路线，根据工艺文件可以获得，而且可以知道资源配置的要求，如各工艺过程使用的设备、加工方法等信息。由于流程使用设备（资源）本身具有特定的技术要求会决定流程的技术特性，据此流程可分为连续型和离散型两种类型。

(1)连续流程（装置型工业）。这类企业产品的基本生产过程的性质是，在空间上不能分离，在时间上不能中断。如钢铁、化工、纺织等企业的生产过程都是此类流程。连续流程如果中断会造成巨大的损失，如钢铁厂的高炉点火后达到一定温度需要很长时间，不可能经常停炉。所以，这类企业都会采取设备24小时不停机、人员倒班制来保证流程的连续运行。连续流程一般对应于流程性材料类产品的生产，多数是针对一定产品采用专用设备，所以生产效率较高，但调整品种及产量的难度都很大，流程的刚性很强。

(2)离散流程（加工—装配型工业）。这类企业产品的基本生产过程在空间上可以分离，在时间上可以中断。如机械、电子、服装、家具等企业的生产过程都属于此类流程。其对应的产品是结构性的，所以产品的整个生产过程可以在不同的企业之间分工，也可以在不同的地点生产。正如我们看到的，在美国生产的芯片可以运到中国装在电脑里。这种流程的组织比较灵活，可以有多种选择，产品的品种范围可以较单一，也可以较宽泛；装备与人员的配置可以采取专用化（对应于品种较少的情况），也可以是通用的（对应于品种较多时）。这类企业的产量及品种与连续型流程相比，较容易调整，流程有一定的柔性。

二、流程的分工

流程的分工反映的是流程组织方面的特征，尤其是可以表明流程中资源配置的主导思想。规模的经济性与分工的效率性是经济学中的两个基本原理，其中的道理在经济学中有详细的分析，在此不再赘述。但是，在研究如何组织流程以及配置资源时，这两个原理是需要考虑的重要因素。

首先，资源的基本属性是，资源越专用，效率越高（分工的效率性），但是转变用途越困难，这一点无论是物质资源(设备)还是人力资源都是如此。例如,观察一个综合医院的分工,一般会将医院按疾病类别分成不同的科室,医生也随之被分成从事某一领域治疗的专门医生(专家)。例如有内科、外科、儿科等,甚至更细致的分工。一般医院越大,分工越细。分工细致的好处是,医生对于本领域的医疗水平会越高,因为他需要研究的范围小,可以有精力深入钻研;但缺点是,这样一来,如果长时间从事一个领域的工作,再改做其他领域工作就很难了,也不合理。反之,如果是一个全科医生,他可能在具体某个领域不如专家高明,但是技术全面能够适应多样的需求,可以为病人提供全面的医疗服务。这种现象对于物质资源的设备也是同样的,一台设备越是专用则效率越高,因为它的设计就是针对特定产品与工艺做出的,因此可以高效加工。这其实恰是规模经济性与分工效率性的重要原因。我们将这种现象称为资源的属性。经过上述分析,资源的属性可以归纳为:资源越专用,效率越高,但是改变用途越困难,这种性质称为刚性;资源越通用,效率越低,但是适应能力越强,这种性质称为柔性。

其次,流程的分工是管理的组织职能在生产过程中的表现,与管理组织机构的设计本质是一致的,可以采取针对工艺(职能)的分工,或是针对产品(流程)的分工原则,这是流程组织的两种基本分工策略。①

其中,按工艺(职能)分工的策略,是将流程的作业根据作业的工艺性质相同的原则进行分工。采用这种策略的主要原因是,品种的产量较小,达不到规模经济的要求,流程只有生产多种产品,但各种产品的加工路线又不一致。在制造业中这种分工表现为,生产系统是由工艺加工单元组成的。例如车床组、磨床组、电焊组等。按工艺分工策略流程的简要示意如图1—8所示。

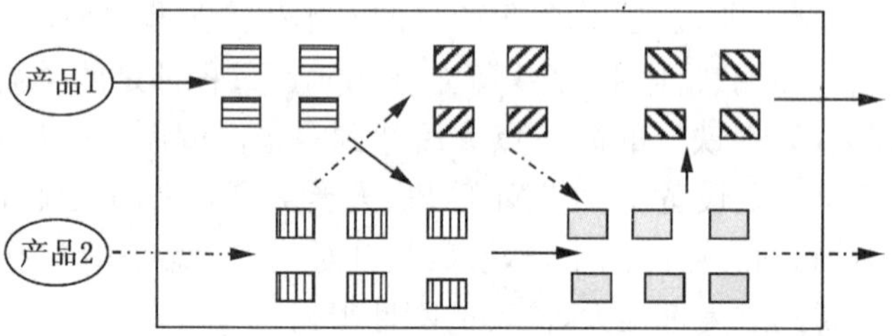

图1—8　工艺分工策略流程

工艺分工策略在服务流程中也很常见,例如,机场的值机台、安检处,医院的X光等物理检查处,超市的收银台等,都属于这种分工原理。这种流程是面向多品种生产组织的,分工相对较粗略,资源配置一般也多是采用通用的设备,因此流程具有一定的通用性,比较灵活,适应能力较强,具有一定柔性。但一个系统内流程的流向是多样的,导致流动相对混杂、无序,效率性也会差一些。

另一种策略是按产品(流程)分工,是将某一种(或少数几种)产品生产的全部(或大部分)作业集中在一个生产单元,设备(资源)也是根据流程的逻辑顺序配置的。例如,在制造业中最常见的流水生产线,就是这种分工形式的典型代表。按产品分工策略流程的简要示意如图1—9所示。

在服务业中这种分工模式比较少见,只有在特定的场合可以见到(例如经常提到的一站式

① 这里我们只是从策略的角度来讨论两种不同的分工方式,关于具体流程组织原理将在后续章节讨论。

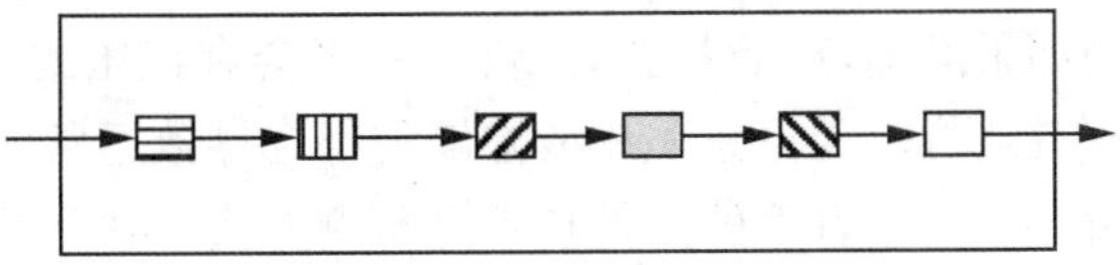

图 1—9 产品分工策略流程

服务就是如此）。采取这种策略的主要依据是产量要充分大，流程只生产一种或少数几种产品就可以达到规模经济。这样一来，一个系统内流程的流向是一致的，流动也比较连续，作业分工可以很详细，每个岗位的作业内容很少，资源的配置可以采取专用的设备，效果会是流程的运行效率高（分工效率的原理）、成本低，但是改变加工对象（调整品种）比较困难，流程刚性较强，适应能力差一些。

三、流程的运行

面对市场环境，企业怎样保证自己生产的产品能够卖得出去一直是困扰管理者的一个难题，无论流程的技术、组织特征如何，企业都会面临一个决策生产什么、生产多少、什么时间生产的问题。尤其在多数产品为买方市场、需求多变且不确定的环境中，做出有效的决策更加困难。这个问题的实质是一个产销平衡的问题，是对流程的运行如何进行计划与控制的问题。

在我们前面接触的几个实例中这个问题也有所表现，例如，戴尔电脑是在网上接受客户的订单，确定用户的需求品种、数量后再安排生产；而你到商店里直接购买有现货的电脑时，企业是根据对市场的预测，先将电脑生产好，等消费者来购买。一般来讲，这是两种最基本的模式，其中包含我们关心的两个要素：第一个要素是如何知道需求信息，在上面的例子中前者是依据订单，后者是依据预测。第二个要素是何时生产，前者是在订单下达后（需求确定后）开始生产，我们将其称为事后生产；后者是在顾客来购买前（需求确定前）就做好了，我们将其称为提前生产。根据这两个要素，我们可以对流程的运行特性做如下分析：

1. 存货生产

存货生产（Make to Stock，MTS）是根据对市场需求的预测，确定要生产产品的品种、产量，并在需求发生前组织生产，生产出来的产品放在仓库（或零售店）等待消费者来购买，所以称为存货生产（也可称为预测生产）。我们可以简单地将存货生产的运行逻辑描述成图 1—10。

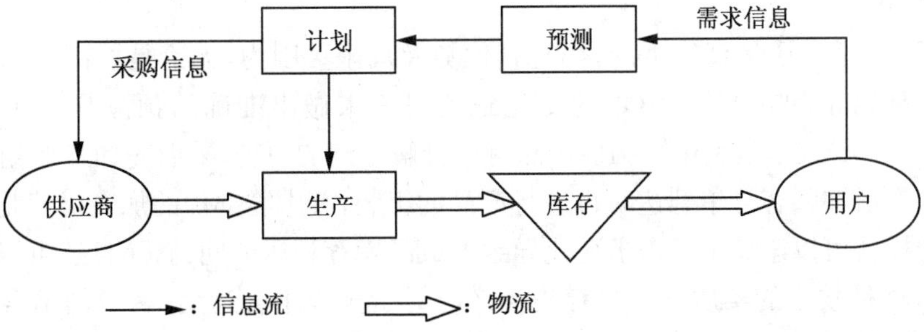

图 1—10 存货生产模式的运行逻辑

在这个过程中，产量是根据预测确定的，产品是根据计划提前生产出来并存储等待销售的。所以推理可知，预测如果准确，产品都会卖得出去，不会有积压或者缺货；反之，预测如果不准确，产品或者积压或者缺货。无论是积压或是缺货都会导致运营成本上升，因此在存货生产模式（或管理思维逻辑）下，两个管理的关键技术是预测方法与库存控制方法。

2. 订货生产

订货生产（Make to Order，MTO）是根据用户的实际需求（订单）组织生产，无论是品种、数量还是交货时间都是确定的，生产是在需求确定后进行的，不存在存货问题（对于物料的采购和存货与否我们在后面的章节逐渐讨论，这里只就最终产品来分析），所以称为订货生产。订货生产的运行逻辑如图 1—11 所示。

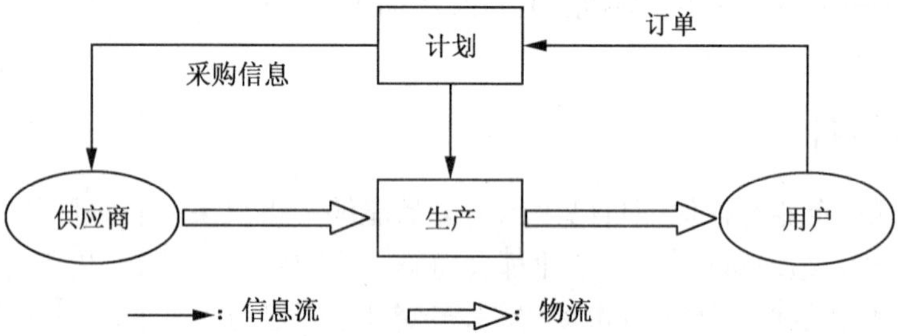

图 1—11　订货生产模式的运行逻辑

在订货生产环境下，显然不存在库存问题，但由于是事后生产，顾客要等待一个交货期才能拿到产品。那么，是否每个订单都能够按事先约定的交货期准时交货呢？答案毫无疑问是否定的，因为订单的到达是随机的，有可能多个订单会同时到达，就会出现订单等待，这个问题在服务业表现为顾客排队。那么，订单的用户或服务的顾客究竟能够耐心地等多久呢？也就是订单是否会流失呢？这是一个值得思考的问题。其实质与制造业的库存问题是一样的，在存货生产环境下，要减少库存的矛盾是预测要尽量准确；而在订货生产模式下，要缩短交货期，或者说要保证按期交货，就要尽量加大生产能力，因为生产能力越大，越能保证按期交货。如在服务业的银行系统中，服务窗口越多，顾客的排队时间就会越短。但是，生产能力越大，空闲能力的风险也越大，资源的闲置是一种浪费，同样会导致成本增加。因此，在订货生产环境下，两个关键点在于生产能力计划与交货期的确定。此时的决策点不是库存水平多少合理，而是要决策生产能力的配置水平，更重要的任务是能力与资源的计划。

3. 解耦点技术

无论是存货生产还是订货生产，都有其优势及局限。因为，无论是控制库存还是准备产能，都需要掌握需求的状况，但市场的变化致使对需求做出准确的预测是很难的。解耦点（Decoupling Point）技术是利用结构性产品可以分解生产的原理，采取先加工好组装产品用的各种零部件，然后在顾客订单到达时再进行产品的组装，其中零部件的加工仍然是根据预测提前生产的，这样就可以避免由于需求变化导致产成品库存积压的问题，而且还可以缩短交货提前期。所以，这种技术的实质就是将存货生产与订货生产组合运用，两者的结合点称为解耦点。具体组合运用如图 1—12 所示。

解耦点技术一般是应用在结构性产品、离散型的流程中，因为连续型的流程无法随时中断，所以产成品只能预测生产，但是这种思想对于运营管理的不同领域都是有益的。例如，如

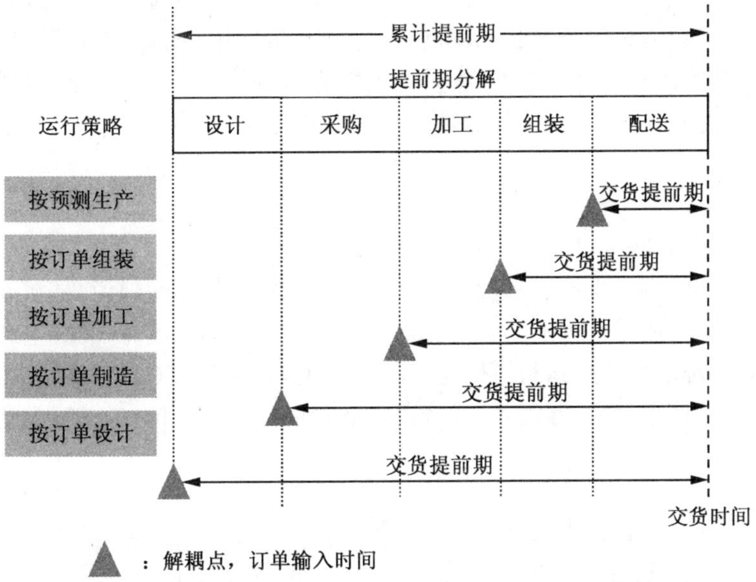

图 1－12　存货与订货方式(解耦点)的组合运用

果认为准备好原材料，待有订单时再生产，是将解耦点提前到了材料阶段也是可以的。另外，在有些产业如电子信息产业，零部件几乎全部是外购的，企业只是负责组装，这样解耦点定在零件加工与装配之间，就等于定在与供应商的接触点，体现的就是生产与采购的关系，也是制造商与供应商的关系。

如果产品的模块化程度很高，不同的模块选择可以提供多样产品的话，运用解耦点不仅可以解决产成品库存问题，也可以一定程度地提高适应市场需求多样性的能力，以至于可以与产品设计结合逐步组织成大规模定制生产(关于大规模定制生产在后面章节介绍)。所以，解耦点技术是应用很广泛的一种管理技术，但比较多的还是在加工与装配阶段的组合，按解耦点的位置不同，可以有下述几种组合方式：

(1)面向库存生产。这是在收到顾客订单之前，产品已经提前生产完毕，库存的是产成品，接到订货后发运。如果考虑销售渠道及配送物流的因素，也可以认为是将解耦点确定在产成品与销售之间。这种情况是典型的存货生产，好处是可以根据计划稳定生产，交货期短；缺陷就是产品库存风险较大。

(2)面向订单装配。这是在接到订单之前先将零部件加工完，等待接到订单后进行产成品的装配及发运。这种方式企业存储的是构成产品的零部件，因为零部件的成本低，有一定的通用性，所以这种方式的好处是没有产成品库存，降低了库存成本与风险。另外，由于产品的组装时间一般不会很长，所以交货期比较短，顾客订货后不至于等待过长的时间，是比较常见的一种模式，也称为零件中心生产方式，尤其在电子产品生产中运用广泛。但在这种方式下，由于零部件的生产、材料的采购仍然是要有存货的，所以并不能彻底解决库存问题。

(3)面向订单加工。企业根据自己产品的范围及需求分析，在订单到达前先准备原材料，在接受客户订单以后再进行零部件的生产与产品的装配。这实际是较典型的订货生产，解耦点是在材料采购与零件加工之间。好处是没有半成品及产品库存，缺点是交货期较长，顾客等待时间长，一般只是用于偶然性需求的专用设备类产品生产。

(4)面向订单制造与面向订单设计。这两种方式适用于比较特殊的产品,要根据用户的要求进行产品的设计及制造,可能产品的功能、性能都会根据用户的要求而不同。例如,家庭生活中的房屋装修、企业中的专用设施制造等,只能在接到订单后进行设计、采购材料、制造产品。此时,企业不存在库存问题,但是制造周期非常长,不确定因素多,产品的成本、质量、交货期都很难控制。

4. 准时生产

准时生产(Just in Time,JIT)是一种比较特殊的产销平衡方式,与前两种方式比较,它既不是提前生产,也不是事后生产,而是在需求发生的同时生产,确切地说,是在需求发生时产品恰好或快速生产出来,所以称为准时生产。从流程运行策略的角度看,准时生产也应该属于一种流程运行方式。准时生产的运行逻辑是比较特殊的,它在厂商(零售、制造、供应)之间传递的不是预测,也不是订单,是实际需求(或者说是实际消耗、补货)信息,其运行逻辑如图 1－13 所示。

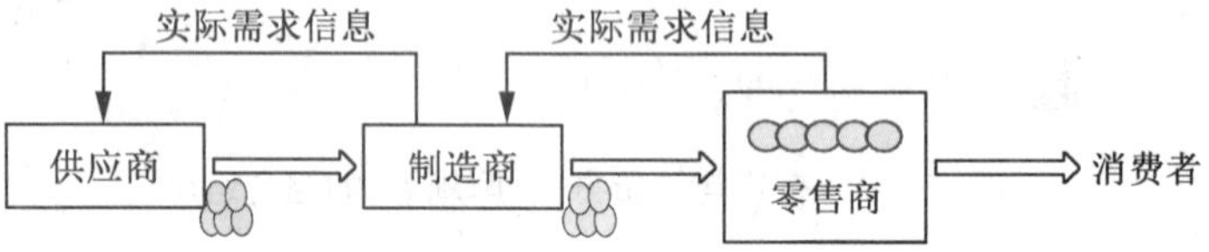

图 1－13　准时生产模式的运行逻辑

首先,这个运行逻辑是基于一个最小的现货存量(图 1－13 中是 5 件),即在每个厂商处都有一个最小的现货存量,如果在最终的零售商处(假设是超市)这个最小的存量被消费者买走,那么零售商发出补货(实际需求)信息,制造商马上将保存的最小存量(与被消费者买走数量相同)现货送到零售商处,以备之后的销售需求。

其次,制造商马上再生产一个相同数量的产品保存(这里制造商应该备有可以生产最小批量产品的物料现货),以备零售商再次发出补货信息时可以及时补货。同时,向供应商发出物料的补货信息,供应商同样马上将现存的一个相同数量的物料运送给制造商(补充制造商消耗掉的物料),并及时生产下一个批次的物料,以备下次补货的需求。

最后,按照这个运行逻辑,只要最终的零售商品不断地被买走,整个生产流程(或供应链)过程就会不断地运行,而且不会有过多的库存积压,也不会有很长的交货期等待。因此,这种运行逻辑与前两种相比较而言,是一种基于快速生产后补货的方式,是依据最后的实际需求信息向前传递,带动整个流程或供应链的运行。

当然,这种模式会出现一些新的问题。例如,上面说到的最小现货存量(最小批量)究竟应该是多少? 在图 1－13 中,为了简单说明问题以 5 件举例,即实际运行中,这个批量应该根据企业产品的实际情况而定,但原则是越小越好,极限目标是 1 件。目前企业运行的实际情况是,许多汽车企业的供应商每一个小时给制造商送一次货,这已经是很常见的,这样,这个最小批量就是一个小时的需用量。至此,大家清楚了,这个最小批量实际就是库存水平控制的一个决策量,越小流程中库存越低,相反,越大则库存就会越高。

另外,这么小的批量怎样运输,如果运输距离很远是不是可以实现,会不会导致运输成本上升等,将是这种模式受到关注的第二个问题。对于这个问题,一般是采取第三方物流实施混载运输的方式,也会得到很好的解决。当然,每个企业要根据自己的具体情况来设计运输方案。

更具体采用怎样的技术与方法来实现准时生产，我们会在后面第七章作深入讨论，在此仅从流程运行特性的角度简单地作一个分类及概念性的说明。

第四节 生产类型

所谓生产类型（Types of Production），主要是根据企业生产专业化程度对企业的一种分类。例如，考虑品种与产量、流程分工策略、资源配置特性等因素，企业的生产流程会表现出不同的特点，或者说相同生产类型的企业，流程的组织与运行具有共同的规律，这对于研究如何进行运营管理是非常必要的。所以实际上，生产类型的划分，以及共同规律的归纳，是运营管理的一个理论基础。

一、要素组合的合理选择

观察不同企业的运营体系，尽管产品各不相同，但运营要素的组合总会表现出一些共同的特点。如我们提到过的几个例子，麦当劳、戴尔电脑、可口可乐。仔细分析这种特征，一般都会看到构成运营模式要素策略的组合，在我们上述对构成要素进行分析时已经看到，这些要素策略的组合是有一定关联性的。例如，企业如果选择单一品种、大量生产的产品策略，因为产品的工艺路线是一致的（流程的一致性），就能够采取按产品的分工模式，组织专用的流程（如组织流水生产线），配置专用的资源（如专用设备），这样根据规模经济与分工效率的原理可知，流程的成本效率较好；但如果企业选择的是多品种、小批量的产品策略，因为不同产品的工艺路线会不同（流程是多样性的），流程的组织就无法按产品进行分工，只能按工艺原则进行分工，组织通用的流程，配置通用的设备。这些分析说明，运营模式中各种构成要素之间的配合是遵从一定规律的，违背这个规律会导致不良的运营结果。

1. 产品—流程矩阵

产品—流程矩阵（Product-Process Matrix）是用来分析产品与流程协调关系的一种工具（也称为产品—工艺矩阵）。在这个矩阵中，首先按产品品种范围及产量规模大小，将产品策略分为个性化（品种多而且不稳定）少产量、多品种低产量、少品种高产量，以及单一品种大量生产四个类别；其次按流程的通畅、连续性如何，将流程分为混杂无序、间断顺序、通畅顺序、连续流程四个类别，由产品策略与流程策略分别作为横轴与纵轴构成一个矩阵，如图 1－14 所示。

合理的产品、流程组合策略应在矩阵的对角线上，如在图 1－14 中列举的代表性实例，组合策略构成四种类型的模式，从左上角开始的前三种，恰好对应离散流程中常见的三种生产类型（单件生产、成批生产与大量生产，具体见下面的讲解），而最后一种属于连续不可中断型流程的生产类型。

这个工具虽然是一个理论分析，但是在新建的企业中很少或者基本没有违背这个规律的实例。不过，随着企业经营活动的进行，市场环境的变化，企业的产品品种、产量的变化，出现组合不合理的现象却是常见的。例如，企业原来属于单一品种大量生产，采用较连续的流水生产线生产，但随着市场需求的多样化，企业可能会逐渐增加品种，产品从属于单一品种大量生产类别，变化过渡到了多品种低产量的类别，但是其流程却没有随之改变，因为调整改变流程需要资金与时间的投入，这样一来就会出现不协调的问题。因为在前面分析过，对应单一品种组织的流程刚性较强，如果不加改变，对应品种增加一定会导致品种转换困难。相反的情况也

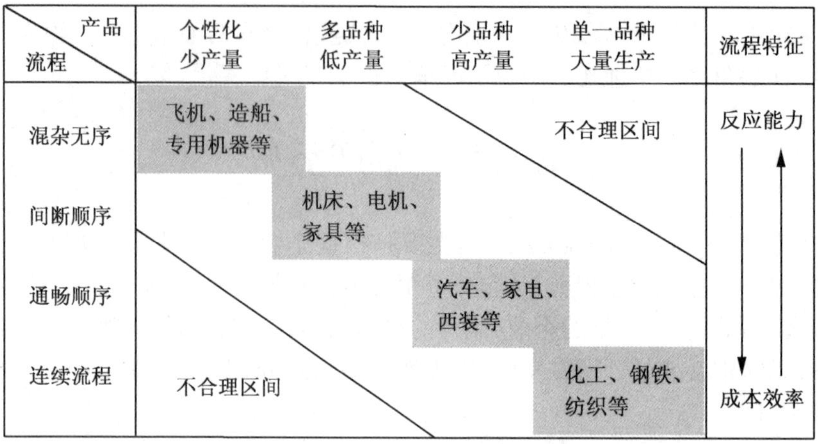

图 1－14　产品—流程矩阵的应用

会发生，即产品需求增加，导致企业的产品产量增大，企业会从多品种低产量生产向少品种高产量生产类型转变，但是流程没有改变，或者转变较慢，这时流程多表现为非常混乱，也会出现不协调的问题(参见例 1－1)。

因为资源的配置是与流程分工策略紧密相关的，所以，产品—工艺矩阵不仅反映产品与流程的关系，而且是对构成运营模式要素的一个综合反映；不仅是一个模式选择决策的分析工具，而且对于运营管理存在问题的分析也是一种很有效的方法。

【例 1－1】 某叉车生产企业，主要产品是物流用的各种叉车，由于用途的不同需求，产品品种、规格很多，而且品种之间的结构、技术要求差异也较大，企业共计生产 300 多个品种，2005 年以前总的产量在 20 000 台左右。但是，随着物流业的发展，市场需求增长较快，在近几年产量已经增长到 60 000 台左右。销售形势也非常好，但是生产系统面临很大的问题，因为之前的流程是根据多品种、小批量的前提组织的，多数是工艺分工组织的单元，产量大幅度增加后导致流程非常混乱，到处堆满半成品，产品也很难按期交货等。因此，生产部长意识到必须要对流程进行再造了。

2. 顾客参与度矩阵

对于服务产品，因为产品是无形的，是通过服务流程传递给消费者的，因此服务产品的生产过程与消费过程是一体的，也就是消费者的消费过程与企业提供服务的过程是一起进行的，多数情况下两者是无法分开的。如旅游的例子，消费者完成一次旅游的过程，恰恰也就是企业提供旅游服务的过程。另外，商业购物、餐饮服务、客运服务等都是如此。顾客一直参与服务过程，这一点与制造业相比具有明显的不同之处。

正因为服务产品的上述特性，决定了服务产品很难依存于某种物品向消费者提供，而是通过服务包构成要素以不同的方式传递给消费者的，如通过企业的各种设施、服务人员的活动等传递给消费者，所以服务产品与流程的配合、资源的配置也是需要根据这个特征进行协调的。

因为顾客的参与程度对服务流程的组织、资源的配置都影响较大，所以下面我们以顾客参与程度与流程复杂程度两个要素，构造一个分析矩阵，来对服务流程组织及资源配置的合理选择进行分析，如图 1－15 所示。

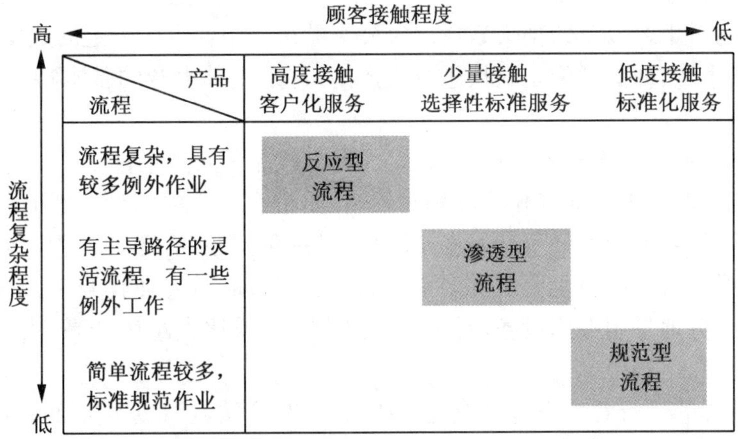

图 1—15　顾客—流程矩阵

从这个分析矩阵中可以看到，由于顾客的参与程度不同，会引起服务流程作业的规范性不同，对服务作业人员的技能要求、设施的配置都会不同。

二、生产类型的分类

根据上面的分析，企业的运营系统可以说是各种要素选择的一个综合表现，因为决定模式的主要因素是产品，是需求与产量，或者说是企业生产的专业化程度，所以一般将企业的生产类型分为大量生产、成批生产、单件生产三种。

1. 大量生产(Mass Production)

如果企业生产的产品面对的是大量、连续性的需求，企业可以采取品种较少、产量规模较大的组织策略，甚至只生产一种产品就可以达到规模经济性的话，则可以组织单一品种大量生产，也就是一个流程只生产一种产品，但多数情况是少品种、产量大的组织策略，这种组织模式称为大量生产。

大量生产环境下，因产量较大而且长期稳定，所以对产品设计、工艺标准的制定都比较详细。流程组织也可以按产品工艺路线的要求进行，各环节连续、通畅地衔接，设备布局也会很合理，系统内部的物流流向较合理。在设备与人力资源的配置方面，因为可以进行详细分工，岗位的专业化与标准化程度较高，较多地采用专用设备，如流水生产线。另外，因为分工详细，操作内容简单、标准，所以对工人的技术要求较低，具有一定的熟练性就可以。

从上面大量生产的背景分析可知，这种类型是基于大量稳定的需求，同时，流程组织的基本特点是通畅、连续的。因此，这种生产类型的优点一般包括预测的准确性较好，计划控制有很好的规律性，流程的效率高、成本低，产品质量稳定等。但是，系统刚性较强、对市场需求变化的适应能力较差、工人工作单调和技术不全面等是它的局限性。

2. 成批生产(Batch Production)

如果企业产品领域的需求模式不是大量连续的，而是间断性的，则无法组织大量生产，只能采取增加产品的品种，一般确定一定的品种范围，各种产品在一定时期内产量不是很多，品种间进行轮换式生产(批量生产)，这种组织模式即为成批生产。

成批生产环境下，由于一个流程要生产多种产品，一般来讲，流程在转换产品品种时需要停下来进行准备，例如调整设备、更换工具、准备材料、熟悉工艺文件等。也正因为每次转换品种需要停机准备（对生产效率的损失），所以每种产品每次都要生产一定的数量（批量），之后再进行另一品种的生产，即品种间是轮换进行生产的，这是成批生产的基本特征，所以此类流程也称为间断流程。

成批生产的产量虽然没有大量生产那么大，但一般品种与产量都是比较稳定、有规律地重复生产，所以产品设计、工艺标准化程度相对较高，质量有一定的保证。因流程是面对多个产品的，内部的物流组织不如大量生产通畅，可以说是一种间断、有序的流程。分工方面也不像大量生产那么详细，每个岗位也要负责多个产品、工序的加工，专业化与工艺标准化程度相对较高，所以可以部分地采用专用设备，对工人的技术要求要比大量生产高，工人要具备一定工种技术。

成批生产流程的运行效率没有大量生产那么高，产品质量与成本方面也会比大量生产难以控制，但由于品种增加，比大量生产的适应性要好；另外，虽然需求与流程运行都有一定规律性，但由于生产的品种增加，导致计划控制过程更复杂，管理成本会上升。

3. 单件生产（Job Shop）

如果企业的产品领域对应的是偶然性需求，一般只能根据订单确定需求，每次订单需要产品的数量不定，极端时只需要一件，而且同样的产品何时再有需求发生都是不确定的。此时，企业只能按实际需求数量生产，由于需求数量少，所以企业会尽量扩大品种范围，来保证产量的规模，这种模式即为单件生产。

单件生产环境下，产品品种非常多，需求个性化强，每个品种产量少，稳定性及重复性都很低，因此产品设计、工艺标准化程度都较低。流程也无法按产品品种或者产品线组织，只能采取通用的设备，设备的布置不是针对产品，而是针对工艺，因此流程不仅会间断，而且是杂乱无序的。此时作业分工较粗略，岗位面对的工作内容多，且变化大，因此要求员工要有较高的技术水平。

单件生产环境下，因为资源是典型的通用性配置，所以导致流程效率相对会更低，流程是多样性的，流向是混杂无序的，最终会导致产品质量与成本很难控制，计划控制工作无规律可循，管理难度很高，但因为品种范围非常宽泛，所以企业的适应能力较强。

上述三种基本的生产类型在企业实践中可能会有不同的表现，每种生产类型都有运营很成功的实例，有时企业的不同产品会采取不同类型生产。但是，在三种类型中反映的产品需求模式、品种产量、流程与资源间的制约关系是客观的，根据其中的道理，就会得到各种生产类型企业在运营活动时面临的难题，以及必然导致的结果。

另外，生产类型阐述的原理，虽然是在实物产品的制造业产生，但是无形产品的服务业是有共性的。例如，我们开始就提到的麦当劳生产汉堡包的例子，实际就是典型的单一品种大量生产类型；而同样在餐饮业，普通的酒店一般都是顾客按菜单点菜，酒店做好后提供，这种属于典型的单件生产。另外，旅行社设计好路线组织团队式的旅游过程，大家都是按相同的路线旅游，应该属于大量生产，或者说批量生产；而自由行产品则可以说是属于单件生产的例子。当然，对于所有服务业都用上述三种类型去解释也许有些勉强，但是许多成功的服务业尽量按大量生产模式组织运营活动却是常见的事实。

三、生产类型与运营模式

企业的生产类型不仅仅是对企业运营的一个简单分类，实际是一个基本原理，说明企业运营体系中各种要素组合的客观规律,也是对企业运营过程的一种分析方法。上述生产类型的理论产生于比较经典的制造业,虽然核心的原理至今仍然是成立的,而且也得到了广泛运用,但其中存在两个局限:其一,体现的多是产品、流程与资源三项要素,对于作为运营模式决策重要依据的市场需求因素并没有很好的体现。例如,企业对需求的把握以及满足方式方面,在生产类型的理论中表现不突出,或者说只是默认为存货生产和订货生产两种,而对于后来发展起来的如准时生产、解耦点技术、网络化集成技术等均没有体现。其二,对于企业是否运用外部资源的问题没有体现。因为在20世纪80年代以后,企业已经广泛地采用外包的方式生产,尤其是自网络技术充分发展以来,出现了企业专业化分工的进一步细化,产品内分工已经很普及。因此,下面我们对这些新的因素的影响,或者说生产类型与运营模式的关系做进一步讨论。

回顾本章前面对于运营模式的分析,可以将构成运营模式的要素分为四种:市场需求、企业产品、生产流程与资源(包括技术与人员)配置。对于每一个要素,企业都可以有自己的选择。例如,同是大规模生产汽车,福特公司选择单一品种、大量生产,并且是采取存货生产策略;而丰田公司则选择多品种、小批量生产,并且是采取准时生产策略。另外,以戴尔为代表的一大批电子信息产品的企业,虽然是多品种的批量生产,但它们采用先按预测事先生产各种零部件,然后接到订单再组装产品(按订单装配)的模式。尤其是戴尔公司首先创立了网上直销的模式,改变了传统的营销渠道,对于企业的运营模式有很大的影响,这些在经典的生产类型理论中都很难体现出来。

因此,我们这里可以概括地将运营模式的四个要素,以及企业对应于四个要素采取的不同策略归纳为公式1—1,以便于表达企业的运营模式。

企业的运营模式=供求策略+产品策略+流程策略+资源策略　　(1—1)

需要说明的是,这仅是一个概念公式,其中的供求策略就是我们前面提到的企业如何掌握市场需求,以怎样的形式安排生产满足需求。[①] 如在本章第三节讨论的,是根据对市场需求进行预测提前生产,还是按订单事后生产,抑或是采取准时生产的形式等。另外三项要素与生产类型的理论基本是相同的,而且详细的内容前面已经讨论过,在此不再赘述。

根据公式1—1,我们可以更加深入地对企业运营模式进行分析。另外,近年来由于信息技术、网络技术的发展,上述运营模式中几个要素的变化更多。例如电子商务、网络平台等新模式的出现,都可以用这些要素的变化来解释。

第五节　运营模式的演进

从泰勒对时间与动作的研究开始,直到福特发明流水生产线,形成大量生产体系,是人类社会对生产运营模式的第一次创新,大量生产的优势在于它的成本效率性。但是,这种优势是基于供不应求的市场环境的,或者说是适应当时环境的需求而产生的。随着社会生产力水平的发展、人们生活水平的提高,在市场需求越来越呈现多样化的环境下,大量生产固有的局限性越来越突出。因此,人们一直在进一步探求,是否可以在大量生产优势的基础上,增加产品品种,提升系统的适应性。所以,先后出现了准时生产、大规模定制、供应链集成等先进的运营

---

① 也有教材或专业书籍将这个要素称为计划类型,但这里讨论的问题内涵还是比计划类型要广泛,因此我们将其称为供求策略。

模式，不断地适应了市场的需求。因此，也可以说，企业的运营模式是一个随着市场环境的变化而不断演进的过程。

一、大量生产

在福特发明流水生产线之前，人们的生产活动基本是手工作坊式的，在当时的条件下，产品结构与工艺都不是十分标准，设备及工艺技术也比较落后，主要依靠工人的经验及技能进行生产。构成产品的零部件标准化、通用化程度也很低，难以实现零部件的通用互换，生产过程也没有流程化，即便是汽车的组装，也是采取固定位置手工作业的形式。因此，生产效率是很低的，而且很不稳定。这种生产状态被称为手工作坊式的生产方式。

1913 年，福特经过多年的努力，将标准化、通用化技术引入汽车产品，使汽车的零部件可以通用互换。在此基础上，他综合运用分工原理，以及泰勒的作业标准化技术，在自己的工厂设计、安装了第一条流水生产线，用传送带将汽车的总装过程连接起来，实现了汽车装配的流程化生产。随着传送带的运行，产品一件一件地流动起来，按设定的时间生产，生产效率得到了大幅度提高。以此为核心，逐步发展形成了大量生产（Mass Production）体系。由于大量生产方式以福特发明的流水生产线为核心技术，并起源于福特公司，所以也称为福特方式。

大量生产方式的产生是一种运营模式的创新，适应了市场环境的要求，它的主要技术一般都会认为是流水生产线，但实质上流水生产线是各种技术的综合。例如，至少要有零部件的标准化和通用化、组织分工原理、作业标准化等多种技术的支持。因此，我们对大量生产方式的主要特征归纳如下：

（1）存货生产策略。大量生产方式产生于 20 世纪初的美国汽车业，当时的市场环境是消费者对汽车的需求较强烈，市场需求量很大，但是由于生产方式落后，生产效率低下，产品供不应求，而且竞争对手较少，福特公司面临的是一个供不应求的市场环境。因此，毫无疑问会采取存货生产的策略。

（2）采取单一品种、高产量的产品策略。福特提出的目标就是让每个消费者都能买得起汽车，但前提是，只要是买我的标准产品，如当时生产的 T 型车，甚至颜色都是单一的黑色，就可以用较低的价格供货。而且企业也可以取得规模经济性，汽车的价格也得到大幅度降低，让更多的人买得起汽车。

（3）标准化生产。在产品的结构方面，产品的设计与工艺设计主要实现了产品结构及零部件的标准化、通用化。从 1908 年开始，福特经过多年的努力，基本实现了零件的完全互换，使产品的制造与维修更加简单容易。

（4）流程化（发明流水线）生产。在流程组织与资源配置方面，因为有品种少、规模大的基本前提，所以可以采取按产品分工策略组织流程，按流程的逻辑配置设备，并采用传送带使流程连续流动，采用详细分工，岗位工作内容简单、作业标准，降低操作的复杂度及技术要求，不需要高技术工人，不仅作业效率大幅度提高，而且可以降低培训员工的难度。

（5）产品的内制率较高，企业纵向扩张。由于当时的社会环境、生产技术水平等因素的限制，以及追求规模经济性等原因，福特生产系统的零部件基本是内部生产的，企业是沿产业链条纵向发展的，以至于有自己的钢铁工厂等，企业的生产与供应过程基本都是在内部完成的。

（6）职能制的组织。由于当时汽车生产的内制率较高，例如，福特公司当时的内制率可达 80%以上，加之产量规模的扩大，导致企业的规模迅速扩大，结构复杂，对于企业生产活动的管理也越来越复杂。而且当时管理活动的主要任务就是提高效率、降低成本，所以职能制的管理体系是必然的选择。

大量生产的这些特点，依据我们上述对企业运营模式的论述，可以示意性地运用表达式描述如下：

大量生产模式＝存货生产＋少品种高产量＋流水生产线＋专用设备及详细分工　(1－2)

甚至可以说，当时的策略选择是一种自然过程，因为在当时的市场环境下，供求的主要矛盾是数量，虽然大量生产体系存在一定的局限性，例如比较刚性、对外部环境变化反应较慢、库存量较大等，但在当时这些局限性是体现不出来的，或者说对于运营的效果没有很大的影响，而对生产率的提高、满足市场需求的贡献是非常大的。因此，以福特公司发明流水生产线为标志形成的大量生产模式，对于提高社会生产力水平的贡献是巨大的。

二、精益生产

精益生产(Lean Production，LP)起源于日本的丰田汽车公司，在第二次世界大战结束后，丰田公司开始恢复生产汽车，但当时的丰田公司资金、技术都十分缺乏，产量规模也非常小，基本停留在手工作坊式的汽车生产水平。所以，他们组织了以丰田英二为首的一批工程师到福特公司进行考察、学习。他们认为，福特公司的生产率水平确实很高，汽车流水生产线技术也是非常先进的。但是，这种大量生产模式对于丰田公司有不适合之处，因为福特采取的是单一品种大量生产，以规模获取利益，前提条件是有较大的市场容量支持，而日本的市场容量较小，消费者习惯也不同，很难大量消费相同的产品。另外，他们也看到福特大量生产体系尚存在需改进之处。例如，福特公司采取存货生产模式，这样如果需求不充分，或者由于需求多样出现结构性需求过剩，就会导致大量的库存积压。这也是丰田公司不能承受的。因此，丰田公司将自己的生产体系定位为，在一个流程体系中生产多个品种的汽车。另一个很重要的原因是，当时丰田的资金、设备等都很缺乏，也不可能建立多个生产体系。同时，丰田生产方式的创始人大野耐一认为，库存是生产体系中最大的浪费，为了减少大量生产体系的浪费现象，丰田经过多年努力实现了与需求同步的准时生产，所以开始时这种生产模式也被称为准时生产方式(Just in Time，JIT)。①

经过20多年的不断努力，到20世纪70年代初期，丰田准时生产体系已经基本形成，由于当时发生了世界性的石油危机，丰田的产品以及生产方式充分显示出了竞争优势。后经美国麻省理工学院组织专门研究，进一步对其进行了总结与提炼，因与大量生产比较，丰田生产体系对资源的投入更少，运营成本更低，因此将其称为精益生产方式。

精益生产方式是继大量生产方式之后，运营模式的又一次创新，不仅提高了生产系统对市场的适应性，而且运营成本更低。与大量生产比较，可以对其特点归纳如下：

(1)需求是多样的。这一点与福特公司不同，丰田面对的市场环境需求是多样的。日本的汽车市场容量要比美国小，同时消费者的消费习惯也不同，对产品的性能、外观等较重视，需求多样化程度较高，单一品种的产量不会很大。

(2)采用多品种、小批量、大规模生产策略。因为面对多样性的市场需求必然要选择多品种生产，但当时丰田的实力很弱，资金、技术都十分缺乏，不可能进行大量的投入，只能选择在一个生产系统中进行多品种生产。

(3)增强生产系统的柔性。流程组织仍然是采取流水生产线技术，但是作了改进，可以在

---

① 丰田公司自己一直将它创立的这种模式称为丰田生产方式。

一条流水线上生产多种产品。并且实施了混流生产技术①,设备与人员的配备、培训都是面对多品种生产的,流程具有一定的柔性。

(4)拉动式的准时生产策略。根据对库存产生原因的分析以及对库存问题的管理理念,采取了准时生产的计划与控制策略,即在需求发生时仅生产需求数量的产品,通过这样的运行逻辑来消除库存。此外,发明了看板技术,实现了以实际需求信息来拉动生产流程(或供应链)的运行方式,这样就改变了一直困扰大量存货生产模式的库存问题。

(5)零部件广泛地外包生产。与福特的大量生产体系比较,丰田的准时生产体系采取广泛的零部件外包生产,一般外包生产的零部件比例会占到全部零部件的70%～80%,而且是采取分级层次性的外包形式,即将大的部件外包给一级供应商,再由一级供应商将构成部件的零件外包给二级供应商等,这样逐层地外包生产。所以,实际上早期精益生产体系就已经是在供应链上展开的。

(6)矩阵式的组织结构。丰田公司的机构设置除业务系列的职能部门外,分别对质量、成本等关系到企业整体的管理要素,对应设立了6个被称为功能管理的机构,负责协调职能部门的活动,是典型的矩阵式结构。这种矩阵式的结构更有利于各职能部门间的沟通、专项管理目标的实现,以及对外部环境的反应。

精益生产的这些特点,依据我们上述对企业运营模式的论述,可以示意性地运用表达式描述如下:

精益生产＝准时生产＋多品种少产量＋混流装配线、零部件外包＋适应品种范围的专用设备、多技能员工 (1—3)

与大量生产比较,精益生产仍然是采用流水生产线大规模地生产汽车,但在供求策略上不同于大量生产,采取的是准时生产形式,避免了库存的积压;在产品策略上采取多品种小批量的定位,这样可以更好地适应市场的需求(也适应这个时期市场环境);在流程策略上采取的是柔性化策略,在流水生产线的基础上,实现了多品种生产,采用的混流生产以及U型单元生产技术②,适应了市场对品种和适量的变化要求;在资源的配置方面,无论是设备还是员工都进行了适应柔性体系的改变。另外,与福特公司比较,丰田体系已经开始采取广泛的零部件外包生产,有效地利用外部资源。因此可以说,起源于丰田公司的精益生产体系,其重要的贡献在于:采用准时生产形式,很好地解决了库存浪费问题;采用混流生产技术,解决了大量生产体系的刚性问题,增强了系统的柔性,适应了市场变化。所以,精益生产在20世纪80年代开始显示其优越性。

三、大规模定制

大规模定制(Mass Customization)生产,顾名思义,就是既要满足大量生产的规模经济性,又要满足个性化需求的定制生产,将两者的优势结合在一起的一种运营模式。从解决供求平衡的思路上看,精益生产体系采取混流生产技术,在一条流水线上生产多种产品,是运用流程组织的柔性化来解决多品种生产与成本效益之间的矛盾的。与之相比,大规模定制的技术路线是,生产流程是稳定不变的,从产品的分解与组合技术(模块化技术)来实现多品种生产,以产品的结构变化来探索解决生产系统的适应性。

---

① 关于混流生产的概念及方法将在第七章中讲解。
② 关于U型单元线的内容将在第三章讲解。

这里可以宜家家居产品为例来分析，通过实例分析可知，大规模定制是在产品的结构设计上采取模块化（标准化）技术，力求在流程稳定不变的条件下，通过产品不同的结构选择组合，实现品种的多样性。这样一来，既可以实现大量生产的经济性，又可以实现多品种定制生产，满足消费者的个性化需求。

大规模定制与大量生产、精益生产（在"持续改进"的位置）在运营模式上的主要不同如图1－16所示。

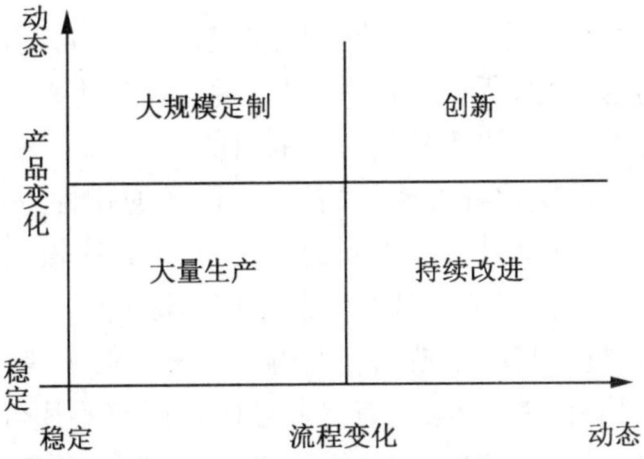

资料来源：B. 约瑟夫·派恩：《大规模定制》，中国人民大学出版社2000年版，第207页。

图1－16　产品—流程变化矩阵

大规模定制生产的这些特点，依据我们上述对企业运营模式的论述，可以示意性地运用表达式描述如下：

大规模定制生产＝存货生产（订货生产）＋多品种少产量＋流水线生产（模块化组装）＋专用设备及详细分工　　（1－4）

需要说明的是，我们这里给出的供求策略是存货生产，这是基于目前对运行比较成功的企业的分析给出的，例如宜家家居等企业。但既然是满足个性化需求，供求策略更应该是按订单生产，这个过程需要信息技术的支持，而大规模定制理论产生于20世纪80年代，企业的实践也很少，所以基本还是采取存货生产、多品种批量生产的模式。

不过随着信息技术的发展，尤其是网络化、大数据技术的发展，在大规模定制生产模式下，实现按订单的个性化定制生产已经逐渐出现。例如，服装企业已经出现采用信息技术为顾客测量尺寸，将数据传输到工厂进行大量生产，也就是实现工厂化的量体裁衣。另外在电子与信息产品领域，由于产品的模块化程度较高，实现大规模定制的条件会更好，比较成功的产品是电脑。因此，从理论上讲，大规模定制应采取订单生产，这是我们在公式1－4中也列出订货生产的道理。

与前面两种运营模式相比，大规模定制的实践相对少一些，这是因为，它基本是依赖结构标准、能够模块化的产品实现的，这样难免就有一定的局限性。目前，模块化技术虽然发展得较快，但应用领域还是有限的，如只是在电子信息产业较成功，同样是结构性产品的机械产品领域应用还较少，在流程工业的应用则更难。但如上所述，随着信息技术的发展，以及产品工艺技术的进步，或是管理理论与方法的积极研究、探索，相信大规模定制的运用会有更好的发展。

四、面向订单装配

面向订单装配模式在上述解耦点技术的讨论中讲过，就是将产品的生产流程分解为零部件生产和产品装配两个阶段，在产品的装配阶段采取订单生产，而在零部件的生产阶段采取按预测存货生产的模式。这样做的好处是，可以在接到用户订单后再进行产品的装配及配送，消除了产成品库存的问题，而零部件是根据预测提前生产的，因此接到订单后可以快速地组装产品，不至于交货期过长而使顾客不愿意等待。比较典型的企业实例是戴尔电脑，因此我们也可以将这种模式简单地称为戴尔模式。另外，这种模式兴起于 20 世纪 90 年代初期，由于主要特点是先加工好零部件，接到订单再组装，所以也被称为零件中心生产方式。下面以戴尔电脑为例，对这种模式的特点归纳如下：

(1)因为电脑是结构性产品，生产工艺流程是加工装配型可以分解的，而且零部件的模块化、标准化较好，有一定的通用性，所以，可以采用订货与存货生产结合的分段计划控制方法，达到既减少或消除产成品库存，又快速满足订单的目的。

(2)就电脑而言，产品的模块化程度比较高，零部件的通用性好，这样一来，每个顾客可以根据自己的个性化需求，在下订单时选择不同的产品配置，企业根据顾客对配置的要求进行组装，因此，这种模式实际还具有很好的大规模定制生产的性能。

(3)因为这个时期信息技术与网络技术已经得到了充分的发展，戴尔在上述计划控制方法的基础上，又首先开创了网上直销的方式，消费者可以在网上不用经过中间商，直接向戴尔订货。另外，戴尔采用第三方物流直接送货，这样一来，就改变了原来流通过程的运行方式，提高了消费者购物的便利性，节省了流通环节的时间与成本，进一步减少流通过程的库存，提高了对市场需求的灵活反应。

(4)充分运用了外部资源。此时，外包加工方式已经得到很好的应用，戴尔公司对零部件的加工充分地采用外包生产，生产流程已经超出单一企业内部，反映在企业之间的分工与协作形成一个以产品为导向的供应链上。所以，戴尔的实践对于外包理论，尤其是供应链管理理论的贡献也是非常大的。

根据以上面向订单装配模式的这些特点，以及我们对戴尔公司运营模式的分析，可以示意性地运用表达式描述如下：

面向订单装配＝存货与订货生产结合(网上直销)＋多品种少产量＋流水生产线、批量生产＋零部件外包、第三方物流　　(1－5)

从上述的分析可知，这种模式的运用有一个很重要的前提，就是产品的结构工艺性要适合。例如，信息电子类产品的结构标准、模块化较高，所以可以得到很好的运用，而在机械产品领域的实例就很少。

另外，这种模式仍然存在一个零部件库存控制的问题，只不过变成对零部件的需求进行预测，当然如果简单地理解，也可以根据产品预测，而后按产品的结构推算零部件的需求数量。但是，这里存在两个因素让这个思路难以实现：首先，顾客的个性化配置的要求是很难预测的；其次，由于外包生产的介入，零部件多数为供应商制造，这就导致库存变成了企业间合作控制的问题，会进一步增加控制的难度。

五、供应链集成

所谓供应链(Supply Chain)，简单地讲，是指企业之间由于产品生产过程中供求关系结成的链锁结构，是产品生产与供应的全过程。实际上随着社会分工的出现，供应链是一直存在的，只不过在以往的市场环境下，这种企业间的合作关系并不是主要矛盾。但进入 20 世纪末 21 世纪初，由于信息的网络化、经济的全球化得到了充分的发展，为企业之间更深入的合作提供了条件。同时,市场需求的不确定性更加突出,不仅要求满足个性化,而且要求反应速度更加快速。所以,通过企业之间的合作来应对市场需求也是必然的选择。

因此,运营模式在上述戴尔模式的基础上得到进一步发展,出现了一些厂商(多是品牌商)运用网络信息技术,将供应链过程完全控制(例如利丰集团、耐克公司等),与戴尔模式相比,它们将产品的生产制造全部外包(代工生产),自己只是掌握产品的研发与品牌、供应链运行的控制,以及质量、服务等过程,实际上是完成供应链整体的集成,将原来企业内部的分工协作关系在整个供应链系统上完成。我们将这种运营模式称为供应链集成,与大量生产、精益生产相比,供应链集成模式改变的主要不是某个企业的内部流程,而是供应链的整体过程。其具体特点可归纳如下:

(1)在供应链中各个厂商(零售商、制造商、供应商)是依据订单相互连接的,供应链整体的计划与控制由某一个厂商(供应链集成商)来完成,实现了供应链整体的信息共享与集成。

(2)零售商订货。与戴尔模式相比,这种模式多为零售商根据市场预测,发出一定时期的订单(戴尔模式多为直接接受个人订单),可以更加准确地把握市场,经营的产品更加多样、灵活,对市场的反应更加快速,市场的分布也更加广泛,适应了经济全球化的环境。

(3)核心企业(供应链集成商)多是将产品的制造过程整体或部分外包给代工企业(Original Equipment Manufacturer,OEM),因为可以有多个代工企业的合作,利用不同企业的生产系统,在企业外部形成一个柔性的制造过程,有利于多品种、小批量生产解决品种多样性问题;同时也有利于充分运用外部资源,解决产能的柔性问题,能够灵活应对需求量的变化。

(4)此时企业的规模、业务流程都发生了很大的变化,对应的组织结构向以流程为导向分工、网络化结构发展。供应链集成商以及供应链上各个参与合作的企业都会面临一个新的重要问题,就是企业内部机构之间以及企业之间的协调问题。

根据以上供应链集成模式的这些特点,以及我们对利丰、耐克等企业的实际运营模式的分析,可以示意性地运用表达式描述如下:

供应链集成=订货生产(集中计划控制)+多品种、多市场经营+产品外包生产
+网络技术、第三方物流 (1—6)

通过上述对供应链集成模式的分析可知,企业之间是以订单相互连接的,从理论上看,如果最终零售商预测准确,每个企业都按订单生产,就不会产生库存问题。但从现实来看,零售商的预测是否可以准确,和我们前面讨论的存货生产模式的情况是一样的,经常会出现预测失误或者说需求变化不确定,从而导致库存的积压或缺货。但不同的是,这时不会在供应链上产生牛鞭效应。

另外,在供应链上这样的大范围分工与协作,尤其是产品内的分工,对于交货期以及质量的控制会成为一个难点。

本章小结

运营模式解决的是企业采用怎样的方式进行生产,而不是解决用什么样的技术与方法生产的问题。运营模式的具体形式表现为需求、产品、流程与资源(包括设备与人员)四项策略的组合。每个企业都会根据所处环境、企业的战略目标等做出适合自己的选择,这个选择对企业战略目标的实现是至关重要的。因此,运营模式的分析与选择是企业运营战略问题,是企业整体战略的重要组成部分。

产品是运营模式的主导因素,一旦产品策略确定,流程与资源策略的确定是会遵从一定规律的。但是,在

市场环境中生存的企业，其产品策略的选择是依据市场对产品的需求特征确定的，所以运营模式的选择会体现为供求策略、产品策略、流程组织策略与资源配置策略的组合，几项策略的制约关系，也就是分析选择运营模式的逻辑思路为：需求特征—产品类型—流程特性—资源属性。无论是制造业还是服务业，无论是连续流程还是离散流程，其中的规律是共同的，这也是我们学习本章内容的根本目的，即弄清运营模式的实质与共性的东西，关于每一种模式下的具体方法，会在后续章节逐步讲解。

社会进步、市场需求的变化，使企业对运营模式不断地探索、创新，从手工作坊式的生产到大量生产，再到精益生产、大规模定制、面向订单组装、供应链集成等，运营模式随着生产实践不断地演进。本章对这个过程的分析，目的不仅仅在于说明这些运营模式的运行机理等问题，更重要的是想建立一个分析思路的基本框架，据此，可以对未来在市场环境下新生的运营模式进行分析。

关键词

产品（Product）
流程（Process）
资源（Resource）
服务包（Service Package）
运营模式（Operation Models）
生产类型（Types of Production）
存货生产（Make to Stock，MTS）
订货生产（Make to Order，MTO）
大量生产（Mass Production）
成批生产（Batch Production）
单件生产（Job Shop）
精益生产（Lean Production）
供应链集成（Supply Chain Integrate）
大规模定制（Mass Customization）

复习与思考

1. 你能说出旅行社、航空公司、保险公司、铁路客运、餐饮店、电影院、足球俱乐部的产品是什么，其品种是怎样划分的吗？

2. 你能解释什么是流程的刚性与柔性吗？它们都是由于什么原因导致的，对运营活动有怎样的影响？

3. 为什么大量生产单一品种的生产体系可以有很好的效率性？这种生产体系最大的局限是什么？

4. 怎么理解服务产品是无形的，企业的三种基本生产类型在服务业是否也有表现，你能举出几个实例说明吗？

5. 存货生产、订货生产和准时生产分别是怎样协调生产与需求关系的？你能说明它们的核心问题在于什么吗？

6. 你能举出几个功能性产品与创新性产品的例子吗？并分析它们在需求方面有什么特点，对生产流程的组织有什么影响。

7. 你觉得运营模式与企业管理机构的组织模式之间有关系吗？如果有，它们之间的关系应该是怎样的？

8. 你认为大量生产方式是否已经过时，不能算先进的运营模式了，应该被其他模式取代吗？

9. 你能用运营模式的道理解释电子商务企业、网络性公司是如何运营的吗？运营模式中的几个构成要素都是如何决策的？

10. 你觉得目前企业所处的环境有什么新的变化？这些变化对企业的生产系统有怎样的要求？运营模式将会有怎样的变化？

案例分析

一、美丽的事业——多斯加鞋业公司①

美丽的事业

专门生产女士时装鞋的多斯加公司，由于成功地跟踪市场的流行趋势，尤其是女士时装的流行趋势，设计、生产出各种式样的与时装配套的女鞋，而深受时尚的年轻女士欢迎。产品不仅在国内市场卖得很好，而且远销世界各国市场，有时甚至供不应求。公司的经营理念是让女士穿得更美丽，用公司总经理的话说就是，"我们从事的是美丽的事业"。

公司背景

公司位于中国的东部经济发达地区，产品主要是女士的时装鞋，也就是与时装搭配使用的鞋。所以，产品的品种非常多，个性化强，而且需求的季节性也非常强，产品只能在一个流行季节销售。公司拥有三个生产工厂，配有制鞋工艺要求的先进设备，以及具有一定技能的工人，每天能生产各种鞋 6 000 多双，工人们要在三个工厂里生产出几百种不同的产品。

不同于其他鞋类产品的销售，公司在国内市场拥有完全属于自己的销售网络，在许多大的商场都设有专柜销售。产品出产后很快会被运到各地，进入销售终端与消费者见面。对于出口的产品，则需要由分销机构销售。

生产与研发

由于制鞋工艺的特殊性，人工的用量非常大。例如，不同于服装的裁剪，可以一次裁剪许多套相同的服装，鞋面的裁剪一次只能裁剪一只鞋面的一小块，需要在皮料上仔细选择、搭配裁剪。这不仅需要大量的裁剪人员，而且皮料的选择、搭配用料完全要靠人的经验，需要有一定技能的工人。

另外，加工过程的许多环节也多为手工作业，例如，鞋子上的各种装饰性的部分，需要很细致的手工制作。公司通过对员工的培训保证作业质量。

由于是时尚性的产品，研发环节尤其重要，产品的款式设计需要跟踪时装的流行趋势，所以有专门的市场研究人员收集信息，及时地反馈到设计部门，设计人员不断地开发出时尚的新产品。产品设计完成后，马上会有样品加工部门做出样品供市场、生产等相关人员评价，确定后及时投入大量生产。

组织结构的设计

公司根据产品的特点及面对的细分市场，将产品分为四个大的系列，每个系列有不同的品牌，以这样的品牌及产品系列划分为四个事业部，将生产与研发资源也分别划归四个事业部管理。每个事业部的经理，从产品的研发开始，一直到产品生产、配送的全过程完全负责。而且一个有趣的现象是，事业部的经理一般都是这个品牌的主设计者。

公司近年来取得了很好的业绩，市场的占有率、品牌形象都很理想，他们在总结获得成绩的经验时认为，"我们不是依靠大量的低成本获胜，而是依靠快速反应，因为如果跟不上流行趋势生产过时的产品，或者过多的产品，最后就会折价销售，很难得到理想的收益。而我们的产品总的折价幅度很小，可以保持到平均原价的80%左右销售，这是获胜的关键。"

由于目前产品的成功，所以公司想扩大产品的范围，例如休闲鞋、男鞋的生产也已经开始。但困扰管理者的难题是人员的问题，一是用工量大，公司属于劳动密集型的产业，如果工资水平不断提高，生产成本会增加；另一个是研发人员，为不断地推出新产品，需要不断充实有创意能力的研发人员，但这是很难的。

---

① 本案例中所使用的公司名称及相关信息都经过适当处理，案例只是用来作为课堂讨论的材料，目的是通过实例帮助理解课程的内容，不是为了评价该企业的经营成效。

讨论问题：

1. 你觉得女士时装鞋的需求特点是怎样的？多斯加将产品定位在这样的领域，对它的生产流程和资源配置有什么样的要求？

2. 多斯加为什么要自己掌握销售渠道？这对它的生产体系、产品研发过程有怎样的影响？

3. 你认为事业部的组织模式适合它吗？为什么将研发与生产都分给各个事业部管理？

4. 你能总结多斯加公司的运营模式及成功的要点吗？对于它想扩展产品的范围，以及人力资源方面的难点你有什么见解？

二、中华料理店——特殊的餐饮运营方式①

松林中华料理是一家位于日本中部地区的餐饮店，它的总部在中国台湾，是一个连锁经营的餐饮店，已经有 20 多年的经营历史，主要在中国台湾、日本、新加坡等地经营适合大众口味的、中档的中华料理，可以提供各种特色的料理，例如糖醋排骨、青菜炒粉丝、鸡蛋炒黄瓜、皮蛋豆腐等几十种菜品。而且以口味纯正地道而闻名，深受顾客的好评，经营十分红火。

但更有特色的是该餐馆的料理制作方式，大多数餐饮店在制作各种菜肴时，主要是由具有一定技能的厨师，根据自己的经验来烹制菜肴的。而该餐馆之所以能够制作出如此纯正口味的中华料理，主要是采用了一种标准的制作工艺。餐馆虽然提供很多种类的菜品，但是制作每一种菜品所需要的配料，例如酱油、食盐，以及制作不同的菜品所需的特殊调味料等，都是事先在总部配置好的，调制成一种混合的液体，装在一个类似于大瓶可乐的大瓶子里，然后分发到各个连锁店。因此，厨师在制作某一种菜肴时，只要将事先配好的调料，按着要求的数量加入，然后根据需要的时间及火候，在炉灶上烹制就可以了。餐馆对每一种菜品都制定了标准的原料用量，对于每一种菜品的制作过程也有标准的操作流程，并且制作成图表的形式，挂在炉台的前面。这样一来，在食材准备岗位，操作员工按事先规定的各种食材的用量，准备好各种菜品的用料，一旦顾客点好菜品，厨师就可以根据操作规程制作出品质一致的菜品了。

各种菜品调料的研究与配置，以及新产品的开发，都是在公司的总部由专门的研发部门进行的。因此，采用这种方法制作菜肴时，就不需要有专门技能的厨师了，只要有一定熟练的操作技巧的人基本都会炒菜了。而且，厨房内的岗位分工也就简单了很多，不必分上灶厨师、配料准备等岗位，因为每个岗位的作业都简单标准化了，每个员工经过简单的熟悉培训，都可以操作不同岗位，所以厨房内只有一个工种就可以了，哪里较忙就可以及时调动员工过去。

不仅是制作过程简单了，而且这样制作出来的菜品还可以保证质量的一致性，也就是每天不管制作多少数量的菜品，保证口味是一致的，不会因厨师的技能或者一时的疏忽等出现差异。所以，消费者会享受到品质不变的可口菜肴，深受欢迎。

讨论问题：

1. 从运营管理的角度看，这家餐饮店采用了怎样的技巧？特色在哪里？它是靠什么优势来吸引顾客的？

2. 这种菜肴的制作工艺有什么好处？对作业分工、员工培训、产品质量、运营成本有怎样的影响？

参考文献

1. 詹姆斯 · P. 沃麦克等：《精益思想》，商务印书馆 1999 年版。

2. 詹姆斯 · P. 沃麦克等：《改变世界的机器》，商务印书馆 1999 年版。

3. B. 约瑟夫 · 派恩：《大规模定制》，中国人民大学出版社 2000 年版。

4. 青木昌彦、安藤晴彦编著：《模块时代——新产业结构的本质》，上海远东出版社 2003 年版。

5. 森尼尔 · 乔普瑞、彼得 · 梅因德尔：《供应链管理——战略、规划与运营》，社会科学文献出版社 2003

① 本案例使用的公司名称及相关信息都经过适当处理，目的仅是通过实例帮助理解课程的内容，并不是为了评价该企业的经营成效。

年版。

6. 门田安弘著:《新丰田生产方式》(第 4 版),河北大学出版社 2012 年版。

7. 亨利・福特:《超级产品的本质》,江苏文艺出版社 2012 年版。

8. 迈克尔・戴尔:《戴尔战略》,上海远东出版社 1999 年版。

9. 克莱顿・M. 克里斯坦森等:《困境与出路》,中信出版社 2004 年版。

10. 利丰研究中心:《供应链管理:香港利丰集团的实践》(第二版),中国人民大学出版社 2009 年版。

11. 迈克尔・格里夫斯著:《产品生命周期管理》,中国财政经济出版社 2007 年版。

12. 罗伯特・J. 托马斯著:《新产品成功的故事》,中国人民大学出版社 2002 年版。

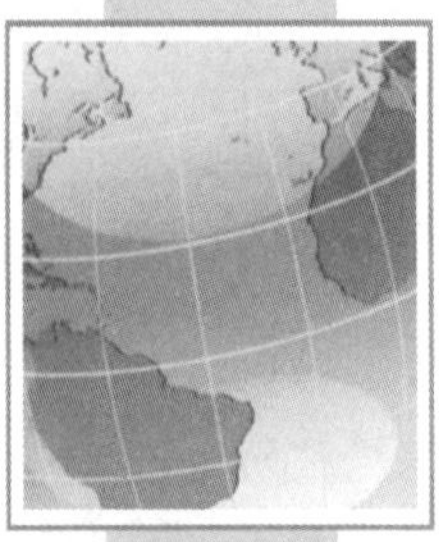

第二章 流程组织与分析

本章部分习题答案

流程不仅存在于生产制造过程中，而且在你日常生活中也会经常接触到。例如，你到商场去购物、到医院去看病、到银行去办理业务、到机场去乘坐飞机旅行等，都会经过一系列有序的过程，这些都是流程，是企业向你提供服务产品的流程。如果你有这样的经历，你是否想过这些流程让你的购物、旅行过程感到愉快吗？让你的消费过程感到方便吗？让你的排队等待时间很短吗？可能回答并不尽如人意。那么为什么会如此呢，是否可以有所改进呢，或者说流程应该怎样组织会更有效呢？这些就是本章要讨论的问题。

在经济学中是将企业作为一种“黑箱”处理的，只关注它的外部特征，并不分析它的内部结构。但在管理学中，尤其是在运营管理的研究中，是要打开这只“黑箱”的，要分析其中的结构、运行机理。正如我们在绪论中指出的那样，这是对企业生产体系的解剖，要揭示其中的运行规律，为生产系统的设计或再设计，以及对系统运行的计划与控制提供知识基础。

通过对流程组织原理的学习，可以回答产品是怎样生产出来的，而且会更深入地回答在运营模式中指出的流程组织策略是如何实现的，怎样解决流程的流向与流动的合理性，以及不同的流程组织方式，其运行规律与效果是怎样的。这些是学习本章内容的意义所在。

第一节　流程的构成

简单地说，流程就是做一件事情要经过的步骤，如果针对生产活动来讲，就是完成一件产品要经过的步骤，无论是有形的实物产品还是无形的服务产品都是如此。[①] 但值得注意的是，我们讨论的是企业有组织的生产行为，并不是个人的生产活动。这样流程问题可能会变得很复杂，因为产品本身可能结构会有不同，有的产品结构简单，有的产品结构就很复杂，如汽车有上万个零件，生产每个零件又要经过若干步骤，可想而知完成全部产品需要怎样的过程；另外，现代的工厂化生产活动，完成流程使用的技术、方法及装备也是十分复杂的，企业都会配备各种先进的装备；最后，企业是由众多人组成的，大家共同完成产品流程的各项活动，需要按一定规则分工、协作。所以，要想知道产品是怎样生产出来的，需要从认识流程开始。

① 关于流程的定义在第一章中已经给出，可以参见第一章第三节。

一、流程逻辑的描述

在一个组织中存在多种流程，如资金流程、信息流程、产品流程等，在此我们关注的主要是产品流程，这在实物生产的制造业一般也称为工艺流程，而在服务业一般称为业务流程。可以采用流程图作为工具，对流程的逻辑关系予以简要的描述，下面我们用两个产品流程的实例来说明流程图的绘制方法。

【例 2—1】 实物产品流程。这是一个电器连接器的生产流程，例如用在大家都十分熟悉的电脑上的接口处的连接器。产品是结构性的，由注塑件与金属件两类零件构成，生产过程也很简单，分别由注塑机、冲压机生产两种零件，最后组装成产成品。依据作业逻辑关系对流程的描述如图 2—1 所示。

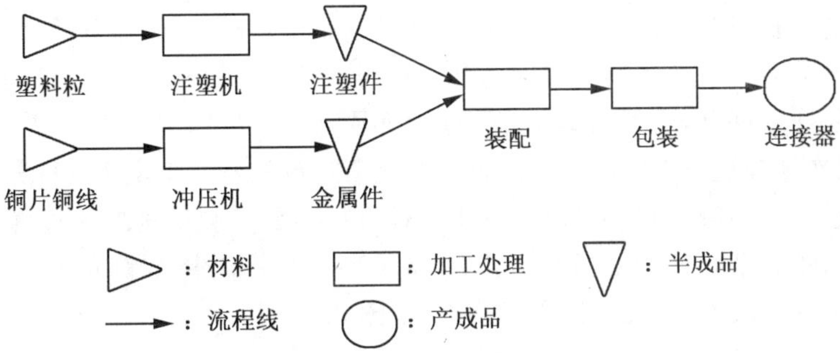

图 2—1　连接器的生产工艺流程

【例 2—2】 服务产品的流程。这是一个医院的例子，医院的产品是向病人提供医疗服务。所以，产品的生产流程就是患者接受治疗的过程，我们仅以最简单的病例如感冒，而且是最简单的治疗过程，比如仅是医生诊断后开方、取药就可以为例，依据逻辑关系，医疗的服务过程如图 2—2 所示。

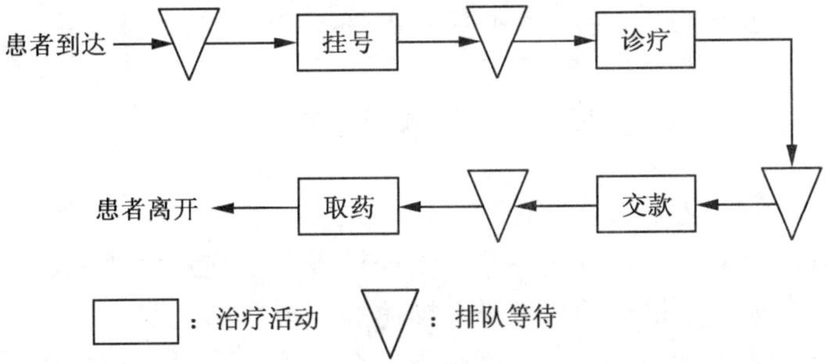

图 2—2　医疗服务产品流程

在上述两个例子中，虽然产品形式、领域都不同，形成产品用到的技术、装备、人员等也不同，但是有两个要素是相同的。一是产品本身存在客观的、技术上的要求，也就是形成产品必须完成规定的活动，这些活动之间是有一定逻辑关系的，如完成连接器的生产必须先生产构成的零件，再进行组装；到医院看病必须先挂号（确定看什么科室、安排看病顺序），然后接受医生诊断、取药等，这些活动在一定生产环境下逻辑关系是确定的。二是在一个组织（企业）中，是通过分工协作的方式完成产品过程全部活动的。如在例2—1中零件加工和产品装配可能是由两个车间(岗位)完成的,在例2—2中挂号、诊断、配药是由接待人员、医生、药剂师分工完成的。这种分工会受到专业技术、设备特性等技术性因素的影响,也可能会考虑生产效率、激励作用等经济性因素的影响。所以,正如我们上一章指出的那样,流程是由于分工与逻辑两个因素形成的。关于流程的分工问题我们将在后面讨论,图2—1、图2—2是流程图的基本绘制方法,是在分析流程时的必要工具。但它描述的仅是流程的逻辑关系,还不是生产流程,因为这样的图只描述了工艺过程,仅仅是给出了流程的步骤及工作内容,也就是说明了每一步需要做什么,但没有说明每一个步骤都在哪里做,尚不能满足我们分析运营流程的需要,但是讨论分析的基础。

二、流程的层次分解

根据上面的分析可知,有组织地完成一种产品的生产,或是一项业务活动的过程都是一个流程。但一个产品或一项业务的流程可能会很复杂,所以对一个组织中流程的描述,可以基于产品的结构逐层次地展开,这样可以避免一张流程图过于复杂,尤其对于结构层次较多的产品,更应该分层次地描述。下面我们再用上一章航空运输的例子来说明这种方法的运用。

【例2—3】 航空客运的全部过程,从出发地开始至到达目的地要经过许多环节,用一张流程图来描述会很复杂,可以通过分层次逐步深入的方法来描述,如首先对全过程进行概括性的描述,然后再对关注的部分逐层次深入描述,如图2—3所示。

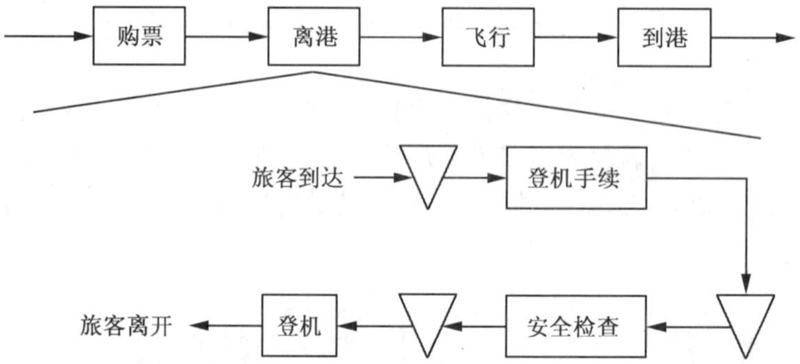

图2—3 航空旅行的流程逻辑

这种分层次分解的描述方法,可以按部门分工范围(系统的局部)进行,也可以根据产品流程的逻辑关系进行。如上例就是首先将整个流程较概括地描述为购票、离港、飞行、到港四个环节,再对离港环节(根据分析目的选择详细描述的环节)进行深入、详细的分析,如果需要还可以将离港的某个环节(例如安全检查)再作为一个流程范围进行详细描述,详细程度直至能够充分显示出流程的问题、满足分析的目的为止。

三、服务蓝图

服务蓝图(Service Blueprint)是一种特殊的流程图,是专门用来描述服务产品流程的工具。其绘制方法仍然是通过一系列的制图要素,将流程的逻辑关系描述出来,不同的是,它将流程所涉及的空间范围分为前台与后台两部分。所谓前台,是与顾客接触的部分,也就是顾客可以看到并参与的部分;而后台则是顾客不接触的部分,也就是顾客看不到也不能参与的部分。这样的分解不仅可以清楚地描述流程的逻辑，而且可以将每一个流程中顾客的参与程度清楚地表示出来，对于流程的分析以及组织设计都是非常有利的。

图 2—4 是一个汽车日常保养或维修的服务蓝图，在服务蓝图中对于前台与后台的划分是逻辑上的，具体的物理空间需要根据实际布局。划分的主要依据就是顾客的参与，在很多情况下是比较明显的。例如，餐馆的后厨与前厅、商场的商品摆放区域与仓库等。实际上，我们前面提到的几个服务业流程描述的都是前台，如图 2—2 与图 2—3 中医疗与乘坐飞机的流程，而后台流程是我们没有看到的，如机场的行李搬运流程、餐食供应流程、飞机检查加油的过程等，都是后台的流程。

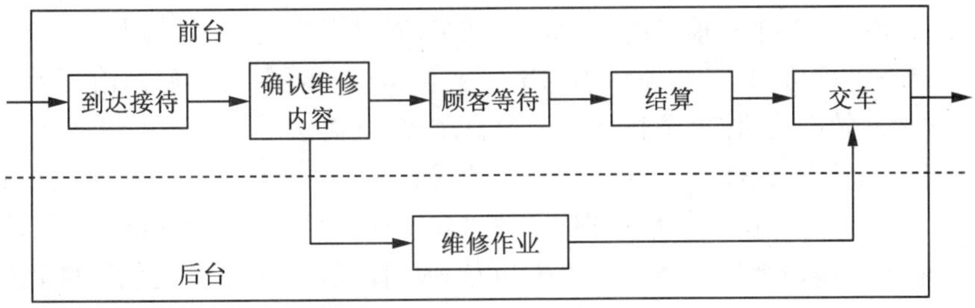

图 2—4　汽车维修保养服务蓝图

正如在第一章中讨论的那样，顾客参与度越高，越会影响流程的效率，因此，在服务流程的组织过程中，适当的前后台划分是一个重要因素。另外，前后台如何有效地衔接也是一个需要关注的问题。在图 2—4 汽车维修的服务流程中，有两个连接前后台的点，如大家熟悉的一般是由客户经理来负责衔接的。因此，一个完整的服务蓝图，不仅可以将服务产品的形成过程清楚地描述出来，而且可以将构成要素的特点以及各要素之间的相互关系表示得很清楚，为流程的组织提供依据。

四、流程的构成要素及参数

流程的构成是在遵从逻辑的基础上分工的结果，在生产领域的分工，是根据产品加工过程的技术要求、使用设备、操作时间及复杂程度等因素，将产品的全部生产活动分解成为若干相对独立的作业活动，这样分工确定的、具有特定作业内容的独立活动被称为工序。工序负责的作业内容的多少是相对的：分工越细致，每个工序的作业内容越少，相对来讲操作越简单，重复性越强，所以效率也越高；相反，如果分工越粗略（综合），工序的作业内容越宽泛，操作则越复杂，使用的工具也会越多，效率会越低。这也是我们前面提到效率性的道理，因此怎样划分工序是影响流程效率的一项重要因素。

与工序密切相关的一个参数是工序时间，也称为工序的单件时间，是指在某一道工序上完成一件产品的平均时间（或称标准时间），这个时间的标准消耗量称为工时定额①，计量单位一般为工时（一个人操作一小时）或台时（一台设备工作一小时）。工序时间是生产运营领域的一个重要基础数据，依据它可以计算出产品的完工时间、确定交货期，也可以计算出各工序直至流程每天、每月的最大出产数量等。

① 关于工时定额以及如何制定合理的时间标准等问题，请参看工业工程的相关书籍或文献，本书对此不再深入说明，后续内容基于企业具有标准的工时定额进行讨论。

完成工序作业内容需要场地、设备、工具等资源，配备这些生产要素、具有完成一定作业活动能力的地点称为工作地（或工作站，Workstation）。因为一般工作地中较主要的配置是设备，尤其对于制造业更是如此，所以有时也简单地归为设备，但工作地的实质不仅仅是设备，而是根据产品不同的技术要求，配置的各种必要的设施。例如超市的收银台、银行营业厅的窗口、机场办理行李托运与登机手续的值机台等都是工作地。

工作地是流程中最基本的工作单元，它与工序之间的关系是任务与岗位之间的关系，工作地是一个生产岗位，它可以承担一道或多道工序的任务，这是由企业技术部门制定的工艺文件（工艺路线）确定的。一般的规律是：单一品种的产量越大（大量生产），工作地承担的工序数目越少，极端的情况是，每个工作地仅承担一道工序，如在流水生产线上；而单一品种的产量越小（批量生产、单件生产），工作地承担的工序数目越多，而且不稳定、重复性很小。

根据这个道理推理可知，工作地承担的工序数目越少，越可以配备专用的设备、工具等资源，会有更高的生产效率；工作地承担的工序数目越多，则无法配置专用的设备与工具，只能配备较通用的设备、工具等，因此生产效率会相对较低。这进一步证明了我们前面提到的运营模式的特性。因此，我们可以用工作地承担工序的数目来衡量生产系统的分工状况，以至于企业生产类型。一般将工作地承担数目的多少称为专业化程度，工作地专业化程度是能够说明流程效率高低的一项指标。例如，表 2—1 是各种生产类型条件下，一般工作地承担工序数的参考数据。

表 2—1　　各种生产类型与工作地承担的工序数

生产类型	大量生产	大批生产	中批生产	小批生产	单件生产
工序数	1～2	2～10	10～20	20～40	40 以上

反映工作地运行状态的另一个参数是资源（人、设施）的利用状况。我们这里主要分析物质性资源，如场地面积、设备等，因为人与工作地的结合会更特殊，有时一个人可以负责多个工作地的作业，需要单独进行分析。我们以设备为例来说明，从运营管理的目标分析，对工作地的设备利用越充分越好，因为设备（资源）空闲是一种浪费，会导致运营成本增加。我们用设备利用率（资源利用率）来衡量设备的利用情况。设备利用率是设备的实际使用时间与可使用时间的比值，可以用下面的公式计算得到：

$$\eta = T_e / F_e \qquad (2-1)$$

式中：η——设备利用率；

T_e——设备的实际加工时间（这里应包括设备承担的所有工序）；

F_e——有效工作时间，根据制度工作时间（如每天工作 8 小时），去掉必要的休息、设备保养等（计划停机）时间来计算。

一般来讲，设备的利用率越高越好，这样分摊到产品中的固定成本会越少。一般的规律是：工作地承担的工序数目越少，设备利用率会越高；反之，设备利用率会越低（注意，这当然是在生产任务饱满的前提下）。这主要是因为，专用设备是针对工作任务的要求设计的，加工效率会很高，而通用设备则做不到这样的效率。此外，在通用设备上转换工作对象时，需要一定的时间对设备进行调整，一般称为转换时间（或调整时间）[①]。例如，在冲压机上冲压不同的零件需要更换不同的模具。所以，工作地负责的工序越多，变换工作对象就多，需要的转换时间

① 关于转换时间的概念，具体讲解参见下一节流程时间组织的内容。

也会增加，会直接引起设备的利用率降低。另外，如果再考虑管理、协调等原因的影响，可能会使利用率更低。

需要指出的是，追求设备利用率是有前提的，也就是生产出来的产品要能够卖得出去，不能形成库存，所以既要按需求生产，又要充分利用设备才是合理的追求。解决这个矛盾需要合理地规划产能，以及制订生产计划。

第二节　流程组织原理

流程的基本功能是完成产品的生产加工任务，一般在工艺文件中会给出每项作业使用的设备、加工方法、技术要求等内容，这些是技术职能的任务，并不是管理职能的责任，不过这些信息是管理的重要依据。管理职能关注的是流程完成生产加工任务的状况如何，也就是流程的运行性能如何。例如，流程的运行效率、运行成本、灵活性（柔性）等表现如何等问题。这些就是本章将讨论的流程组织要回答的问题。

一、流程结构

我们还是用大家比较熟悉的例子来说明流程的组织原理。先来比较一下到医院看病的过程与到超市购物的过程有什么不同，你感觉哪个过程更方便，因为这两个机构都是服务业，向你提供服务产品，你的消费过程就是他们提供服务产品的流程，那么两者（以当前多数实际情况为例）究竟存在什么不同呢？分析的一个要点就是看在完成全部消费过程中患者或顾客需要排队等待几次。据此分析，超市排队等待一次（交款），医院可能是数次（4 次或更多，参见图 2－2）。当然，我们希望只排一次队就完成服务的全部流程，实际大家到超市购物感到方便的原因也就在于此，而医院却让患者排队多次，因此会使患者感到不方便。同样的例子还有机场的登机过程，完成一次离港流程要排队多次（参见图 2－3），这会浪费旅客很多时间（等待时间长）。为什么会这样呢，机场、医院等类似的地方是否可以有其他选择呢？

为了弄清楚这个问题，我们再来进一步观察分析一下去医院看病的流程中患者的行走路线，在图 2－2 中描述的是一个较简单病例（如感冒）的治疗过程，在流程中患者共计排队等待 4 次，但是在这个图中看不出为什么发生排队，而是我们根据实际经历、观察给出的，或者说在这种图中只能反映流程中各环节（工序）的逻辑顺序关系，只能说明每一步做什么，还不能说明各工序在哪里做，以及工序之间的相对位置如何。也就是你无法判断患者在流程中要走多远、从哪里走到哪里等信息，例如患者在流程中可能从一栋楼走到另一栋楼，也可能从 1 楼走到 3 楼等等。前面已指出，这只是反映流程逻辑关系的工艺路线，还不是生产流程。

工艺路线是我们分析流程的基础文件，但是还不能满足我们的需要，因为它只是技术文件，还不是管理文件，不能反映患者在流程中走多远、行走路线是怎样的、需要多少时间、等待时间多长等经济性信息。下面我们以一个较典型的综合医院为例来分析患者的行走路线。根据对普通综合医院的实地考察，综合性的医院（特点是能治疗的病例种类很多）一般是分科设置诊室的，我们假设一个医院内部科室及相关设施的相对位置如图 2－5 所示。[①]

① 这里我们是以一个综合性医院的一般情况绘制的，不是任何一家真实的医院，目的只是为了说明流程结构问题，不存在对某一医疗机构的评价。

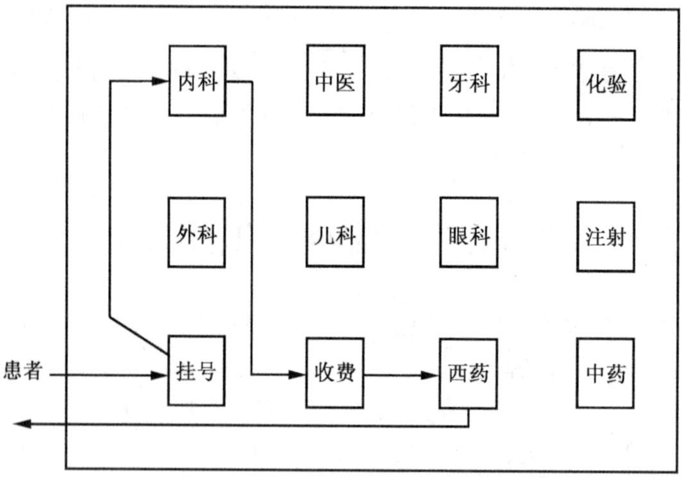

图 2—5 医疗服务流程的实际状态

图 2—5 中，我们仍以感冒患者为例来说明流程的实际路线（如图中箭头所指示的流向），可以看到与工艺路线不同，它反映了实际路线的具体方向（流向）、周转（路径）、长度（距离）等状况，如果再考虑医院在同一时间内会有很多不同病症的患者到达，将每个患者的路线都画出来，就会体会到在各个环节前（如挂号处、诊室、交款处、取药处）为什么有排队（等待时间）现象的发生，而且会看到在医院系统内流程的混杂、无序的状态，或者说在这样的流程组织模式下这是必然的。

我们再来看看机场登机（离港）流程的情况。在例 2—3 中表示的是一个国内航线的离港流程，过程并不复杂，只有三个环节，但是大家都知道实际花的时间与行走的路线都是很长的。图 2—6 表示的是一个机场的设施布局状况①，图中箭头指示的方向是旅客的行走路线，对应流程中的 3 个环节（工序），机场分别设置值机柜台、安检设备、登机口 3 种设施（工作地），每种设施都有若干个，是集中布置的（将相同的装备布置在一起），考虑同一时间内旅客会有很多，因此流程路线如图 2—6 中箭头所示。但是，在图 2—6 中我们描述的还不是真正的物理地点，只是一种相对的逻辑关系，不过从流程所经过的相对空间位置，也可以观察到旅客要完成登机过程，虽然只有简单的几个环节，但是需要经过周转的路线、很长的距离，以及中间会发生多次排队等待。

观察上面两个例子，导致流程如此状态的关键因素有两个，即分工原则与设施布置，而且两个因素是相互关联的。例如，在医院的例子中，如果每一个科室都配有挂号、收费、取药（药房）的话，流程则不会如此。更进一步地假想，如果将物理化学检验设备也按科室配置（按产品分工策略组织流程），看病的流程会更加便利。因为这样一来，设施的位置也会根据流程的逻辑进行布置（如流水线），而上面的例子中，设施的位置不是按流程逻辑布置的，需要患者按流程步骤去寻找设施。但如按产品组织流程（我们的假设）可能会担心设施的闲置浪费，实际上这就回到我们在运营模式的讨论中对产品与流程匹配问题的分析，如果产量（流程的流量）足够大的话是可以如此分工和布置的。

---

① 我们仍然是以一个一般的机场布置为例来说明问题，图中的布置只是一种逻辑结构关系，不是某个真实机场的布置，也不存在对某个机场的评价。

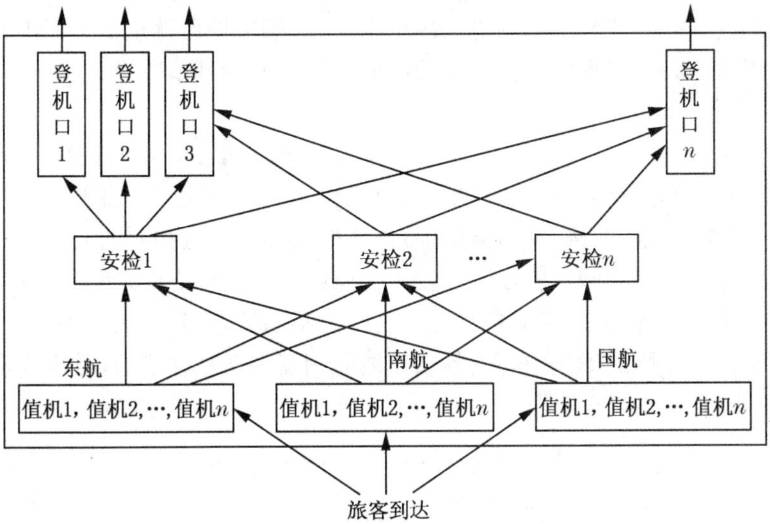

图 2—6 离港流程的实际状态

在此，我们将由于分工原则与设施布置这两个对流程具有结构性影响的因素导致的流程状态称为流程结构(Process Structure)。这样流程的流向(周转状况)、连续性(中间是否停顿)、适应性(柔性或刚性)都取决于此。同时，用流程结构的概念也可以初步地回答我们开始时提出的问题，即为什么到医院看病、到机场登机要排队等待若干次，而不能排一次队就完成全部过程。

上述两个例子都是服务产品，流程中流动的对象是人(顾客)，无论流程的路线如何，人是可以自己走过去的，流程结构影响的可能仅是顾客的便利性、对服务的满意程度。但如果对于实物产品的制造企业而言，流程中流动的是物品(物流)，需要运输才能实现，需要配备运输工具，需要运输费用，流程结构的影响最终是成本。总的来说，流程结构会影响完成产品时间长短、物流运输状况、流程中断时间多少等，进而反映到资金占用的多少、生产流动资金周转的快慢，以至于运营成本的高低。

二、工作中心的组成原则

我们用流程结构的概念解释了流程中流向、流动(经过路程远近、中间中断次数)两个关键问题。从表面现象看，流程结构是由设施布局决定的，但实质上，因果关系是，设施布局是企业流程组织策略的体现，即企业采取怎样的原则组织流程，对应的设施布局就会有对应的表现。其中，一个核心问题是流程内部的分工原则①，主要表现为工作中心(也称为生产单元)的组成原则，其实质是企业生产系统内部的分工原则。例如，前面我们提到过，机场是采取将同类设备集中布置在一起的策略，所以才会有图 2—6 所描述的流程结构，这其实就是工作中心的组成原则的体现。因为不同的组成原则改变的是流程的路径方向、距离等空间上的特征，所以也称为流程的空间组织。

所谓的工作中心(Work Center)，就是根据一定的原则，将流程内部各个工作地(设备)，组织成具有一定功能、能够完成特定生产任务的基本生产单位。也就是将各种设备按一定的

① 本章我们首先讨论流程的分工问题，关于设施布局将在第四章讲解。

规则集中起来组成一个基本的生产单元，在企业中，工作中心一般与车间、工段或班组等行政组织对应。例如，在图2—6所表示的机场例子中，一组值机柜台就是一个工作中心，一组安检设施也是一个工作中心。流程中工作中心的组成有以下两种基本原则。

1. 工艺专业化原则

按工艺专业化(Process-oriented Specialization)原则组成工作中心的特点是，将工艺相同的工作地(设备)集中起来建立一个生产单元，单元中加工的产品可以不同，但完成的工艺(专业)是相同的。例如在机场的例子中，值机柜台、安检处都是完全相同的业务，只不过是旅客不同、旅行的路线不同(产品不同)，所以一般在工艺原则的工作中心中，使用的设备是相同的，操作者的技术工种是相同的，但加工对象(产品品种)是不同的，只是完成对各种产品相同工艺的工序进行加工。工艺原则的工作中心内各工作地的相互关系是并联的，是集群式布置，其内部结构如图2—7所示。

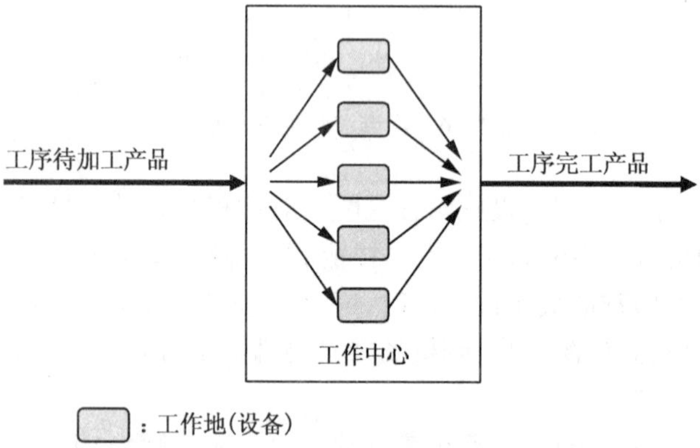

图2—7　工艺原则工作中心的构成

值得注意的是，在这种情况下一个工作中心一次只完成产品流程中的一道工序，如果要完成产品的全部流程，需要经过多个工作中心。如在上述医院、机场的例子中都是如此。企业之所以会采取这种策略组织流程，是因为在多品种生产的企业中①，每种产品的流程会不同，所以只能采取这种方式组织，而无法按产品的工艺顺序布置设备。下面我们来看一个制造业的实例。

【例2—4】　这是一个生产健身器材的企业，产品品种较多，主要产品有跑步机、踏步机等健身器材。它的零件加工车间的组织，是较典型的按工艺原则分工的流程，将同类设备集中起来组成一个小的生产单元(工作中心)，车间内工作中心的划分及平面分布如图2—8所示。

工艺专业化原则组织方式的优点是，流程面对多种产品的工艺要求组建，加工的产品品种范围较宽泛，比较灵活，有较强的市场适应能力，即流程具有较好的柔性。例如，一个综合性的大型医院几乎能看所有的病例。也就是这样组织起来的流程具有一定的通用性，资源的配置是通用的；设备按种类集中布置，技术管理、使用维护较方便，因为设备是并联关系，所以单独设备故障不会影响整体系统运行；操作工人(人员)按专业技术集中组织，作业培训、相互学习等技术管理方便，也有利于技术水平的提高，但因加工范围较宽泛，一般对操作者的技术要求

① 医院的产品是医疗服务，治疗的病例种类就是产品的品种，所以综合医院实际是多品种生产，比较专科医院就可以更清楚了。同理，航线是航空运输企业的产品品种，机场也是提供多种产品服务的。

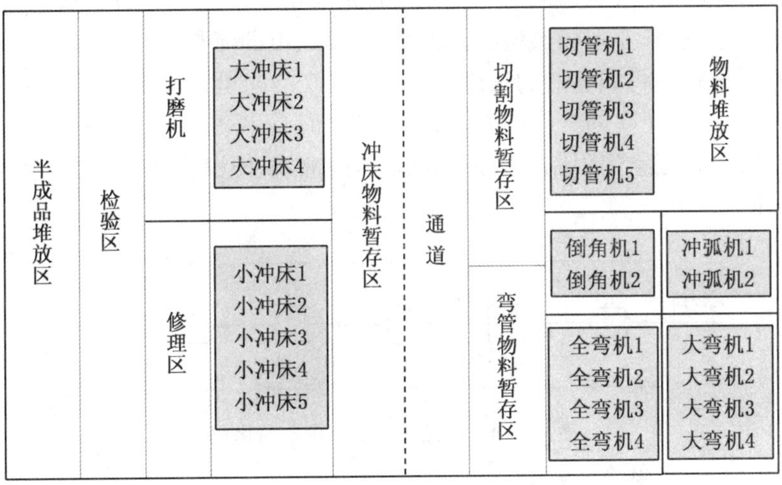

图 2—8　健身器材加工设施布局(实际)

较高,工作中心的负责人多半就是这个专业领域技术最好的人(专家)。

但这种方式的不足或者说局限是,流程与资源的通用性决定了流程的运行效率及成本要相对较差。因为流程的周转路线长、比较混乱,中间发生的停顿等待时间较多,流程中未完工产品(在制品)占用量大,最终会导致运行效率低、成本高。例如在上面健身器材的产品中,有一个零件的工艺路线如图 2—9 所示。

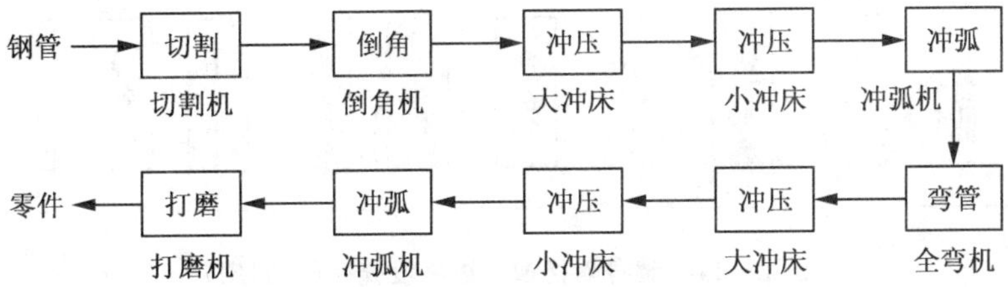

图 2—9　跑步机中某零件的工艺路线

工艺文件中给出了路线的逻辑,以及每一步骤的加工内容及设备。如果在图 2—8 所示的布局图上将这个零件的加工流程标记出来(标记出来的实际物流过程才是生产流程),马上会明白上述我们对它的缺陷分析,而且如果再考虑这个流程中同时不止仅加工这一种零件,而要生产几十种不同工艺路线的零件,结果流程会更复杂、混乱。因此,采用这种流程组织模式的条件下,完成一件产品的时间(生产周期)会较长,计划与控制工作也比较复杂,流动资金占用量多且周转慢,一般在多品种小批量生产类型的企业应用较多。

2. 产品专业化原则

按产品专业化(Product-oriented Specialization)原则组织的工作中心特点是,按一种或少数几种产品的流程范围建立工作中心,将流程的全部(或大部分)封闭在一个空间里完成。所需的工作地(设备及设施)是按产品工艺路线逻辑顺序排列的,单元中集中所需的各种不同种类的设备,以及不同专业技术的作业工人,但加工对象(产品)是相同的,一般如果是几种近似产品,需要产品的结构及工艺路线相同。

最典型的按产品原则组织起来的生产单元就是流水生产线,例如汽车、家电、计算机等机电产品的组装线。在服务业中较典型的例子是超市,超市的流程组织会让顾客排一次队完成全部购物过程,其原理是将顾客的购物流程封闭在一个空间里完成。

按产品专业化原则建立的工作中心,内部设备之间是串联关系,设备布置是线型的(当然并不一定是直线的,根据空间限制可以是不同形状的曲线,但串联关系是不变的),其内部结构如图 2—10 所示。

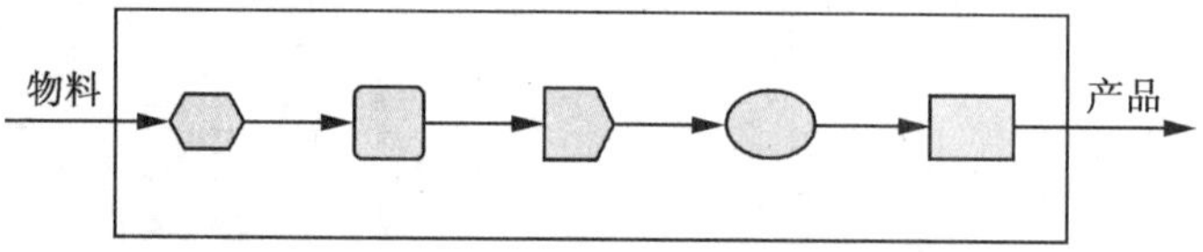

图 2—10 产品原则工作中心的构成

按产品专业化原则组织起来的流程的优点是,流程是面对特定的产品范围组织的,可以配备专用设备,因此效率高、质量稳定;而且,流程中作业分工一般会较细,好处是操作简单,技术要求低,可以降低人工成本;同时,由于设备的布置与流程工艺顺序相同,而且一般两个工作地之间的实际距离较紧密,中间有物料传送装置连接,因此流程路线顺畅,没有往复周折,路线较短。例如,假设例 2—4 中的健身器材企业,零件加工车间如果按这种方式组织,则设备的布置会是如图 2—11 所示的形式。

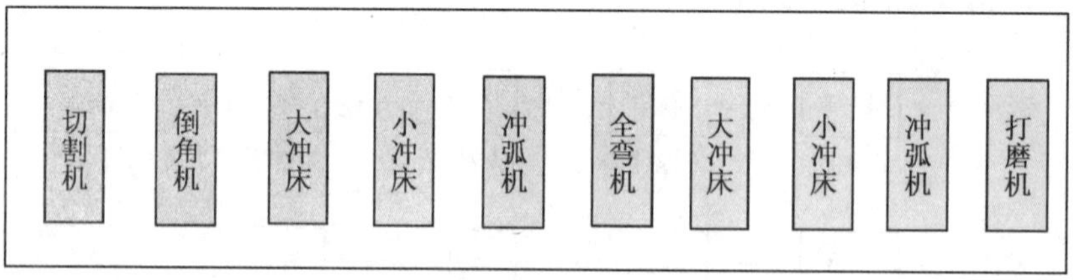

图 2—11 健身器材加工过程设施布局(假想)

如果是这样,你再将图 2—9 所示的工艺路线标记到图 2—11 中,就很容易看到这种策略组织起来的流程的优越性,但其局限是刚性强,改变品种范围是很困难的,只有在大量生产环境下才适用。因此,图 2—11 只是为了说明问题的假设,这个企业的实际流程是按工艺原则组织的,因为它的产品品种很多,单一品种产量都不是很大,如果按产品原则组织需要多个流程,投资会很大,而且产量少会导致设备利用率低,成本上升。

因此,为了克服产品分工模式刚性的问题,在不断的实践及发展过程中,人们发现有许多产品(零件),虽然不是完全相同,但也是相似的,有时只是规格有些差异。例如,由苏联学者米特洛万诺夫提出的成组技术(Group Technology)①,就是发现在机械产品使用的零件中,有60%～70%是相似的,只有很少一部分(15%左右)是专用的,其余是标准件。因此,可以对相似件按其相似程度进行分组,比如分成轴类件、盘类件、箱类件等,对零件组采取产品分工的策略,组成成组生产单元,统一进行加工及计划与控制。所以,产品专业化原则也可以运用到零件组,将一组加工对象的流程按产品分工组织。从这点上看,产品专业化分工原则也可以称为

① 成组技术是一项制造技术与管理的综合知识,本书不过多涉及,感兴趣的读者可参阅相关书籍。

对象专业化分工原则。

产品(对象)专业化分工的原则,在服务业运用的例子相对少些,但如果采用这种模式,效果会更好。下面我们再来看一个服务业的例子。

【例 2—5】 一个专门的齿科医院[①],因为到齿科医院看病的患者都是治疗牙齿的,也就是产品是相同的,虽然具体治疗会有所不同,但是工艺路线基本是相同的,流程的组织会与综合性的大医院不同,如图 2—12 所示。

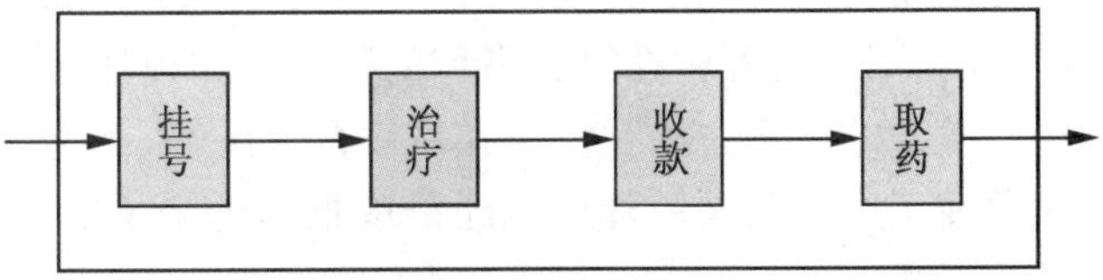

图 2—12　专科医院的内部流程组织

综上所述,企业内部的生产流程,根据上述两种分工模式形成一个“工作地—工作中心—生产系统”的结构体系,两种模式各有利弊,按工艺原则组织的流程具有柔性,灵活,适应能力强,但运行的成本效率性差些;按产品原则组织的流程,运行的成本效率性较好,但刚性较强,适应能力差些。成组生产单元的组织可以对流程的刚性有所改进。在现实的企业生产系统中,可能两种模式会同时存在,例如,例 2—4 中的健身器材生产企业,其加工车间的组织是按工艺原则分工的,但装配车间是按产品的装配线组织的。

三、加工对象的运行方式

在例 2—3 所示机场离港的例子中,一位旅客要经过 3 个环节(工序)才能够完成全部登机过程,两个环节之间无论相对空间位置怎样、距离多远,旅客可以自己走过去,这是服务业流程的一个特点。但是在制造业中则不同,产品加工完一道工序后需要运送到下一道工序,如在例 2—4 中健身器材零件的流程,零件在各工序之间都是需要运送的。另外需要考虑的是,企业一般并不是一次只生产一件产品,较多的情况是一次生产许多件,比如可能一次生产 10 件。这样就存在一个问题,产品在两道工序之间是单件地运送,还是 10 件一起运送。对于这个问题的理解,如果借用信息技术的专业术语来解释,就是对加工对象是批处理还是适时处理,其实更深刻的含义是前后两道工序的作业关系,是平行作业还是顺序作业。这就是我们要讨论的加工对象运行方式的问题。因为它直接影响到加工一批产品所需时间(流动时间),所以也称为流程的时间组织。

在服务业中产品是无形的,在流程里运动的是接受服务的顾客;在制造业中产品是有形的,在流程中运动的是实物。另外,有些流程最终的输出是产成品,有些流程最终的输出可能是半成品。因此,我们统一用加工对象的概念来表示流程中流动的物(产品)或人(顾客),以便于分析流程的运行状况。

为了能够说明加工对象的运行规律,我们需要再引入两个概念,而且这两个概念是运营领域中较基础、常用的概念,后面的内容会经常用到。

第一个概念是我们前面提到过的转换时间(Setup Time),也就是一个工作地为了加工某

① 我们这里只是为了说明两类流程组织的不同,假设的专科医院的组织结构与实际的专科医院会有所不同,但是不会影响我们对流程组织原理的分析。

种产品需要进行设备调整、工艺准备等活动所消耗的时间。这个时间受加工对象的工艺、使用设备、工艺装备、工具等因素的影响，长短会有所不同。转换时间在服务业中的表现不明显，在制造业中有些工序是较长的，例如前面提到的冲压、注塑等工序，在改变加工对象时要更换模具，一般需要时间较长。

第二个概念是批量(Lot Sizing)，也就是我们上面说到的流程一次生产多少件产品，所说的一次是指花费一次转换时间，所以，所谓的批量，是指消耗一次转换时间，连续生产相同产品的数量。根据这样的概念以及转换时间的含义，可能你马上会想到，批量越大越好，可以节省转换时间。但是，批量越大会引起流程中在制品占用的数量增加，同样会增加费用。

有关这方面的问题及批量的确定方法我们将在后续章节讲解，在此只是先建立一个概念，我们就可以根据加工对象在工序之间是单件运送还是成批运送来说明它的运行方式，加工对象的运行方式有三种基本形式。

1. 顺序运行方式

在顺序运行方式下，加工对象在工序之间是成批地被运送的，也就是每批加工对象在前一道工序全部加工完毕后，才被运送到下道工序，因此产品各道工序的作业关系是顺序进行的。例如，某个产品的工艺流程需要经过 4 道工序(各道工序所需时间如图 2—13 所示)，假设生产批量确定为 4 件，按顺序方式运行，产品在工序间的运行状况如图 2—13 所示(为了清楚起见，而且也不影响问题的说明，我们忽略了中间运送需要的时间)。

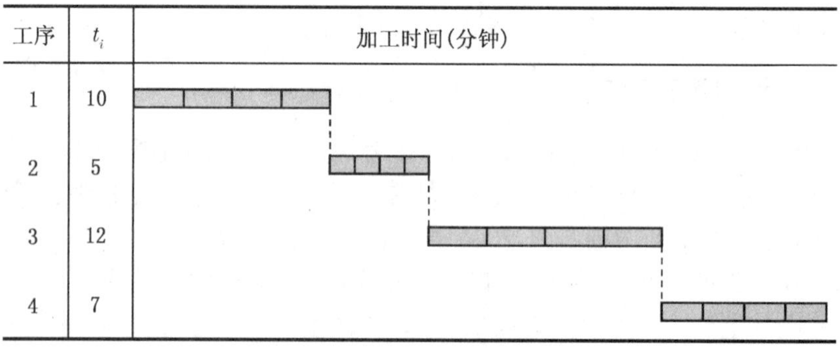

图 2—13　顺序运行方式下产品的加工过程

此时完成一批产品的全部加工所需时间的计算公式如下：

$$
\begin{aligned}
T_o &= n(t_1 + t_2 \cdots + t_n) \\
&= n\sum t_i
\end{aligned}
\tag{2—2}
$$

式中：T_o——顺序运行方式下一批产品的加工时间；

t_i——工序的单件时间；

n——批量。

如根据上例中各工序的单件时间数据及批量可以计算得到：

$T_o = 4 \times (10 + 5 + 12 + 7) = 136$(分钟)

直观地分析也可以知道，顺序运行方式下，完成一批产品的加工时间相对会比较长，这是因为产品在工序前的等待时间较长，而真正花在加工上的时间并不多。但是，这种方式下工序加工时间比较集中，剩余时间比较好利用，有利于提高设备的利用率。一般是在按工艺原则建立的流程中应用，因为此时多半工序之间的距离较远，需要有专门的运输工具运送，如果产品单件运送，成本会很高。

2. 平行运行方式

与顺序运行方式相比，平行运行方式的特点是，加工对象在工序之间是单件地被运送的，每个加工对象在前道工序加工完后立即被送到下道工序，各工序之间的作业关系是平行进行的。如上例中的 4 件产品，采用平行方式加工的话，产品在工序间的运行状态如图 2—14 所示。

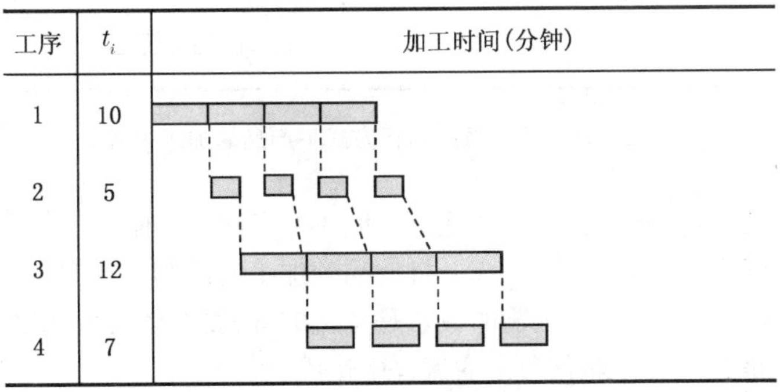

图 2—14　平行运行方式下产品的加工过程

此时一批产品的加工时间可以按以下公式计算：

$$T_p = \sum t_i + (n-1)t_l \qquad (2-3)$$

式中：T_p——平行运行方式下一批产品的加工时间；

t_l——最长的单件工序时间。

所以，上例中产品完成全部加工的时间为：

$T_p = (10+5+12+7)+(4-1)\times 12 = 70$(分钟)

比较两种方式完成一批产品总的加工时间可知，在平行运行方式下，产品的加工时间会大大地缩短，如在我们举的例子中几乎缩短了一半，如果批量不是 4 件，而是 40 件或 400 件，节约的时间将更为可观。这对于提高流程效率、准时交货都是十分有利的。但采用这种方式有两点是值得注意的：首先，工序间的距离要比较近，中间要有较方便的运输系统，否则很难实现；其次，各工序的时间要比较接近，否则设备利用率会较差。例如从图 2—14 中可以看到，各工序的时间差距较大，这样工序的剩余时间比较分散，很难被利用，会导致某些设备利用率降低。因此，这种方式较适用于按产品原则组织的流程，一般流水生产线都是按这样的方式组织的。

3. 平行顺序运行方式

平行顺序运行方式是一种组合运用（也可称为混合运行方式），是上述两种方式的结合，特点是让各工序的作业连续进行，在此条件下尽量平行作业。这样可以保证各工序的加工时间不间断，但此时加工对象变为批量地传送给下道工序，运行过程如图 2—15 所示。

此时一批产品的加工时间可以按以下公式计算：

$$T_{po} = n\sum t_i - (n-1)\sum t_s \qquad (2-4)$$

式中：T_{po}——平行顺序运行方式下一批产品的加工时间；

t_s——相邻两工序中较短的单件工序时间。

所以，上例中产品完成全部加工的时间为：

$T_{po} = 4\times(10+5+12+7)-(4-1)\times(5+5+7) = 85$(分钟)

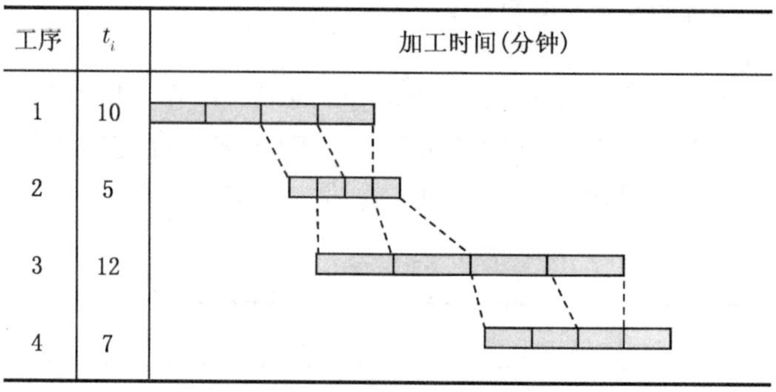

图 2—15 平行顺序运行方式下产品的加工过程

这种方式的好处是,克服平行运行方式下时间不平衡、空闲时间零散不好利用的缺陷,可以将空闲时间集中起来利用。而且,完成一批产品的加工时间相对于第一种方式还是短得多,如本例中为 85 分钟。但中间每次运输的数量是变化的,需要有较好的运输条件及工序之间的距离较近。一般也是在产品专业化分工的流程中运用。

至此,我们从工作中心的组成原则及加工对象的运行方式两个方面讨论了流程组织的基本原理。做一个简单的归纳,实际上工作中心的组成解决的是生产体系的结构问题,只不过我们不是具体的设计,而是分析了基础的原理,而且这个原理在其他组织机构的设计中同样得到体现。加工对象的运行方式实际上解决的是一个产品的各道工序之间的作业关系,即是顺序作业还是平行作业的问题,毫无疑问,从理论上就可以证明平行作业的优势。同时,在分析的过程中也可以看到,两个方面的匹配是遵从一定规则的,即工艺原则的工作中心与加工对象顺序运行方式结合,或者产品原则的工作中心与平行方式,或是平行顺序方式的加工对象运行结合是合理的,这样两个因素的结合形成具有两种基本属性的流程。①

高效低成本——效率型流程:基于产品原则组成的工作中心,与采取加工对象平行运行方式结合组织的流程。由于流程是面对少数产品组织的,资源的专用性、作业平行性等原因,流程会具有很好的成本效率性;但是,流程刚性较强,灵活性、适应能力较差。

灵活多样性——适应型流程:基于工艺导向的工作中心组成,与采取加工对象顺序运行方式结合组织的流程。由于流程是面对一定范围品种组织的,资源的通用性等原因,流程具有灵活适应性,对需求变化的反应能力较强,表现为柔性流程;但是,由于流程的路线周折复杂、顺序作业时间较长等原因,流程的成本效率性较差。

第三节 流程运行分析

在绪论中我们做过一个比喻,将流程组织原理比喻为医学中的解剖学,是对企业流程构造进行了解。而在弄清楚流程结构的基础上,进一步对流程的运行状态作分析时,也可以类似地说,是对人体的健康状态进行分析。在分析人体的健康状态时,会有如体温、血压等指标来反映。我们也可以建立一些能够说明流程状况的定量指标,通过这些指标来分析说明流程的运行状况如何。

---

① 在此通过流程组织原理的分析,也进一步深入证明了我们在运营模式一章中对流程基本特性的概括的描述,可以结合阅读。

一、基本度量指标

为了能够度量流程运行状况，我们引入流程单元(Flow Unit)的概念。所谓流程单元，是在流程中相对独立地运动、用一定单位计量的加工对象。例如，在前面例子中提到的服务流程中，一位顾客就是一个流程单元。因为服务产品是无形的，在流程中流动的是人(顾客)而不是产品，所以流程单元可以用人数计量。对于服务业，流程单元会有不同的表现，如保险公司的一份保单、物流公司的一件货物等。对于制造业，流程单元就是产品本身，表现为两种形式：一是可以计件的产品，如汽车生产流程中的一辆汽车、服装生产过程中的一套衣服；二是以计量单位表示的产品，如钢铁企业的一吨钢、啤酒厂的一桶酒、纺织厂的一匹布等。

这样在对一个流程的运行状况分析时，可以用流程单元作为计量单位，建立对流程状态定量地度量的指标。根据前面在组织原理的讲解中涉及的关键要素，对于流程运行的分析，一般主要分析流程的流向、流动和流量三个方面。对于三个要素的具体定量度量，可以建立以下三项基本度量指标：

1. 产出率(Throughput Rate)

产出率(或称通过率、吞吐率)，是指在单位时间内，通过流程中某个特定点的流程单元数量(件/小时)。当然，一般如果这个特定的点是流程的最终出口，则产出率就是流程在一个时期(如一个月)内的产品产量，具体计算可以用流程单元的数量计量。例如，一个工作中心一天(或一个月)的产量、一个服务系统一小时可以接待顾客的数量等。产出率反映的是流程的效率，是对流程运行效率的度量。如果度量的对象范围是一个流程的总体，那么就是流程的运行效率；如果是流程内的一个局部，例如一个工作中心，或者是一道工序，那么就是该中心或工序的效率。

关于产出率的测算，对于制造业而言，因为每个工序的时间比较准确，可以通过工序时间以及流程组织的特点来测算，会比较准确地计算得到产出率。例如，无论是按产品原则还是按工艺原则组成的生产单元，如果每道工序的时间已知，就可以比较准确地测算出单元的产出率。[①] 但对于服务业，由于工序时间是不确定的，需要通过统计分析求得平均数表示，这样产出率应该也是一个平均值。例如，一个超市的收银台(或者银行营业厅的一个服务窗口)，为每位顾客服务用的时间是不同的，只能用统计平均数表示，所以每小时能够完成多少顾客的服务也是一个平均数。

2. 在制品(Work in Process，WIP)数量

所谓在制品，是指某一时刻停留在流程中尚未完成加工(或接受服务)的流程单元。在制造业中，在制品表现为未加工完(等待或正在加工)的半成品；在服务业中，在制品表现为正在接受或等待接受服务的顾客(人)。例如，进入超市购物尚未出来的顾客、进入机场尚未登机离开的旅客等。在制品的数量则是指这些存在于流程中的在制品单元数量，从在制品的定义可知，在制品的数量是一个时点值，具体计量应该遵从时点值的规则求平均数，但在流程分析时某一时刻的数值也是很有用的。例如，大家可以注意到目前很多旅游景点对园内能够接受的最大人数进行了测算，一般会有两个数值：一个是每天最大的接受人数，这是上述产出率的数字；另一个是瞬间最大人数，这个数字表示的就是在制品的数量。

在制品也是一种库存，一般称为在制品库存，毫无疑问力争使它越少越好，这一点在前面

① 具体测算方法请参见第四章流程能力的讲解。

对两种流程组织模式的分析中已经讨论过，因为在制品占用越多，库存成本会越高。[①] 但在制品的产生和变化规律与其他种类的库存不同，在一定的组织与计划控制策略下，在制品的库存会有不同的表现，但其数量会有一个合理的标准值，这个数值的具体分析我们将在计划章节讨论，这里我们主要使用这个数值来度量流程的运行状况。

3. 通过时间(Flow Times)

通过时间(也称为流动时间)是指单位流程单元从进入流程开始，到流出流程为止所经过的时间总和。关于通过时间的测算，根据前面流程空间与时间组织可知，中间受许多因素的影响。例如，每道工序的作业时间(工序时间)、流程路线(运输)时间，以及排队等待时间等。在制造业中，工序时间一般能够较准确地计算得到，但中间运输时间及排队等待时间受许多因素影响，有时也是不确定的。在服务业中，如前所述，工序消耗时间是不确定的，是一个统计平均数。此外，顾客的到达是随机的，会发生排队等待时间，中间的路程时间也是不确定的。所以，通过时间的不确定性更大些，测算方法有时也可以采取直接对通过时间进行统计分析得到平均数。例如，一个旅游景区的平均游览时间、高速公路上一段路程的平均通过时间等。

上述三项指标是对流程运行状态的基本度量，而且很明显可以知道努力的方向。例如，对于流程的产出率，应该是越大越好；在制品的占用越少越好；通过时间越短越好。但是，单独地看这些指标，有时不一定能揭示出流程的问题。而且这些指标之间是相关的，需要进一步地深入分析，才能得到更揭示问题的结果。

二、周期效率

回想我们讨论过的医院看病流程，以及机场离港流程，如果对其进行定量的分析，都会发现存在一个时间效率的问题。例如在医院的例子中，一个患者到医院看病，真正需要花的时间可能很少，一个感冒患者可能只需要 15～20 分钟就够了，可是他实际需要花 2 个小时或更多时间才能看完病。机场的例子也是如此，登机过程中一个旅客真正需要花的时间也很少，假设 1 分钟也不等待的话，可能 30 分钟就足够了，可是大家都知道实际要花 2～3 个小时，这就是流程运行效率的问题。它反映的是在完成一个产品加工过程中，实际真正需要(工序需要)的时间占的比例多大。

这里我们将不断重复地完成产品的加工过程称为一个周期，所以上述这个比例就称为流程的周期效率。我们设定，一个流程单元在流程中没有任何停留、等待(也不包括中间的运送时间)所用的时间称为理论通过时间。所以，流程周期效率，就是一个流程单元在流程中需要消耗的理论通过时间与实际所花的总通过时间的比率。流程周期效率可以进一步地揭示出流程的组织与运行状态，用下述公式计算：

$$LK = T_G / T \qquad (2-5)$$

式中：LK——流程周期效率；

T_G——理论通过时间；

T——平均总通过时间。

例如，在例 2—3 机场离港的流程中，假如一名旅客完成离港过程的理论通过时间是 30 分钟，但是实际总的平均通过时间为 120 分钟的话，则离港流程的周期效率为 25%。

总通过时间与理论通过时间的差值，就是流程单元在流程中所花掉的无效时间(不增值的

---

① 具体对于库存成本的分析参见第五章库存控制的讲解。

时间)，这其中既包括停留、等待时间，也包括流程单元在两个工序之间的运送(或走动)时间，因为在不同的组织方式下，中间运送时间会不同，所以流程周期效率不仅可以反映等待时间的浪费，也可以反映中间周转、运送时间的浪费情况。

例如，在图 2－13、图 2－14 与图 2－15 所示的三种运行方式下，我们可以分别计算得到流程周期效率如下：

在顺序运行方式下，$LK=(10+5+7+12)/136=0.25=25\%$；

在平行运行方式下，$LK=(10+5+7+12)/70=0.49=49\%$；

在平行顺序运行方式下，$LK=(10+5+7+12)/85=0.40=40\%$。

因为在这个例子中我们忽略了中间的运送时间，所以通过这个指标比较可以看到，仅由于加工对象运行方式的不同，对流程运行效率就产生很大影响，如再考虑顺序运行方式下流程中间运送路线会较长，还会发生排队等待时间等，总的流程通过时间会花费更多，导致两种方式的运行效率差距会更大。因此，周期效率指标为分析流程中存在的浪费、寻找改进流程的途径提供了依据。

三、律特(Little)法则

流程周期效率反映了流程单元在流程中的时间消耗状况，通过上面几个例子的分析可以看到，一个流程单元通过流程所需要的总通过时间越短，流程的周期效率会越高，因此改进流程尽力缩短实际所需总通过时间是提高流程运行效率的一个基本途径。但影响总通过时间的因素除流程结构、运输距离等因素外，另一个是流程单元本身，即停留在流程中的流程单元数量。关于这一点，考虑一个交通系统就会理解。例如，在一段道路中车辆越多，你开车通过这段道路的时间就越长。这就是律特法则要说明的规律，它描述通过时间、流程中滞留的单元数量(在制品数量)，以及通过的单元数量(产出率)三个参数之间的关系，可以用公式表示为：

$$R=\frac{WIP}{T} \tag{2-6}$$

式中：R——产出率(或称通过率)；

WIP——在制品数量(也可以称为在制品库存量)；

T——平均总通过时间。

根据律特法则，上述三项基本度量指标是有一定制约关系的，有时不能同时向我们希望的方向发展。另外，利用这个规律可以在知道其中两个指标的条件下推算另一项指标，这是非常有用的。下面我们用一个旅游景点的例子来看一下律特法则的应用。

【例 2－6】 某旅游景区因在旅游旺季时人非常多，致使旅游质量下降，景区环境受损。因此，需要确定一个景区的最佳(或最大)容量限制。根据景点的环境特征，管理层确定瞬时最佳容量为 2 万人①，同时根据统计分析，游客在景区里的游览时间平均为 4 小时，按律特法则计算，这个景区每小时可接待人数为：

$R=20\ 000/4=5\ 000$(人)

所以，这个旅游景区的管理者就应该控制每小时进入景区的人数，如果进入人数每小时超过 5 000 人，景区内部人会越来越多而变得拥挤，以至于多到后来的游客无法进入，也会使得旅游服务质量下降。

---

① 因为是服务产品，此时流程中的在制品为进入景点尚未离开的游客。

需要指出的是，通过上述几个单项与综合指标的计算分析，基本可以比较定量地描述流程的状况，如果借助医学的语言，也可以说是把握流程的健康状况。但这里不同的是，反映人体健康的指标是有一个标准值的，例如体温是 37 度。而我们前面计算的几个指标，如流程的周期效率、在制品占用数量、流程的通过时间等，都没有一个通用的作为判断流程状况的标准值。一般解决方法可以有两个：其一是与自己企业以往的数值，或者说与历史最好值进行比较，看目前的运行如何；其二是与行业的先进水平比较，看自己企业的状况如何。

但这两者都是有局限的，因为影响企业运营的因素比较复杂，无论是与自己（纵向）比还是与行业（横向）比，都存在一个可比性的问题。另外，用精益思想来分析，企业流程的改善是无止境的，流程中的问题、浪费总是会有的。所以，我们建立的分析指标主要是用来进行分析浪费，消除存在的问题，不断地改善流程，这比用它来评价流程更重要。

第四节　流程改善与再造

无论是制造业还是服务业，生产流程由于种种原因总是会存在缺陷，或者说不足之处。尽管在设计新工厂时也会考虑各种影响因素，力求达到合理或者说最优的设计方案，但是由于市场环境不断地变化，企业的产品（品种范围、数量规模、生命周期）会发生变化；由于技术进步，制造工艺、加工方法也会发生变化等原因，企业的生产流程总会发生需要改进，即流程的再设计问题。

流程改善与流程再造都是面对流程存在的缺陷与不足，进行改进或者再设计的理论与方法，但是两者实质是有区别的。

一、流程改善

流程改善（Process Kaizen）是针对流程目前的运行状况，分析存在的缺陷，找出原因，进行改进。改善的观点认为，流程中存在的缺陷都会形成各种浪费。例如，工序时间的不平衡，会导致人力、设备等资源利用率低，产生资源的浪费；中间运输与排队等待时间过长，会导致生产周期延长、在制品数量较多、投入的资金回收速度缓慢等问题。所以，流程的改善基本是在企业总体结构不变的情况下，对生产（或者作业）流程进行完善与优化，不会涉及企业的部门结构、职位设置等组织结构方面的变化，多数是在产品的生产作业体系内发生。改善的方法与步骤如下：

（1）选择、界定流程范围。选择需要改善的流程，明确流程的范围。理论上讲，每个流程都会有所不足，但是往往改善会选择重点问题进行，例如统计分析损失浪费严重的流程为改善对象，并确定流程的范围（参考流程的逻辑描述内容）、输入/输出项目、流动对象等要素。

（2）分析描述流程。根据前面讲解的流程组织原理可知，流程的逻辑只是反映作业先后顺序的工艺路线，不能反映流程的结构，只有根据流程的分工原则、设施的具体空间布局，绘制出生产流程图（参见图 2—8），才能清楚地反映流程的流向、通畅性、柔性或刚性等特征。

（3）分析流程结构及运行状态，找出流程的缺陷或不足。此时可以定量地进行一些数据的测量，取得流程分析所需要的相关数据，例如工序的作业时间、流程单元的流转时间、流程的产出率、在制品占用数量等。而且可以计算前面提到的指标，例如流程运行效率、产出率、库存周转率等。企业在流程分析时根据自己的特点可以使用不同的指标，总的目的是反映流程的缺陷。在分析流程缺陷时经常使用的一个工具是价值流图。① 下面我们再使用机场离港的流程来说明价值流图的方法与应用。

首先，在流程的逻辑图（工艺路线图）中将测得的各环节作业时间标注出来，具体方法是将理论周期时间（创造价值的时间）与其他时间（不创造价值的时间）区分开，在流程逻辑图的下面用时间折线表示，对应每个作业环节的是创造价值的时间，其他为不创造价值的时间②，如图 2－16 所示。

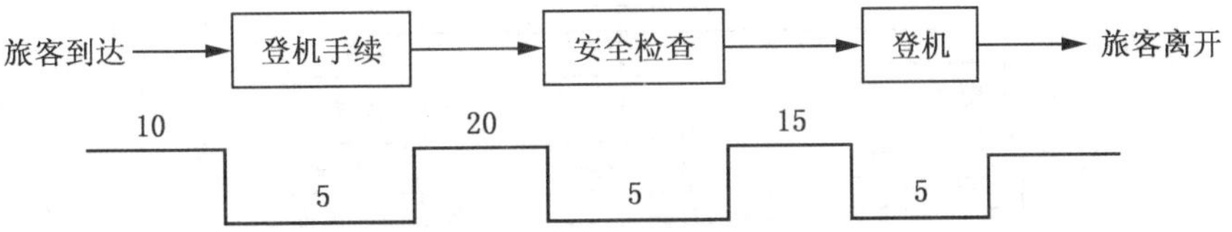

图 2－16 某机场国内航线离港流程的价值流分析

其次，用公式 2－5 计算，流程的周期效率仅为 25％(15/60)。运用流程改善的思想分析认为，只有理论周期时间才是为顾客创造价值的，其他时间消耗都是一种浪费，是要想办法消除的。当然，在一定的组织条件下，这部分时间可以进一步分析，分为必要时间与可消除时间两类，针对可消除时间，进一步分析找到产生的原因，就可以采取改进措施了。

(4)分析原因，制订改善方案。价值流图是一个比较有用的工具，但是它只能表明哪里存在浪费，不能说明产生浪费的原因，因此改善的最后一步是分析流程缺陷产生的原因，提出改进方案与方法。在分析问题产生的原因时，又会用到前面讲过的流程组织原理。例如，在离港流程的例子中，为什么会产生较多的浪费时间，分析后会知道是因为分工的原则是工艺的，设施是集中（集群式）布置的，加之空间的具体位置等因素，导致中间的排队等待以及行走路程的时间会比较长，流程效率不高。

流程改善的道理类似于医生给病人看病，先询问病情，然后运用各种手段检查状态，分析病因，给出治疗方案。在这个过程中，需要医生懂得人体的生理结构、病理与药理等知识，才能做出正确的分析，确定病因对症治疗。所以，在进行流程分析与改善时，实际是基于流程的组织原理，找到流程缺陷的原因，提出改善措施。这也是本章从理论上分析流程组织原理的意义所在。

二、流程再造

流程再造（Business Process Reengineering，BPR）是美国学者迈克尔·哈默与詹姆斯·钱皮于 20 世纪 90 年代初提出的关于企业流程重新构造的理论。③ BPR 的主导思想是，针对迅速发展起来的信息技术在企业中的应用过程，必须对企业现有流程进行完全的重新设计，彻底改变原来的流程结构，以及相应的组织分工原则、评价体系等，否则只是将先进的信息技术应用到原来的组织体系中，是没有意义的，也不能真正发挥信息技术的作用。

与流程改善相比，流程再造的目的完全不同，是从根本上重新思考企业的工作方式，对企

① 在流程改善实际业务中使用的价值流图要比这里的复杂，将信息的流程也绘制到一起，反映了信息与物流共同的作用（参见相关书籍），但本书认为简单地反映物流过程更清楚，更能说明问题。

② 这里的时间是假设的，不代表任何一个实际的机场，但不影响说明问题。

③ 1993 年，哈默与钱皮出版了著名的《企业再造》一书。

业现存的业务流程进行根本性的改造，或者说是重新设计，从而大幅度地改进质量、成本、服务等企业绩效。这些思想的产生，主要是因为两位学者在大量的信息技术应用的实践中发现，以往企业的内部分工多是按专业职能进行的，在一个流程中每个环节由不同职位来完成（专业性），而且每个职位可能会属于不同的部门，这样一来，完成一个流程的全部业务需要在不同的部门之间传递信息（业务文件），会导致流程冗长、效率低下，如图 2－17 所示。

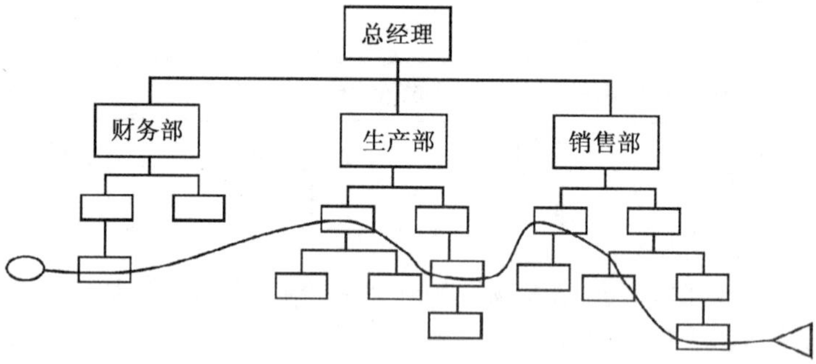

图 2－17　组织结构中的业务流程

因为一般来讲，组织结构表现为金字塔型①，一项业务流程需要经过不同部门的若干个职位，例如，订单处理、顾客投诉、质量问题处理等。也就是说，流程的结构是由于分工造成的（这一点与我们前面讨论的原理是相同的），如果不改变原来的分工及流程结构，仅是将信息技术应用于这样的组织中，只能是替代人工的业务处理过程，提高局部的业务效率，对于流程总体的运行效率及服务水平的提升是没有大的改进作用的，失去了信息技术应用的价值。

而且，由于信息技术的运用，原来的分工也确实存在不合理的现象。一个大家都十分熟悉的例子就是，信息技术运用后，我们到银行去办理存取款的流程就改变了，不必事先填写单据，直接到窗口办理就可以了，以至于进一步发展，直接到存取款机器上办理就可以了。这实际是信息技术支持业务流程改进的结果。但是，如果改变分工和组织结构，则相应职位的变化会引起评价体系、利益结构、价值观念等一系列的变化，是有较大阻力的，需要改变传统的观念，这是流程再造的难点，所以哈默指出流程再造的一个逻辑关系，如图 2－18 所示。

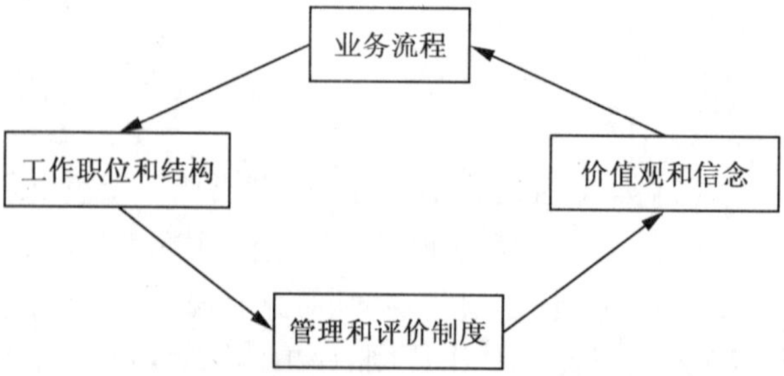

资料来源：迈克尔·哈默，詹姆斯·钱皮著，王珊珊等译：《企业再造》，上海译文出版社 2007 年版，第 70 页。

图 2－18　流程再造的逻辑关系

① 在流程再造理论提出的 20 世纪 90 年代这种现象更普遍，目前有许多企业已经有所改变。

从流程的组织原理角度看，其实流程再造就是流程的重新设计。而且再造理论所指出的流程中存在的缺陷，如运行效率低、服务水平差、问题发现不及时等，都是由于组织分工是按专业（工艺）原则进行的，每个职位负责流程的局部一段，没有对流程综合的负责，这与我们前面分析生产流程中的物流状态也是一致的。再造理论强调的是按流程分工，也就是与前面讨论的按产品（对象）分工原则相同。只不过流程再造多发生在与信息技术密切相关的管理及业务流程，这对企业的冲击会更大，是需要特别注意的。

本章小结

流程是产品作业活动的逻辑关系，以及分工模式的综合体现。因此，由于分工模式的不同，在运营领域更多地表现为设施布局的不同，会使流程的结构有很大的不同，这会导致流程的运行效率、经济性相差悬殊，这些基本规律进一步解释了不同运营模式所产生不同效果的原因。本章内容主要是从原理上论述了一个企业运营流程的组织与分析，从回答问题的角度，可以分为以下三个方面来把握：

第一，认识与描述流程（回答产品是怎样生产的）。通过对流程逻辑、构成要素、活动内容、使用装备，以及消耗时间等基础信息的整理，绘制出产品（或服务）流程图，建立起流程的初步识别，可以理解产品是如何生产出来的。

第二，分析与理解流程（回答流程是如何构建的）。通过对流程结构、工作中心组成原则（空间组织）、加工对象运行方式（时间组织）等要素的分析，可以得到流程的组织模式、运行的基本规律，这是流程属性形成的基本原因，也是流程构建的原理。

第三，度量与改进流程（回答如何发现及改进问题）。通过对流程周期效率、通过时间、产出率、在制品占用数量等参数的测算，可以分析、判断流程运行的基本状况，提供发现问题并提出改进策略的思路。

对于服务业，流程的组织原理也是相同的，可以按工艺相同，或按产品原则组织。但是，服务流程的单件工序时间是一个随机的量，例如超市收银台服务一位顾客的时间是随机的，另外，顾客通过服务流程的时间也是因人而异的，但是律特法则还是成立的，只是需要用统计的平均数来计算，仍然可以很好地说明流程的状态。

实际上，本章讨论的流程组织基本原理，不仅适用于运营（物流）领域，几乎在所有的组织机构也都适用，所以结合流程组织原理来理解流程的改善与流程再造的理论，会有更好的收效。

关键词

流程（Process）
流程结构（Process Structure）
工作中心（Work Center）
工艺专业化原则（Process-oriented Specialization）
产品专业化原则（Product-oriented Specialization）
产出率（Throughput Rate）
通过时间（Flow Times）
在制品（Work in Process）
转换时间（Setup Time）
批量（Lot Sizing）
周期效率（Periodic Efficiency）
律特法则（Little's Law）
流程改善（Process Kaizen）
流程再造（Business Process Reengineering，BPR）

复习与思考

1. 流程形成的两个基本要素是什么？一个生产体系内部的分工原则对流程有怎样的影响？

2. 工序与工作地的含义是什么？两者的关系如何？

3. 缩短产品的通过时间有什么意义？都有哪些因素影响通过时间？怎样减少这些因素的时间消耗？

4. 提高设备的利用率有什么意义？哪些因素影响设备的利用率？

5. 导致流程的两种基本属性——高效低成本与灵活多样性的因素是什么？是否可以有其他组合可选择？

6. 在例 2—4 中，如果该零件各道工序的单件时间分别为 2 分钟、3 分钟、0.2 分钟、0.2 分钟、0.5 分钟、1 分钟、0.2 分钟、0.2 分钟、0.5 分钟、3 分钟，批量是 30 件，分别用加工对象的三种运行方式计算比较一下，完成一批产品各需要多少时间。

7. 根据第 6 题的数据，计算三种模式下流程的周期效率各为多少(可以忽略中间的运输时间)。

8. 你可以绘制出到某一超市购物的流程图吗？分析一下哪些环节会影响你的购物便利性，流程的周期效率怎样。

9. 你理解平均在制品库存的概念吗？为什么说它是时点值？如果要确定一个流程中某一种产品的平均在制品库存量应该如何计算？

10. 一家银行对它的营业所个人业务服务过程进行了统计，结果表明：在正常的营业时间内各窗口共计平均每小时可以为 200 位顾客办理完业务，但同时，正在接受服务和排队等待的顾客平均总有 50 人左右，你能用律特法则的原理分析每位顾客平均要花多少时间才能办完业务吗(包括等待时间及为自己办理业务的时间)？

案例分析

一、浦南医院推服务岛就诊模式，排队时间人均缩短 1 小时

东方网记者刘轶琳 2015 年 11 月 16 日报道：家住上海市浦东新区临沂新村的吴老伯是上海市浦南医院的老病人了，不管是他还是他的家属几十年来都在该院就诊。可最近他到门诊办公室反映，说到新楼的门诊部“不会”看病了。

原来看病预检、挂号、看病、付费、检查、付费、取药，几十年都是这样的，尽管要反复排队，上下楼梯奔波，但是已经习惯了，而如今怎么啦？吴老伯很疑惑，进门找不到挂号处，看完病又找不到收费处，但经与门诊部工作人员沟通，他对新的流程认可了。

原来，只要找到他看病的诊区，在诊区病员“服务岛”就地挂号、在同区域就地诊疗，看完病又在“服务岛”就地付费、就地抽血检查。而且排队时间短了，付费也不用上下奔波了，整个看病花的时间比原来大大缩短了，真的方便了很多！

近日，浦南医院新综合大楼启用，诊疗的新模式和人性化的服务细节受到了“老病友”们的交口称赞。事实上，为了实现建设成上海服务最好医院之一的奋斗目标，浦南医院已经为之奋斗了十年。

排队时间人均缩短 1 小时

浦南医院在新综合大楼建设中，从硬件到就医流程上都狠下功夫，甚至通过颠覆传统就诊模式，期待新大楼建成使用后能让广大病员在舒适、明亮、宽敞、温馨的环境中就诊，以感受到不一样的看病经历，一改病患“看病难”的窘境，从根本上解决就医“三长一短”的现象。

浦南医院新综合大楼启用后，医院注重就诊流程的再造。在上海首推实施门急诊诊疗“一站式服务”。将内、外、妇、儿、眼、口腔、耳鼻喉及有关医技科室等各科归为一诊区单位，在一楼大厅取消挂号、收费处的基础上，成立 15 个诊区单位的病员“服务岛”。

各诊区病员“服务岛”由护士、收费员及客户服务部人员组成，该岛同时兼挂号、收费、抽血、咨询、预约、发

放检查报告等。与过去挂号后就诊再排队付费，待做相关检查后再诊疗和取药的传统模式相比，就医流程大大缩短，真正减少了病患就诊时在各楼层间反复排队、上上下下往返奔波的苦衷。与传统模式每位患者就诊时在各楼层反复排队对比，可人均减少 1～1.5 小时，真正做到以患者为中心，处处为病患考虑，目前此举得到众多门急诊病患连连称赞。

在医院住院也是一件难事：入院难，出院也难。住院部排队最长的地方就是"出院结账"窗口，有统计显示，大部分的院内纠纷发生在这里。为解决"出院结账"窗口不再排长队，该院从 2010 年 3 月开始试行"床边结账"，为每个病区配备了"经济秘书"。

以往出院结账的程序一般如下：出院前一天，病人接到"出院通知"；第二天下午 4:30 前，病方才能在"出院结账"窗口拿到账单明细，若有疑问，必须一趟趟跑回病房与医生沟通。医院财务部门表示："一个病人出院最少要跑三次，第一次问总金额，第二次找医生，第三次才是结账。"

浦南医院"床边结账"有一个重大改变：出院前一天，病人接到"出院通知"的同时，"经济秘书"已经把账单明细送到其手中。此时，医嘱还没有入病史室，病人及家属若对账目有疑问，可以立即与医生沟通，查对医嘱。这就意味着，病人一不需要到"出院结账"窗口问金额，二不需要"两头跑"与医生沟通，只需要拿着清清楚楚的账单去一趟"出院结账"窗口缴费或退费就行了。

既然"床边结账"好处多，为什么别的医院不如此做呢？据浦南医院出入院科科长詹桃介绍，"床边结账"虽然方便了病人，却增加了院方的工作量，每个病区都必须增加一个"经济秘书"，即持有会计上岗证的记账员。詹桃透露，平均每个病区每天都有 7 人出院，最多的如妇产科一天有 20 多个病人出院，仅靠护士完全应付不了"床边结账"。此举最重要的是，"经济秘书"把每位患者的费用每日都已结算清楚，出院时结算也就简单了。

据了解，浦南医院现有 19 名"经济秘书"，日常的职责有三项：一是电脑录入每位病人当日的用药、治疗费用；二是规范收费，做医生与财务部门的桥梁，发现不合理收费立即沟通；三是做病人的代理人，就治疗费用问题与院方沟通。

注重服务细节

此外，这些年来，医院在重视硬件建设的同时更注重人文细节关怀和便民服务措施的建立与实施，在医院这也被称为关注诊疗过程中的"小问题"，做好服务病员的"大文章"。

新综合大楼启用后，医院专门成立"客户服务部"，不但在门诊大厅设有专门的客户服务台，为更好地方便病人，还将客服人员派到病人较多的内、外科诊区"服务岛"，这样就能做到随时为老、弱、残疾病人服务，今年以来已累计服务了数万人次。

医院儿科目前是上海儿童医学中心的分部，根据儿科的特点还推出更加周到细致的各种服务措施。儿科区域设有儿童乐园与妈妈哺乳小屋、儿童换尿垫小屋，若是带宝宝来医院诊治的爸爸或妈妈需要如厕时不放心让孩子离开视线，医院还在如厕便器对面墙上合适的位置安装了宝宝安全座椅。

为方便来院诊治的病人不同的饮水习惯，医院除供应冷、热饮用水外，还在儿科、急诊室等部位安装了自助饮料柜，甚至还装有儿童玩具自动售卖柜等。

都说伙食众口难调，这在病员营养餐上更是如此。但是近些年来，浦南医院住院病员对营养餐的满意率都在 98%以上，怎么做到的呢？医院首先在 2003 年就用每辆 2 万元的价格买回原来只在五星级宾馆才用的保温餐车，用了 12 年性能良好，这种餐车与传统的蒸汽餐车相比，既保温又能使绿叶菜不变黄。在解决了硬件的同时，营养室与食堂的同志又在软件上下功夫：在广泛听取病人意见的前提下，每周在病区走廊上公布菜谱；按不同疾病使用不同颜色餐盒，以免搞错治疗饮食的分类；每年春节、元宵、端午、中秋等传统节日都给所有病员免费提供年夜饭与特色食品；只要病员需要，营养食堂都接受要求加工的"小锅菜"与营养汤，并只收低廉的成本及加工费，还能送到床边；每月都听取第三方社会监督员对病员伙食的反馈意见，只要正确即听即改不过夜。为此不少病人感慨地说，如今的物价这么高，每日仅花 15 元还能吃 3～4 餐，就是在家里也做不到啊！

最近，医院又给在诊疗中的门急诊病人准备了一个可摆放衣服、随身物品的储物筐，给陪同病人诊疗的亲属再摆放一张座椅，在病区设置"助浴室"，医护人员为长期卧床及瘫痪病人洗浴等。总之，浦南医院不但要抓好医疗质量与诊治水平，还要关注病员在诊疗过程中的“小问题”，更注重做好服务病员这篇“大文章”。

讨论问题：

1. 你认为上海浦南医院的改变核心要点是什么？你能结合一般医院的看病过程，用流程结构的原理论述改变前后的不同吗？

2. 对于门诊部来说，“服务岛”是一个怎样的机构？它包含什么作业内容？为什么说可以减少病人看病的时间？

3. 对于住院部来说，“经济秘书”是一个什么职位？你能用服务流程的道理说明他的作用吗？

4. 你觉得“服务岛”流程中可以涵盖什么要素？物理化学检验（如CT、X光、超声等）设备也可以按科室分开吗？为什么？其他大型医院是否也可以做这样的改变？

二、用信息技术改善餐馆的前台服务流程

深圳市的某餐馆是一个提供中餐的便利快餐店，主要提供各种面点、方便小菜、多种粥类、豆浆等食品。店铺面积较宽敞，也比较干净、明亮，加之食品比较大众化，价格也实惠，所以很受消费者欢迎。

但它更有特色的是前台的服务流程。一般普通的便利快餐店，前台的服务流程有几种：一种是如麦当劳、肯德基等快餐店，顾客到来后，在柜台前排队购买食品，之后稍作等待就可以拿到食品，自己端着食品托盘寻找座位就餐；另一种较多的是，顾客到达后，在柜台买好食品付款后，服务台会给顾客一个有号码的牌子，顾客自己找到座位等待，后厨准备好食品后由服务员送来。但是，这时送餐的服务员端着食品托盘，在店堂中寻找对应号牌的顾客，因为顾客坐在哪里是不知道的，所以有时服务员需要来回寻找，如果店堂面积稍大一点，可能一时会找不到。

深圳的这家中餐馆运用信息技术来支持服务流程。具体方法是，服务流程的其他环节与前面的第二种流程相同，也是顾客到达后，购买好食品，拿着一个小牌子找到座位等待。但是，这个小牌子与前面说的号牌不同，它不仅有号码，而且是一个具有信息传递功能的卡片。在餐馆的每个餐桌上，都有一个可以插入这个卡片的插口，插口是与服务台的电脑连接的，在顾客找到座位后，只要将卡片插入餐桌上对应的插口，服务台处的电脑屏幕上就可以显示这位顾客坐在几号位置了。这样一来，后厨准备好食品，服务员就可以很方便地知道顾客在哪里，不必到处寻找了。

讨论问题：

1. 在这个服务流程中，信息技术起到了怎样的作用？对该餐馆的服务流程有什么改善？

2. 你觉得信息技术在服务流程中的运用，例如，目前许多餐饮店采用手机微信点餐，是否也改善服务流程的效率或满意度？

3. 你能理解信息技术对流程，尤其是服务流程的作用吗？你是否可以找到运用信息技术改善服务（或其他业务）流程的实例？

三、万杰公司的模具制造①

企业背景

万杰模具制造公司位于经济发达的长三角地区，是一个专门生产注塑模具的小型企业，主要制造精密塑胶模具。其主要客户是电子生产企业，例如电脑、家电、手机等企业。另外，也有部分产品进入汽车电子产品等领域。

由于公司配备较先进的设备，工程技术人员能够根据客户的要求，很快地设计出各种模具，所以，近些年的发展比较迅速。

模具是一种个性化需求，而且是定制产品，所以属于典型的订货生产型企业，在接到订单后才能根据客户的要求设计并生产，公司一般会备有常用的材料，但是交货期仍然是比较长的，因为模具的设计、测试阶段是

---

① 案例主要用于课堂学习讨论的目的，其中，企业的名称及相关信息都经过处理，不是真实的，但并不影响对于问题的表现与理解。

比较复杂的，而且加工阶段对质量的要求很高，需要较高技能的工人。

企业具有从设计到生产制造的几乎全部流程，只有其中的热处理工序是外包给协作企业加工。产品的设计、工艺等由工程部负责，另外设有专门的质量控制部门。采购部专门负责各种材料、外购零件、工具等物料的购买。产品的加工及装配过程由制造部完成，作业都是在一个大的作业区完成的，各种设备也都是布置在这个大的作业区内，设备的具体布局形式如图1所示。

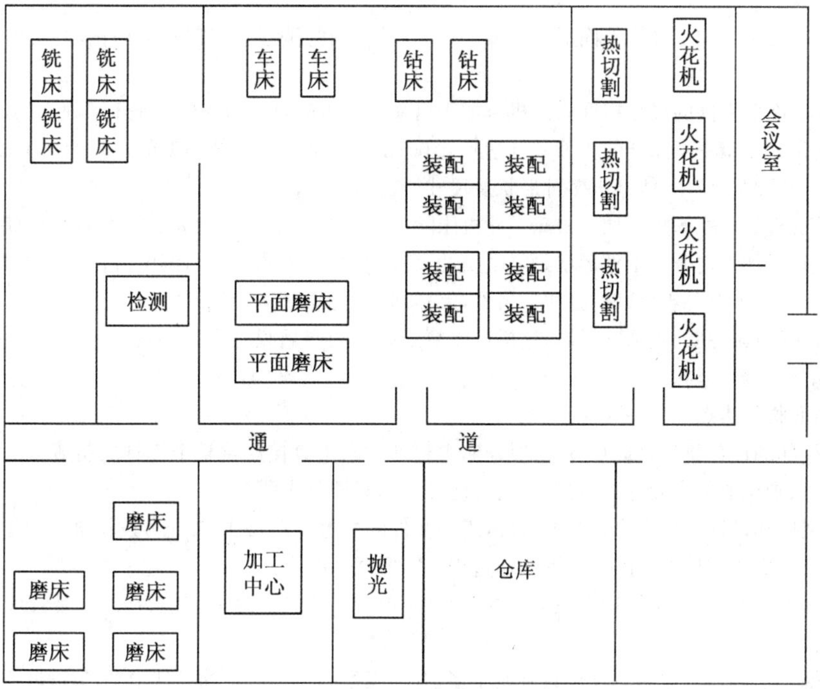

图1　模具工厂的设施平面布置

作业流程说明

工程部：首先在接到用户零件图后，结构工程师根据零件结构，分析出模具的脱模系统、冷却系统、浇注系统、成型系统；然后，画出模具结构图、排位图，制定模具零件外形尺寸和标准件数量表，交给采购部，开始订购模架、钢材、标准件及成型铜材（订购提前期3～5天）；最后，根据结构图，分解画出零件图，交给模具制造部进行加工。

模具制造部：该部门是模具的制造核心。根据工程部画好的零件图，按要求进行粗加工、精加工、检测装配，直到模具能正常生产为止。其所有员工都必须掌握一技之长，而且有很多员工具有多种技能。如何提高效率、完善管理，对掌握多种技能的员工的合理运用，是模具制造的核心。

（1）车床：主要加工圆形工件。其主要原理是旋转切削加工。工人对刀具的了解程度如何，是该工序的关键。刀具磨得好，其效率与质量才能保证。对不同性能的材料，也要采用不同的刀具。同时还能进行各种内外螺纹的加工。所以此道工序要对员工实行技能培训与考核。根据粗加工的切削量、精加工的切削量，可以对加工工时进行计算，从而作为操作工人的标准工时。

（2）铣床：是可以实行多工位加工的综合性机床。它是模具行业不可缺少的机床之一。它对刀具的要求是很高的。但是，随着科技的进步，刀具已工业化生产了。进行粗加工、大平面时，可选多刀片、大切削量的加工刀具。精加工的用刀现在无论是在质量还是在品种方面都较为完善了。工人在使用此机床时，都会有很强的柔性工作内容。可以利用工夹具加工各种复杂曲面、斜面、斜孔等。需要将加工的理论依据与实际相结合，使加工时间数字化，以保证准时交货。

（3）平面磨床：主要加工工件的几何外形尺寸。主要功能是保证零件的垂直度、外形尺寸及工件的表面粗糙度。其加工时需要注意的是加工余量不宜过大，以防不安全。

(4)钻床：主要加工零件孔及螺纹。

(5)加工中心(CNC)：主要加工复杂曲面。它是电脑控制自动加工机床。此机床的出现，给模具制造业带来了一场革命。它使模具的制作周期大大缩短，使得品种不断变化，品质也得到飞跃发展。现在好的机床配套软件不断更新。能够学好用熟软件，对提高生产效率相当有帮助。一个好的编程人员可以做到事半功倍，否则后果不堪设想。

(6)线切割机：主要加工异形平面形状工件。目前，线切割的编程已实现了自动化，但操作人员的经验也十分重要。

(7)精磨床：许多零件的尺寸精度由此机床加工出来。此机床对做精密模具是不可缺少的，加工中心能使复杂曲面数据化。而精密磨床能使小型零件达到 0.001um，特别是接插件类型的模具的加工，现在不可能离得开它。它同夹具配合使用，能磨出多种形状及尺寸精确的工件。

(8)火花机：模具型腔的重要加工机床。此机床除了型腔成型加工外，产品的表面纹也由此工序完成。因此，加工也有粗、精加工之分。工件形状是靠电腐蚀来成型的，加工的快慢由调电流控制。人为因素较大，管理不容易。所以，管理上要想更好的办法。另外，怎样调动员工的积极性非常重要。

(9)抛光：使模具产品的光洁度提高，这样可以便于压好的产品脱离模具。因为此工序是最后的工序，抛光不好，工件的档次会下降。

目前公司面临的难点

首先，工程部的设计质量是模具制造的核心，工程师的水平直接影响整个模具的制造与产品质量。设计质量的好坏关系到企业的生死存亡，目前公司将此过程的管理分成两部分：

(1)程序文件和设计人员能力判断的管理，工程文件的可追索性要强，要充分发挥电脑的作用。文件要做到实用性可保留，更改文件的原因及实际制作过程一定要与保存文件一致。

(2)对工程人员的管理，是管理中最复杂的，而且难度是最大的。这一点能否做好，是管理者能否运用好对人的柔性管理的问题。

但是，问题在于公司成立时间较短只有四年多，有的工程师具有一定的设计水平，但进取心不足。自己培养的工程师随着工作水平的提高，要求也不断提高，且责任心不强，让人难以委以重任。

其次，由于某种原因产品的交货期很难控制，其中如何控制每道工序的加工时间是一个一直没能解决好的难题。

最后，公司是一家民营企业，没有得到任何形式的资助，只有以诚信才能维持生存与发展，没有订单就会倒闭。现在企业还要发展，这些问题将如何解决，是靠规模大还是品质精？公司的经营者认为，规模大、争一流对于大的国有企业，或其目的是想占市场份额的企业是可行的，但对本企业不适用。走品质一流这条路是否可行，这要看经营者自身的理念和思想。但走这条路首先要面临：(1)高档设备的投入，(2)环境的改善，(3)专业人员的培训。要马上达到上面三条，对这种小企业来说是一种难题。

讨论问题：

1. 你认为该企业为什么选择如图 1 那样的流程组织模式？如果在这种分工模式下，你能分析出一个产品在工厂中的运动(流向)状况吗？

2. 你觉得在这样的流程组织模式，以及按订单生产方式下，而且工序的作业时间又很难准确，一个(或一批)产品的总通过时间会是怎样的状况？流程的周期效率会怎样？

3. 结合这个案例中多个工序的说明，你觉得设备的技术性能会对加工时间、效率、加工范围(柔性)有怎样的影响？人的因素在其中有怎样的作用？

4. 你认为公司目前面临的难题，其主要原因是战略定位、员工素质、技术先进性还是其他，如管理水平？

参考文献

1. 迈克尔·哈默、詹姆斯·钱皮：《企业再造》，上海译文出版社 2007 年版。

2. Ravi Anupindi 等:《企业流程管理》,清华大学出版社 2003 年版。

3. 杰拉德・卡桑、克里斯蒂安・特维施:《运营管理》,中国财政经济出版社 2006 年版。

4. Richard Metters 等:《服务运营管理》,清华大学出版社 2004 年版。

5. 李・克拉耶夫斯基等:《运营管理——流程与价值链》(第 7 版),人民邮电出版社 2007 年版。

6. 艾利・高德拉特、杰夫・科克斯:《目标——简单而有效的常识管理》(第 3 版),电子工业出版社 2009 年版。

7. F. 罗伯特・雅各布斯、理查德・B. 蔡斯:《运营管理》(第 14 版),机械工业出版社 2015 年版。

8. 威廉・J. 史蒂文森:《运营管理》(第 12 版),机械工业出版社 2016 年版。

9. 今井正明:《现场改善:低成本管理方法》,机械工业出版社 2010 年版。

10. 詹姆斯・A. 菲茨西蒙斯等:《服务管理》(第 3 版),机械工业出版社 2003 年版。

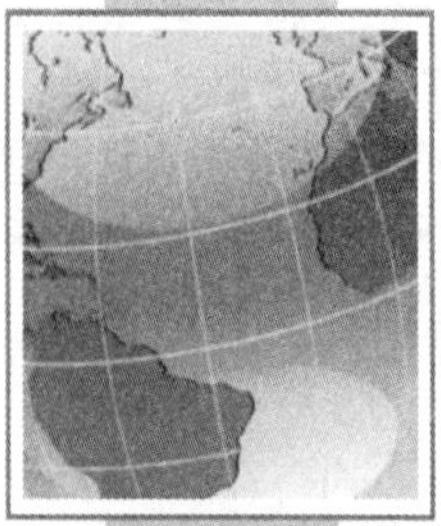

第三章 流程设施布局

本章部分习题答案

你到商场购物时是否注意到一个现象，几乎所有的商场都是将化妆品、手提包、女鞋等此类商品放在商场的一楼销售，你是否想过为什么。其实，这就是商场的设施布局设计，是根据商品销售特点决定商品的空间布置。因为上述提到的这些商品，消费者的购买行为特征多是一种随机的、冲动的购买，商品布置在让消费者最容易看到的地方有利于销售，所以将这些商品放在商场的一楼，甚至离商场入口最近的地方，最容易引起消费者的注意。而与其相对应，如家电、文化体育用品、男士服装等，一般消费者的购买行为都是具有很强的计划性与目的性，所以商品会布置在商场的较高楼层。

类似的例子还有许多，如超市的商品怎样布置能让消费者更方便地找到，医院内部各种设施怎样布置能让患者走的路径更短些，等等。总之，设施布局决定了流程实现的空间表现，会对流程中物流（或客流）的运行有结构性影响。同时，运营流程是一个人机协作的过程，是人运用各种装备完成产品生产作业活动的过程，所以还会影响到人的作业活动、设备的操作、物料的配送等因素，最终都会体现到生产效率、产品成本、产品质量等方面。

由于投入流程中的各种设施，如建筑物、设备、货架等，基本属于固定资产性质，一旦布置设计完成，则会形成一个相对稳定的生产系统，再进行调整改变需要较大的投资与时间，因此，合理的设施布局会在比较长的时期内对企业运营活动产生影响。同时，也会对企业的市场定位、竞争策略等战略性要素的实现产生影响。因此，不仅要考虑产品与流程的特点，还需要考虑企业的战略、市场定位等因素，做好规划与设计。

第一节　设施布局概述

所谓设施布局（Layout Planning），是指在一个给定的空间范围内，对多个生产活动单元进行合理的位置安排。这里所说的生产活动单元，是指为完成生产活动需要占据空间的任何实体，如建筑物、机器、工作台、通道、货柜、储藏室、工具架等。给定的空间范围，应该根据研究对象的不同来确定，如针对企业而言的设施布局，可以是一个工厂、一个车间、一个商场、一个餐馆或一个物料仓库等。

一、规划与设计

根据上述定义就可以知道，设施布局是一个对资源，尤其是一些固定性质的资源空间占用的安排，由于固定资源属性所致，这种安排结果的影响是长期的，因此，其性质是一种规划，需要考虑很多发展战略、市场环境、产品技术变化等比较长期的、发展性的因素。但在制订具体的布局方案时，又要考虑流程中加工对象（物流或客流）的流动方向、流动数量、流动时间、作业分工及协作关系，以及流程的运行效果等很细致的因素，需要有较详细的数据支持以及定量的分析方法，从这样的性质看，设施布局方案的制订又是设计。因此，我们将其称为规划与设计，这个过程就是企业流程的构建过程，也就是生产系统的设计过程。

广义地讲，企业设施布局一般应包括工厂的地理位置选择，以及工厂内部的设施布置两方面内容，但对于企业实际来说，更多的是在厂址确定后对工厂内部布局的设计，而且更多的是面对现存的布局进行调整与改进，也可以称为再设计。①

无论是初始的设计还是对现有流程改进的再设计，在具体制订布局方案时，都需要收集多方面的信息。一般来讲，具体需要的设计依据会因设计对象有所不同，但大致可归纳为以下几个方面：

1. 企业的战略决策意图

这是在制订布局方案时的宏观性质的依据，如市场定位及产品规划、竞争优势与重点、产品质量水平、生产能力规模等。因为企业的这些战略意图是通过布局规划转化为对厂房、设备、仓库、办公室、公用设施等物质实体的表现，以及合理的生产空间的设计方案来实现的。

2. 流程组织模式

如前所述，流程的组织分工基本有两种形式，即按工艺原则或是按产品原则组织形成的流程，在设施布局设计时，要与流程组织策略对应，是运用各种方法配置实物性的资源来实现流程策略，不过会有不同的形式，会遵从流程的基本属性，对于流程局限性尽量作改进。

3. 定量的数据参数

设计方案的优劣如何，需要有比较分析才能确定，一般会有相对定量的测量。所以需要比较详细的数据资料，但根据设计的对象不同会有所不同。例如，本章开始提到的在商场设计时，会分析、收集消费者对各种商品购买行为方面的信息；在旅游景区内部实施布局的设计时，会收集游客的游览习惯、花费的时间等数据；而在制造企业的布局设计时，会需要产品的工艺路线、工序作业时间、产品产量等。

所以，在制订方案时，需要根据具体的对象特点，以及采用的规划设计方法不同，准备相应的数据资料，下面在对具体方法讲解时会进一步说明。

设施布局的规划与设计所面临的一个核心问题是，受两种流程模式基本属性的制约，如果布局设计倾向于效率与成本，可能会损失灵活性与适应能力；如果设计倾向于灵活性，流程的适应能力会增强，但可能会损失成本与效率。这一直是布局设计面临的一个难题。人们一直在探索是否可以构造一种布局体系，能够将两种基本属性的优越性结合起来，而且可以避免两种流程的局限。解决这一矛盾的基本思路有两种：

第一种思路是技术路线。即努力通过先进的设备、技术的革新与进步等方法来实现上述

① 厂址选择涉及企业投资方向与市场战略等因素，与企业发展战略关系更为密切，我们认为应属于企业战略决策问题，本书所研究的内容主要是工厂内部的设施布置，所以称为流程的设施布局。

思想。例如,先后出现的数控机床、加工中心、柔性生产系统、计算机集成系统等,因为这些技术都会在保持效率性的前体下,增加流程的柔性,对上述思想都会有一定的作用。关于这一点,如果用我们身边生活中的例子可以更好地理解。如果你家里有全自动洗衣机的话,你想过没有,它为什么会给你提供方便,其实不仅仅是替代你的体力劳动,还会节省时间,因为洗衣机将洗衣服的全部流程(洗涤、漂洗、甩干等)集中在一台设备上完成了。这就是设备与技术进步可以改变流程组织的例子。因此,随着技术的进步,会对流程组织产生影响,对设施布局的设计产生影响。在工业中也是一样,由于先进的装备(如数控机床、加工中心)具有多工位加工等特点,一定程度上确实可以改变系统的性能,使其不仅具有高效率,还会有一定的柔性,这也是我们期待的。但是,目前仍然有一定的局限性,而且这样的方法需要大量的投资,完全满足效率与柔性的要求,实践证明还是较难实现的。[①]

第二种思路是组织(或管理)路线。即通过对运营系统各种构成要素的合理组织及运行来实现设想,而且在实践中已经出现了许多成功的此类系统。例如,可变流水生产线、混合流水生产线、成组生产线、单元生产线等。这些系统都是在福特的大量流水生产的基础上,增加了品种与产量的柔性,一定程度上解决了前面说的效率(刚性)与适应性(柔性)之间的矛盾。当然,还是有一定制约的,而且随着市场环境的不断变化,需求愈加灵活,个性化程度越来越高,对生产系统的要求也不断提高。

无论是技术还是组织手段,都能够在一定程度上实现流程的成本效率与灵活适应能力的兼顾,但是仍然不尽如人意,存在许多问题需要不断地探索。所以,流程设施布局的设计,就是要通过技术与组织手段,来实现能够满足市场需求的流程功能与性能。

二、布局的基本形式

由于企业的产品特征、技术工艺、流程组织策略的不同,企业所选择的流程布局形式也会不同。例如,一个大量生产西装的企业,会采取流水生产线的方式组织生产服装;而对于一个多品种生产时装的企业,则可能不容易组织流水生产,只能采取批量生产的布局形式。另外,对于从事实物生产的制造业与从事无形产品生产的服务业来说,布局的形式也会有所不同,但其中会有许多共性的东西。所以,按照布局的物理表现,一般有以下几种基本形式:

1. 柔性流向布局(Flexible-flow Layout)

这种布局的特点是,将投入流程中的全部设备,按设备种类相同的原则集群式布置,即把同类设备集中在一起形成一个生产单元,单元内部设备之间是并联的关系。与其相对应的流程是按工艺原则组织分工的,因此,在一个单元中只能完成流程的一个或几个工序。行政组织上表现为完成专门工艺加工的车间、工段或班组。此类布局具有很好的柔性,比较适用于多品种小批量的生产类型,能够满足对市场适应能力的要求。在制造业中,典型例子是同类机床集中形成的工厂或车间(见图 2—8);在服务业中,典型例子有医院的物理检验设备(如 CT 机、X 光机、B 超机)、超市的收银台、银行的服务窗口、机场的值机柜台等。由于这种布局是应对多品种加工的,在制造业一般多见于零件的加工过程,所以也称为工艺加工车间(Job Shop Layout)。

2. 线性流向布局(Line-flow Layout)

① 目前出现的智能制造技术也属于这种技术路径,但是尚没有改变生产流程的成熟技术,还不具备引入教科书的程度,有待进一步研究。

这种布局的特点是，将投入流程中的设备，按产品的工艺过程顺序线性地排列，即将不同的设备集中在一起形成一个生产单元，设备是按产品加工步骤的顺序排列的，设备之间的关系是串联的。在一个生产单元中可以完成产品的全部（或大部分）流程，流程的流向是按工艺逻辑顺序运行的，所以称为线性流向的布局。这种布局形式是与按产品原则组织的流程形式对应的，流程的成本效率性较好，比较适用于大量连续生产的企业。例如，汽车装配线、家电生产线、服装生产线等。在服务业中，比较典型的例子有展览馆、自助餐厅、超市，以及在特定情况下组织的一站式服务等。根据流程运行的时间组织，即流程运行的连续程度不同，常见的具体组织形式有流水生产线（Flow Line）和生产线（Production Line）两种。另外，在这样布局的形式下，为了增加流程的柔性，可以实施多品种生产，根据在一条流水生产线上生产品种的多少，可以分为单对象的流水生产线和多对象的流水生产线。但无论是流水线还是生产线、单对象流水线还是多对象流水线，它们的空间布局形式都是一样的，只是在具体的运行逻辑上有一定的区别，关于这一点，我们会在相关的章节进行详细讨论。

3. 固定位置布局（Fixed Position Layout）

这种布局的特点是，加工对象是固定不动的，随着生产流程的进行，作业人员和工序加工所需装备是按工艺流动的，顺序地完成流程的全部活动。即人员和设备是按工艺顺序轮流到产品的固定位置完成作业，而不是相反，也可以认为是流水生产线的相对运动。一般当产品形状特殊、体积过大或其他原因不宜移动时，多采取这种布置方法。如船舶、飞机、重型机器；建设项目如建筑房屋、修水坝、筑路、钻井等，都常用这种固定布置方式来进行生产。在服务业中，宾馆的客房服务、医院的住院部、汽车修理等是这种方式的典型代表。这种方式是一种比较特殊的布局形式，流程的分工也可以认为是产品专业化的原则，这是因为在一个单元（固定位置）内完成了产品的全部作业过程。但由于产品的固定不动，流程不是流动的，同时作业的工作面会很少，导致流程时间延长、生产效率降低。而且，这种布局形式下的固定位置往往是企业的关键资源，例如，造船企业的船坞。因此，尽量减少生产单位产品占用固定位置的时间，就成为此类企业运营的主要矛盾。

4. 单元型布局（Cellular Layout）

这种布局形式其实也是一种线性的布局，是面对产品专业化流程组织的，与上述线性布局形式上是一致的，可以在单元内完成产品的全部或大部分流程，设备的布置也是按工艺顺序串联排列的。但是，在以下两点有明显不同：其一，一般会将产品按结构、工艺流程近似的原则进行分类，组成某个产品线的装配或零件组的加工单元，如果是零件组的话，一般为成组加工单元。其二，设施的平面布置一定采取U字形，这样比较便于人员之间的协调沟通、工序之间的衔接、物流的运输，尤其是多工序作业的实施。这种体系不仅品种较多，而且更重要的是具有灵活的产量变化，比较适合市场不确定、品种多、产量波动大的产品生产，是近年发展起来的、更具有灵活性的一种生产体系。

另外，需要说明的是，对于不可中断的连续型生产，如钢铁、化工等类型的企业，是属于流程式（装置式）生产系统，如果按上述流程布局分类，应该属于线性流向布局，但主要的流程中每个生产单元的设施都比较大，设施之间都是由管道或传送装置连接的，而且一般在工厂设计时布局就确定了。

对于服务业来说，产品是无形的，流程中流动的对象多是顾客，或者形成产品的辅助性物品，布局设计不仅是固定设施，有时也会是辅助物品。例如，超市中每一类商品都是集中布置在一起的，形成一个类似于工厂同类设备集群布置的单元，物流系统中仓库物资存放的布置也是类似的。所以,布局的几种基本形式及其表现的特点在服务业也是有共性的,对企业流程的运行效率影响是非常大的。

三、布局形式的选择

在进行具体的设施布局规划或设计时,可能会遇到两个主要的问题:其一是企业应该选取怎样的布局形式;其二是每一种布局形式下,具体的布局方案如何设计。例如,在第一种柔性流向布局形式下,加工车间内部每个设备组(生产单元)的相互位置关系,以及占用多少空间等问题如何确定。

对于第一个问题,首先,根据上述布局形式的特点,基本可以知道企业怎样选择对应的设施布局类型,一般是要与产品及流程特征匹配的。例如,对于需求量很少、按订单生产的定制型产品,即单件小批生产的企业,采用柔性流向布局(工艺加工车间)是较适合的,或者说是必然的;对于间断性需求、多品种定型产品而言,即成批生产类型的企业,因为特征范围比较宽泛,布局形式比较多样,对于主导产品部分地采用流水生产线、生产线,或加工过程采用工艺加工车间,而装配过程采用流水生产线或单元线的情况也很多;对于大量连续型需求的产品,即大量流水生产的企业,采用线性流向布局,也就是流水生产线会更好。所以,在选择布局的类型时,主要是从产品需求特点、产量规模、工艺装备的技术特性等考虑,分析确定布局的类型。上述几种布局基本形式与产品的数量、品种之间的关系如图3—1所示。

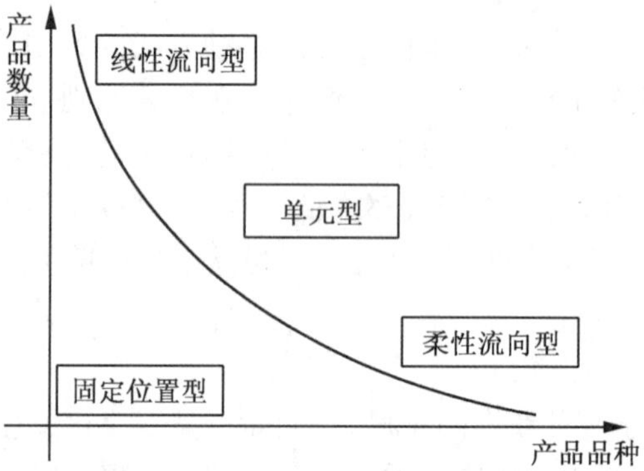

图3—1 不同布局形式与产品品种和产量之间的关系

其次,如果一个企业的产品具有不同的需求特征,如对于一个大型的家电企业,可能有些产品会是大量需求,有些产品会是间断性需求,符合批量生产的特征,此时,应该根据产品需求的不同,选取不同的布局形式。

对于第二个问题的解决,其逻辑思路应该是,在确定布局形式的基础上,确定一个合理的布局方案。例如,在工艺加工车间的形式中,每个单元之间的位置关系以及应该占用的实际空间。这里对于位置关系的确定,将在下一节详细讨论确定方法;而对于实际的占用空间,需要先确定设备数量的多少,然后才能根据每一台设备应该占用的面积,计算出每个单元占用的空间实际面积是多少。但这里每个要素单元中的设备数量是要根据产量规模,也就是生产能力的规划确定的。因为生产能力问题我们将在下一章讨论,所以这里暂且假定,在已知能力水平的前提下来规划设计布局问题。

第二节　柔性流向布局设计

柔性流向布局对应的流程是多样性的，流程的组织策略是工艺原则。如前所述，形成的生产体系也称为工艺加工车间。在制造业中，它是多品种、小批量生产企业常见的一种布局形式，因为这类企业一般生产的品种较多，而且需求量不稳定，产品重复性差，各种产品的工艺路线又不一致，所以只能采取与工艺原则对应的流程布局。在服务业中，面临柔性流向布局设计的问题会更多。例如，一个商场的商品一般都是按种类集中布置的，但每一位顾客购买的商品（每个订单）是不同的，各商品种类的相互位置关系应如何确定，能使顾客的购物过程更便利。类似的还有物流中心的物料存储，一般也都是按物料种类集中存放的，但每一张需求订单所需要的物料品种都会不同，此时物料应如何布置存放地点，才能让拣货作业更快捷等，都属于此类问题。

一、基本形式与设计方法

对于柔性流向布局的规划与设计，可以是对一个企业的整体，例如，整个厂区所有设施、设备（即组成单元）的布局确定；也可以是其中的一个局部，如一个车间。厂区设计更多的是建筑物之间的关系（或者确定每个建筑物的用途），属于规划性质。车间设计更多的是设备单元之间的关系。这里我们以车间（工艺加工车间）设计为例来说明设计方法，对于更大面积如厂区的设计，原理与方法是相同的。

工艺加工车间的基本形式如图 3－2 所示，这是一个柔性流向布局的制造系统，每个小单元（工作中心）是由一种相同的设备构成的，整个系统包括若干个工艺单元，这些小单元对应的行政组织可以是班组或工段。

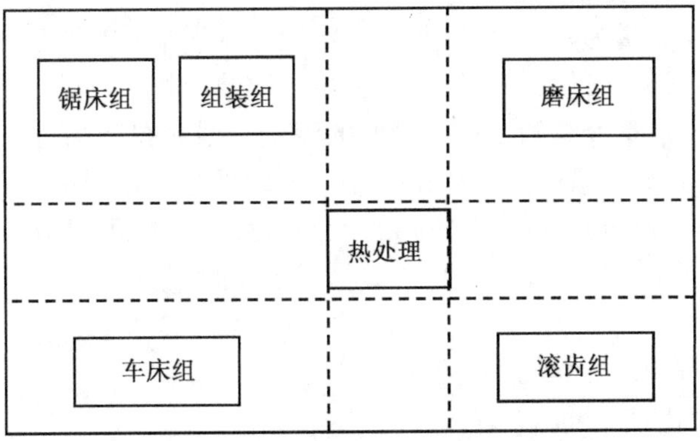

图 3－2　柔性流向布局生产系统示意图

实际上，我们前面提到的医院、机场以及健身器材企业的设施布局都是典型的柔性流向布局（见图 2－5、图 2－6、图 2－8）。

在设计工艺加工车间时，设计基本内容包括两项：物理设计和逻辑设计。

第一项物理设计，主要是确定生产单元内的设备构成及占用面积的计算。在工艺加工车间的形式下，单元的构成原则已经确定，即将同类设备集中在一起，形成若干个工艺性质的工作中心（生产单元）。具体的占用空间面积，可以根据单元内部设备的数量，以及每一台设备按技术要求应占用的面积计算，在此不再赘述。

第二项逻辑设计，主要是决定各工作中心的相对位置关系，即决定哪些生产单元相对近些(相邻)，哪些可以远些(不相邻)。因为一旦这些单元的相对位置确定，会对流程中物品或人员的流动产生决定性影响，所以，一般在制造业的车间设计时，决定各单元相对位置关系的总原则多是系统内物流的流动量最小，而在服务业多会考虑客流量最小，例如车站、机场、医院、景区等。

因此，工作中心(要素单元)相对位置关系的确定方法，首先需要测量各个单元之间的流量，或者是定性地分析相互关系，然后根据一定的判定标准(目标函数)来确定单元之间的逻辑位置关系。根据对流量的度量方法的不同，可以分为定量的流量分析法与定性的相关分析法两种方法。

1. 流量分析法

流量分析法主要是通过对流量的定量测量，然后以流量(或成本)最小为目标，来确定单元的位置关系。其中，关键参数是两个单元之间的流量。在测量两点之间的流量时，如果是制造业，可以根据各种产品的工艺路线、生产数量等数据，运用一定的方法来计算；对于服务业，则需要通过实际的统计分析来确定。方案的设计优化过程计算量比较大，单元数量越多，可选的方案会越多，但已经有一些专门的工具与方法来支持确定设计方案。[①] 下面我们通过一个例子，运用比较简单的图表(从至表和规划图)以及启发式计算方法，来解决此类问题的运算与优化过程。

【例 3－1】 某企业的机械加工车间共有 6 个机床组，分别为：A. 数控车床；B. 加工中心；C. 磨床；D. 铣床；E. 钻床；F. 插齿机。车间布局面临的问题是，决定各个机床组的相互位置，这是一个典型的多品种、小批量生产企业，产品有 300 多种，每一种产品的工艺路线都不同，而且产量也不稳定。车间目前的布局是多年以前设计的，随着企业生产品种的变化，设备、工艺的更新，企业感到布局需要重新调整。

本例中给出的单元数量为 6 个，而且是一个对现有流程布局的调整，也就是对存在的初始布局方案的调整，下面我们通过实例说明流量分析方法的步骤。

(1)根据工艺路线、产量计算两个单元之间的流量。因为在产品进入量产前，工艺路线是已经确定的文件，这是计算流量的主要依据。另一个依据是一定时期的产量，但对于多品种、小批量生产的企业而言，产量是一个很难确定的数据，所以一般可以取一段时期的平均数据，如本例中是计算平均月产量。具体的流量可以运用下面的公式计算：

$$\text{两个单元间的流量} = \sum K_i \cdot Q_i \qquad (3-1)$$

式中：K_i——第 i 种产品在两个单元间的流动次数；

Q_i——第 i 种产品的产量。

流动次数可以根据每个品种产品的工艺路线确定。例如，按工艺路线的规定，生产某种产品，在经过单元 A 后流向单元 B 的次数，就是两者之间的流动次数。

需要注意的是，上述公式中的流动次数与产量，是针对每一种产品计算的，需要将各种产品的流量求得后进行合计。本例中，设备组 A 到 C 之间所有的产品，按工艺路线的流动次数与产量乘积求和为 200 单位，也就是在各种产品的加工过程中，经过 A 单元后流向 C 单元的

---

① 解决这个问题的定量方法比较多，而且有支持设计的计算机软件，例如，CRAFT(Computerized Relative Allocation of Facilities Technique，计算机辅助规划技术法)、CORELAP(Computerized Relationship Layout Planning，计算机辅助相关法)等，有兴趣的读者可参阅专门的书籍。

总流量共计是200个单位(见表3—1)。[1] 根据两个要素计算得到各单元之间的流量，整理绘制成如表3—1所示。

表3—1　　车间各单元(设备组)之间的流量

	A	B	C	D	E	F
A		70	200	0	50	60
B	80		60	100	0	20
C	100	60		150	70	80
D	0	300	50		100	30
E	100	100	10	200		60
F	0	60	0	30	40	

表3—1称为从至表，是定量测量单元之间流量的一种常用工具，所以应用从至表对布局进行规划的方法，也可称为从至表法。如果对往返没有方向性的要求，根据计算需要，可以对各设备组之间往返的流量进行合并(将往返的流量合计)。例如，在表3—1中，A到C的流量为200，C到A的流量为100，则合计为300单位。计算结果如表3—2所示。

表3—2　　车间各单元(设备组)之间往返流量的合计

	A	B	C	D	E	F
A		150	300	0	150	60
B			120	400	100	80
C				200	80	80
D					300	60
E						100
F						

这里需要注意的是，流量只是表明两个单元之间的流动数量，还没有涉及流动的距离是多远，而流动的距离是由单元之间的相对位置决定的。从表3—2的数据可以看出，只要让两个流动数量大的单元接近(较大的数据接近对角线)，就可以得到一个最优(或满意)的布局方案，这也恰恰是应用这种方法的基本思路。

(2)确定初始方案并计算不相邻单元之间的流量。首先是确定一个初始方案，如果是一个新建流程的布局，理论上讲，初始方案可以是任意的；如果是对现有流程布局的调整，则现有流程布局就是初始方案。本例是对现有流程布局的调整，所以现有布局就是初始方案，如图3—3所示。在绘制设计方案图时，可以暂时确定单元相互距离是一样的，都是一个移动距离单位，单位可以是100米、500米，甚至更多。这个距离是逻辑的，主要是用来计算加工对象流动的远近，实际路程需要根据具体的物理设计确定。

其次是计算初始方案的流量数据。因为表3—2中给出的数据是两点之间的流动量，并没有给出流动的距离，从图3—3中可以看出，影响方案流动问题的另一个因素是流动的距离，所

① 企业实际产量可能不同，为了计算的方便，本例缩小了数字，但不影响说明方法的原理。

以，方案设计总的原则应该是，方案中总的流量与距离的乘积最小。这里我们将流量与距离的乘积称为加权流量，距离就是权数（根据具体问题，有时可以用运输成本）。因此，对于方案的总加权流量可以按下式计算：

$$\text{方案总的加权流量}=\sum\text{各单元间加权流量} \tag{3-2}$$

其中，一个单位的距离权数为1，不相邻的单元间权数为2（当然可以是3或4），任意两个单元可以直接过去，也就是按斜线计算，但为了简单起见，不用考虑斜线的长度，也按经过距离单位计算。例如，图3—3中A到F间距离为2个单位。

因为一个方案的优劣如何，可以用总的加权流量来判断，总的加权流量越小越好（假设运输成本与距离是成正比的），所以，可以计算不相邻的单元之间总的加权流量（因为相邻的单元不能再近了），如果调整布局能够使不相邻单元间总的加权流量减少，就是有更好的方案。在本例中，初始方案总的加权流量计算结果如图3—3所示。

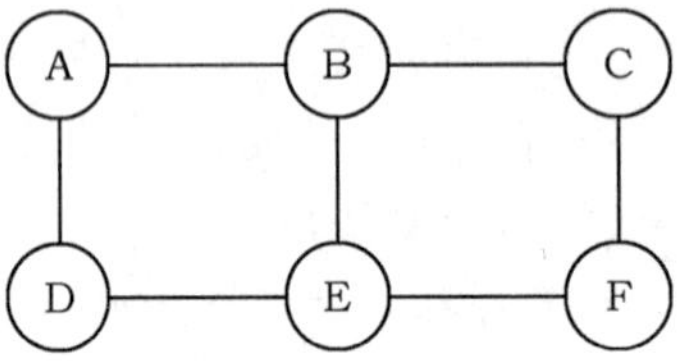

单元关系加权流量	
AC	300×2=600
AF	60×2=120
DC	200×2=400
DF	60×2=120
总加权流量	1 240

图3—3　初始方案及不相邻单元间总加权流量计算

（3）调整优化方案。按照总加权流量最小的原则，对初始方案进行调整，启发式算法调整的思路是，将加权流量大的单元尽量接近。从图3—3中可以看出，AC、BD、DE间的加权流量较大，它们应该彼此靠近。因此，可以对初始方案逐步地调整优化，调整后再计算不相邻单元间的加权流量，具体过程如图3—4所示。

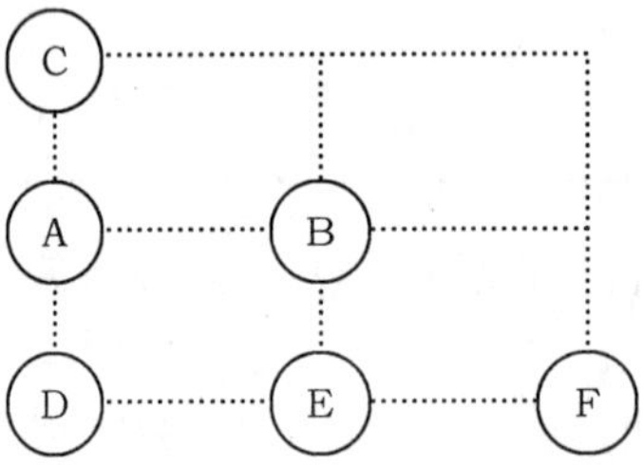

单元关系加权流量	
CD	200×2=400
CF	80×2=160
DF	60×2=120
AF	60×2=120
CE	80×2=160
总加权距离	960

（a）布局调整：将C移到A附近

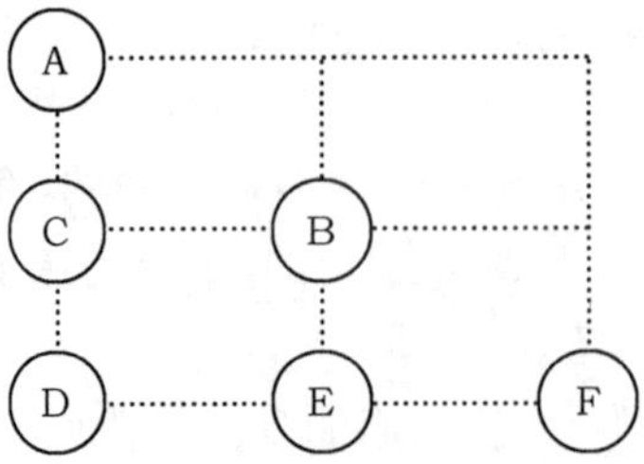

单元关系加权流量	
AE	150×2=300
CF	80×2=160
AF	60×2=120
AD	0×2=0
DF	60×2=120
总加权距离	700

（b）布局调整：将A与C对换

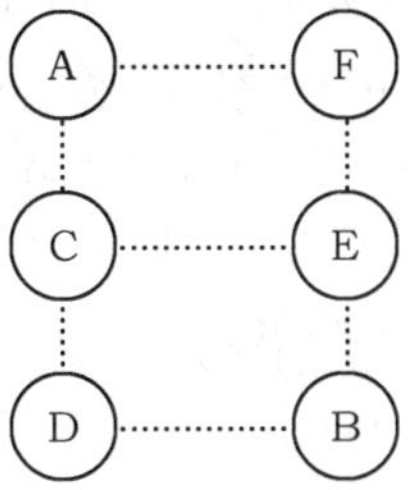

单元关系加权流量	
AB	150×2=300
FB	80×2=160
FD	60×2=120
AD	0×2=0
总加权距离	580

(c)布局调整:将 F 移到 A 附近并将 B 与 E 对换

图 3—4　布局调整情况下单元间加权流量的计算

如果再继续调整,得出方案的总加权流量比目前方案的流量增加的话,则得到的就是最优(满意)解。当然,因为所有可以组合的方案数量非常大,运用启发式算法不一定找到最优解,找到满意解也是可以的。最后,根据总加权流量最小化原则得出的最优设计方案如图 3—4(c)所示。

(4)设计实际的物理布局。根据上述得到的优化后的布局方案,如本例中图 3—4(c)所示的逻辑关系,结合各单元需要的实际占用空间面积,以及道路、物料存放、人员作业、电气信息线路等因素,设计出具体的物理布局方案。

需要说明的是,在上述的计算与优化过程中,主要考虑的是流量与距离两个参数,目标函数是总的加权流量最小。这里有以下几个需要注意的问题:

第一,运输距离与成本的关系。一般情况下,两者是成正比的,但有特殊的因素需要考虑。如中间的运输工具,有的单元间有自动传输装置(传送带、悬链、滑道等),有的是用小车运输,这样会导致运输成本的不同。所以,在计算加权流量时,也可以根据具体问题采用运输成本作为权数,以成本最小作为目标函数。

第二,关于流量的确定。上述计算中,出于简单说明考虑,我们对不同产品流量的计算采取了同样的计量单位,但在实际中,可能有的产品搬运在物料重量、体积、易损等方面会有很大的不同,也可以根据这些因素对流量进行折算。例如,重量比较重、搬运困难的物料的流量,可以折算为普通物料的 2 倍,这样流量的数据更接近实际。

第三,关于服务业单元间流量的测量。对于服务业而言,单元间的流量可能是客流(如前面提到的商场、旅游景区),也可能是运输性质的物流(如物流中心仓库内部的拣货业务),还可能是交通系统的车流。此时流量的计算则没有固定的工艺路线作为依据,只能通过实际观测、统计分析来确定,也就是一个统计的平均数。

2. 相关分析法

流量分析方法虽然具有定量测量的优点,但是考虑的因素比较单一,有些难以定量描述的因素就不能考虑。例如,前面提到的商场根据消费者购买行为的特征,将一些时尚型的商品布置在商场一楼,以及有些特殊要求的单元不能布置在一起等,都没有充分地考虑,所以此时采取相关分析的方法更适合。

相关分析方法的特点是,通过定性分析确定各个独立要素单元之间的关系,按关系的密切程度进行分类。例如,有的单元之间关系非常密切,有的属于一般或不密切等。然后按这种分类来安排单元的位置关系,将密切相关的单元尽量放在一起,不密切或不能相邻的单元可以离得远一些。具体步骤如下:

第一步，确定单元之间的密切程度。这种方法对于流动的测量是定性的，一般使用理查德·默泽(Richard Muther)提出的密切程度等级值(如表 3—3 所示)来定性地度量单元之间的关系。此时，等级值的确定需要专业和相关人员定性地给出，一般会考虑一些影响的主要因素。例如，是否需要人员的密切沟通、是否有共同使用的某种资源、是否有物料或信息的密切往来等，将这些分析的因素作为测量关系的理由，如表 3—4 所示。

表 3—3　　密切程度等级值

密切程度	等级值
绝对重要	A
特别重要	E
重要	I
一般	O
不重要	U
不能靠近	X

表 3—4　　密切程度评定理由

代　码	理　由
1	人员直接沟通
2	共用资源
3	流程相连
4	物流量大
5	信息交流多
6	作业类似

第二步，绘制相关图。根据分析确定的单元之间的密切程度，绘制一个相关图(也称为默泽网格图)，将单元之间的两两关系用图表示出来。例如，对 6 个单元的关系进行描述，如图 3—5 所示。

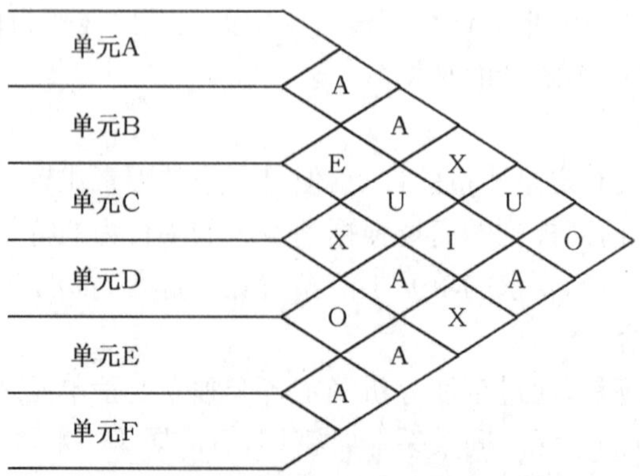

图 3—5　单元间关系的默泽网格图

第三步，分析确定各单元的位置关系。此时是一个逐步分析确定的过程，方法是可以先找出关系为A的单元，如图3—5中，A—B、A—C、B—F、C—E、D—F、E—F之间的关系都是A，需要靠近布置；再找出关系为X的单元，如图3—5中，A—D、C—F、C—D之间的关系都是X，说明单元不能靠近。经过几次优化，最后可以得到一个比较满意的方案，结果如图3—6所示。

A	B	F
C	E	D

图3—6　单元间的位置关系布局

最后与流量分析方法相同的是，需要根据具体每个单元的实际占用空间以及其他因素来确定实际的物理布局。

二、应用状况与效果

柔性流向布局在多品种、小批量生产的企业中被广泛应用，其主要优点是适应能力强，可以满足市场多样化的需求。但它在流程的流动性、作业效率与运营成本方面表现不足。例如，根据上面的例子分析可以看到，要完成一种产品的全部工艺流程，需要经过若干个生产单元，因为每个单元一般只能完成一道工序。单元之间的距离即便是经过优化，也会有一定的路程，在一个实际的工厂，这个路程由于建筑、道路等因素有时会很远，需要有运输工具，如叉车、电瓶车等将半成品由一个单元运到下一个单元。不仅要花费运输成本而且需要运输时间，如果计划调度不好的话，还会产生排队等待时间，这些都会导致生产周期加长。

另外，这种布局下的生产体系，中间的物料运输一般是批量的，也就是工序之间采取顺序作业、整批运输，按一定的数量采用各种运输工具运送。中间占用的在制品很多，流动资金周转速度较慢，最终导致流程运行的成本效率较差。这也是多品种、小批量生产企业提升效益的一个难点。

更值得关注的是，在服务流程中，这种布局形式采用得更多，如前面提到的商场、医院、机场等。与制造业的道理相同，此时，流程中的顾客排队等待时间会较长，行走路线往复、周折，最终导致流程的运行效率低下，服务质量不如意。因此可以说，流程的布局对服务流程满意程度影响较大。目前，依靠信息技术的支持，服务流程得到一定的改进，但通过流程布局的改变会取得更好的效果。采取所谓的一站式服务，实际就是将流程布局改为线性流向形式，来提升服务水平。①

第三节　线性流向布局设计

线性流向布局与按产品原则的流程组织策略对应，是针对流程的流向一致性的布局形式，也就是流程中加工对象的工艺路线是一致的，或至少是相似的。在这样的布局形式下，设备是按工艺顺序布置的，设备之间是串联的线性关系；各个工序的作业关系是平行的，即产品的各道工序可以平行地同时作业，而且在时间上可以对各工序作业时间规划得比较均衡，加工对象在流程中可以有一定节奏，比较连续地运动。

线性流向布局的典型代表就是流水生产线，它是大量生产体系的核心技术，最早产生于汽

① 可参见第二章后面的浦南医院的案例。

车的装配生产过程:先是将汽车装配过程分解成若干个独立的作业活动(工序),然后制定每项作业的操作及时间标准,而且尽可能地使每道工序的操作时间相等或接近,最后按工序的逻辑顺序布置所需设备,并运用传送装置(如传送带)将工序连接起来,传送带按照一定的时间节奏运行,产品则在不停地运动状态下,如同流水一样被生产出来。因此,这种生产体系比较形象地被称为流水生产线(也可以简称为流水线)。

一、基本形式与运行特征

线性流向布局的设计内容也应包括物理和逻辑两个方面,本节主要以流水生产线为核心,讲解其基本原理,进而说明线性流向布局的设计方法。

概括地讲,流水生产线设计的基本原理,就是在第二章中讲到的,产品原则的空间组织加平行运行的时间组织,同时要求各工序之间的作业时间要平衡,否则会有时间上的损失。但由于产品结构、工艺技术特点等因素的限制,时间的均衡有时比较难实现,也就是有些生产体系在物理形式上可以是线性流向的,与流水生产线的形式是一样的,但在逻辑的时间规划方面很难实现理想的各个工序作业时间的均衡,因此流程的连续程度不高,此时可称为生产线,也就是流水生产线与生产线是两个不同的概念,两者在计划控制方面会有不同的表现。

一般来讲,流水生产线是按工艺阶段组织的,如产品装配线或零件加工线,因此,线性流向布局是将某个产品(装配或零件加工)的全部过程在一个单元内完成(特殊工艺除外,例如热处理),这个单元可能是工厂、车间、工段等。设备是按工艺顺序排列的,而且空间距离很近,中间多半有自动化的传输装置运送半成品。所以,流程的流动性及流向都会很好,设备布置的形状未必一定是直线,会考虑生产面积、人工操作、在制品运输路线等因素,采取不同的布置形式,如U形、S形、L形等。但无论平面布置形状如何,设备之间的逻辑关系是串联的,流向是线性的。图3-7、图3-8分别表示加工流水线与装配流水线的布局及物料传送方式。

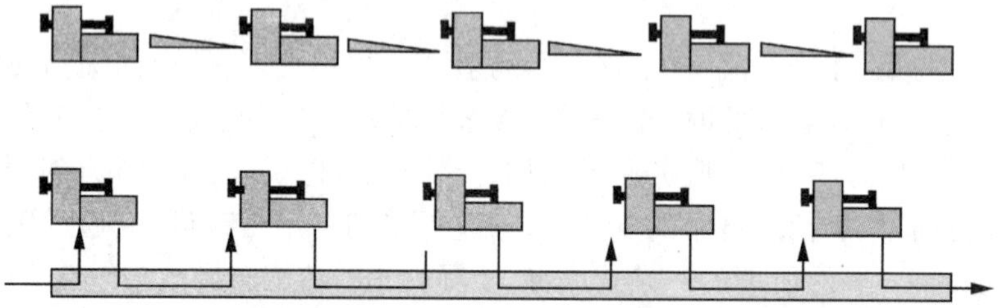

图3-7 加工流水生产线布置形式及传输方式示意图

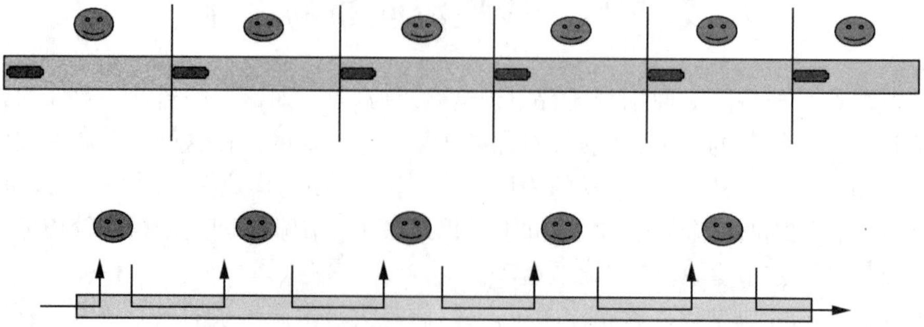

图3-8 装配流水生产线布置形式及传输方式示意图

如果到企业现场观看流水生产线，会发现其形式是多种多样的，而且比较大的产品生产体系，如汽车、家电等，可能会由多条流水线来完成，但线性流向布局的基本特征是一致的，可以总结归纳为以下几点：

1. 流程是产品专业化原则组织的

将产品生产（装配或加工）所需的各种不同设备，按照工艺的先后顺序排列，工序之间形成串联的链状关系，设备之间由传送装置连接，生产对象在工作地之间单向、顺序地移动，并接受连续加工，形成一个封闭的生产空间。

2. 作业分工详细，专业化程度高

因为流水生产线一般只生产一种或少数几种产品或零件，而且稳定、重复地大量生产，所以可以采取比较详细的分工。具体表现为每个工作地（工作站）仅完成很少的几种工序作业，工序作业内容的范围也很小，因此可以最大限度地使用专用设施或专用工具，对于员工的技能要求也不会很高，具备熟练的操作技能即可。

3. 各道工序实施平行作业

一条流水生产线上会有多道工序（如图 3－7 和图 3－8 所示），每道工序根据需要配备设备与人员，各工序的作业是平行的，即各工序的作业同时进行，只不过分别操作不同的工序，一般加工对象在各个工作地之间是单件流动的，最大限度地减少了中间的间歇等待时间。

二、设计原理及参数计算

布局形式决定了流水生产线的空间及流向要素，但流水生产线能够有效地运行的另一特征是时间要素，即加工对象在流程中的运行状态是保持一定的时间节奏，具体表现为流水线内各工作站的作业时间是平衡的、成比例的，即各道工序的工作地（或设备）数同各道工序单件加工时间的比值基本相等。也就是说，如果完成某件制品的加工需要经过 1,2,3,…,m 道工序，流水线各道工序的工作地分别为 $s_1, s_2, \cdots, s_m$，各道工序的单件作业时间分别为 $t_1, t_2, \cdots, t_m$ 的话，则参数之间应满足如下平衡条件：

$$\frac{t_1}{s_1}=\frac{t_2}{s_2}=\cdots=\frac{t_m}{s_m}\approx r \tag{3－3}$$

其中，r 为流水生产线的节拍，也就是流水线运行的速度，在节拍时间内各工序都应该完成作业内容，而且都不应该有过多的空闲时间。这是流水生产线逻辑设计的主要目标。

如果流水线仅生产一种产品，则称为单对象流水线；如果生产一种以上的产品，则称为多对象流水线。目前由于市场需求的多样性，仅生产一种产品的流水生产线已经不多见，尤其是在装配线上。例如，典型代表汽车、家用电器等，大多数是多品种生产的流水线，但这些都是在单一品种流水线的基础上发展起来的。因此，下面以单对象流水线为基础，来说明流水线的设计原理及各种参数的计算。

对于单一品种流水生产线的逻辑设计，主要是计算、确定流水线运行的几个主要参数，具体的步骤及内容如下：

1. 节拍及计算

所谓节拍，是指流水生产线相继产出两件相同制品之间的时间间隔。流水线节拍的计算公式为：

$$r=\frac{F_e}{N}=\frac{F_o \cdot \eta}{N} \tag{3－4}$$

式中：r——流水线节拍(分钟/件)；

N——计划期产品产量(件)；

F_o——计划期制度工作时间(分钟)；

F_e——计划期有效工作时间(分钟)；

η——时间利用系数。

其中，有效工作时间是指按制度规定的工作时间，减去设备维护、更换工具、午餐、中间休息等时间，真正用来完成作业的时间。例如，计划期确定为1年的话，每年为52周，每周工作5天，每天工作8小时，如每天午餐和休息时间为1小时的话，则计划期内有效工作时间为：$F_e=(52\times5)\times(8-1)\times60=109\ 200$(分钟)。

形象地比喻，流水线的节拍就如同一列行进中队伍的口令，大家都按统一的步伐行进，队伍就很整齐；或者说一个乐队的指挥节拍，大家都遵从指挥的节奏演奏，乐曲才能有序进行。所以，流水线的节拍就是一个流程运行的节奏，每个岗位的作业都按同样的速度完成，流程就会按节拍(平均间隔时间)生产产品。

一般一个计划期的时间是一定的(时间利用程度有些影响)，所以只要给定产量，就可以计算出流水线的节拍。例如，一条年产10万辆汽车的流水生产线，如果用上面计算得到的全年有效工作时间计算的话，则节拍应近似为1分钟(109 200/100 000)。

特殊情况下，如果计算出来的节拍数值很小，同时零件的体积、重量也很小，不适用于按单件传送，则可以成批传送。这时，顺序出产两批同样制品之间的时间间隔称为节奏或运输批节拍，它等于节拍与运输批量的乘积。

$$r_g=r\cdot n \tag{3-5}$$

式中：r_g——节奏(分钟/批)；

n——运输批量(件/批)。

2. 工序同期化(流水生产线时间平衡)

流水生产线的节拍确定后，另一个重要的参数就是各个工序作业时间的确定，由公式3—3可知，每个工序的作业时间最好能被节拍整除(否则设备数量将出现小数)，因此这一步是流水线将来运行效果的关键，通过各种技术的、组织的措施来调整流水线上各工序的作业时间，使它等于或成倍于节拍，这个过程称为工序同期化。

对于主要以设备作业为主的机械加工流水生产线，工序的划分基本是由设备决定的，即一般工序数目不能改变，所以只能通过改进工艺、加工方法、工具等技术手段来调整各工序时间的平衡；而对于主要以人工作业为主的装配流水线，可以通过作业分工的划分来实现时间平衡(参见装配线的时间平衡)。

3. 确定工序的设备(工作地)数量

经过工序同期化得到作业时间后，可以根据公式3—3的关系计算各工序需要配置的设备(工作地)数量。某工序所需设备数量为：

$$S_i=\frac{t_i}{r} \tag{3-6}$$

其中，S_i 为第 i 道工序所需设备数(理论值)，若为小数，取近似于 S_i 的整数。

由于工艺技术、作业内容、加工方法等因素的限制，工序的作业时间即便进行了优化，也很难实现完全被节拍整除的结果，所以会产生小数。很容易理解的是，设备是不能取小数的，因此，就会出现设备的理论值与实际值不同的问题，会导致设备利用率不满的现象。设备负荷系数计算公式为：

$$K_i=\frac{S_i}{S_{ei}} \tag{3-7}$$

式中：K_i——第 i 道工序的设备负荷系数；

S_{ei}——第 i 道工序所需设备数的实际值。

整条流水生产线的综合负荷状况，可以根据各个工序的时间之和以及设备（工作地）的实际数量计算，综合负荷系数为：

$$K=\sum t_i/r\cdot\sum S_{ei} \tag{3-8}$$

式中：K——流水生产线的综合负荷系数；

r——流水生产线节拍。

设备负荷系数，或称设备的利用率，是衡量流水生产线设计及运行状况的一个指标。一般认为，如果综合利用率达到 80%，效果比较好，可以按流水线的方式运行；如果这个指标过低，则可以按生产线（间断流水线）组织运行。另外，通过设备利用率的水平也可以体会到规划好工序时间的重要性。下面我们通过一个实例来说明流水生产线的设计方法。

【例 3—2】 某汽车零件生产企业为主机厂生产汽车的减震器，其中一种零件（L）的工艺流程以及相关设备、工序时间数据如图 3—9 所示。

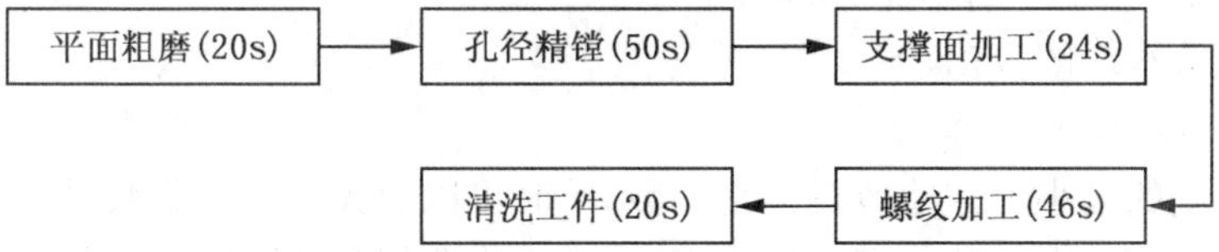

图 3—9　零件（L）的工艺流程

根据主机厂生产的要求，每天需要生产此零件 2 000 件，工厂实行两班工作制，每班制度时间是 8 小时，其中有半小时的休息时间，所以全天的有效工作时间为 900 分钟。如将流程设计成流水生产线，则根据公式 3—4 计算，节拍为：$r=900/2\ 000=0.45$ 分＝27 秒。

如果每道工序的时间由于设备、工艺方法等原因，已经不能再改变了，则根据公式 3—6，各工序配置的设备数量为：第二、第四道工序分别需要配置 2 台设备，其余工序分别配置 1 台设备。工序负荷状况及设备利用率如表 3—5 所示。

表 3—5　　零件（L）流水生产线设备配置及负荷系数

工序	1	2	3	4	5
设备数量（台）	1	2	1	2	1
利用率（%）	74	92.5	88.9	85.2	74

此时，该流水生产线的综合负荷系数可以根据公式 3—8 计算得到，由于有两道工序需要配置 2 台设备，所以有 7 个工作地，负荷系数为：

$K=(20+50+24+46+20)/(27\times7)\times100\%=84.65\%$

一般来讲，加工流水线的工序划分是根据工艺技术的要求确定的，而且由于各个工序使用的设备种类不同（见图 3—9），工序的作业内容不能再分解了。因此，只能通过设备数量的增减、加工方法和使用工具等要素的改进来尽力达到工序时间平衡，但很难做到十分理想的状态，仍然会有一定的资源空闲，如本例中的设备综合利用率为 84.65%。而对于装配流水线，尤其是以手工作业为主的装配线，时间平衡可以通过作业分解的方法实现。

三、装配线的时间平衡

装配线时间平衡与加工线时间平衡的不同之处在于，它可以通过工序作业内容的划分来实现工序之间的时间均衡，因为装配线多是以人工作业为核心的。所以设计程序也略有不同，不是先规划工序作业时间（工序同期化），而是先确定装配线所需工序（工作地）数，也就是先确定由多少个工序来完成产品的全部装配作业，然后再将作业分解，分配给各个工作地。具体的设计步骤如下：

1. 计算装配线节拍与最小工作地数

装配线的节拍计算与前面给出的公式是一样的，不再赘述。在节拍确定后，首先计算需要的最小工作地数，计算公式为：

$$S_{\min}=\left[\frac{\sum t_i}{r}\right] \tag{3-9}$$

式中：$S_{\min}$——装配线所需最少工作地数；

t_i——第 i 道工序的作业时间；

$\sum t_i$——单件产品装配的总作业时间；

r——装配流水线的节拍；

[ ]——取整函数。

一般计算得到的最小工作地数目会是小数，此时可以取大于它的整数，所以也会存在工作地利用率的问题。而且在实际分配工作内容时，由于作业划分的限制，有时还会出现实际需要的工作地比计算得到的数字多的情况，所以，这里称为最小工作地数。

2. 工序间的时间平衡

时间平衡的基本方法是，将作业任务细分为许多小的作业元素（活动），然后以适当的方式将（逻辑关系）相邻的小元素合并成一道工序，使这些工序的作业时间等于或接近于流水线的节拍或节拍的整倍数。一般而言，作业分解得越细，在进行时间平衡时就越容易实现，但这是受作业内容限制的。时间平衡必须满足下列两个条件：

第一，保证作业活动之间的逻辑关系。例如，一种产品先装什么零件、后装什么零件是有工艺规则的，不能违背。

第二，分配给每个工作地的作业内容，按标准时间计算，总的作业时间要小于等于节拍（或者节拍的倍数）。

上述两个条件是必要的，也很好理解。另外，还有一个要求是，平衡后的流水线上各个工序的工作负荷应尽量平衡，也就是各工序的忙闲程度近似，当然这是一个力争实现的要求。下面通过一个实例来说明装配流水线的参数计算，以及工序时间平衡的方法。

【例 3－3】 某一产品的装配线，计划每小时出产 200 件产品，每小时用于生产的有效工作时间是 50 分钟。产品的设计、工艺设计、作业时间的测算已经完成，对此装配流水线的时间进行平衡，并计算分析设计结果。

设计步骤如下：

第一步，分解作业内容，确定作业的逻辑关系及作业时间。在对装配流水线进行时间平衡时，首先要收集工艺信息，将全部的装配作业分解成若干相对独立的活动要素。如前所述，此时分解得越细，后面的平衡会越容易进行，但需要根据工艺要求、使用工具、技能要求等因素进行合理的分解。在此基础上，确定活动要素的先后顺序关系，以及每一项活动要素的操作标准时间。本例分析的结果如表 3—6 所示。

表 3—6 装配作业活动顺序及标准时间

作业名称	A	B	C	D	E	F	G	H	I	J	K	L
紧前作业	—	—	—	—	AB	CD	EF	—	—	HIG	J	K
作业时间(秒)	12	3	9	3.6	1.8	4.8	7.2	3	3	7.2	9	4.8

第二步，绘制装配作业活动逻辑图。方法是根据工艺信息规定的作业活动顺序，用箭线图的形式表示，如图 3—10 所示。

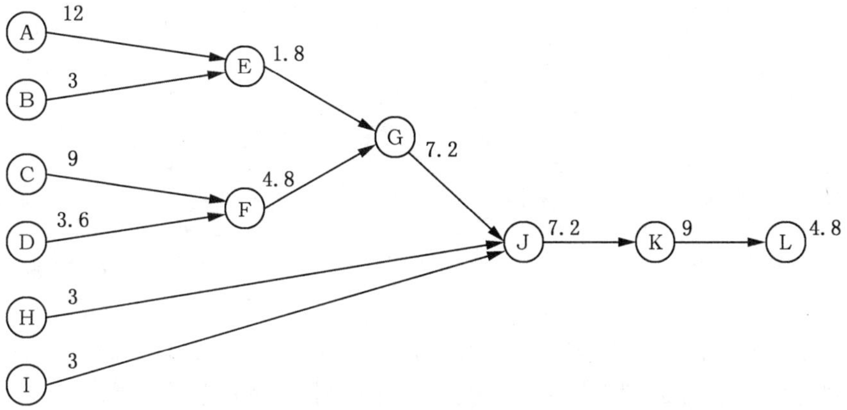

图 3—10 装配作业活动要素的先后顺序

在图 3—10 中，圆圈表示产品装配的作业要素，圈内字母表示作业活动要素的名称，圆圈上面的数字表示该作业要素的单件作业时间，箭头表示作业要素之间的先后顺序关系。

第三步，计算该装配流水线的节拍。因为已知每小时出产 200 件，有效工作时间为 3 000 秒(50×60)，所以节拍为：r=3 000/200=15(秒/件)。

第四步，计算确定最小工作地数。因为单件产品的装配总工时为 68.4 秒(按表 3—6 计算各作业要素时间之和)，则每小时装配 200 件产品所需的最少工作地数(按公式 3—9 计算)为：S_{min}=68.4/15=4.56(个)，所以确定取 5 个工作地。

第五步，为各个工作地分配作业活动(时间平衡)。此时，常用的工序作业分配方法有很多种，如启发式算法、列举消去法、分支定界法等，而且有运用计算机支持寻求最优解的算法。这里主要介绍通过运用启发式算法，寻求一个满意解的过程。①

启发式算法的规则是：从第一个工作地开始，根据活动要素的先后顺序，将能够开始的作业活动作为一道工序组合在一起，直到作业时间之和等于或接近于节拍时间为止，如有作业活动同时可以开始的话，选择后续活动时间较长的活动优先开始。如此反复进行，直至把所有的活动分配完为止。

在本例中，给第一个工作地分配作业内容时，马上可以开始的作业有 A、B、C、D、H、I 6 个

① 这里主要从比较适用的角度考虑，讲解启发式算法的应用，如读者对其他算法感兴趣，可参考相关专业的文献。

要素，所以首先选择后续活动时间较长的C、D两个活动，分配给第一个工作地来完成，时间合计是12.6秒。在图3－10中，如果去掉已经选出的C和D，之后可以开始的作业有A、B、F、H、I 5个活动，选择后续活动时间长的A、B分配给第二个工作地，总的合计时间是15秒。如此反复进行，直到全部活动分配完为止。本例中，工序作业分配结果以及各个工作地的作业时间、空闲时间如表3－7所示。

表3—7 **装配流水线平衡表** 单位：秒

工作地序号	作业	单件作业时间	工作地单件作业时间	工作地空闲时间
1	C D	9 3.6	12.6	15－12.6＝2.4
2	A B	12 3	15	15－15＝0
3	E F G	1.8 4.8 7.2	13.8	15－13.8＝1.2
4	H I J	3 3 7.2	13.2	15－13.2＝1.8
5	K L	9 4.8	13.8	15－13.8＝1.2

表3－7是该装配流水线平衡结果的一种方案，但并不一定是最优解。对于平衡结果的分析评估，主要考虑尽力充分利用资源，又不超出节拍的时间，同时还要考虑各个工作地的负荷尽量平衡。

3. 计算工作地及流水线的总负荷率

无论是加工线还是装配线，时间平衡的目的都是使设备或人员的空闲时间最小。因此，在对各工作地的作业任务分配之后，可以通过计算各工作地及流水线的闲置时间和工作负荷，来分析设计平衡的结果。工作地的闲置时间计算公式为：

$$\text{工作地空闲时间}=\text{流水线节拍}-\text{作业时间} \quad (3-10)$$

至于工作地的负荷以及流水线总的负荷，可以通过计算负荷系数分析，其计算方法与设计原理相同(见公式3－7、3－8)，不再赘述。

如前所述，流水线的负荷率越高，流程中间的空闲时间(资源的损失浪费)就越少，流水线的生产率就越高。一般而言，机械化流水线的负荷率不低于0.75，手工装配流水线的负荷率不低于0.85，设计方案是比较理想的。

与流水线的负荷率相反的是流水线的时间损失率，也称流水线的闲置率，其计算公式为：

$$\text{流水线时间损失率}=1-K \quad (3-11)$$

其中，K为流水线的综合负荷率(见公式3－8)。

在例3－3中，各工作地的空闲时间计算结果如表3－7所示，该装配流水线的总负荷率为：

$$K=\frac{\sum t_i}{s \cdot r}=\frac{68.4}{5\times 15}=91.2\%$$

实际上，这里计算的K值(91.2%)，在计算最小工作地数时，由于取整数的原因，基本已经确定了，也就是理论工作地数与实际取值的比例。如本例为 4.56/5＝0.912，与运用公式 3－8 计算的结果是一致的。此时，流水线的时间损失率为 8.8％(1－91.2％)。也就是说，此装配流水线运行仍然有 8.8％的时间是空闲的，用精益思想分析可以说是浪费的。通过上述设计过程也可以体会到这种浪费产生的原因，以及做好装配线时间平衡的意义。

四、应用状况及效果

线性流向布局形式在空间、流动、作业 3 个关键要素上都有很好的表现，尤其流水生产线技术是一种高效率、低成本的体系。上面我们以生产单一产品(单对象流水线)的情况，讲解了线性流向布局的典型代表，即流水生产线设计的基本原理。但如果仅限于生产一种产品，则系统的刚性表现突出，很难适应目前市场需求的多样性，这也是流水生产线最大的局限性。

因此，如何能够在一条流水线上生产出多种产品，长期以来都是企业实践及理论研究的重要课题。自 20 世纪 60 年代开始，企业就已经比较成功地组织运行了多品种(多对象)生产的流水线。其主要形式有基于成组技术支持的成组流水线，以及基于流程柔性组织技术支持的可变流水线与混合流水线。这些类型的流水生产线在布局形式上没有不同，仍然表现为线性流向的布局，但在加工对象的流动及作业设计方面实现了多品种生产，因此增强了流水线的适应性，很好地改变了流水线刚性的问题，使流水生产线这种比较古老、传统的制造技术有了更新的发展及更强的生命力。①

另外，线性流向布局的形式在服务业中也会见到。例如，博物馆、旅游景点等参观游览性的服务系统，组织者都会力图设计一条通路，让顾客不必往复地通过就可以看到全部内容。这其实就是一种线性流向布局的设计，只不过服务系统的对象是顾客，他们不会按照规定的时间(节拍)参观游览，所以达不到流水生产线的运行状态，这也是服务流程组织的不同之处，如果能采取措施对顾客的通过时间加以引导，会得到更好的效果。

第四节　单元型布局设计

单元型布局是一种比较特殊的设施布局方式，最初起源于日本丰田汽车公司创立的精益生产体系，从 20 世纪 90 年代开始得到更广泛的重视与应用，而且在电子信息产业的运用更加普及。这种布局形式下，流程的实质仍然是线性流向的，所以所形成的生产体系也称为单元生产线(Cell Line)，又因其是一种小巧灵活的生产体系，也被形象地称为细胞生产方式。

一、基本形式与设计原理

与流水生产线代表的线性流向布局比较，单元生产线中设备之间的关系仍然是串联的，加工对象的流动性质也没有什么变化，仍然是线性流向的，只是在设施布局的空间形式上有所不同，一般采取 U 字形平面布局，如图 3－11 所示。

其主要特点是，针对一定的品种范围组织，而且可以通过计划与控制、作业分工协调等手段，应对产品需求不稳定、波动较大的情况，是对应于多品种、小批量生产的一种体系。与大量流水生产线相比，单元生产线不仅有品种柔性，而且可以有数量柔性与用工量柔性的优势，是

① 关于多品种流水生产线的设计，是在本章讲解基本原理的基础上发展的，这里不再讨论，感兴趣的读者可以参阅相关的著作。但关于多品种流水生产线的计划问题，我们将在第七章大量生产计划中讲解。

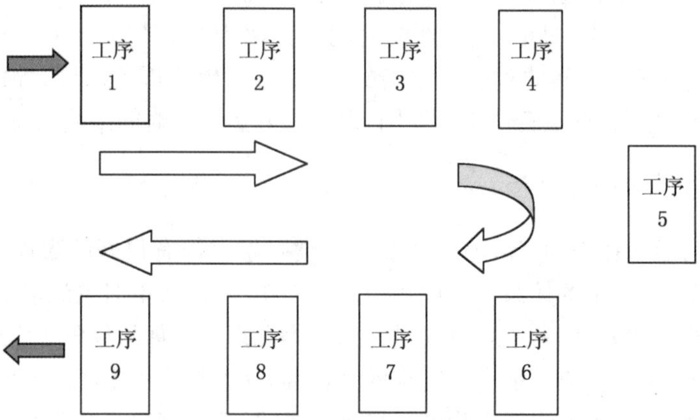

图 3－11 单元生产线设备布置形式

一种小型灵活、适应能力强、运行成本低的生产体系。

单元生产线在产品装配与零件加工阶段都有应用，工序作业内容的划分与大量生产相比，会粗略综合一些。一条单元生产线内的全部作业任务可以根据产量的变化，由一名或多名作业人员（单元内的作业人数是可以变化的）完成。因为一般单元线的设备空间布置比较紧凑，各工位之间的在制品传送不再使用传送带，而是采用一些简单的辅助设施（如推车，有些装配线的工作台就是一个可移动的推车）或手工递送。单元线内形成一个小的作业团队，每个人承担的工序及作业内容会根据需要变化，相互之间通力协作沟通，共同完成生产任务。

单元生产线的设计主要是确定单元线的循环时间（节拍）、作业人数及作业分工，设计步骤为：

1. 计算单元生产线的循环时间

其计算公式为：

$$R=F_e/D \tag{3-12}$$

其中，R 为循环时间，因为在单元生产线中，每个作业人员可能会负责几个工序的操作，在一定时间内一次循环地完成，所以这个时间称为循环时间，实际上与流水线的节拍性质是相同的。D 为需求产量，是根据市场需求的变化随时确定的生产线产量，可以比较灵活地确定，如一周或一个月，因此比稳定的大量流水线更灵活。F_e 为计划期有效工作时间，其含义与流水生产线相同，只不过这里的计划期可能更短。

2. 确定用工数量

其计算公式为：

$$H=\sum t_i/R \tag{3-13}$$

式中：H——单元生产线所需操作人员数量；

$\sum t_i$——单元生产线加工一件产品的全部作业时间，即各工序单件作业时间之和。

但这里需要注意的是，如果是使用机器作业为主、自动化程度较高、加工生产阶段的单元线的话，作业时间的合计应该只计算手工作业的时间，这样根据手工作业时间计算的用工数量就是加工单元生产线所需的作业人数。

3. 分配作业任务及规定循环路线

为确定的每个作业人员规定负责操作的工序，并规定作业先后顺序（循环路线）。实际上，流水生产线未必一定是直线，也可以有很多形状，如U形等多种形式的布局。所以，单元生产线在设备的空间布置与加工对象的流动方面与流水线相比，并没有实质的变化，它最大的特点在于作业组织，以及具有适应产量变化（生产系统的弹性）的能力。

例如，在图3－11所示的单元生产线中，假设每道工序的单件加工时间都是1分钟，那么，每道工序配置一名作业员就可以1分钟完成一件产品；如果全部9道工序由一个人操作的话，则9分钟生产一件产品；如果配置三名操作员的话，则3分钟可以完成一件产品。也就是说，这种生产线的速度是可变的，而且投入人力资源的数量会随着产量的变化而增减，无论配置几名操作人员，其行走路线都是经济的（见图3－11），所以有运行成本低的特点。下面再通过一个实例来说明单元生产线的组织原理。

【例3－4】 某电子产品生产企业目前组装生产一种电源及信号连接器，产品用途比较广泛，但品种规格较多，品种产量不是很大，需求量变化较大。产品结构比较简单，连接器分为公头和母头，最后组装在一起形成产品。表3－8列出了该产品系列代表性的产品组装基本作业单元及作业时间。

表3－8　　连接器组装的基本作业工序和时间

作业编号	时间（秒）	工序作业描述
A	110	公头框架组装
B	60	安装电源弹簧片
C	50	拧紧固定定位螺丝
D	80	注塑成型
E	50	母头框架安装
F	60	注塑成型
G	70	总装
H	70	测试检测
总时间T	550	8个作业工序

产品组装采取了单元生产线的组织形式，如图3－12所示。单元内共有8道工序以及对应的设备（工作地），当前该单元实施两班制，每天分早班和晚班，每班工作8小时（假设均为有效工作时间）。

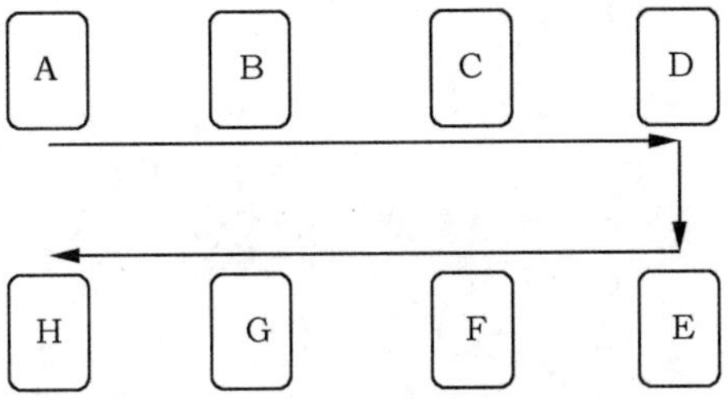

图3－12　连接器生产单元布局形式

前期该单元的产量为每天700件，节拍时间为82秒（16小时×60分×60秒÷700件），所以单元内配置9名员工，其中A工序为2名员工共同作业。但由于市场需求的变化，该产品的需求量减少到每天300件，因此，需要对单元的生产作业进行调整。此时，如果按照流水生产线的组织模式进行作业分工和时间平衡的话，就比较困难，而且流水生产线一旦设计完成，设施再调整也非常困难，但采取单元方式则可以通过作业分工及用工量的调整，来适应市场需求的变化。具体方法如下：

(1)计算单元生产线的循环时间。此时，按新的需求量计算循环时间为：

$$R=\frac{\text{每天的生产时间}}{\text{每天的计划产量}}=(16\text{ 小时}\times 60\text{ 分}\times 60\text{ 秒})/300\text{ 件}=192(\text{秒})$$

(2)计算用工人数。根据产品工序作业时间总量及循环时间计算，此时用工数量为：$H=550/192=2.86$(人)，可以近似取 3 人。

(3)分配作业任务及规定循环路线。根据各工序的作业时间及设备布局的空间位置，3 名员工的具体分工为：第一名员工负责 A 与 H 工序的作业，总作业时间为 180 秒；第二名员工负责 B、C、G 三道工序的作业，总作业时间为 180 秒；第三名员工负责 D、E、F 三道工序的作业，总作业时间为 190 秒。在新的节拍之内都可以完成，而且员工在工序之间行走的路线最佳，没有往返无效的行走路线(见图 3－12)。

如果市场需求发生新的变化，需求量增加或者减少，都可以根据上述原理进行生产线的调整。最极端的情况是，整条单元线作业只用一名员工完成，这样生产线的速度可以减到最低，如本例中 550 秒生产一件产品，但此时对操作员工技能的要求会很高。

二、物料配送系统

单元生产线是一种柔性较强的生产体系，为解决传统的大量生产体系的刚性问题提供了一条路径。但产生一个新的问题是，由于面临多品种生产，而且品种与产量的变化也比较频繁，现场的物料会出现堆积、混乱的现象。可以想象，一条生产线，尤其是装配线，如果生产多种产品，每种产品都需要有几十种甚至上百种物料供给到现场，那么装配线的线边会出现大量的(物料)库存，而且生产的品种越多，线边库存就越多。这个问题不仅是单元生产线出现后发生的，实际在实施多品种生产的流水线上都会出现，尤其是采取混流生产的流水线问题更加严重。因此，向生产线边配送物料的方式也出现了新的变化，下面通过一个实例来说明一种新的物料配送模式。

【例 3－5】 某笔记本电脑生产企业主要为品牌企业代工组装各种电脑，但是产品的品种非常多，每个订单的产量很少，极端情况是一个订单只有 1 台，100 台的订单已经是很大的了。因此，企业的生产流程采取单元线布置，由少数几名员工负责产品的组装、调试等作业，装配线的布局如图 3－13 所示。

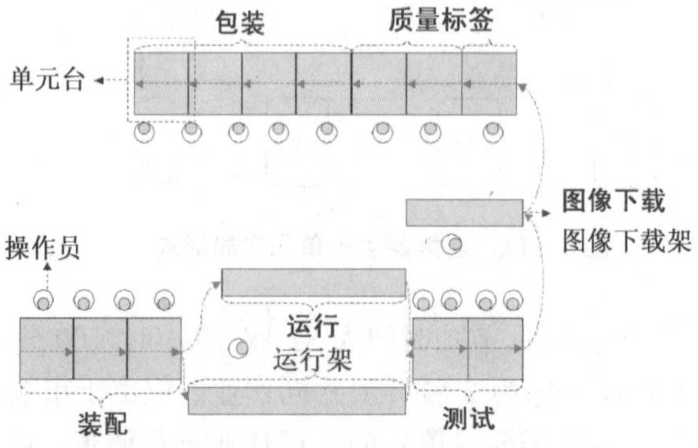

图 3－13　笔记本电脑装配线

为了改进现场物料的状况，该企业采取了组合打包式配料模式，即将一台笔记本电脑所需的全部物料集中选拣到一个特制的容器(托盘，见图 3－14)中，然后将托盘配送到组装线的起点，托盘跟随工序一起流动，最终物料全部用完时电脑也组装完成。

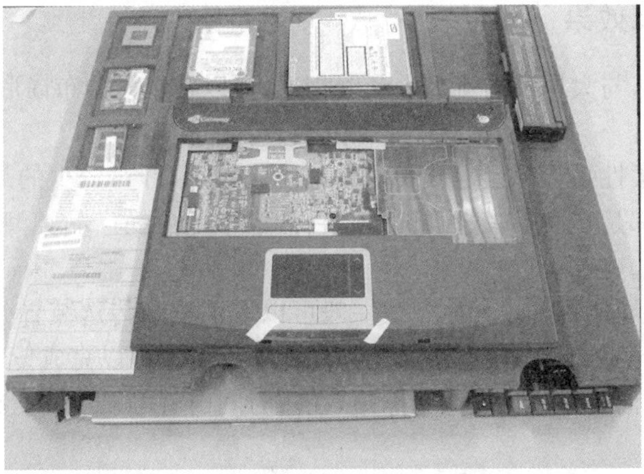

图 3－14　笔记本电脑物料集货配送托盘

这种配料方式的好处是，可以大幅度地减少现场的物料堆放空间，减少操作者寻找物料的时间，以及降低出错概率。当然，代价是需要增加一个选拣配料的作业环节。本例中，该企业是设置一个专门的配料空间(实际就是物料仓库)，由专职配料作业人员完成，而且有计算机信息系统支持物料的选取。其原理是，一份订单到达后，将订单信息输入该信息系统，经过系统的处理(原理基本与 MRP 的物料需求计算相同，参见第八章)给出某种电脑所需的物料种类及数量，并传输到物料存放现场货架上(此过程如图 3－15 所示)。配料作业人员在物料存放空间就可以看到这个信息，按信息提示，将各种电脑所需物料逐一拣到托盘中，再送到生产线边就可以了。

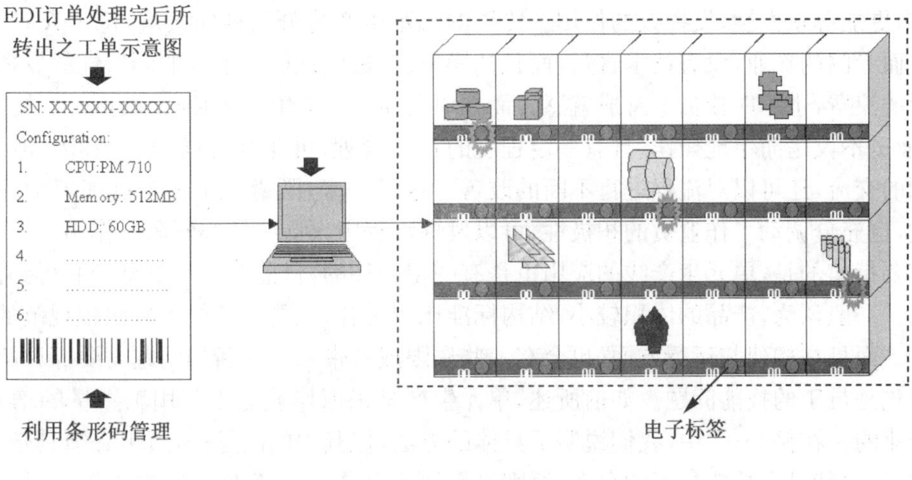

图 3－15　订单接收及物料集货配送信息系统

这种配料系统虽然增加了一个配料作业过程，但由于具有上述诸多优点，在电子信息产业已经得到广泛应用。而且，在汽车的装配线上也开始应用，但大家都会想到的一个问题是：如果物料体积很大(如汽车等大型机械类产品),则将产品的全部物料集中配送就很难了,所以,目前在汽车装配线上只是局部的一段(需求物料较小的线段)集中配送。而且,随着物联网技术的发展,物料的配送过程还会得到新的发展。

三、应用状况及效果

根据以上的分析,与大规模的流水生产线相比,可以将单元型布局形式的优势或者说特点归纳为以下几个方面:

(1)生产系统的柔性强。单元生产线一般规模比较小,针对较少的品种分别设置,一般采用通用设备,作业员都是多面手,从而可以频繁、低成本地更换产品类型,转产周期短,品种与产量的变化都很灵活。

(2)投资少,建设周期短。单元生产线一般可以取消皮带传送装置(当然有些产品还是需要的),可以采用简单的传递方式,有时采用移动式工作台就可以完成传递。另外,一般会采用小型的、通用的设备,而且线体长度大为缩短,在短时间内就可以建设完成。可根据产量需要,迅速扩建新的生产线。

(3)节约生产空间。与大型的流水生产线相比,单元生产线线体长度大为缩减,设施安排也紧凑,一般所需工作面积可减少 20%~30%。

(4)降低在制品占用。在大型的流水生产线运行中,由于物料被批量地配送到线边,以及为了防止个别工序的延误造成整条生产线的停顿,一般每个工序间都有一定量的在制品存储,流程中在制品的占用量比较大,因此占用了大量的流动资金。而在单元生产中,物料的配送以及中间占用都会减少,操作员多岗位作业,甚至可以实现"单件流"的生产状态,各工位之间在制品占用会大幅度减少。

(5)降低生产成本。一方面,如上所述,单元生产不需要流水生产那样的大型厂房、大规模的流水线和庞大的设备,可以减少大量的固定资产投资;另一方面,由于工人数量可以随产量的变化增减,实现了弹性用工,减少了生产系统总的用工数量,还可以带来人力成本的降低。因此,单元线的运行成本会更低。

(6)更加尊重人性,发挥人的作用。传统的流水生产将分工推向极端,每个人只能从事极其简单而专门的作业,没有技术含量,而且枯燥单调,极大地妨碍了人的创造性的发挥,是对人力资源的浪费,也不能让员工有成就感。而在单元生产中,由于分工范围的变化,技能得到提升,作业员不仅是简单地操作,且有一定程度的自主管理,可相互帮助、相互协调,增进了技能与知识的交流,还可以对流程进行不断的改善。这样一来,既避免了分工过细带来的简单、枯燥问题,也充分调动了作业员的积极性,可以发挥流程中人这一核心资源的作用。

需要指出的是,单元生产线的应用也是有一定条件的,目前在电子信息产业得到比较普遍的运用。一般认为,产品的体积较小,结构标准比较适合,但是还不能提出比较规范的标准,会有特例。而且在构建与运行方面,也会有一些局限或者带来一些新的问题需要探讨解决。

首先是员工的技能问题。如前所述,单元生产是采取作业分工与用工数量的增减来应对产量变化的。在例 3—4 中,我们说明了具体的方法,但其中的问题是,员工必须具备多岗位操作的技能,也就是多技能员工的存在,否则将无法实现作业分工及人员的调整。因此,需要企业做好员工的多技能培训,以及作业标准化(制定标准的操作规程)的工作,这对企业人力资源培训和现场作业管理都是一个新的要求,也是一个挑战。

其次是用工制度的问题。用工量的增减带来的问题是:增加的员工从哪里来?减少的员工又到哪里去？如果完全是靠招聘和解雇，那么增减频繁的话，则会导致用工体系混乱。应对策略是，一般某个单元产量减少，其他单元的产量可能会增加，这样就可以将减少的人员调整到需要增加人员的单元，总的用工量变动不大。另外，可以采取让减少的人员做一些辅助性作业、招收一些季节性临时工等措施来应对。

最后是应用范围的问题。从目前的实践看，单元型布局在产品重量较轻、体积较小，以手工作业为主，或产品生产工艺不过分复杂的领域应用比较成功。这可能确实有一定的道理，如产品及物料搬运较便利、作业学习较快、分工及作业改变比较容易等原因。但是，其他领域是否可以运用是有待探讨的。

单元型布局的组织形式虽然出现较晚，但发展较快，已经很成熟，不仅在制造业得到很好的应用，其基本原理在服务业也有很多实例可见。例如，目前到处可以见到的购物广场、美食城等，实际就是单元型布局组织原理的表现：在一个空间里，集中了若干个小的特色单元，每个单元提供不同的服务(生产不同的品种)，集中在一起形成一个大的服务体系，既有商业集聚效应，又能满足多样性需求，只不过每个小单元内部的作业组织与制造业有所不同，但由布局形成的生产体系的特点是相同的。

本章小结

流程设施布局无论是对制造企业还是对服务企业，都是至关重要的。我们在前一章提到过，流程的分工原则与设施布局是决定流程结构的两个关键因素，对于流程有结构性的影响。在本章的讨论中可以看到，流程设施布局不仅是固定性设施的布置(硬件设计)，还包括系统运行参数、物流运行过程、时间平衡、设施数量配置等逻辑性的设计(软件设计)，实际上是生产或服务系统的具体设计，也是企业整体运营模式选择的最终实现。

由于设施一般是固定性资源，具有相对的稳定性，一旦构建完成，再进行重构或调整都会需要投入大量的资金与时间。而且设施布局对企业运营成本、产品质量、服务水平等竞争要素影响较大，所以，需要根据企业战略定位、产品特点、市场环境等因素，进行合理规划与设计。

本章讨论了最常见的也是比较成功的几种布局形式，包括工艺加工车间、流水生产线以及单元生产线，讲解了这些形式的系统设计原理。至于定位生产形式，我们虽然没有专门讨论，但可以认为它实际上是流水线形式的特例，是流水线的相对运动，是加工对象不动的一种流水线，当然会有一些特殊性，不过掌握了流水线的基本原理，就不难理解这种形式的生产过程。

从流水生产线的诞生，到U字形单元线的普遍应用，流程的布局在不断地发展变化，而且随着市场环境的变化以及先进技术的不断发展，对企业流程会产生深刻的影响。例如，信息技术与网络技术的发展对服务流程的影响已经发生，大数据技术、物联网技术、智能制造技术的发展对制造流程也将会有新的改变，会有新的布局形式产生。因此，本章内容学习的目的，不仅仅是学会具体某种形式系统的设计方法，更重要的是，理解不同布局形式系统的产生及应用背景，关注新的发展与变化，这是企业在选择与设计生产系统时需要关注的，也是本章力求说明的思想。

关键词

设施布局(Layout Planning)
柔性流向布局(Flexible-flow Layout)
线性流向布局(Line-flow Layout)
固定位置布局(Fixed Position Layout)

单元型布局(Cellular Layout)
流水生产线(Flow Line)
生产线(Production Line)
单元生产线(Cell Line)

复习与思考

1. 流程布局与流程组织策略是什么关系？空间、流动与作业三个要素在流程布局设计时是如何表现的？应该怎样考虑它们的影响？

2. 典型的流程布局有哪几种形式？办公系统的分工与布置属于哪一种形式？它与工厂布置有什么区别？你可以画出一个你熟悉的办公室布局示意图吗？

3. 某食品生产企业有一条由一台烤炉及相关设施构成的蛋糕生产线，蛋糕生产过程包括以下作业活动：

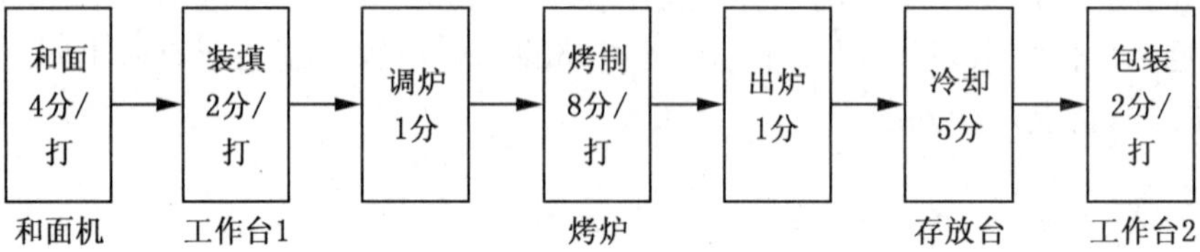

请你分析：

如每天工作 8 小时，要求生产 48 打产品，试将流程设计成一条流水生产线，此时节拍为多少？需要几台设备与几名员工？设备与员工的负荷为多少？流程的布局采取什么形式合理？

4. 下图为某医院的布局简图，下表是该医院一个月的就诊人数统计结果。为简化计算，各相邻房间的距离均为 10 米。请问：该医院的布局是否合理？如果不合理，应该怎样调整布局更加合理(如只考虑客流的流动量的话)？

医院布局示意图

一个月就诊人数统计表

	1	2	3	4	5	6	7	8
1		100	100	0	0	0	0	0
2			0	50	20	0	0	0
3				30	30	0	0	0
4					20	0	0	20
5						20	0	10
6							30	0
7								0
8								

5. 加工车间、流水生产线、单元生产线以及定位生产在服务系统中都存在吗？你能举出具体的实例说明吗？

案例分析

一、医院门诊点滴注射流程布局的改善

某大型医院是一个三级甲等医疗机构，医院的规模比较大，地理位置在市中心，交通比较方便，医疗水平也得到大众的好评。因此，每天门诊就医的患者数量较多。一般不需要住院治疗的患者中，有部分病例在医生诊疗后，需要进行一定量的注射用药。目前较多地采取静脉点滴的形式用药。所以，在点滴注射的处置室往往总是有许多患者，而且由于处置室的护士需要做配药等准备工作，经常会出现大量患者排队等待的现象。这样不仅使就医环境变差，而且造成患者长时间等待以及不能及时医疗的痛苦。

目前，该医院的门诊治疗过程是，在医生诊疗后，如果需要注射用药，患者会自己去药房按处方取来药品，然后来到注射处置室，有专门的护士完成点滴注射过程。在处置室的流程如图 1 所示。

图 1　处置室的注射用药服务流程

实际这个流程很简单，但是以往由于流程的布局结构、作业分工等原因，再加之患者较多，经常会造成拥挤、排队现象，服务水平不如意，患者也有抱怨。

医院经过对流程以及现场情况进行分析，发现造成拥挤、排队的主要原因并不一定是患者过多，而是流程的布局及分工存在不合理。其中，主要发生在配药准备以及注射处理阶段。以往一般是患者带着药品到达处置室，护士做配药准备，患者等待，注射完成后患者自己到点滴室找座位坐下来，休息等待用药的过程，直到结束。所以，人多时护士忙不过来，就形成了拥挤、等待，比较混乱。

经过分析认为，对这个服务流程可以有改善的空间，而且并不需要增加很多投入。最后提出的改善方案主要是对流程设施的布局以及护士的分工作业进行了调整，具体方案如图 2 所示。

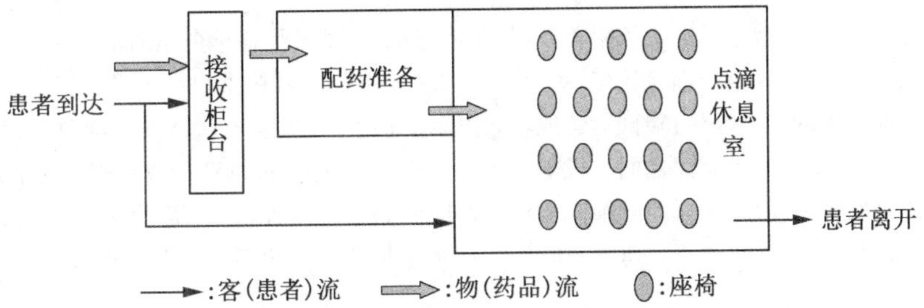

图 2　处置室的平面布局及用药的服务流程

改善后的服务流程是这样：患者取好药品后来到处置室，在服务柜台前有专门的护士接收患者的药品及处方；然后将药品及处方通过与配药室连接的窗口送入；配药室内有专门的几名护士负责配药，药物配好后，通过与休息室连接的窗口送入点滴处；在点滴处有几位专门的护士负责注射，根据配好的药物及处方进行注射操作；之后患者在休息室等待药物点滴结束，护士在结束处理后离开。

另外，患者在接收柜台将药物交给护士后，会得到一个座位的编号，可以直接进入休息室找到对应的座位等待注射，不必在走廊等待(在这里，人流与物流开始分开)，点滴结束时可以按钮呼叫护士，很方便地接受点滴的服务过程。

改善后的服务流程不仅布局合理，而且对流程的操作经过统计分析，可以根据病例的多少、各个环节的时间消耗来合理地配置人员和设施。例如，配药、注射环节各需要几名护士，休息室的座椅需要多少等。改善收到了良好的效果，不仅为病人节省了时间，也更体现了服务的人性化，得到了患者的好评。

讨论问题：

1. 这个服务流程改善的关键点是什么？改变了什么要素？为什么可以提高服务水平？
2. 如果用价值流的思想对这个流程进行分析，改善前后的情况如何？

二、SUT公司生产流程的变革

SUT公司成立于1995年，是中外合资设立的汽车零部件供应商，主要致力于为汽车制造厂商配套设计开发并生产汽车排气系统，产品主要包括汽车排气歧管、净化系统和消声系统。客户主要有上海大众、上海通用、上汽乘用车、吉利汽车、奇瑞汽车等各大汽车制造商。公司在江苏、湖北和天津等地建立有生产工厂。

公司在改善前面临的主要问题是，汽车市场需求波动比较大，难以准确预测，因此生产的均衡性不好，但客户要求实施准时供货。另外，由于汽车市场的发展非常快，车型、品种不断增加，产品由少品种、大批量生产，逐步向多品种、小批量生产发展。

汽车排气系统的主要功能是，净化发动机排出的废气和消除发动机产生的噪音。汽车排气系统由两部分组成：一是排气歧管和净化器，在业内统称净化系统（俗称热端），根据发动机排量的大小和环保的要求，一套排气系统可有1～2个净化器；二是消除噪音部分，称为排气消声系统（俗称冷端），由多级消声器结合而成，根据发动机的排量和噪音要求可以决定是需要一级、二级还是三级消声器，以及消声器的外形大小。该公司生产的消声系统一般都是二级，第一级称为前消或中消，后一级称为后消，再后面还配有装饰性尾管，是唯一的外观件。制造消声系统的工艺流程可以简单描述如图1所示。

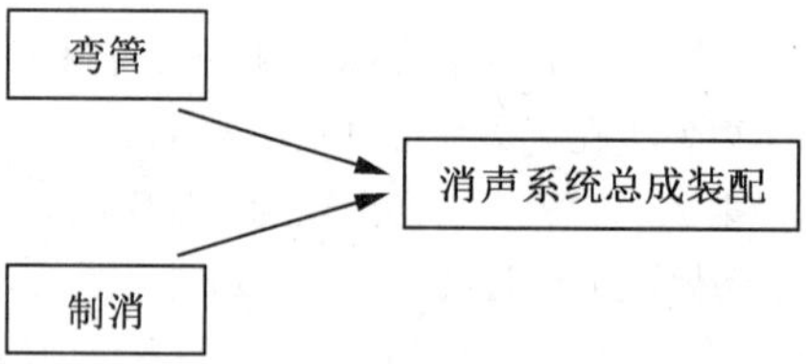

图1　汽车消声系统生产工艺流程

企业是供应商，对于下游整车厂有依附关系，处于弱势地位，要满足整车企业的供货要求。但公司生产的汽车零部件结构比较大，需要消耗钢材较多，对上游以钢材为主的原材料供应商也没有谈判优势，因此，企业只有解决自己内部存在的问题，努力降低运营成本，才能提高竞争的优势。进入2015年后，汽车企业的经营状况比较严峻，零部件生产的供应商也面临成本压力，公司决定实施内部的精益改善来提升业绩。

经过企业管理层分析，决定选择问题最大的弯管车间开始进行改善，努力实现精益生产要求的一个流生产过程，首先对流程的布局进行改善。弯管车间的生产工艺为弯管—切割—压型—管口成型4个步骤，使用的设备以及加工内容如下：

弯管机：将管子弯成工艺规定的形状。

割管机：按工艺要求将弯好的管子切割成规定的尺寸，并打磨去除毛刺。

压型机：将割好的管子压成规定的造型。

管口成型机：将管子两端扩口到规定的造型和尺寸。

流程改善前的设施布局

因为弯管车间是为各个产品的总成装配单元输送部件的，如果此环节出现问题，将会导致总成单元无法正常运转，所以在改善前，弯管单元的生产是按批量进行的，而且总是被安排得满满当当，生怕遇到机器出现问题之类的意外事件，影响后道工序的生产。

车间拥有加工产品所需各种设备，其中有弯管机10台、割管机10台、压型机4台和管口成型机12台。在进行流程改善前，车间的设备是同类集中布置的，即设备按照工艺原则机群式排布，如图2所示。

在改善前，各道工序只管按照计划部门拟定的生产计划生产，生产完成后的半成品堆在后道工序的小缓冲库存里，也不管后道工序什么时候需要、需要多少。整个弯管车间建立了5个小缓冲库存：弯管机前是存放

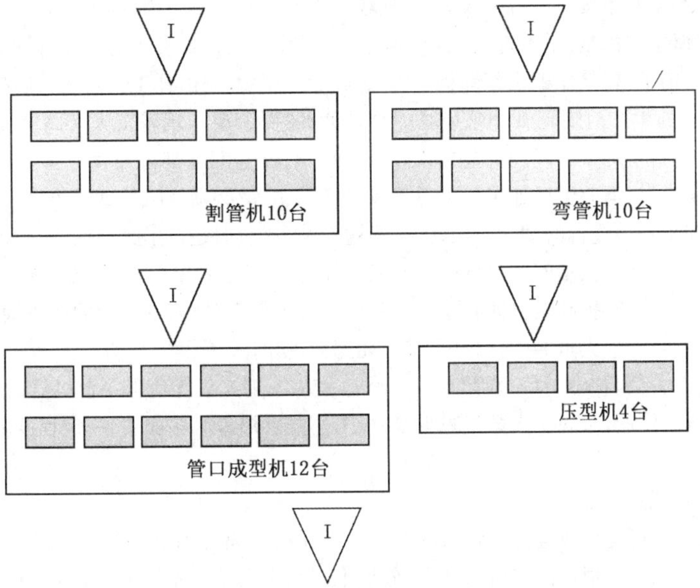

图 2 弯管车间改善前的设施布局

原材料的库存，割管机前是存放弯好的管子库存，压型机前是存放割好的管子库存，管口成型机前是存放压好型的管子库存，最后是扩完口的管子库存。随着生产的品种越来越多，各工序前的库存占地也越来越大，甚至有时侵占了公共通道的用地，影响了叉车的行驶。

改善方案及实施状况

于是，公司决定首先对弯管车间的设备布局进行彻底的改善，打破原来的机群式布局，变为单件一条流的组织模式。取消工序间的小库存，只保留第一道工序前的原材料库存，以及最后一道工序后的半成品库存，并将传统的库存转变为零件(或材料)超市，由后道工序的总装车间根据生产需要持看板前来领取。

具体的设施布局方案是，根据不同类型产品加工的工艺要求以及设备的组合关系，经过一段时间的准备，最后将车间的全部设备分为 10 个独立的小单元生产线，改善后的布局如图 3 所示。

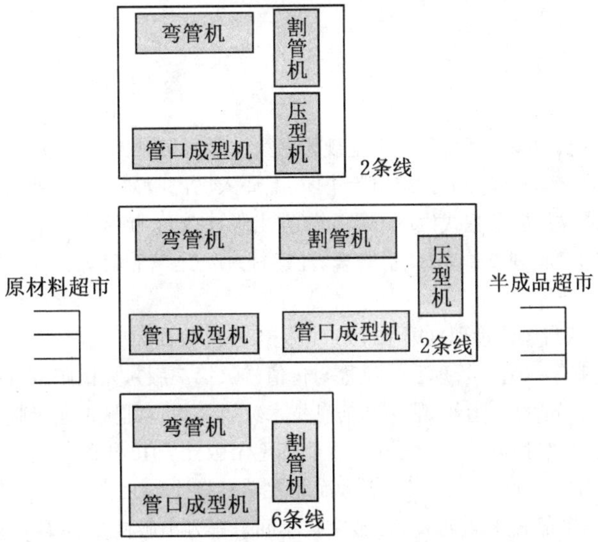

图 3 改善后的弯管车间设备布局

改变流程布局后，刚开始按一个流模式运行，现场工人们都觉得不习惯，因为中国人是相对保守的农耕民族，多少年来传统习惯思维都是"手中有粮，心中不慌"，这从中国人的储蓄率之高就可见了。现在一下了把每道工序的小库存都撤销了，就好比把积蓄都拿走了，像失业的感觉一样，让工人及线长们都感到不踏实。

而且实行一个流的生产对现场管理来说是一个很大的挑战，要求现场工人有高度的责任心和快速解决问题的能力，因为任何一个环节出问题都会导致停线，而平时这些问题都被库存掩盖了，由于库存较多，发生问题都可以用库存来应付，但改善后如果发生质量或设备问题，就必须及时处理解决。

虽然改善的初期是一个痛苦的磨合阶段，大小问题不断发生，但是过了磨合期后，明显感觉到不仅占地面积和在制品库存减少了，并且质量问题也减少了。因为任何一道工序出了问题，就立刻会被下一道工序发现，可以及时修正，工人的责任心提高了。尤其是在一些产品的产量下降时，一个流的优势就更体现出来，因为没有过多的提前生产，不会产生大量的库存积压，甚至死库存现象。

另外，流程布局改善后，作业时间也得到了优化，原来每个工人只能负责一台机器的生产作业，现在最多可以负责一条生产线的作业，车间工人数量减少了，员工还能够培养为多面手，一定程度上也激励了员工的工作热情。

仍然需要改进的问题

(1)如何激励员工进行持续改进。改善后逐步出现了新的作业现场，如何让员工能够积极参与不断的改善活动，成为一个新的课题。根据需求层次理论，分析不同层次员工的不同需求，制订不同激励方案，对现场员工也设立目标评估体系，将优秀员工从生产线上脱离出来推选为精益生产辅导员，指导其他成员和其他企业的精益生产。

(2)现场 5S 的不足。改善后现场空间比较充分，物品减少了，为推进 5S 管理提供了条件。计划成立 5S 监督和改善小组，由总经理任组长，各个部门定期实施自查和互查，勇于揭露问题，在生产淡季进行彻底的 5S 改善活动，让 5S 成为公司员工的素养。

(3)如何防范错误的发生。通过防止错误来提高质量是最有效的质量管理，建议由现场员工、技术人员和模具检具供应商一起组织头脑风暴，并逐一评估可行性，对有成效的建议予以奖励。

讨论问题：

1. 案例中，企业弯管车间的设施从原来的布局改变为单元线的布局会有什么好处？会带来哪些新的管理问题？
2. 对于案例中提到的几个尚需改进的问题，你有什么好的思路与方法？
3. 针对案例中的实际情况，你认为采用 U 形单元的生产模式怎样解决品种变化以及产量波动的问题？

参考文献

1. 詹姆斯·汤普金斯、约翰·怀特等：《设施规划》(第 3 版)，机械工业出版社 2012 年版。
2. 季建华、邵晓峰等：《运营管理》，世纪出版集团、上海人民出版社 2007 年版。
3. 酒卷久著，杨洁译：《佳能细胞式生产方式》，东方出版社 2006 年版。
4. F. 罗伯特·雅各布斯、理查德·B. 蔡斯著，任建标译：《运营管理》(第 14 版)，机械工业出版社 2015 年版。
5. 威廉·J. 史蒂文森：《运营管理》(第 12 版)，机械工业出版社 2016 年版。
6. 李·克拉耶夫斯基等：《运营管理——流程与价值链》(第 7 版)，人民邮电出版社 2007 年版。
7. 菲茨西蒙斯等：《服务管理：运作、战略和信息技术》(第 3 版)，机械工业出版社 2003 年版。
8. 贾安年、张彬等：《总线型柔性生产方式》，企业管理出版社 2013 年版。
9. 门田安弘著：《新丰田生产方式》(第 4 版)，河北大学出版社 2012 年版。
10. 日本日经制造编辑部著：《工业 4.0 之数字化车间》，东方出版社 2018 年版。

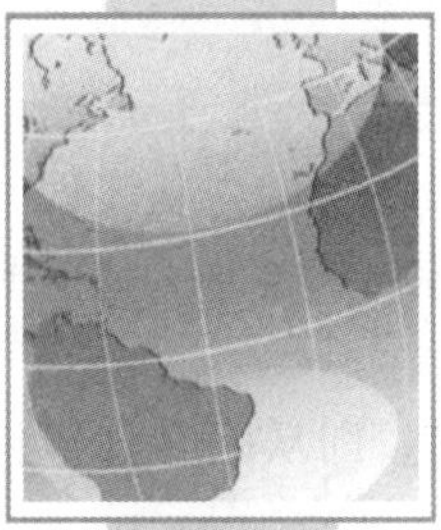

第四章 流程能力

本章部分习题答案

我们到超市购物或到银行办理业务，一般都会遇到排队等待的情况，有时等待的时间甚至会很长，你一定希望这些机构的服务窗口（收银台）多一些，让你等待的时间少一些，但事实并不一定如此。这是因为，从企业的角度看，要多设置窗口需要投入设备、设施、场地等资源要素，一般这类要素多是固定性质的，不仅需要较大的资金投入，而且一旦设置起来就不容易减少了，因此设置过多会造成资源闲置浪费，这会给企业带来损失。

其实，这就是企业能力决策问题，无论是制造业还是服务业企业，购买的设备、构建的设施等固定性质资源的投入（能力的构成要素），如果不能够被充分地利用，存在闲置的话就是一种浪费，最终都会导致产品成本上升；但配置数量过少，流程的产出能力（服务能力）过小，又会让顾客（订单）的等待时间过长，或是产品供不应求出现缺货，造成销售机会损失，也不利于企业的发展。

因此，合理地配置企业的生产能力水平至关重要。但难点是，流程能力是相对稳定的，构建或调整都需要比较长的时间，而市场需求是经常变化的，尤其在商品供应充分的环境下，需求变化的不确定性更强。如何依据流程能力的构成要素、数量关系，以及流程本身的运行规律，采取一定的方法，对企业流程能力做出科学合理的规划与决策，使企业能力保持供求平衡的状态，就成为管理者面临的重要任务，这些也是本章学习的主要内容及意义所在。

第一节 流程能力的概念

流程能力（Capacity）一般是指流程最大限度可以出产多少产品，或者能够为多少顾客提供服务，是一个数量的概念。企业整体的流程能力也就是企业的生产能力（简称产能），因此企业生产流程一旦建成，其能力就基本确定了，虽然通过各种手段可以有所改变，但是幅度很小，尤其是减少产能更加困难，这是因为，一般讲流程的能力主要取决于固定资产的投入，无论对其数量与结构的调整都会需要较长的时间。因此，需要注意的是，流程与能力之间的关系应该是，先根据需求确定能力水平，然后根据能力水平（规模）组织流程。

一、资源与能力

一般企业的生产流程最多能出产产品的数量是有一定的界限的，而且如前所述，资源性质决定了在短期内这个数量界限大幅度地变化是很难的。例如，某条生产线，每天按 8 小时工作计算，最多能生产 100 件产品，如果企业配备两条这样的生产线，那么每天最多可以出产 200 件产品，这个数量界限就是企业的生产能力。

生产能力是企业运营系统的一个重要运行参数，不仅说明流程运行的数量状态、企业产量规模，而且是制订计划的重要依据。为了说明如何确定与规划生产能力问题，我们先从流程的能力是怎样形成的、它的数量取决于什么因素、应该如何测算入手，来分析生产能力问题。为此我们先通过一个实例，来直观地理解生产能力的概念。

【例 4－1】 国内某一大型机场，国际航班的离港(出发机场)服务流程，即从顾客到达机场到登机离开为止，需要经过 5 个环节，如图 4－1 所示。

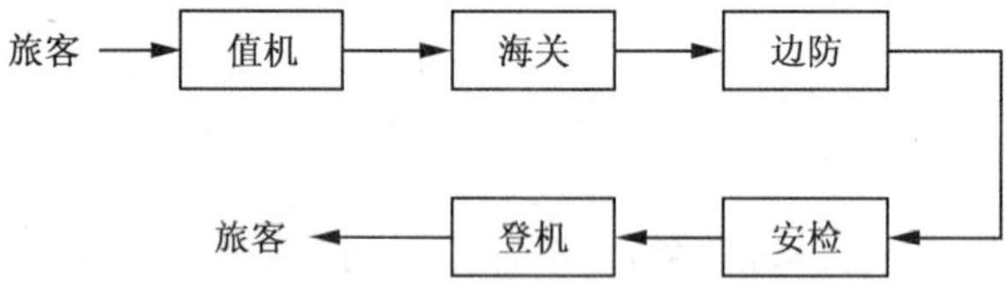

图 4－1 某机场的国际航班离港服务流程

其中，各环节配备的设施数量，以及平均接待一位顾客的作业时间(服务作业时间是随机的，表中是统计的平均数)如表 4－1 所示。根据流程逻辑及上述两个数据参数，可以算出平均每小时能够服务的最大顾客数量。在这个例子中，整个流程(系统)由 5 个环节(工作中心)串联组成，每个中心单位时间内顾客的最大通过数量计算结果见表 4－1。所以直观地分析可知，流程总体在一个小时内，最多可以通过 2 080 人，也就是可以为 2 080 位旅客提供服务。

表 4－1 某机场的设施数量及作业时间

工作中心	设施数量	平均服务时间(分钟)	每小时最大通过量(人)
值机	136	2	4 080
海关	6	0.1	3 600
边防	26	0.75	2 080
安检	11	0.25	2 640
登机	8	0.17	2 824

因为机场是一个服务系统，产品是无形的，在一定时间内能够给多少顾客提供服务，就是其生产能力。在这个实例中，一定时间内通过流程的最大旅客数量就是该流程的能力。所以，生产能力一般是指企业生产系统能够完成规定产品的最大产出率(Output Rate)。这里的生产系统，可以是一台设备、一条流水生产线，也可以是整个流程或企业，但较多的是指一个工厂的生产系统，对于多工厂的企业可以分别测定各工厂能力。产出率是指某一时期内的产出数量，一般企业较多地以年为单位计量产能，但也可以指每月、每天或每个轮班的产出量。

一个企业的产能取决于投入企业生产流程中的各种资源的数量、质量及组合方式。在例 4－1 中，各个环节的设备数量是一个重要因素，但实际更需要人员、场地等各种要素的组合。而工厂的机器设备、厂房、工人等要素的组合，决定其系统生产某种产品的最大产量；医院的手术室、病房、医生、护士等要素的投入，决定了医院最大接受病人的数量；商店的营业面积、人员、运输存储设施的投入，决定其最大营业能力；等等。

所以从理论上讲，企业的生产能力应该是人员能力、设施能力、物料供应能力和管理能力等要素的综合反映。其中：人员能力是人员数量、实际工作时间、出勤率、技术水平等因素的组合；设施能力是设备和生产面积的数量、水平、开动率和完好率等因素的组合；物料供应能力是采购、运输、存储等要素的组合；管理能力包括对流程的空间及时间的组织，以及流程运行的计划与控制能力等。但由于各种资源的特性不同，对于生产能力起决定作用的主要是相对稳定的资源。例如固定设施及装备，因为这类资源投入后调整其数量及结构相对比较难，需要较长的时间，而对于其他资源，如人力、原材料、资金、信息等资源一般作为确定生产能力时的前提条件(技术组织条件)。

所以，从实际应用上看，生产能力主要是指技术装备的处理能力，在服务业可能主要取决于基础设施的能力，如旅馆的房间数量、商店的营业面积等；在资本集约度较高的制造企业中，基本决定于机器设备的加工能力。因此，企业的生产能力主要是指固定资产的最大能力，即企业的固定资产在一定时期内、一定的技术组织条件下，流程内部各个环节综合平衡以后，能够产出一定种类产品或提供服务的最大数量。

二、构成要素与能力水平

根据上述分析，确定流程能力时，主要考虑企业的固定设施、设备因素，因此影响产能的主要因素包括设备的数量与质量、工作时间、产品的技术工艺特征，以及流程设施的组织模式。当然，如果对于以特殊的手工作业为主的流程，产能将主要取决于人员的能力，但分析与核算方法基本是一致的。

(1)设备(设施)的数量与质量。设施是决定企业产能的主要因素，在例 4－1 中也体现了这一点，如果增加某个环节的设备数量，顾客的通过数量会增加。这里所说的设施，包括生产面积、生产设备等固定资产性物品。设备的质量主要是指技术先进水平，一般越是技术先进的设备，效率会越高。

(2)计划期内的有效工作时间。生产能力一般以年度计量。所以，年内生产面积或设备可以利用工作的时间是影响生产能力的重要因素，例如企业是实行一班制还是两班制，其工作时间是不同的，按工作制度与法规应该具有的时间称为制度工作时间。另外，在制度规定的时间内，能够实际用于生产的时间称为有效工作时间。所以，在计划期间内(如一年)制度工作时间与有效工作时间都会对生产能力有影响。

(3)加工对象的技术工艺特征。产品的技术工艺特征主要决定加工一件产品需要消耗的资源与时间。在例 4－1 中，办理登机手续需要经过值机台环节，每位旅客平均需要 2 分钟。对于不同的产品，使用的加工设备与方法不同，需要的时间不同，会导致各个环节能力的不同。

(4)生产类型与流程的组织模式。这是指企业的生产类型是大量生产还是批量生产，流程的组织方式是按工艺原则还是产品原则，以及流程中各环节能力的平衡状况，流程中是否存在“瓶颈”等因素，都会影响生产能力。在例 4－1 中，流程的各个环节是串联的，而且各环节的能力不平衡，其中边防是最弱的一环，一般将此称为瓶颈资源。我们说流程总的能力是每小时 2 080 人，是以这一环节的能力为依据的。

生产能力是一个可以定量分析计算的指标，所以可以将具体能力的大小称为能力水平。但由于影响因素较多也较复杂，例如，机器设备的更新改造、产品设计或工艺的变更、单件时间及工时利用的变化、资源组织方式的调整等，都会导致能力水平的变化，所以，根据计算所依据的资料不同，能力水平表现也会不同，基本可分为理论能力与有效能力两种。

(1)理论能力，也称为设计能力，是根据理想状态下，资源的配置与利用确定的生产能力。这是企业在工厂建设或者在工厂改造时，根据技术文件确定的标准数据确定的能力。有时设施处于投资过程中，尚未形成的能力，则称为潜在能力。

(2)有效能力，也称为实际能力，企业按现有资源及利用状况，经过调查、调整，计算核定的能力，是企业在计划年度内能达到的能力。一般根据计划期内资源条件和产品的变化，以及采取的技术组织措施情况确定。由于企业的可利用资源、产品、工艺方法的变化，制度工作时间与有效工作时间的变化，以及重要装置的维修、保养计划等，实际的有效能力往往不同于理论能力。

三、度量及限定

生产能力是一个数量参数，需要进行定量的度量，根据产品特点，可以采用投入量度量和产出量度量两种基本的度量形式。一般对于实物制造业比较多地用产出量来度量，如一个汽车制造厂，其产能可用出产汽车的数量来度量；对于非实物生产的服务业，由于产品是无形的，多用投入资源数量来度量更方便。例如，对于一家医院，可以用它投入的床位数量来度量；对于航空客运企业，可用其拥有的飞机数量来度量；对于一个商业企业，可用其拥有的营业面积来度量等。

在度量生产能力时，采用的计量单位，在以产品专业化为流程组织方式的企业中，通常以产出量为度量单位。如汽车厂以辆、电视机厂以台、服装厂以件等。在这种情况下，产出的品种比较少，产出有明确的计量单位。而在产品品种较多、数量较少、采取工艺专业化的流程组织方式的企业中，则较多地用主导产品的数量，或是综合的计量单位进行度量。例如，造船企业用每年能够生产船舶的吨位数量来描述产能。对于连续流程的工业，因为产品大多是流程性材料，需要附加计量单位，例如钢铁企业的产能是多少吨钢、纺织企业的产能用多少米布匹表示。

另外，产能是指一个生产系统的最大产出率。但是，对于“最大”的含义是什么，有时理解会不同。在以设备能力来度量产能时，一种理解是技术上“最大”的含义，它是指除设备所需的正常维修、保养时间以外，设备连续运转时的产出能力。另一种理解是经济上“最大”的含义，它是指一个组织在合理的人员使用、时间安排条件下，其设备的最大产出能力。例如，对于某企业来说，合理的时间安排是每天两班，即一天 16 小时的设备运转时间；虽然从技术的角度来说，最大可能增加到每天 3 班，即一天 24 小时的运转时间，但这会增加由于加班而引起的一系列成本，所以未见得是最佳的安排。这两种“最大”产出能力的含义是截然不同的，我们把经济上的这种最大能力称为“最佳能力”(或最佳作业水平)，而把技术上的最大可能能力称为“最大能力”。

在有些情况下，企业可以超出最佳能力进行生产。例如，在市场需求突然增大时，采取一些临时措施，如加班加点，或增加倒班次数，或临时减少正常的保养时间等来增加设备的运行时间。但要注意的是，这样的临时措施不能长时间使用。因为，职工可能不愿意过多地加班加点；即使愿意，一方面，企业需要付出比正常工资更高的工资，另一方面，职工长时间劳动引起的疲劳感也会导致生产率下降。这些因素对于企业都是很不利的，甚至会导致很严重的情况。例如，原来加班加点的目的是为了满足更多的需求，获取更多的利润；但是，由于额外工资的增加和生产率的下降，导致成本的急剧上升，反而削减了利润。再如，若职工长期过度劳动，有可能引起不满情绪，甚至辞职罢工等，带来人力资源管理上的其他问题。

总而言之，技术意义上的最大能力，并不一定是经济意义上的最佳能力，通常在对生产能力所作的规划中，所考虑的应该是最佳能力，最大能力应只作为一种应急的措施来考虑。

第二节　能力核算与分析

虽然生产能力对于企业的经营决策是一个不可缺少的重要参数，但度量它却是一件较困难的事情。对于连续流程式生产过程的企业而言，产能是一个相对较清晰的概念，例如化工厂、纺织厂、钢铁厂等，因为这类企业的生产流程非常标准、连续，设施对能力起到决定性的作用；而对于加工装配式企业，如汽车、家电、服装等离散流程的企业，产能则是一项较模糊的数据，因为它可以通过加班、外包等方式改变某些环节的能力，影响因素较复杂；对于服务行业，多数情况下是取决于基础设施，但有时可能会受人力投入量的影响。因此，没有一种度量方法能够适用于所有类型的组织，不同的组织应根据具体情况，考虑采用不同的方法来度量生产能力。

一、工作中心能力核算方法

从对例 4－1 的能力计算中可以体会到，一个流程的整体生产能力取决于两个方面：其一是构成流程各个环节的能力；其二是各环节之间的联结关系。由于企业设备投资、技术改造、产品改变、工艺变化、劳动效率提高、组织方式变革等原因，均可以使某些环节的能力发生变化。所以，必须定期地对企业流程能力进行核查、计算，为计划工作提供最可靠的依据。

流程生产能力核算的程序，就是根据上述两个因素运用系统分析的方法进行的。首先是确定各工作中心（构成流程的各环节）的能力，然后依据系统流程中各工作中心的逻辑关系推算流程整体能力。由于工作中心的组织原则是不同的，所以两种类型下工作中心能力的计算也是不同的。

1. 工艺原则工作中心的能力核算

按工艺专业化组成的工作中心，其特点是内部设备种类相同，各工作地为并联的组合关系，如图 2－7 所示。设备（工作地）之间加工任务可以相互替代，中心可面对多种产品的生产流程，其能力的计算原理如下。

当工作中心只生产一种产品时，生产能力可以直接以出产产品的实际产量计量，其生产能力的计算公式为：

$$M=F_e \cdot S/T \tag{4-1}$$

式中：M——工作中心的生产能力（件）；

F_e——有效工作时间（分钟），$F_e=F_0 \cdot \eta$，其中，F_0 为制度工作时间，η 为工时利用率；

S——工作中心的设备数量（台）；

T——制造单位产品所需该工作中心的台时数（分/件），应等于生产单位产品使用到该中心设备的所有工序时间之和：$T=\sum t_i$，其中，t_i 为工序单件所需时间。

例如在例 4－1 中，值机台环节实际就是一个工作中心，共有 136 台设备，平均服务一位旅客的时间（工序单件时间）是 2 分钟，所以按式 4－1 计算，该中心一小时的能力为：$M=60\times136/2=4\ 080$（人/小时）。

同理，可以推算出其他各个环节的能力（见表 4－1）。我们再来看一个制造企业的例子。

【例 4—2】 某工厂的一个工作中心有 10 台相同的设备，生产单一的 A 产品，如果生产一件产品所需该中心的加工时间为 2 小时，试计算该中心的年生产能力（每年按 250 个工作日、每天按 8 小时、工时利用率按 80%计算）。

则：$F_e=250\times8\times0.8=1\ 600$（小时）

所以：$M=250\times8\times0.8\times10/2=8\ 000$（件）

但对于工艺原则组织的工作中心而言，较多的情况是加工多种产品，即给定一个产品组合求其能力。这时，虽然可以采用工作中心能够提供的最大工时数表示生产能力，例如在上例中，10 台设备全年可以有 16 000 小时的有效工时，但是不直观，与计划和市场需求的表示不一致，所以实际管理工作中仍需计算以产品表示的生产能力，此时可以采用代表产品方法来计算生产能力。下面我们还是通过一个例子来说明此计算方法。

【例 4—3】 某企业的一个工作中心共有 8 台相同设备，生产 4 种产品，每周的有效工作时间为 4 000 分钟，如各种产品的计划产量（N_i），以及在该工作中心的单位产品所需加工时间（T_i）分别如下：

$N_A=280$ 台；$N_B=200$ 台；$N_C=120$ 台；$N_D=100$ 台

$T_A=25$ 分钟；$T_B=50$ 分钟；$T_C=75$ 分钟；$T_D=100$ 分钟

现在来计算该工作中心的生产能力，此时可以选择某一产品为代表产品，以它的产量来表示该中心的能力，理论上讲可以任意选择一种产品为代表产品，实际上企业一般以主导产品为代表产品。现在假定我们以 B 为代表产品，根据公式 4—1 可以计算该中心的能力如下：

$M_0=F_e\cdot S/T_0=4\ 000\times8/50=640$（台）

其含义是如果该中心只生产 B 产品的话，产能为 640 台。但是，这不能明确说明上述 4 种产品目前的计划产量是否可行，因此，我们可以通过下面的方法求出各种产品的能力数量。

首先，计算能力的需求量，即完成目前计划产量所需要的设备数量，计算如下：

总工作量（R）$=(280\times25)+(200\times50)+(120\times75)+(100\times100)$

$=36\ 000$（分钟）

需要设备数量（S）$=36\ 000/4\ 000=9$（台）

其次，计算计划产量对能力需求与实际具备能力间的差异。在本例中，对能力的需求是 9 台设备，但目前该中心仅有 8 台设备，缺少 1 台设备。

再次，计算按实际能力的各品种产量。按目前的计划产量需要 9 台设备，而现在实际只有 8 台，所以无法完成目前的计划。解决思路可以是修改计划，也可以是调整能力，这是计划与能力平衡的问题。我们现在想回答的是，现在的 8 台设备最多能够生产上述 4 种产品各多少件。这时有两个途径要考虑：

其一，改变产品的数量结构，因为企业如果遇到这样的情况，可以压缩某一种产品的产量，以求得计划与能力的平衡。这时，可以在确定新的产量计划后，再进行第一、二两个步骤的计算，直到平衡为止。

其二，如果产品数量结构不变，各种产品等比例地压缩产量，可以按能力不足的比例计算。因为按计划需要 9 台设备，实际有 8 台设备，所以能完成计划产量的 8/9，各种产品最大产量计算如下：

$M_A=280\times8/9=249$（件）

$M_B=200\times8/9=178$（件）

$M_C=120\times8/9=107$(件)

$M_D=100\times8/9=89$(件)

至此我们完成了例 4－3 给出的条件下，该工作中心的能力测算，这种测算方法称为代表产品法。结合例 4－3 将计算过程及结果汇总如表 4－2 所示。

表 4－2　代表产品法的能力计算

产品	计划产量（件）	产品工时（分钟）	代表产品能力（件）	总工作量（分钟）	设备需求（台）	实际能力（件）
A	280	25	640	7 000		249
B	200	50		10 000		178
C	120	75		9 000		107
D	100	100		10 000		89
合计			640	36 000	9	

注：B 为代表产品。

需要注意的是，通过上述方法得到的结果只是单独一个工作中心的能力，流程的整体能力需要分别确定各个工作中心的能力，然后综合分析确定。而且在多品种生产的条件下，要求有一个事先给定的产品产量构成比例，此时实际是需求与能力的平衡，因为如果没有各种产品的需求量，是无法确定分品种能力的，只能以代表产品表示。换句话说，就是在多品种生产条件下，除了前面提到的几个影响能力因素外，产量结构也是影响能力的一个因素，因为如果改变品种之间的数量比例，该中心的能力也会改变，这是多品种生产企业的特点，也是这种流程确定生产能力的难点。

2. 产品原则工作中心的能力核算

按产品专业化原则组织的工作中心，其特点是内部设备的种类不同，设备之间是串联关系，如图 2－10 所示。产品原则工作中心一般加工的品种较单一，多表现为生产线或流水生产线，服务业的流水作业过程也是完全类似的。所以，可以关键设备（即能力最小的设备，即瓶颈资源）的能力为基准，来计算工作中心的能力，也就是选择加工工时最长的一道工序为关键工序，以它的能力为基准表示工作中心的能力。计算公式如下：

$$M=F_e\cdot S/t_0 \qquad (4-2)$$

式中：t_0——关键工序的单件工时（分钟）；

F_e——有效工作时间（分钟）；

S——关键工序的设备（工作地）数量（台）。

【例 4－4】 某汽车零件生产企业，配有一条齿轮加工流水生产线，共有 7 道工序，各工序的单件定额时间如下：

$t_1=2.20, t_2=3.54, t_3=3.54, t_4=2.41, t_5=3.50, t_6=9.93, t_7=9.93$

其中，第 6、第 7 两道工序配有 3 台机床，其余工序均为 1 台机床。该中心每周 5 天工作制，每天工作时间为 8 小时，工时的利用率为 90%。分析确定此流水生产线的能力。

根据各工序的单件时间，确定以 t_3 为关键工序，因其加工时间最长（上述第 2、3 两道工序时间相同，可以任选一个进行计算），虽然第 6、第 7 两道工序时间更长，但是两道工序都有 3 台设备，平均时间小于第 3 道工序。计算如下：

因为：$M=F_e\cdot S/t_3$

$F_e=5\times8\times60\times90\%=2\,160$(分钟)

所以：$M=2\ 160\times 1/3.54=610$（件）

得到此流水生产线（工作中心）的生产能力为：在一班制的条件下，每周最多能生产 610 件齿轮。

3. 连续流程工作中心的能力核算

对于连续型流程产品是流程性材料的情况，可以根据我们在第二章讲过的律特法则来计算其生产能力。我们再用一个例子来说明这种单元能力的计算方法。

【例 4－5】 某药品生产企业，其生产流程要经过配料、搅拌、成型及包装 4 个环节，如图 4－2 所示。其中，配料是将各种粉状、液体的原料按配方的比例称量配置，由配料人员完成；搅拌工序是将配好的原料搅拌均匀，采用搅拌机（球状）完成，工序配有 3 台搅拌机，每台搅拌机的容量是 2.4 吨，一次搅拌时间为 3 小时，也就是每次装填 2.4 吨原料，进行 3 个小时的搅拌；成型与包装是联动自动的生产线，共有 11 条。在几个环节之间有一定的在制品衔接，所以环节之间可以有中断，但是搅拌过程是连续的。

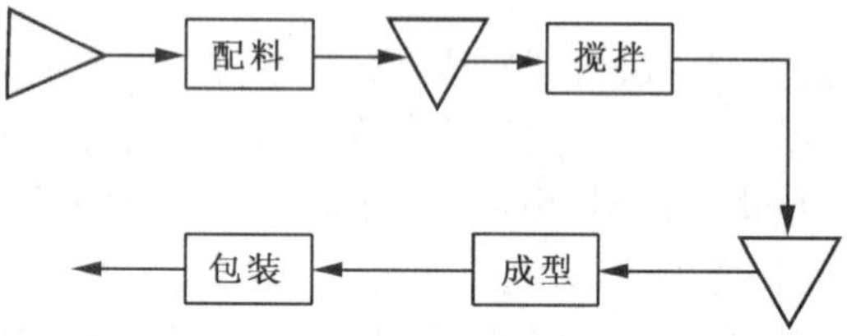

图 4－2 药品生产流程

现在我们来分析搅拌环节的生产能力，因为产品是流体状态的，所以根据律特法则的原理，单台搅拌机的产出率（每小时产量）应该为：

$R=WIP/T=2.4/3=0.8$（吨）

实际上这就是该设备的生产能力，也就是每台搅拌机平均每小时可以生产 0.8 吨产品，3 台设备平均每小时可以出产 2.4 吨产品。该环节为三班制工作，每天有 24 小时的工作时间，但考虑设备的保养、品种转换时间等因素，按 90％的设备利用率计算的话，该环节总的生产能力为：

$M=2.4\times 24\times 0.9=52$（吨/天）

对于服务业来说，运用律特法则计算工作中心或流程的能力比较实用，例如某个旅游景点（或是商场），根据内部的面积等因素确定游客的最佳容量（在制品数量）为 4 000 人，经过统计分析得到，一般旅客的游览时间（通过时间）为 4 小时，这样就可以根据律特法则计算得到平均每小时可以接待（流程的产出率）1 000 人（4 000 人/4 小时），这实际就是景点的生产能力，如果进入的旅客每小时超过 1 000 人，则景点内部会越来越拥挤。

二、瓶颈与流程能力

一个流程整体的生产能力，是根据流程内各环节（工作中心）的能力，以及相互连接关系推算得到的。这就存在一个问题：如果流程中各环节能力不平衡的话，将如何确定流程的能力。约束理论[①]（Theory of Constraints，TOC）的观点认为，在设计一个生产系统时，可以使生产流程中各阶段的能力达到平衡，但这只是一个理想的状态，在实际中是很难实现的。因为，产

① 约束理论是以色列学者高德拉特博士建立的一种管理思想与方法，读者可参阅高德拉特的《目标》等相关著作。

品结构、工艺方法、作业水平、组织方式等因素在不断变化，生产过程中必然会出现有的资源（环节）能力紧张，制约系统的产出，成为瓶颈资源。这样一来，一个企业的生产流程中就必然会存在瓶颈资源与非瓶颈资源两种状态，流程的整体能力将取决于瓶颈资源的能力。

所谓瓶颈资源，一般是指实际生产能力小于或等于生产需求的资源，这一类资源限制了整个流程的产出率，其余资源则为非瓶颈资源。要判别一个资源是否为瓶颈资源，应从该资源的实际生产能力与对其需求量来考察。这里所说的需求量不一定是市场的需求量，也可能是为保证生产，其他相关环节对该资源要求的任务量。

例如在图4—3所示的流程中，假设产品P的市场需求量为每周28件，工作中心A的生产能力为每周15件，工作中心B的生产能力为每周25件，工作中心C的生产能力为每周20件。

相对于市场需求来说，工作中心A、B、C的能力都不足，都应该为瓶颈资源。但实际当前只有工作中心A为瓶颈资源，因为工作中心C的生产能力虽然只有每周20件，但每周只能接到A所能生产的15件，所以其最大负荷为15件，其生产能力超过了负荷量，不应该为瓶颈资源。工作中心B生产能力为每周25件，也达不到市场的要求，但它产出的中间品已经在工作中心C前积压了，即其生产能力超过了后续环节对其的需求量，也不是瓶颈资源。

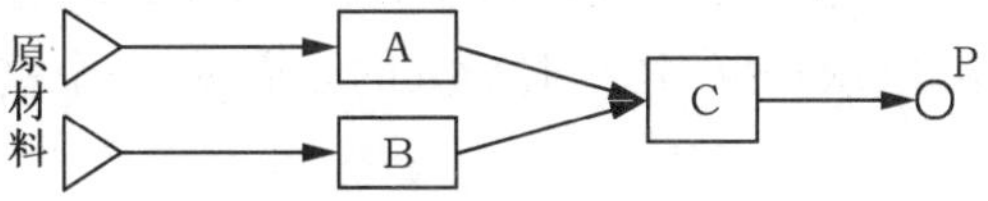

图4—3　产品P的生产流程

这时，只有将A的生产能力提高，才能更好地满足市场需求，否则如果去盲目改进工作中心B与C的能力，对最终产出于事无补，只会积压在制品。所以，此时流程整体的生产能力最大为15件，这就是约束理论基于瓶颈资源来确定流程能力的思想。类似于一个木桶，其容量的多少取决于最短的一块木板，所以约束理论也被形象地称为木桶原理。

值得注意的是，流程中各环节产能的不平衡会带来一定的资源浪费，通过一定的方法平衡各环节产能可以减少资源的空闲浪费，有时也会提高流程整体能力。下面仍以例4—5来说明流程能力的确定与平衡思路。

在例4—5中，搅拌环节的产能我们已经计算过，每天可以完成52吨。另外，配料环节有3名作业员，每班可以配置40吨，现在为两班作业，最多可以配置80吨，产能有空闲；成型与包装是连续作业的生产线，共有11条生产线，每条线1小时可以完成0.5吨产品的成型与包装，该环节为两班制，制度工作时间为16小时，但是考虑设备维护、交接班、品种更换时间等因素，有效工作时间为13小时，因此11条线共计可以完成71.5吨产品。现将上述计算结果及各环节的设备数量、生产能力汇总如表4—3所示。

表4—3　　药品流程能力分析数据

流程环节	设备数量	效率	产能
配料	3人	40吨/班	80吨/天
搅拌	3台	0.8吨/小时	52吨/天
成型与包装	11条线	0.5/小时	71.5吨/天

从上述汇总数据可知，此流程的瓶颈资源在搅拌环节，产能平衡的思路有两个：其一，增加

瓶颈资源的能力，但该环节已经是三班制生产，不可能再加班了，如果要扩大产能，只能增加设备（当然，可能的话，改进工艺方法、减少反应时间也可以提升产能）。其二，减少非瓶颈资源的产能，例如对配料环节可以增加 1 人，使单班能力提高，然后减少 1 个班次；对于成型环节可以调整生产线的开动数量来减少产能。最终究竟采取怎样的策略，需要根据市场需求确定。例如在本例中，根据搅拌环节能力限制，流程总能力为每天 52 吨，如果可以满足市场需求的话，则可以采取减少非瓶颈资源产能的策略，但如果能力长期不足则需要追加投入、扩大瓶颈的产能，这需要进行产能的规划决策。

在实际的运用中，有些企业流程中关键性（瓶颈）资源比较明显，一般比较容易确定，就可以根据这样的资源计算流程的能力。例如，一个港口的吞吐能力主要取决于泊位的数量，假设某港口有 5 个泊位，每条船舶的平均装卸时间（占泊位的时间）为 20 小时的话，则根据公式 4－2 计算可得，该港口每天的最大吞吐量为 6 艘船（24 小时×5 个泊位÷20 小时），再考虑每艘船的平均载重，就可以计算出港口的最大吞吐吨位了。再如，一个机场的最大吞吐量主要取决于拥有跑道的数量，如果某个机场有两条跑道，平均起落一架飞机的间隔时间为 10 分钟的话，每天按 16 小时的有效时间计算，则该机场每天最多起落 192 架次（2 条×16 小时×60 分÷10 分）的飞机，根据每架飞机的平均载客数量，就可以计算出机场每天最大客流量。同样的道理，还可以计算一条地铁（或铁路）每小时最大的运输量、一个钢铁厂每天最大的产出量等等。

但对于一个多品种、小批量生产，按工艺原则组织的生产流程来说，如何找出瓶颈资源，分析确定流程能力仍然是一个难题，我们将在第九章单件生产作业计划时，结合作业计划的制订方法有具体讲解，可参照结合阅读。

三、能力利用分析

如前所述，企业的能力过剩，会形成资源的空置，浪费资源引起产品的成本上升；但如果能力不足也会给企业带来机会损失。所以，需要对现有的产能利用有一个明确的把握，在目前条件下能力有多大、平均利用率有多少等。因此，这里就有一个能力利用率（Utilization Rate of Capacity）的问题。能力利用率是指生产能力被利用的平均程度，其基本表达式为：

$$\text{能力利用率}=\text{实际产出}/\text{有效能力} \qquad (4-3)$$

在计算时，分子、分母要使用同一时期的产量与能力数据，而且实际产出和生产能力必须用相同的单位计量才有意义。例如，一个汽车厂的生产能力为年产 30 万辆，如果每年的实际产出量为 24 万辆，则利用率为 80％。

理论上讲，能力的利用率可以达到 100％，但从流程及作业组织、质量保证等因素看，能力的利用率应留有一定的富余会更好，这种富余量被称为能力缓冲（Capacity Cushion），公式表示为：

$$\text{能力缓冲}=1-\text{产能利用率} \qquad (4-4)$$

缓冲量的大小随产业和企业的不同而不同，主要根据需求模式、库存水平等因素确定。根据美国制造业的统计数据，美国制造业从 1948 年至 1990 年产能的平均缓冲为 18％，最低为 9％（1966 年，景气时期），最高曾达 27％（1982 年）。最适合的缓冲应根据企业的具体情况而定。

在制造业存货生产的企业，需求的波动可以利用库存量来调节，也可以通过加班、倒班等临时措施来调节，因此缓冲的设置量可以相对小一些。而对于订货生产的企业或服务企业，例如在银行、超市(收款台)等服务窗口,因为订单或顾客的到达是随机的,从而导致生产负荷或服务台的忙闲不均,如果不设置足够的能力缓冲以应对订单或顾客到达的高峰,就有可能失去销售机会。在这种性质的企业中,由于既不能用库存调节对需求的供应,也不能使顾客等待时间太长,因此适当设置缓冲量就更加重要(参见第四节中等待时间模型)。从这点看,库存与能力之间有一种替代关系,能力缓冲类似于能力的库存,实质上存货生产储存的是产品,而订货生产(或服务业)储存的是能力(或者说是资源)。

第三节　能力规划

对于生产能力的计划,按其目的可分为长期计划和短期计划两种。其中,长期计划主要解决资源的配置与调整问题。例如,投资建设新工厂、装备设施的更新改造、流程组织方式的变革等等。此类问题一般涉及企业整体战略,调整时间也较长,通常需要一年以上,投资也较大,因此需要高层管理者参与决策,所以称为产能规划。短期计划主要是解决资源的利用与调度问题。例如,提高利用率、确定合理的工作时间、人员的配备、设备维修、利用转包扩大局部能力等等。短期计划一般是在一个计划期内,如一年或一个月对可运用资源的管理,主要是在综合计划编制过程中进行,一般称为能力需求计划。本章下面主要讨论长期的生产能力规划中对能力的决策步骤与方法。

一、能力水平决策

企业配置怎样的能力水平,主要取决于市场的需求,能力规划应根据企业的发展战略、产品市场定位、竞争重点、运作流程策略等因素,选择配置怎样水平的能力。不同企业的决策方法会有所不同,但一般来说,至少下述四个步骤是必要的:

(1)预测未来一段时期的能力需求。进行产能规划与决策时,关键的是要掌握未来对企业能力的需求。由于能力需求是建立在产品需求的基础上的,同时又受完成产品的技术因素影响,所以长期计划不仅与未来的市场需求有关,还与工艺技术的发展变化等多种因素相关。因此,必须综合考虑各种因素对企业的具体影响,来确定未来的能力需求。

(2)确定未来需求量与现有能力之间的差额。当预测的能力需求与现有能力之间的差额为正数时,也就是能力发生不足,很显然,就需要扩大产能。这里要注意的是,当一个生产流程包括多个环节或工序时,能力的规划要注意系统内各环节能力的平衡。无论是制造业还是服务业,能力扩大必须考虑到各工序能力的平衡。当企业的生产环节很多、设备多种多样时,各个环节所拥有的生产能力往往不一致,即存在瓶颈环节,而且瓶颈环节又随着产品品种和制造工艺的改变而变化。从某种意义上说,生产系统能力主要是由瓶颈环节的能力所决定的,这是制订能力计划时必须注意的一个关键问题。例如,一个超市中可能收款处是能力的瓶颈,但如果将它提高到一定程度后,客流进一步增加,可能会导致停车场成为新的能力瓶颈。如果不从流程整体过程规划能力,可能总是会出现能力的新的不平衡,导致资源的浪费。

(3)制订能力调整备选方案。对于生产系统能力的扩大,基本需要解决两个问题:一是扩大容量,即一次增加多大产能;二是扩大的时间,即间隔多长时间扩大产能适宜。如果通过投资扩大能力规模,可以采取积极策略、消极策略或中间策略(参见下面的讲解),另外也包括新设施地点的选择,可以制订几个方案供选择。

(4)方案的评价与选择。对方案的评价包括两个方面:定量评价和定性评价。定量评价主要是从财务的角度，计算各种指标，比较各种方案给企业带来的收益以及投资回收情况。这时可使用净现值法、盈亏平衡分析法、投资回收率法等不同方法，但前提是基于对未来的收入、成本等数据的估算较准确。定性评价主要考虑不能用财务分析来判断的其他因素，如是否与企业的整体战略相匹配、与竞争策略的关系、技术变化因素等，这些因素的考虑，则需要用直观和经验来判断。

上述步骤中，能力需求的确定方法，是将产品的市场需求转变为对生产能力的需求，在产能规划中最终是要将能力需求用对资源(设施、设备、人员等)的需求量来表示的，在这种情况下，必须把市场需求(通常是产品需求量)转变为所需的资源数量。下面我们以设备为例，来说明将市场需求转变为资源需求量的步骤与方法。

第一步：通过下式计算每年所需的设备小时(台时)数：

$$R=\sum D_i P_i \tag{4-5}$$

式中：R——每年所需某种设备的时数(台时)；

D_i——每年产品 i 的需求量(预测量，件)；

P_i——单位产品 i 所需的平均加工(处理)时间(台时)。

第二步：计算每台设备最大可提供的工作小时数。这首先需要计算该设备的制度总工作时数(N)，可用下式来计算：

$$N=\text{每天制度工作时数}\times\text{每年制度工作日数} \tag{4-6}$$

这样得到的是理论上的总工作时数，在此基础上还需要再考虑到其实际的利用率，进行调整，这个调整可根据设备利用率计算：

$$H=N(1-C) \tag{4-7}$$

式中：H——某设备一年可提供的实际工作时数(台时)；

N——某设备一年的制度工作时数(台时)；

C——能力缓冲，可根据管理水平或需求确定(用百分比表示)。

第三步：根据用设备时数表示的市场需求量和每台设备所能提供的实际工作时数，计算出所需设备数量：

$$M=R/H \tag{4-8}$$

对于一个生产流程而言，一般是由多种设备(资源)构成的，分别计算所有设备的需求量会很困难，而且可能出现数量之间的矛盾，所以可以根据流程分析找出关键设备，确定关键设备的需求量，之后根据设备之间的配合关系确定其他设备的数量。

对于服务系统，上述方法也同样可以应用。例如，医院的市场需求可转换成对手术室或床位的需求，银行的顾客需求转换为对服务窗口设置数的需求，运输企业的市场需求转换为对车辆的需求等。但一般来说，在相同的计划期内，服务需求比产品需求更难预测，它们往往在一天的不同时间段内也有很大变化。下面通过一个简单的例子来说明能力的规划过程。

【例 4—6】 某企业的一个面包生产车间其关键设备为烤炉，如果该生产车间能够生产两种产品(A 和 B)，每种产品的需求量及相关数据如表 4—4 所示，该生产车间每年的工作日为 250 天，每天工作 8 小时。企业经营者认为，为预防需求波动，它们需要保持 15%的能力缓冲。那么至少需要几台烤炉？

表 4—4　　产品的需求量与时间消耗

	产品 A	产品 B
预计年需求量	2 000 打	6 000 打
每打烤制时间(烤炉每次烤制一打)	0.5 小时	0.7 小时

首先,计算全年所需的设备台时数:

$R=(2\ 000\times0.5+6\ 000\times0.7)=5\ 200$(小时)

其次,计算一台设备的年工作时数:

$H=N(1-15\%)=8\times250\times85\%=1\ 700$(小时)

最后,计算所需设备数:

$M=5\ 200\div1\ 700=3.05\approx3$(台)

所以,该车间至少需要配置 3 台烤炉才能满足目前的需求,至于其他资源的配置,例如人员、辅助设备等可以根据流程对各环节的时间要求来确定。

二、能力调整决策

企业的产能虽然是相对稳定的,但市场的需求是不断变化的,因此从长期看,仍要根据市场需求的变化不断地调整产能水平。在决策调整、扩大产能的时机时,应考虑两类成本:能力扩大过于超前造成的闲置成本,以及能力升级滞后造成的机会成本。解决这个问题有两种属于两个极端的策略:积极策略和消极策略。

积极策略的特点是,能力扩大的时间超前于需求,每次扩大的规模较大,但两次扩大之间的时间间隔较长,如图 4—4(a)所示。这样会带来较大的能力缓冲,投资较大,能力闲置成本会上升。但是,它可以减少由于能力不足而引起的机会损失。

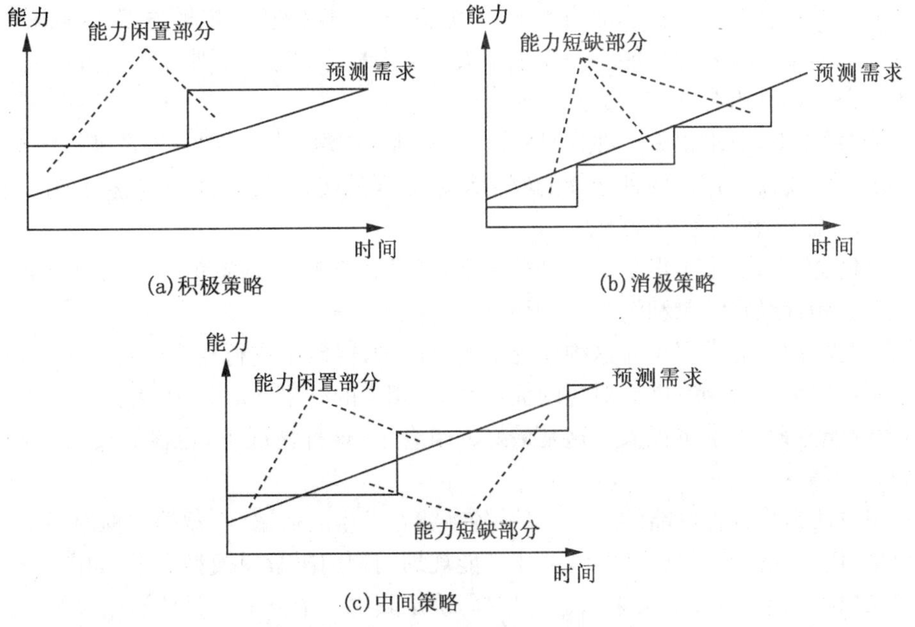

图 4—4　能力扩大的时间和规模

消极策略的特点是，能力的扩大时间滞后于需求，每次扩大的规模较小，但扩大次数较多，即两次扩大之间的时间间隔较短，如图 4－4(b)所示。因此每次投资较少，设备闲置也较少，平时对能力不足部分可以采取加班加点、任务外包等措施来补救，但这些措施都有增加成本的一面，而且会有机会损失成本。

两种策略各有利弊，所以也可以选择位于两者之间的中间策略，如图 4－4(c)所示。

能力扩大的时间和规模实际上是相关联的，当需求增长稳定时，扩大间隔若长，每次的扩大量也必然大；反之亦然。选择什么样的策略来扩大能力，需要根据企业的市场地位、技术发展、需求变化等具体情况来定。例如，企业产品市场前景较好、处于生命周期的成长阶段时，或学习效应比较强、规模经济有优势时，积极策略就是有利的，它可以使企业降低成本，取得价格上的竞争优势，还可以扩大市场占有率。消极策略是一种保守型、稳妥型策略，其风险性较小。例如，对需求过于乐观的估计、技术的重大变化使现有设备报废，以及其他难以预测的因素会带来一定的风险，消极策略可使这样的风险变小。

另外值得注意的是，能力与市场占有率是密切相关的，很多企业一般是积极采取各种营销策略开辟、占领市场，但并没有注意产能的匹配，在生产能力已经明显不足、接受订单比较困难的情况下，才考虑扩大能力，这时风险较大，因为可能有跟进的企业占领市场。

三、备选方案的选择

如前所述，生产能力规划的一个难点在于：能力的配置是相对稳定的，而规划的重要依据是未来某个时期的需求，但市场需求是变动的、随机的，预测结果的不确定性通常很大。因此，能力决策往往是在对具有随机性的未来需求进行估计的基础上做出的，在这种情况下，使用决策树方法来辅助决策，会使分析思路更加明确。下面用一个例子来说明运用决策树来帮助选择方案的过程。

【例 4—7】 某企业准备在一个选定的新地区开设一个工厂，产品主要供应该地区的市场，现有两个关于新建工厂规模(能力水平)的方案，即大规模和小规模方案。根据预测分析，该地区的市场需求也有两种可能——需求很大和需求较小，概率分别为 0.6 和 0.4。因此，可能的结果有以下四种组合。

(1)小规模方案，需求很大。在这种情况下，企业还需要进一步选择，是维持该规模不变，还是进一步扩大规模。预计两种选择的经营结果分别是：①维持规模，所获利润为 22.3 万元；②进一步扩大规模，利润为 27 万元。

(2)小规模方案，需求也很小。这种情况下，就没必要进一步选择了，因为没有必要再进一步扩大规模。预计经营结果利润为 20 万元。

(3)大规模方案，需求很小。这种情况下还有两种选择：不进行相应的促销策略，则相应的经营结果利润将为 14 万元；进行对应的促销活动，相应的结果利润为 16 万元。

(4)大规模方案，需求也很大。这是最好的组合了，这种情况下，也没必要再决策，经营结果利润为 50 万元。

决策树方法是将各种可能的组合，以及各种状态发生的概率、收益等数据用一个树形结构图表示出来，作为分析的工具。例如，上述产能规划问题用决策树模型表示，如图 4－5 所示。

在决策树模型中，需要对决策点进行选择，确定其中一个方案。具体运用决策树模型的运算求解过程，应从右向左进行，运算步骤归纳如下：

(1)每个事件节点的经营结果期望值，等于每一事件的经营结果乘以其概率再求和。即：

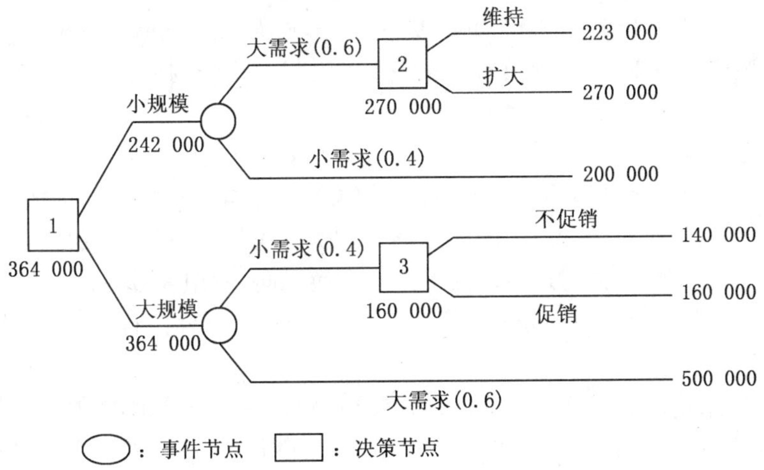

图 4—5　决策树模型

$$\text{事件节点的经营结果期望值}=\sum\text{事件经营结果}\times\text{事件概率} \qquad (4-9)$$

例如，在上例中，小规模事件节点的期望值为：270 000×0.6＋200 000×0.4＝242 000（元）；而大规模事件节点的期望值为：500 000×0.6＋160 000×0.4＝364 000（元）。

（2）在决策节点，可以在几种可能中选择经营结果最好的方案。如果一个决策点（如图4—4 中的决策点 2）向左通向一个事件节点，则该决策点选择的最好经营结果作为该事件的经营结果。例如，在上例决策节点 2，我们选择的是扩大规模的方案，这样经营结果就是 270 000元。

（3）未被选中的事件应划去。决策节点所得到的经营结果最后只与一条分支相连。如上例中，决策节点 2 后面的维持规模方案，以及决策节点 3 后面的不促销方案则被去掉了。

（4）重复上述步骤，直至到达最后面的决策点。最后未被去除的分支就表示最好的选择方案。例如本例中，从图 4—5 的计算可知，采用大规模方案的经营结果要比采用小规模方案的经营结果好得多。产能决策的最后结果是，选取大规模的扩大策略，如果遇到市场需求小的情况，可以采取促销策略。当然，如果遇到市场需求也很大时是最理想的结果。

需要注意的是，为简洁地说明方法的基本原理，在本例中经营结果直接用的是利润，这样就去掉了投资与成本的因素，如果经营结果只能预测到销售收入的话，就要考虑每一种选择的投入与成本，计算会更复杂一些。

第四节　相关理论与方法

在产能需求计算与决策分析中，定量分析的前提是要有预测的数据，如产品的需求量与发生的概率、收入与成本的数据等，但这些数据往往很难得到。同时，产能又是企业运营的一项重要参数，它会影响到各项经济指标。所以，对能力的规划、配置以及调整，需要考虑多种因素，尤其是一些不能定量分析的因素，下面将介绍几种对于能力规划有帮助的相关理论与方法。

一、规模经济与规模不经济

规模经济是经济学中的一个基本原理，对于企业一般称为生产规模，是指企业生产系统的产出总数量或资源占有总量，一般用产量、收入或资源投入数量表示企业的生产规模。例如，年产20万辆的汽车厂、年产100万台的电视机厂、有15架飞机的航空公司、有80张床位的医院等等。从这些表示可以看到，规模与产能的一致性以及密切的关系。所以在配置或调整能力水平时，必然会有一个规模是否经济合理的问题。在一定的条件下，企业生产规模越大，产品的平均成本会越低，这就是规模经济原理的基本含义。这是因为生产规模越大，固定成本和最初的投资费用可分摊到越多的产品中，从而单位产品成本越低。此外，大规模生产在制造工艺、运营过程方面有很多可减少成本的机会，例如，规模越大，专业化程度越高，分工越细致，作业过程中的学习效应越好，同时还可以减少作业交换时间、采用高效专用设备、减少中间库存等。也就是规模充分大可以引致分工详细，带来分工效率的好处，因此追求规模的不断扩大是常见的现象。

但当规模扩大到一定程度时，因系统内管理和协调的复杂性急剧增加，从而引起间接成本急剧增加，组织的注意力会分散等，生产效率也有可能降低（部门之间的摩擦，信息传递耗费时间等），从而使成本又会升高。而且，企业规模越大，对于外界的反应越不灵活。因此，要有一个适度的生产规模。

另外，能力的确定是受最小规模制约的。一般来说，企业的生产规模受装备完整性的制约（即不能配置半台设备），有一个最小限度，这个限度一般称为最小经济规模。从这个意义上讲，企业的产能配置是在最小规模的基础上，追求更经济的规模。虽然扩大生产规模是改善企业的生产经济性的有效途径，但规模扩大到一定程度会出现规模的不经济，另外要受到市场需求数量的限制。所以，企业产能的配置实际是在一个范围内做出选择，如图4—6所示。

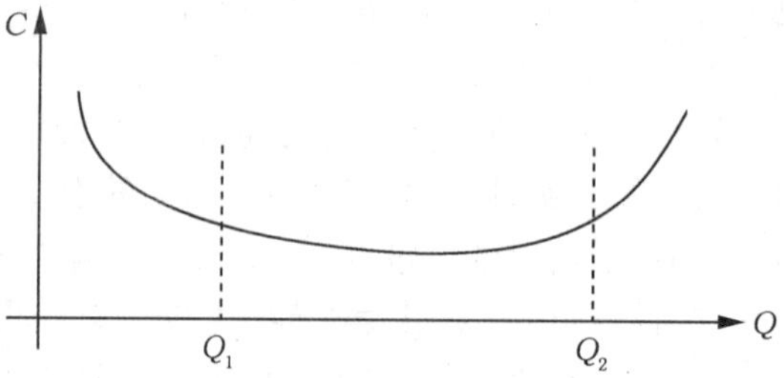

图4—6　产品成本与规模的关系

具体多大规模最合理，是一个很难计算的数据，但不同的行业一般会有一个经验分析的数据。例如汽车产业中的乘用车，原来一般认为15万辆是一个最小的经济规模，如果再小就不经济了。但这个数据会因技术、工艺的进步，各种资源的价值变化等因素而不断变化，需要不断分析确定。

二、等待时间模型

对于服务业（或是订货生产的制造企业）而言，确定生产能力的一个很重要的参数——单件的作业时间（接待一位顾客的时间）是不确定、随机的，只能用平均数表示；单件生产的制造业同样如此，因为产量很少，很难准确给出每道工序的作业标准时间。而且，顾客（订单）的到达更是随机的，这样对于能力的配置决策就更困难了。

等待时间模型是根据统计分析，找到单件的作业时间、设备利用率与订单或顾客等待时间关系的规律，可以表示为如下公式：

$$\text{等待时间}=\text{作业时间}\times\frac{\text{利用率}}{1-\text{利用率}}\times\frac{D^2+C^2}{2} \qquad (4-10)$$

式中：作业时间——工序完成一个订单或一项服务的时间；

$D=\sigma/\mu$——订单或顾客到达的变异系数，为标准差与均值的比值；

$C=\sigma/\mu$——作业时间的变异系数；

利用率＝产出/能力＝单件作业时间/任务到达间隔时间。

公式4－10虽然计算比较复杂，但是对于订货生产企业或服务企业能力缓冲的决策非常有用，因此也就对能力的规划有支持作用。而且与我们的直观感受也是一致的，例如有些服务窗口，经常会有这样的现象：有时顾客到来很少，窗口甚至有空闲，但有时多位顾客会同时到达，又很忙，导致顾客的等待时间很长，如果按平均时间计算能力的利用率又不是很高。下面我们用一个呼叫中心的例子来说明公式4－10的应用。

【例4－8】 某电话呼叫中心，假设是一个服务台的呼叫服务系统，统计分析确定平均作业时间（接听回答一位顾客的时间）为90秒，标准差为120秒，计算可得变异系数为1.33；顾客到达间隔平均为300秒，服从泊松分布，则根据数理统计知识可知，变异系数为1。

所以：能力利用率＝90/300＝0.3＝30％

顾客等待时间＝$90\times(0.3/0.7)\times(1^2+1.33^2)/2=53.57$（秒）

流程通过时间（T）＝90＋53.57＝143.57（秒）

在这个例子中，从能力的利用率看，服务台利用率仅有30％，空闲很多，可是顾客仍然有平均近54秒的等待时间，这正是由于作业时间与顾客到达间隔时间的随机性导致的。

如果对于一个服务流程有多个服务台（服务台是并联的、工艺原则组成的工作中心）面对一列顾客的话，则等待时间、作业时间与能力利用率的关系式成为如下形式：

$$\text{等待时间}=\frac{\text{作业时间}}{m}\times\frac{\eta^{\sqrt{2(m+1)}-1}}{1-\eta}\times\frac{D^2+C^2}{2} \qquad (4-11)$$

式中：m——服务台数量；

η——能力利用率。

这时由于有多个服务台（工作地）并联，所以作业时间等于被工作地平均分配，此时能力利用率计算公式如下：

$$\eta=\frac{\text{作业时间}}{m\times\text{任务到达间隔时间}} \qquad (4-12)$$

如在例4－8中，假设有10个服务台，经过统计得到每间隔11.39秒有一次呼叫，每90秒接待完一个呼叫客户。则：

$$\text{能力利用率}=\frac{90}{10\times11.39}=0.79=79\%$$

$$\text{等待时间}=\frac{90}{10}\times\frac{0.79^{\sqrt{2(m+1)}-1}}{1-0.79}\times\frac{1^2+1.33^2}{2}=24.94\text{（秒）}$$

在多服务台并联的情况下，虽然能力利用率提高了很多，缓冲少了许多，但是顾客的等待时间还是缩短了，可以证明多窗口对单一队列（如银行的取号系统）是可以缩短等待时间的。

公式4－11虽然更复杂，但是更接近现实，对于服务流程与订单生产的制造流程都是非常实用的，在能力规划决策时，可以设定一个目标的顾客等待时间（等待界限），然后根据公式推算能力的缓冲，以及能力的配置。例如，在例4－8中，设定顾客等待时间不超过20秒的话，这样可以利用公式4－11计算求得应该配置的工作地（服务台）数量，为企业的能力决策提供了依据。

三、学习曲线

在制订能力规划以至于能力计划中，工序时间是一个很重要的参数，而学习效应恰恰是影响完成单位工作任务的时间的一个因素。在能力规划时，需要充分考虑学习效应的影响。此外，学习效应在作业安排、工作系统设计等方面也有重要的应用意义。

1. 学习曲线的含义

所谓学习效应，是指当一个人或一个组织重复地完成某一项产品生产（任务）时，完成单位产品所需的时间，会随着产品生产数量的增加而逐渐减少，然后趋于稳定。根据统计分析，单位产品的消耗时间与累计产量之间呈指数关系，可用一曲线描述，如图 4－7 所示。此曲线包括两个阶段：一是学习阶段，单位产品的生产时间随产品数量的增加而逐渐减少；二是标准阶段，学习效应可忽略不计，可用标准时间进行生产。这条曲线就称为学习曲线（Learning Curves），它所表示的是单位产品的直接劳动时间与累计产量之间的关系。

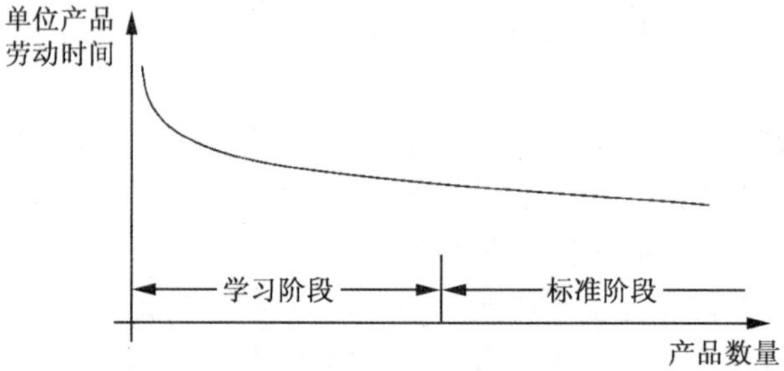

图 4－7　学习曲线

人们很早就从直觉上感觉到了学习效应，但发现、总结出学习曲线的是在第二次世界大战时的飞机制造业。当时发现生产一架飞机所需的直接劳动时间随着飞机累计数量的增加很有规律地减少，这些结果可绘制成一系列的曲线。一项对各主要飞机制造厂所作的调查也表明了类似的结果。另一个独特的发现是，这些曲线之间也有很大的类似性，即无论生产第 1 架飞机所用的时间是多少，第 8 架所需的时间只是第 4 架的 80％，第 16 架只是第 8 架的 80％等。也就是说，在任何情况下所发生的现象都是：当产量增加 1 倍时，所需生产时间就减少 20％。这种改进的速率非常一致，由此就将其称为学习率，即在飞机生产中，产量倍增过程中的学习率是 80％。不同产品或不同企业，学习率有可能不同。

另外，学习曲线的规律性是具有一定条件的，即影响时间消耗的各种因素应稳定、不变，如制造工艺、使用的工具、加工方法等，如这些因素发生变化，则有可能影响学习规律，从而改变学习率，或学习速度。

2. 学习曲线的建立及应用

学习曲线的建立是基于以下一些基本假设：

（1）生产某种产品或完成某项作业的直接工时，是随该产品生产的重复进行而减少的。

（2）上述时间的减少，按一定的递减率，随累计产量的增加，呈指数函数关系，这个递减率即为学习率。

（3）学习率是根据产品和加工条件确定的，即各种产品有特定的学习率。所以，学习曲线可以表示为指数函数如下：

$$y=aC^n \tag{4-13}$$

式中：y——生产第 x 台产品所消耗的工时；

a——生产第一台产品所消耗的工时；

C——学习率；

n——产量的倍增次数。

为了比较方便应用，可以对式 4－13 进行变换，首先，设 x 为累计产量，在 x 增加 n 倍时，有 $2^n=x$，两边取对数有：

$$n\lg 2=\lg x \tag{4-14}$$

其次，对式 4－13 两边取对数有：

$$\lg y=\lg a+n\lg C \tag{4-15}$$

再次，设 $m=\lg C/\lg 2$，所以，$\lg C=m\cdot\lg 2$，又因为 $\lg 2=\lg x/n$（见式 4－14），则：

$$\lg y=\lg a+n\cdot m\lg 2=\lg a+m\lg x \tag{4-16}$$

最后，两边取指数得到：

$$y=ax^m \tag{4-17}$$

其中，m 为学习率系数（$m=\lg C/\lg 2$，C 为学习率）。

$y=ax^m$ 是实际应用中常用的学习曲线形式，在给定学习率的条件下，可以推算出产量增加到任一水平时的时间消耗数据，这对于能力规划是非常有用的。下面举例说明它的应用过程。

【例 4－9】 某一生产工程机械的工厂，根据对消耗公式的统计，在生产第 150 台产品时，消耗的工时为 100 小时，已知该产品的学习率为 80%，如每月计划生产 10 台同样的产品，分析这 10 台产品的平均单台工时应为多少。

在这个实例中，没有给出第一台产品的时间，此时，可以利用学习曲线来推算如下：

因为，$y=ax^m$，所以，$a=y/x^m$

则：$a=100/150^{-0.322}=501.8$（小时）

所以：$x=151$（小时）

有：$y=ax^m=501.8\times151^{-0.322}=99.7$（小时）

同理可求出再生产 10 台产品，即第 152～160 台产品的单台时间消耗，计算结果如表 4－5 所示。

表 4－5　　单台产品的时间消耗数据

x	151	152	153	154	155	156	157	158	159	160
y	99.7	99.5	99.3	99.1	98.9	98.7	98.5	98.3	98.1	97.9

计算表 4－5 所列 10 台产品时间消耗的平均数，即得到平均工时，可以作为产能规划配置各种资源的依据。

3. 学习率的确定

如果数据齐备且合理，那么学习率也可以利用 $y=ax^m$ 的模型来求解，其必要条件是要知道第 1 件和第 n 件产品的生产时间。如果没有上述数据，即在某种产品未开始生产之前就想估计学习率，这种估计通常带有较强的主观性。在这种情况下有两种估计方法：一是根据本企业过去生产过的类似产品进行估计，如果工艺等比较类似，就认为具有相同的学习率；二是把它看作与该企业平均学习率相同。无论采用哪种方法，在实际生产开始、积累了一定数据后，都需要对最初的估计加以修正。这里有几个要注意的问题：

(1)盲目地接受产业平均学习率有时是很危险的，因为对于不同的企业，有时学习率会有很大不同。

(2)影响各企业学习率的主要因素之一是，流程是以设备作业为基础，还是以人的作业为基础。在以设备作业为基础的生产流程中，直接劳动时间减少的机会较有限。因为在这种情况下，产出速度主要取决于设备能力，而不是人的能力。在一个生产运作系统中，以人的作业占的比例越大，直接劳动时间中反映出来的学习效应也就越强。

(3)影响学习率的另一个因素是产品的复杂性。简单产品的学习率不如复杂产品那么显著。复杂产品在它的整个寿命周期中通常有更多的机会来改进工作方法、改变材料、改变工艺流程等。也就是说，复杂产品的组织学习率通常更高，特别是在没有相似产品生产经验的情况下，学习率更高。

学习曲线在企业管理中的应用是非常广泛的。首先，在生产能力管理中，可以用来帮助企业较精确地估计能力的需求，制订相应的能力计划。其次，学习曲线可以用来帮助企业制订产品的成本计划。因为根据学习效应，可估计随着累计产量的增加成本降低的可能性。此外，根据学习效应理论，当一个企业竞争策略的重点放在低成本时，为了维持一定的利润，必须有足够的产量，企业通常总是尽快增加产量，使得成本降至学习曲线的低点。

本章小结

一个流程构建成功后，必然具备一个客观的最大可能生产(服务)数量，这就是流程的能力，据此也就确定了一个企业的生产能力。但流程与产能的关系应该是，企业先根据市场需求、发展战略等因素确定一个目标产能，然后根据这个目标产能来组织流程。而且，由于企业生产能力是企业运营系统的一项重要参数，它不仅会对企业的市场策略有影响，也是进行计划与控制的主要依据，因此，合理地规划、调整能力水平，对于企业运营效益至关重要。

流程能力的配置是一个长期的资源投入，需要进行长期规划。在规划的基础上，每个计划期具体的产能需求一般为能力需求计划。本章主要讨论的是能力的规划，为了能够说明清楚，首先分析了能力的构成要素、能力水平的核算方法。在此基础上，对于产能的长期规划以及相关的理论进行了分析。

通过本章的学习，应掌握企业产能的决定因素、度量企业系统生产能力的一般方法、对于企业长期能力规划与决策的思路和方法，以及在规划、决策产能时的相关理论问题，如经济规模、调整时机、学习曲线等理论。这不仅是分析、度量产能以及进行产能规划的基础，同时也是对一个现有流程能力作分析与度量、找出存在的能力平衡问题并进行改善的基础。

关键词

生产能力(Capacity)
产出率(Output Rate)
能力利用率(Utilization Rate of Capacity)
瓶颈资源(Bottleneck Resource)
能力缓冲(Capacity Cushion)
规模经济(Scale Economy)
学习曲线(Learning Curves)

复习与思考

1. 影响企业流程能力的因素有哪些？怎样核算两种类型工作中心的能力水平？

2. 什么是瓶颈资源？如何确定流程整体的能力？流程内各个环节的能力不平衡会导致怎样的结果？

3. 产能过剩与不足会对企业有什么影响？如果是订单生产或是服务业，产能的利用非常饱满，会有怎样的结果？

4. 某工作中心每天运作两个班次，每周工作 5 天（每班次 8 小时），该中心拥有 4 部具有相同能力的机器。如果这些机器以 80％的时间运行，那么每周以标准小时表示的额定能力是多少？

5. 某企业的一个机加工车间有一设备组（工作中心），现有 2 台相同的设备，企业采取 8 小时单班工作制，每年有 250 个工作日，有 3 种产品要求在该设备组加工，各种产品的预计产量以及工时数据见下表。试计算该设备组应配置几台设备才能满足目前需求？如果现有设备不增加，也不加班，最多能完成各种产品多少件（不考虑工时损失）？

产　品	年需求量（件）	每单位产品加工时间（小时）	所需加工时间（小时）
＃1	400	5.0	2 000
＃2	300	8.0	2 400
＃3	700	2.0	1 400

6. 某汽车生产企业拥有一条汽车总装流水生产线，其节拍为 2 分钟，企业实行两班制生产，考虑交接班等因素，每天工作时间为 15 小时，如果总装线的开动率为 90％的话，每天最大产量是多少？

7. 某产品的加工工艺要经过 10 道工序，经过时间的充分平衡后，各工序的标准作业时间如下表所示。如将其设计成一条流水生产线，最快多长时间出产一件产品？按此速度，每天按 8 小时计算，工时利用率为 90％的话，每天最多能生产多少件产品？

工序	1	2	3	4	5	6	7	8	9	10
时间（秒）	15	15	16	18	16	17	17	17	17	15

8. 在某一个地铁车站，一条地铁线路如果每间隔 2 分钟有一列车开出的话，每小时最多开出几次列车？假设每列车有 8 节车厢，每节车厢最多能乘坐 80 人的话，那么每小时这个地铁车站最多可以流出多少旅客（注意：车站有双向两条线路，可以按同样条件计算）？这个数据对车站控制进入的客流有怎样的作用？为什么？

9. 目前国内许多旅游景点确定了景区内的最佳容量，一般给出两个数据：一个是最大接待量；另一个是瞬间最大容量。请你分析这两个数据的含义是什么、两者的关系如何，以及它们对于景区的运营有什么作用。

案例分析

如何解决不平衡的产能[①]

公司背景

SK 公司是一家大型跨国公司的下属子公司，是具有一定规模的存储器生产商和供应商，其涉及领域包

① 本案例只是为说明流程整体能力的平衡问题，供学习、讨论使用，不存在对公司的经营评价，同时为了不对企业有影响，涉及的企业名称、数据等，都经过加工处理，但不会影响问题的方向。

括互联网、商务以及电子消费品市场，在国内设有多家生产工厂。公司致力于推行高水准的生产运作，继通过ISO9000认证后，又通过了QSR质量体系评审，并以全面客户满意为宗旨(其客户包括内部客户和外部客户)，推行供应链管理，在近年的发展中，取得了在行业处于领先地位的好成绩。

公司主导产品为用于个人电脑的硬盘驱动器，属于大量生产类型的企业。工厂拥有先进的设备，虽然公司的运营系统效率较高，却一直存在着流程整体能力不平衡、流程中浪费现象比较严重等问题，制约着库存成本的控制。

生产系统设施的布置和流程

公司某一工厂生产区的设施布置如图1所示，全部流程分为四个工作中心(车间)，包括清洗、组装、伺服刻写及测试。

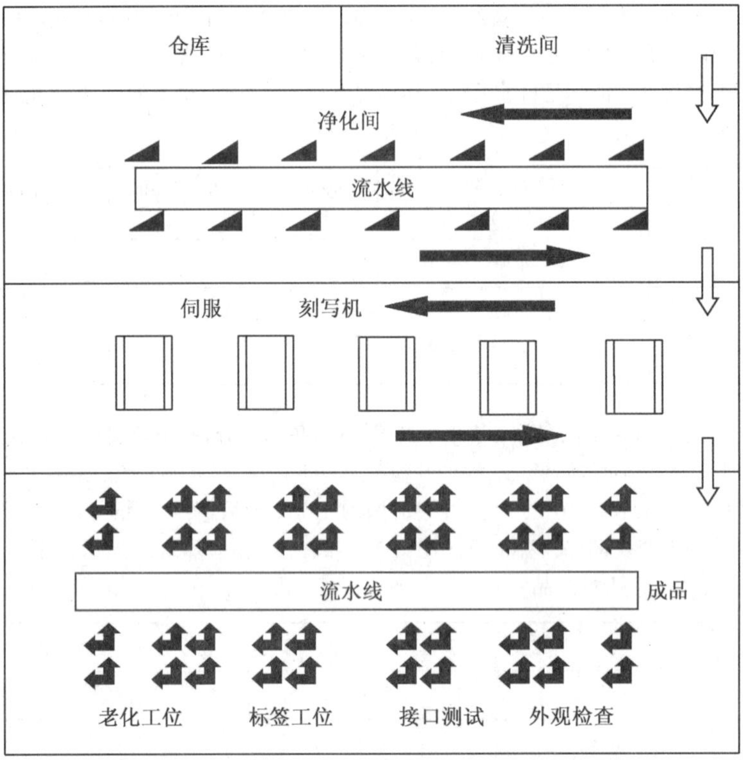

图1　工厂的平面布局

第一个工作中心为清洗区。硬盘驱动器的一部分机械组件，包括螺钉等在去离子水(DI Water)中成批进行清洗、烘干。此工作中心采用工艺专业化流程，不同产品(螺钉)的清洗、烘干流程相同，使用的清洗设备相同，工人的技术工种相同，可对各种清洗部件进行操作。其特点为：有非常好的适应能力，能对标准件和各种产品的差异件在标识明确的情况下进行混合清洗，其最小单位为一篮。

第二个工作中心为硬盘盘体(HDA)组装区。清洗过的物料和免清洗的物料送至净化间进行组装。因各工作地的加工时间很短，采用流水生产线的生产方式进行组装，整条装配线分为12道安装工序，经过时间的测定，各工序的安装操作时间如表1所示。

表1　组装线工序的操作时间

工序	1	2	3	4	5	6	7	8	9	10	11	12
加工时间(秒)	12.1	11.3	12.2	8	6.9	18	11.9	8.1	11.4	11.2	11.8	12.1

这个工作中心具有合理的流程，生产周期短，生产效率高。但分工很细，设备种类不同，常因一台设备有问题导致整条流水线停顿，为解决此问题，通常在一些关键工位保留一些安全库存。而且各工序的时间存在严重不平衡的现象，可以直观地用柱状图描述，如图 2 所示。

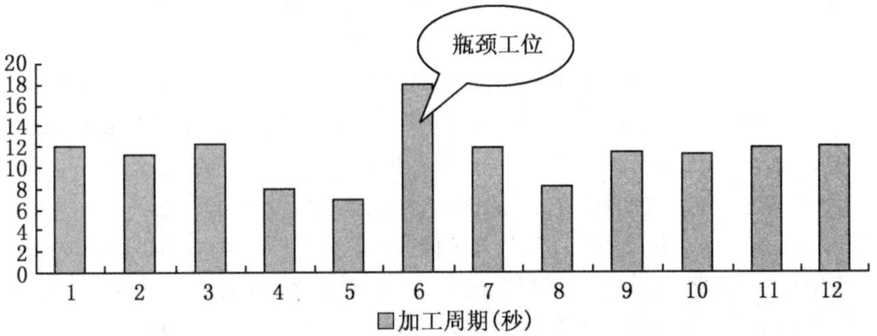

图 2　工序时间分析图

其中，工序 2、4、5 为机械手自动进行安装操作，从图示可以看出，流水生产线的瓶颈工位是工序 6，如不做调整，此时每天(企业为三班制，有效时间按 21 小时计算，另外设备利用率为 90%)装配线的产量为：

$$产出=\frac{工作时间}{瓶颈工序加工周期}\times 利用率=\frac{21\times 3\ 600}{18}\times 0.9=3\ 780(件)$$

如果在第 6 工序增设一个工位，工序 6 在 18 秒内就可以生产两个产品，相当于其加工周期为 9 秒，调整后的瓶颈工位就变为第 3 工序，这样的话每天装配流水线的产量就会增加到：

$$产出=\frac{工作时间}{瓶颈工序加工周期}\times 利用率=\frac{21\times 3\ 600}{12.2}\times 0.9=5\ 577(件)$$

经过计算可知，产量增加了三分之一左右。第 6 道工序的负荷也提高到了 74%(9/12.2)。

第三个工作中心为伺服刻写，即用机器在硬盘驱动器上写上磁道和相关信息。由于精度极高，加工周期为 31.5 分钟。一台机器 24 小时作业，日产量为 $24\times 60\times 0.9/31.5=41$(件)。如果按平衡后的产量，须配置的机器数量为：

设备数＝自动线产量/一台伺服机器的日产量＝5 577/41＝136(台)

但目前该中心只有 106 台设备，可以应对目前的产量。由于中心采用工艺专业化流程，生产不会因一台机器有问题而受到影响，有较好的适应性。

第四个工作中心为测试区，它是一种混合式的工作中心，在老化测试阶段，老化炉集群式地布置于测试区，一个老化炉能同时老化 256 件产品，整个老化测试过程长达数小时，工艺专业化是必然的选择。紧跟其后的一个工位是标签工位，完全自动化作业，加工对象平行移动，属典型的流水生产线对象专业化作业。再后的接口测试则类似于老化测试，一台测试设备能同时测试 120 个硬盘驱动器，一次测试完成后，再测试另一批次，测试时间比老化测试稍短。

综上所述，四个工作中心都按照实际情况选择不同的空间组织、对象专业化或工艺专业化以适应不同情况的需要，但各环节能力平衡一直存在问题，困扰着管理部门。

讨论问题：

1. 第二个工作中心的流水线目前平衡率很低，系统不稳定，安全库存过高，是否应在瓶颈工序增加设备(如案例的分析)？

2. 如果按上述分析中的改进，可以提高三分之一的产量，但这样一来，后两个工作中心的能力就不足，需要调整，增加设施投入(以第三个工作中心为例讨论)是否可行？

3. 如果不增加后续环节(第三、第四两个工作中心)的投入，你觉得还可以采用其他什么措施来平衡系统的生产能力？

参考文献

1. 雷金纳德·托马斯·李瑜:《产能管理精要》,中国人民大学出版社 2004 年版。

2. 黄卫伟:《生产与运作管理》(第 2 版),中国人民大学出版社 2006 年版。

3. 刘丽文:《生产与运作管理》(第 5 版),清华大学出版社 2016 年版。

4. F. 罗伯特·雅各布斯、理查德·B. 蔡斯著:《运营管理》(第 14 版),机械工业出版社 2015 年版。

5. 威廉·J. 史蒂文森:《运营管理》(第 12 版),机械工业出版社 2016 年版。

6. 托马斯·E. 沃尔曼等:《制造计划与控制》,中国人民大学出版社 2008 年版。

7. 李·克拉耶夫斯基等:《运营管理——流程与价值链》(第 7 版),人民邮电出版社 2007 年版。

8. Roger G. Schroeder 等著:《运营管理新概念与案例》,清华大学出版社 2003 年版。

9. Sudhakar D. Deshmukh 等著:《企业流程管理》,清华大学出版社 2003 年版。

10. 艾利·高德拉特、杰夫·科克斯著:《目标——简单而有效的常识管理》(第 3 版),电子工业出版社 2009 年版。

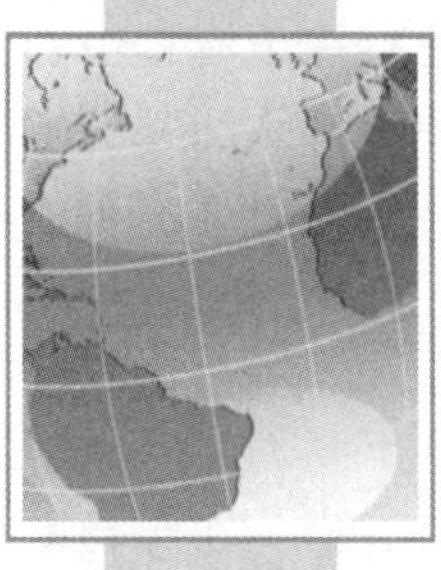

第五章 库存控制

本章部分习题答案

如果说到水库,可能大家都会想到它的蓄水发电功能。其实,水库还有一项非常重要的功能,就是调节河流的流量。一般在上游洪峰到来之前,水库的管理者会将库容量尽量降低,以便洪峰到来时可以大量地蓄水,拦截洪峰,缓解下游流量的激增,以避免下游流域水灾的发生;而在上游来水较少的时期(枯水期),可以利用水库中的蓄水向下游供水,以保证在枯水期下游河流也能够有充足的水量,满足河流的运输、灌溉等需求,这就是水库调节流量的功能。

企业中的库存,其功能类似于水库调节流量的功能,只是对库存量调节的方向正好与水库相反,是在需求高峰(类似于洪峰)到来之前,需要加大库存量以应对大量需求。因为,企业的生产能力总是有限的,需求高峰到来时产能总会紧张,如果没有库存准备会导致供不应求。在绪论中我们曾经举过一个空调机脱销的例子,就是说明需求与供应之间的矛盾。即便没有如同空调机这样极端需求高峰的情况,只要是生产与需求不均衡,需求不确定或波动幅度较大,设置库存就是企业的一种选择,可以尽量减少缺货机会损失。可是库存过多,会造成产品积压同样也会带来损失。所以,在需求低谷(类似于枯水期)应尽量减少库存,以降低库存积压成本,以及存货过期报废的损失。

但问题是,无论是洪峰何时到来,还是商品需求的波动,都是系统的外部变量,决策者无法控制,只能对其进行预测,无法准确地掌握变化数量。因此,探求采取怎样的方法,将库存量控制在一个合理的水平,使库存量能够保证既不发生缺货,也不产生大量积压,一直是运营管理领域面对的一个重要课题。

第一节　库存控制系统

库存(Inventory)是指投入运营系统中,处于闲置状态的、准备用于未来生产活动的一切资源。因此,广义地讲,企业的库存应包括投入运营系统中的各种资源,如人力资源、资金资源以及各种物资资源。但针对企业运营管理领域所说的库存,主要是针对物质资源而言的,在制造业主要是围绕形成产品实体过程中,投入的各种物料(原材料及半成品)以及产品本身(产成品)。对于服务企业来说,由于产品是无形的,虽然投入的物品不形成产品本身,但是提供服务也会需要辅助性物品,例如,商业企业销售的商品、餐饮企业的食材、汽车维修企业的配件等,也会有物品的需求与供给过程。另外,无论是服务业还是制造业,维护设施设备所需的备品、备件等，也有需求与供给的问题。因此，虽然用途有所不同，但由于供求之间的协调所形成的库存问题是相同的。

另外，在无形产品的服务流程中，等待接受服务的顾客（类似于制造业存在于流程中的在制品）所形成的排队问题，其形成机理与实物的库存问题是相同的，但是关于排队问题的解决并不是运用库存控制理论，而是排队论。因此，本章研究的库存控制问题主要是针对有形的实物库存。

一、功能与效应

几乎每个企业都会面临库存问题，因为无论是提供实物产品的制造业，还是提供无形产品的服务业，都需要使用各种物资来完成产品的制造，或是服务的提供过程，也就是说会产生对各种物资的需求。这就存在诸如对某种物品需要使用多少、何时需要、怎样得到补充等一些具体的问题。这些物品的需求与供应一般会是不同的企业，那么，如果这种供应与需求无论是在时间、空间上还是在数量上产生不一致，就会导致库存的发生。

例如，一个零售商，假设根据预测某种商品每天可以卖掉 100 件，如果零售商采取每周（7 天）一次的补货策略的话，那么，若要保持供求平衡，很容易推算出每次应该补充 700 件商品；或者说，采取每次补充 700 件商品的补货策略，则每周补货一次。

这个小例子说明的就是库存产生的原因以及数量变化规律，如将补货的时间间隔称为补货周期（T），将一次补货的数量称为补货量（Q）的话，就可以得到一个补货周期与补货数量之间的基本关系：

$$Q=r\cdot T \tag{5-1}$$

其中，r 表示平均每天的需求数量（需求率）。

据此可知，实际上在企业的经营过程中，即便没有如同洪峰发生那样的需求高峰来临，但只要是供求不一致，也会发生库存，由于这种原因形成的库存称为周转库存（或循环库存，Cycle Stock），是企业库存中最常见的一种形态，如用上面例子的数据表示，周转库存数量随时间变化的规律如图 5—1 所示。

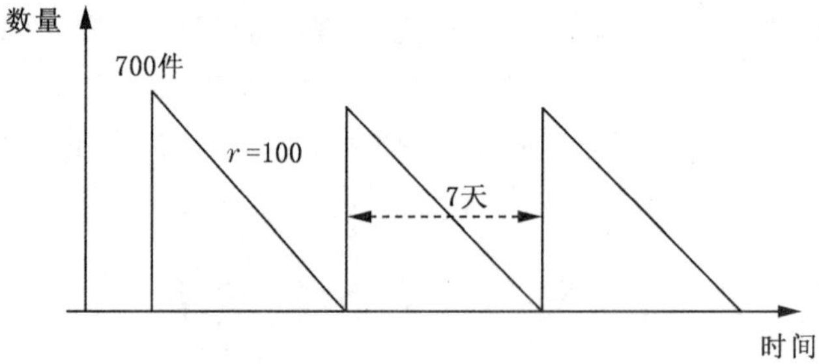

图 5—1　周转库存数量变化示意图

如果需求是不稳定、随机波动的，根据式 5—1 计算出来的需求量，是一个期间的平均数，但实际需求有可能不同，例如，在某个 7 天的补货周期内，实际销量有可能会大于 700 件（当然也可能小于 700 件），那么仍然按上述策略操作就有缺货的可能性，此时，一般会另外增加一部分库存，以防需求波动发生缺货，这种库存称为安全库存（Safety Stock），主要作用是为了满足需求意外变化所需的额外库存。

另外，由于供应商（补充）和零售商（或生产商）会有一定的空间距离，物品运送需要一定的时间，这样，处于运输过程中的物品称为运输库存（或在途库存，In-transit Stock），其数量的大小取决于补货量、运输距离等因素。对应上述运输过程，并考虑订单传递、装卸货物、检查验收等所需时间，即从需求方发出订单到收到货物为止的时间，称为订货提前期（Order Lead Time），或简称提前期。

此外，由于季节、价格等不确定因素的影响，会引起需求较大波动，企业还会有一些特殊的库存。例如，对于由于季节性或其他原因，需求产生较大的高峰，或对于一些价格易于波动或供应易于短缺的物品，在采购时为了获得数量折扣，企业可能会在预期的低价位时，提前购入过量的物品形成库存，以降低采购成本等情况，企业会加大补货的数量。这些因素导致的库存可以称为调节库存（也称投机库存）。相反，由于市场变化、产品升级等原因导致的需求消失，使企业持有的库存无法消耗，称为呆滞库存（或死库存）。

通过上述分析可知，库存产生的根本原因是供求之间的不平衡，无论是时间、空间还是数量，只要供求不一致就会发生库存，所以，简单地讲，库存的基本功能就是调节供求平衡。因此，库存具有以下正向效应：

（1）满足需求，保证生产或服务活动的稳定、连续进行。因为无论怎样的物品，需求与供应的基本属性总是不尽相同的。一般需求是随机的、变化的，而且有时是无规律可循的。而供应（生产或服务）过程一般希望是稳定的、连续的，同时，无论是制造活动还是服务活动，由于产能的限制，很难跟随需求的变化而变化。因此，库存的作用就是连接需求与供应，保持满足需求与生产连续的要求，类似于我们前面提到的水库的蓄水功能，具有缓冲的作用。

（2）预防不确定性，改善服务水平。与缓冲功能相比，预防功能主要是针对需求的特殊意外变化。首先是面对多变的市场环境，企业难以精确地预测市场的实际需求，或者内部系统故障导致供应中断，都会出现供应不足的现象，而通过维持适量的成品库存，可以保证对客户的产品或服务需求做出及时响应，改善客户服务水平。其次是原材料、零部件等物料供应的不确定性。企业持有必要的物料库存，可以增强对市场的物料供应出现紧缺，以及因意外的突发事件等导致的供应商延迟交货的应变能力，确保企业生产和服务的正常运行。

（3）利用规模经济优势，获取成本效益。企业适度地持有一定量库存，可以有助于实现采购、运输的规模经济性，有助于降低采购、运输中的成本，获取成本效益（参见下面对库存成本的分析）。因为当订货量足够大时，可以得到价格的折扣优惠，以及可以实现运输的规模经济。另外，采购批量加大也可以让供应商集中生产，减少生产中的转换成本，实现生产的规模经济。特别是在有供应链合作关系的供应商采购过程中，协调采购批量对双方都有好处。

但库存是一种资源的存储，持有库存物品需要耗费较大的成本。例如，需构建存放物品的仓库，以及购买安装货架等基础设施，需要有物品的运输、保管等方面的设备及人员等，这些都是需要消耗大量费用的。而且资源本身也是具有价值的，资金的积压也是损失，更严重时，如果发生库存物品的损坏、丢失、报废等状况，其带来的风险损失更大。总之，库存也会带来负面效应。

二、目标与成本

从上述分析可知，库存虽然具有非常多的正向效应，但库存过多导致的成本问题也是非常严重的，是企业实践中的一个难题。因此，降低库存对企业来说是非常现实的一个课题，长期以来，企业都在力争降低库存带来的损失。

对于库存问题的管理理念有两种不同的思路：一种理念起源于丰田汽车公司的准时生产体系，将库存视作“万恶之源”，认为库存不仅是一种浪费，同时还会掩盖企业生产中存在的诸多问题。因此，在准时生产体系中，对于库存的管理思想不是控制库存，而是消灭库存。[①] 另一种理念是，尽管库存是一个很严重的问题，但是认为企业依然需要持有一定的库存，只是希望将其控制在一个合理的水平，这也正是库存控制理论建立的思想基础。所谓合理的水平，也就是使库存成本达到最低限度的库存水平，这是各种控制模型建立的依据。本章主要是基于后者讨论库存控制的策略与方法，但在一些方法的论述中，会解释准时生产（精益思想）消灭库存的思路是怎样的。

综上所述，库存过多或过少都会导致成本损失，因此，在库存控制的理念下，目标是将库存的数量控制在由于库存引起的各种成本（费用）最低的水平。由于库存引起的费用，一般根据考虑对控制策略起到的主要作用有持有成本、获取（订货或调整）成本、缺货成本三项。这里需要说明的是，库存物品本身所具有的价值，例如，前面提到的零售商持有 100 件商品，如每件 10 元的话，本身价值为 1 000 元，但在具体的控制策略制定过程中，它不影响决策，所以下面讨论的成本不包括它。[②]

（1）持有成本（Holding Costs）是指由于持有库存而发生的一切费用，通常需要考虑以下三部分内容进行计算：

资金成本（Capital Costs），也称为机会成本，是指库存物资所占用资金的利息或收益损失。也就是说，由于库存物资导致占用的资金，如果存入银行或者去做其他投资的话，可以获得的收益。这也是确定此类成本数量的思路，但由于库存物资种类多，期限长短也不同。而且，银行的利率、投资的收益率变动因素都很多，会导致资金成本差异巨大，需要根据企业的具体情况分析确定。

存储成本（Storage Costs），是指由于存储一定数量物资所发生的各种保管性质的费用。主要包括：存储库存物资所需的仓库建设或租赁、设备折旧、物资保险、物料搬运，以及相关的管理人员和操作人员的人工费用等。

库存风险成本（Inventory Risk Costs），也称为废弃/损耗成本，主要包括由于市场变化所引起的产品过时损失，特别是在需要引进更新更好的产品的高科技行业中，它显得更为突出。同时，废弃成本也包括因产品生命周期比较短暂而形成的过期、变质等废弃成本，如易腐品、各种药品等。损耗成本也包括因产品残损、丢失或报废造成的损失。

根据上面的分析可知，持有成本是一项包含内容比较复杂的费用，需要根据具体情况分析计算确定，一般按库存物品的单价（P），以及持有一件物品一年所需费用占单价的比例[称为保管费率（i）]来计算，其中，单价应按物品的入库价格计算（销售产品的成本价格），保管费率是考虑上述三项费用的情况确定的，但企业的财务系统一般不会提供，需要运营部门经过统计分析确定。所以持有成本可表示为：

$$H = P \cdot i \tag{5—2}$$

式中：H——单位物品的持有成本；

i——一件物品持有一年的保管费率。

因此，按上式计算得到的是持有一件商品一年所花费的库存成本，如果可以计算得到全年

① 关于准时生产体系对库存的管理思想，以及消除库存的方法可参见第七章的讲解。

② 有教材将此项费用也在库存总成本中列出，建立模型参与计算，但计算过程中它并不影响最终结果，也就是它不成为决策的影响因素。因此，本书在库存总成本中不考虑此项费用。

平均持有物品的数量，就可以根据式5－2计算出平均持有成本了。但库存物品是一个每时每刻都在变动的时点值，具体的库存平均水平如何确定，我们在后面讨论策略与方法时再进行分析。

（2）获取（订货/调整）成本（Ordering/Setup Costs）是由于订购或生产一批物品发生的、一次性的与订货或生产数量无关的费用。也就是企业为了获得一批物品，无论是采购还是自己生产，都要发生一次性的费用。其中，如果是向外部供应商购买一批物品而发生的一次性费用，也可称为订货成本，一般包括订货手续费、验收入库费、商务活动如采购人员差旅费以及通信费等，但不包括采购物品本身的（材料费）费用。如果是从企业内部取得，那么企业为了生产一批产品所进行各种准备工作产生的费用，一般也称为调整成本。因为生产系统在改变加工品种时会进行一些准备工作，例如，更换模具、夹具，加工材料及工艺文件准备等，此时会发生人工及材料等一系列一次性费用，都属于调整成本。

获取成本发生的规律是，每订货或生产转换一次，发生一次，与每次订货或生产的批量多少无关。因此，每次订货或生产批量越大，在全年需求量一定的情况下，订货或生产次数就会越少，发生的订货或调整的成本就会越少，反之就会增多。

（3）缺货成本（Shortage Costs）是指由于库存物品不足，无法满足用户需求而发生的损失。缺货成本有两种表现：销售损失成本（Lost Sales Costs）和延期交货成本（Back Orders Costs）。

当出现缺货时，如果客户不愿意等待，很容易转换品牌、寻找替代品，导致销售损失，以及由此造成的利润损失、商誉损失以及其他一些潜在的负面影响所形成的损失。

当出现缺货时，如果客户愿意等待，就会产生延期交货成本，包括赶工加急费用，如加班费、从海运改为空运而产生的额外运费负担等，也包括延期交货的罚款等。

关于缺货成本的确定，在第一种情况下，单位缺货费用一般可以表示为缺少一件物品少收益的费用。例如，一个商业企业少卖一件商品减少的利润，当然，也需要考虑对企业信誉等的一些影响。但此时缺少的物品数量是比较难确定的，需要有特殊的分析方法来确定。在第二种情况下，缺货的数量是可知的，只要考虑延期交货所发生的各种费用即可。

三、策略与方法

如前所述，企业的库存如同河流上的水库，所以库存控制的策略与方法也类似于水库对蓄水量的控制，水库是通过对出水流量的控制来达到控制库容的目标的，因为进水的流量是由外部因素决定的，是无法控制的，但要进行预测，掌握变动情况做出对应的出水量决策。

同样的原理，如果将库存看成是一个物资存储系统（如图5－2所示），那么需求就是系统的流出（输出）量；补充就是系统的流入（输入）量。一般来讲，需求是外部市场环境决定的，不是企业自身所能控制的，企业可以控制的是系统的输入量，参见图5－1所示的例子。但与水流不同的是，库存存储的是物品，补充不是连续输入的，一般是按一定数量（批量）整批输入的。因此，库存控制策略就是根据对需求量的预测，决定何时补充货物、一次补充量是多少。也就是说，决策参数是补货时间和补货数量，只要控制好这两个参数，在一定需求模式下库存的数量（库存水平）就决定了，这就是库存控制系统运行的基本原理。

图5－2 库存控制系统运行原理

因此,需求的表现或者说需求模式,是影响库存控制决策的重要因素。根据需求形成的原因,企业的库存物品可分为独立需求和相关需求两种。

独立需求(Independent Demand)是指物品的需求数量是由外部市场环境决定的,与其他物品的需求无关。多数企业的产成品都属于独立需求,如企业生产的电视机、电脑、汽车、服装等。这类物品的需求量因为是市场因素决定的,所以多表现为是随机的,或是不确定的。

相关需求(Dependent Demand)是指某种物品的需求数量,是可以根据其他物品需求量计算得到的。例如,企业需要生产 100 件西装,则可以根据西装的设计与工艺,推算出需要的布料、辅料等物品的需求量。因此,相关需求可以认为是已知、确定的。对于相关需求的库存控制,一般会通过计划系统(如 MRP 系统)实现。下面讨论的库存控制策略与方法,一般主要是针对独立需求的。

根据公式 5－1 可知,上述库存控制的两个主要决策参数——补货时间与补货数量是相关的,只要确定其中一个,另一个就可以推算出来。所以,库存控制的方法可以是,先确定补充数量,再推算补货时间,称为以量定期法;或者先决定补货时间,然后推算补充数量,称为以期定量法。如果销量稳定的话,两种方法基本没什么区别;但如销量不稳定、随机波动的话,两者就不同了。

在确定补货数量与补货时间时,主要的依据是需求量与补货提前期,但这两个参数的性质都是外部变量,而且从需求量与提前期的属性看,一般都会有两种状态,即确定已知的需求和随机的需求、确定已知的提前期和随机的提前期。这样,理论上讲就会有四种组合:两个参数都是确定已知的;两个参数都是随机的;需求量是随机的,提前期是确定的;需求量是确定的,提前期是随机的。很显然,从企业的实际业务中看,第三种情况是最常见的,因为需求是市场形成的,作为生产商的企业是无法左右的,而供货提前期是与供应商协商确定的,一般相对比较可控。

我们将两个参数的状态组合总称为库存环境,毫无疑问,不同的库存环境应采取不同的控制策略与方法,但其中会有共同的道理,只是在模型的建立上参数不同,下面我们将从比较理想的环境开始讨论。

第二节　订购量与周转库存

本节首先讨论补货数量的确定问题。如上所述,为简单清晰起见,我们先假定库存面临的需求环境是确定的,即对库存物品需求的数量是确定已知的,而且补货提前期也是确定已知的。虽然这种情况实际比较少见,但这并不影响分析确定补货数量的基本原理,得到补货数量确定的基本方法后,我们再将条件增加,接近实际,讨论如果需求是随机发生的,会出现什么问题,策略将如何对应。

库存物品的补充,一般不会是连续的,而是采取每次补充一定数量,经过一段时间(一个补货周期)后再补充一次的方式进行的,因此就形成了周转库存(参见图 5－1)。每次补充的数量称为补货批量,很容易发现,补货批量的大小,对周转库存的影响是决定性的。从库存管理者的角度看,补充的物品需要向供应商(或本企业的生产工厂)订购,所以也称为订购量。在库存环境为确定的条件下,补货批量的确定,可以有如下三种策略:

(1)直接批量(Lot for Lot)策略。其特点是,每个零售时期(如 1 天或 1 周)的需求量为多少就补货多少。如果这样,每次的补货量是不一样的,是随需求量变动而变化的,但补货时间是事先确定的，是最小的周期，如每周或每天都采购补货，所以，可以认为是一种以期定量的方法。

(2)固定订购量(Fixed Order Quantity)策略。其特点是，每次订购物品的数量是事先确定的，而且是固定不变的，在库存消耗到需要补充时下达订单补充一批物品，每次补充的数量都是固定一样的。这样的话，补货周期取决于需求量，如果需求量不仅确定已知，而且是稳定均衡的话，则补货周期也是不变的，否则补货周期是不定的，所以是一种以量定期的方法。

(3)期间订购量(Period Order Quantity)策略。其特点是，首先固定一个补货周期，再根据每个周期内实际需求量决定补货的数量。这样的话，补货周期是固定的，如一个月或一周，但每次补货的数量是根据周期内实际需求确定的，如果需求是变化的，则每次补货数量不一样。它是一种以期定量的方法，与第一种方法比较只是补货的周期会更长一些。

一、固定订购量策略

在第一种策略下，补货量的确定很直观，不需要再讲解了，下面先讨论在采取固定订购量策略下如何确定一次的补货数量。参考图 5－1 库存变化的规律，以及几种库存成本发生的规律分析可知，一次补货数量越多，持有库存的平均数量会越多，则持有成本会越高；但一次补货的数量越少，一年内补货的次数就会越多，订货成本就会增加。所以，一种确定补货数量的思路就是，从成本最低的角度考虑来确定一次补货数量，所确定的一次补货数量可以使总的库存成本最低，称为经济批量。下面分两种情况来讨论经济批量的确定方法。

1. 经济订货批量

经济订货批量(Economic Order Quantity，EOQ)，是假设某种物品是从企业外部采购得到的，此时会发生订货成本与库存持有成本(因在需求确定已知的条件下，假设不允许缺货，不考虑缺货成本)，考虑成本最低时确定的补货数量，因此称为经济订货批量。方法的基本原理，即 EOQ 模型是基于需求确定环境建立的，对需求、供货提前期、成本参数等有着比较严格的前提假设，这些假设包括：

(1)需求为连续、均衡的，需求率(r)恒定、已知，实际上这里不仅假定需求是确定已知的，而且是稳定的，也就是需求函数表现为一条连续的直线；

(2)产品是批量生产、批量订购的，不允许缺货(因为既然需求是确定已知的，也没有必要缺货)；

(3)每次订货数量(Q)不变，一次性订购费用(S)不变，即补货数量一旦确定，则只需要按确定的数量订货，即采取的是固定数量的补货策略；

(4)单位物品的存储费用率(i)不变，为已知；

(5)到货后库存立即可以得到补充使用，但供货有一定的提前期，提前期(L)为确定已知的。

在这些假设之下，库存控制系统的运行规则是，当库存消耗到一定水平(订货点 RL)时，就向供应商发出补货订单，补货数量为事先确定的固定批量(Q)，经过一个提前期(L)，库存水平正好下降为零，此时也恰好货到入库，库存水平又上升到最高点(正好等于补货数量)，不断重复这个过程，则库存物品会得到不断的补充，用户需求也得到保证。

此时，库存水平变化的规律是，最高库存量(Q_H)等于一次的补货数量(Q)，每隔一个周期(T)库存达到最高量，库存以需求率(r)的速度下降，达到零点时下批物品到达，不发生缺货。

随时间变化的库存水平如图 5－3 所示，此时平均库存量为最高库存量的一半①。

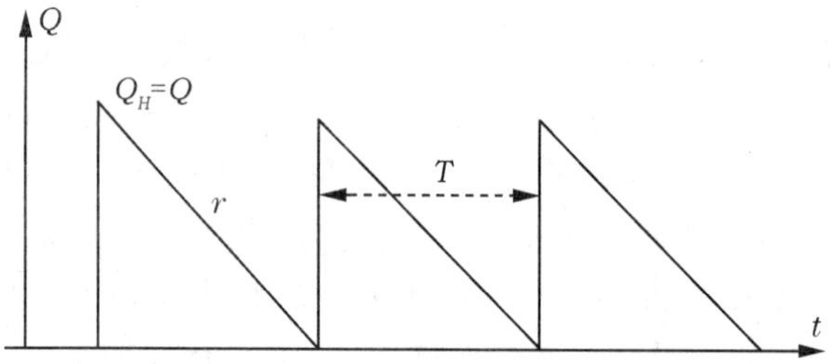

图 5－3　按固定批量补货的库存水平变化

根据前面对库存成本的分析可知，在这样的条件下，会发生订货成本和库存持有成本两项成本，总成本等于两者之和，如果计划期按一年计算，假设库存物品的年需求量（预计的年需求量）为 D，订货批量为 Q，则年订货次数等于 D/Q，平均库存量为 $Q/2$，则一年总的库存成本函数可以表示如下：

$$T_C=(D/Q)S+(Q/2)P\cdot i \tag{5-3}$$

式中：T_C——年库存总成本；

D——库存物品的年预计需求量；

S——每次订货成本；

P——库存产品的单价；

i——单位产品的年保管费率。

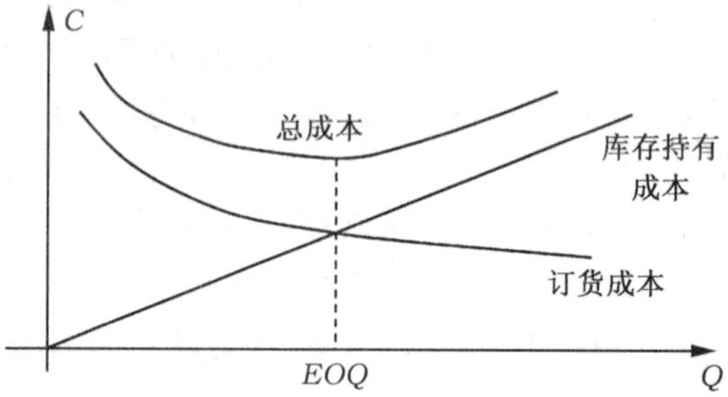

图 5－4　订货成本、库存持有成本与总成本的变化规律

根据订货成本、库存持有成本的发生特点可知，随着一次补货数量的逐步增加，全年的订货成本会逐渐减少，而全年的持有成本会逐渐增加，两者的变化方向正好相反。因此，总成本曲线为一条下凹的连续曲线，根据数学知识可知，求出曲线最低点的订货数量就是最低成本的补货数量。方法是，对上述总成本函数关于 Q 求一阶导数，并令其等于零，可解得总成本最低时的补货量（Q），因为此时的补货批量可以使成本最低，即经济订货批量（EOQ），如图 5－4 所示。经济批量的计算公式如下②：

---

① 此时，平均库存的数量，根据数学分析或几何图形都可以得到严格的证明，证明过程这里不再赘述，感兴趣的读者可参见运筹学的存储论部分。

② 详细的数学分析及推导过程略，感兴趣的读者可以参考运筹学中的存储论部分。

$$EOQ=\sqrt{\frac{2DS}{Pi}} \tag{5-4}$$

式中：EOQ——经济订货批量；

P——库存物品的单价（一般用成本价格）；

i——单位产品的年保管费率。

经济批量模型虽然是在比较理想的条件下形成的，但是在企业实践中得到了很好的运用，下面举例说明经济批量的计算及应用方法。

【例 5—1】 某商场销售的一款高档服装，预计年销售量为 8 000 件，商品单价为每件 600 元，存储一件产品年平均持有成本占单价的 20%，一次订货成本为 5 000 元，计算该产品的经济订货批量，确定对应库存策略。

求解：根据已知条件，$EOQ=\sqrt{\frac{2DS}{Pi}}=\sqrt{\frac{2\times 8\ 000\times 5\ 000}{600\times 0.2}}=816.49\approx 817$（件）

此时，库存总成本为：

$$T_C=\frac{8\ 000}{817}\times 5\ 000+\frac{817}{2}\times 600\times 0.2=97\ 980（元）$$

根据批量可以计算出年订货次数为 8 000/817＝9.79 次，为了方便实际业务可以取订货次数为 10 次，再根据订货次数将订货批量调整到 800 件（8 000/10），因此，此时的库存总成本为：

$$T_C=\frac{8\ 000}{800}\times 5\ 000+(800/2)\times 600\times 0.2=98\ 000（元）$$ [①]

在实际应用中，根据 EOQ 模型计算得到的数据有时会是小数，或者批量数据比较零散不好用，例如，在本例中计算得到的 EOQ 为 816.49 件，此时不一定非常刻板地使用理论数据，可以对计算值进行取整（如本例可以取 817 件），而且可以根据实际订购时间等因素对批量调整，取大于或小于 EOQ 数值（如本例中最后取值为 800 件），只要调整幅度不是很大，因为总成本的曲线在最低点时是比较平滑的（参见图 5—4），上升幅度不会很大，所以成本不会有太多的升高。本例中，比较对批量调整前后的总成本数据可知，全年总成本只相差 20 元，这是由于 EOQ 模型的敏感性不是很高[②]，也是其具有较好实际应用价值的道理。

2. 经济生产批量

EOQ 模型是假定补货时间很短建立的，也就是物品到货马上可以入库使用，入库时间可以忽略不计，对于从外部购买的物品比较适用。但如果某种物品是企业自己生产的，一边生产一边使用，剩余量入库的话，即有一定的入库时间，此时最低成本的补货数量会发生变化。

其他的假设条件与 EOQ 模型相同，如假设生产速率为 q，需求速率为 r，则库存水平的变化规律如图 5—5 所示。此时，最高库存量不等于补货批量，因为在生产时间内会消耗掉一部分物品，所以在图 5—5 所示的库存规律下，仍然会发生两项成本，即持有成本和获取（调整）成本，但平均库存水平的计算发生了变化，会影响到持有成本的计算，转换成本的计算不变。同样道理，也可以根据成本最低的思路确定一次的生产批量，称为经济生产批量（Economic Production Quantity，EPQ）。

---

① 如果严格按计算得到的 EOQ 计算总成本的话，订货成本与持有成本应该是相等的，此式中的数据由于对 EOQ 做了调整，所以两项成本会略有不同。

② 关于 EOQ 模型的敏感性问题，本书不再详细说明，有兴趣的读者可以参阅相关的专著。

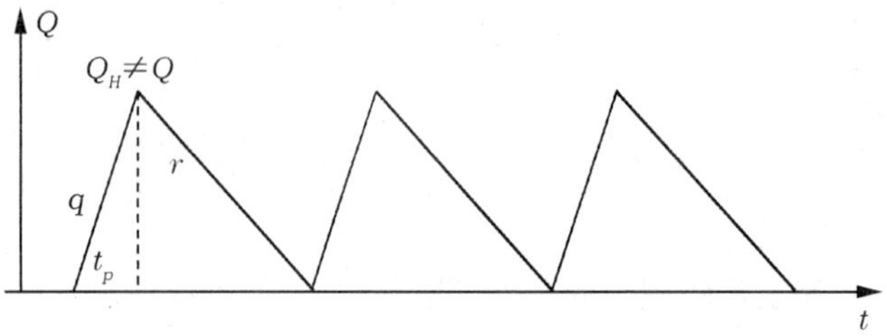

图 5－5　有一定入库时间定量补货的库存变化规律

因为生产速率为 q，需求速率为 r（$q>r$，否则会供应中断），假设生产一个批量的时间为 t_p，所以有：

$$Q_H=(q-r)t_p \tag{5-5}$$

经过一个批量生产时间（t_p）库存水平达到最高值，生产停止，库存物品继续以需求速率（r）消耗。

又因为 $Q=q\cdot t_p$，所以 $t_p=Q/q$，代入式 5－5，有 $Q_H=(q-r)\cdot(Q/q)$，所以平均库存数量为：$(1/2)\cdot(q-r)\cdot(Q/q)$，则年库存总成本为：

$$T_c=(D/Q)\cdot S+(1/2)\cdot(Q/q)\cdot(q-r)\cdot p\cdot i \tag{5-6}$$

同理，对总成本函数求一次导数，令其等于零，可以解得经济生产批量为：

$$EPQ=\sqrt{\frac{2DS\cdot q}{Pi\cdot(q-r)}}$$

$$=EOQ\cdot\sqrt{\frac{q}{(q-r)}} \tag{5-7}$$

由于一边生产一边消耗掉一部分物品，所以此时的一次补货数量会大于按 EOQ 模型确定的经济订货数量（从公式 5－7 也可以看出）。如果企业内部零件加工是批量生产，产品装配是流水线的话，两者之间的衔接库存会是这种状态；批量生产的企业，产成品一边出产一边销售的话，两者中间的库存也是这种状况。下面举例说明经济生产批量模型的应用。

【例 5－2】 市场对某企业 A 产品年需求量为 20 000 件，企业年开工 250 天，生产速度为每天 100 件，年平均单件物品持有成本为 10 元，生产该产品的一次调整费用为 20 元，求其经济生产批量。

因为：$r=20\ 000/250=80$ 件，$q=100$ 件，$S=20$ 元，$H=10$ 元

所以：$EPQ=\sqrt{\frac{2DS\cdot q}{Pi\cdot(q-r)}}=\sqrt{\frac{2\times100\times20\ 000\times20}{10\times(100-80)}}=632$（件）

此时，最高库存数量为：

$$Q_H=\frac{(q-r)\cdot Q}{q}=\frac{(100-80)\times632}{100}=126.4\text{（件）}$$

库存总成本为：

$$T_c=\frac{20\ 000}{632}\times20+\frac{1}{2}\times\frac{632}{100}\times(100-80)\times10=1\ 264.45\text{（元）}$$

需要注意的是，在 EPQ 的条件下，批量会比 EOQ 大些，但最高库存却会比 EOQ 时小，因为有一部分物品生产出来就及时用掉（或销售出去）了，不会增加库存。最高库存的数据取决于 q 与 r 的差值，读者可以推理如果两者相等的话，会出现什么后果。根据公式 5－7 可知，批

量变为无穷大，也就是企业不需要生产其他品种的产品了，只生产一种正好与需求平衡，变为大量连续生产，不存在批量问题。另外，如果生产与需求的速度一致，也就不存在周转库存了，这恰是理解丰田体系准时生产理念的一个思路。

二、期间订购量策略

经济批量方法是假定需求确定已知，而且连续均衡的前提下，实现库存成本最低的补货数量确定方法，现在将假设条件放宽，假定需求量是确定已知的，但是不连续且是波动的，这更接近实际一些。例如，接受订单生产的企业，或是接受制造商采购订货的供应商，每期订货的数量可能是已知的，但是不一定满足连续均衡的条件。此时，可以采用期间订购量（Period Order Quantity，POQ）的方法来确定补货数量，会得到更好的效果。

POQ 方法的特点是，先确定一个固定不变的补货周期，每隔一个周期补货一次，但补货的数量是根据周期内的实际需求确定的，则每次补货量是不同的。此时为了实现库存成本最低的目的，补货周期可以基于经济订购量来确定，计算公式为：

$$T=EOQ/r \tag{5-8}$$

式中：T——补货周期；

r——平均日（周）需求量。

例如，某一物品的 EOQ 为 2 800 件，年需求量为 52 000 件，平均每周需求量为 52 000 件/52 周＝1 000 件，则补货间隔期 $T=2\ 800/1\ 000=2.8\approx3$ 周。所以确定补货间隔期为 3 周，每次订购的数量按 3 周内实际需求量确定。那么，这种补货策略与按经济批量固定补货策略相比，全年所需订货成本不会增加，如果存货成本更低，则会比按经济批量固定补货策略更加优越。

下面通过一个实例的数据分析，来说明 POQ 方法的运用，同时对三种补货数量确定策略进行比较分析。

【例 5—3】 企业某种物品的需求数量及成本数据如下：

物品成本：10 元/单位；

订货成本：47 元/次；

每周的库存保管费率：0.5%。

未来 8 周的需求量如表 5—1 所示。

表 5—1　　未来 8 周的需求量

时期（周）	1	2	3	4	5	6	7	8
需求量	50	60	70	60	95	75	60	55

下面对三种确定补货数量的策略进行比较分析。首先，如果使用第一种直接批量法的补货策略的话，则库存控制系统运行特点是，每周补货一次，每次补货数量与实际需求量相同，这样，不会发生库存的持有成本（周内的库存变化忽略不计），但每周发生一次订货成本，所以 8 周内的总库存成本为 376 元。具体计算过程如表 5—2 所示。

表 5—2　　直接批量法的库存成本计算

周	需求量	订货量	期末库存	保管费用	订货费用	总成本
1	50	50	0	0	47	47
2	60	60	0	0	47	94
3	70	70	0	0	47	141
4	60	60	0	0	47	188
5	95	95	0	0	47	235
6	75	75	0	0	47	282
7	60	60	0	0	47	329
8	55	55	0	0	47	376

其次，如果采用按经济批量确定补货数量的策略，每次缺货是都固定补充一个经济订货批量的话，此时因为要计算经济批量，但已知条件没有给出年度的需求总量，所以依据 8 周的需求数据，首先推算年需求总量为：

$D=525/8\times52=3\ 412.5$(件)

据此计算经济订货批量为①：

$$EOQ=\sqrt{\frac{2\times3\ 412.5\times47}{10\times0.005\times52}}=351(\text{件})$$

按经济批量进行补货的话，8 周内需要补充 2 次库存，只发生 2 次订货成本，但每周末都会有库存保留，所以会发生库存的持有成本，具体计算过程如表 5—3 所示。8 周内总的库存成本为 171 元。

表 5—3　　经济批量法的库存成本计算

周	需求量	订货量	期末库存	保管费用②	准备费用	总成本
1	50	351	301	15.05	47	62.05
2	60		241	12.05		74.10
3	70		171	8.55		82.65
4	60		111	5.55		88.20
5	95		16	0.80		89.00
6	75	351	292	14.60	47	150.60
7	60		232	11.60		162.20
8	55		177	8.85		171.05

值得关注的是，此例中，需求量虽然没有满足连续均衡的条件，但是采用经济批量的补货方法仍然收到很好的效果，库存总成本大幅度降低了，这也是经济批量方法得到广泛应用的一个原因。

① 注意题目中给出的保管费率为每周的，所以一年以 52 周计算，乘以 52 周换算成一年的。
② 表中数据忽略了一周之内的库存变化，只是按周末的库存数据计算的。

最后,我们来看看如果采用期间订货量的方法会如何。根据本例的数据可计算确定补货周期为(因计算得到每周的平均需求为 65 件):

$T=351/65=5.4\approx5$(周)

所以,确定每 5 周补货一次,每次补货数量为对应的 5 周内的实际需求量,成本数据计算如表 5—4 所示。

表 5—4　　期间订货量法库存成本计算

周	需求量	订货量	期末库存	保管费用	准备费用	总成本
1	50	335	285	14.25	47	61.05
2	60		225	11.25		72.50
3	70		155	7.75		80.25
4	60		95	4.75		85.00
5	95		0	0.00		85.00
6	75	190	115	5.75	47	137.75
7	60		55	2.75		140.50
8	55		0	0.00		140.50

此时,库存的总成本是最低的,也就是说,在需求不连续、不均衡的条件下,期间订购量法比经济批量法库存的总成本还要低,这是因为,经济批量方法是在假设需求是连续均衡条件下得到的,这也是 POQ 方法应用的背景。

另外,需要指出的是,在上述讨论中我们一再提及的,也是很容易证明的一个道理,即一次订购批量的大小对周转库存的影响,一次订购的批量越大,平均周转库存就越多,库存的持有成本就越多。所以,降低库存的一个有效途径就是尽量减小补货批量。但根据订货成本的规律知道,补货批量越小,补货次数越多,会导致订货成本的上升。因此,要想缩小补货批量,就必须先减少每次的订货成本(参见经济批量的公式)。这个道理可以对准时生产体系中的快速转换技术给予很好的解释。前面提到过,准时生产(精益生产)对于库存的管理理念是消除库存,而消除库存的一个重要策略就是减少生产批量(对于批量生产的产品),但是如果转换时间很长(成本很高)的话,减少批量就会导致转换总成本上升,所以,一定要采取措施缩短转换时间(或者说降低转换成本),才能够彻底降低库存。

在上述三种策略的比较中,我们一直假定每次订货都发生一次性的订货(或调整)成本,如果每次订货不发生或者订货(或调整)成本很少的话。例如,通过快速转换技术,或者制造商与供应商之间有比较稳定长期的供货合同,不必每次都发生订货成本,那么结果会怎样呢?毫无疑问,第一种策略就是最可取的了,因为它可以实现库存最低,以至于可以说是零库存,丰田体系的准时生产与供货原理恰是如此。

第三节　订货时间与安全库存

更多情况下,市场需求是不确定的,所以下面我们再次放宽假设条件,讨论在不确定性库存环境下的库存控制问题。严格地讲,不确定性库存环境,是需求与提前期可能都不确定,但需求与提前期两个因素的性质是不同的。需求多半是由众多消费者的个体行为形成的，商家只能引导而无法控制；而提前期是供应商的组织行为，是可以通过合作关系、供货合同等措施左右的。因此，我们首先假定需求是随机的，但提前期是确定已知的，这样的假定不仅有实践的合理性，而且不影响对基本原理的理解，在此基础上，再讨论其他状态的库存控制方法则更容易说明。

根据上述假定，提前期是确定已知的，需求是随机的，但可以分析计算得到计划期内的平均需求量，且可以计算出方差。根据前面的分析（可参见公式5－1）可知，此时如果只是持有周转库存，就可能发生缺货现象，所以，增加安全库存就是必要的对策了。而且，如果需求是随机变化的，补货时间就不是很准确了，会出现比平均预期时间早或晚的现象。因此，本节讨论的焦点是补货时间以及安全库存数量的确定。

参见图5－1表示的库存变化规律可知，如果需求量与提前期都是确定的，每一时刻的库存水平是可知的，何时发出订单不会发生缺货也是可知的。但如果需求数量不定，库存水平下降的速度也是不均匀的，发出订单的时间也就不确定了。因此，此时对库存水平的监测有两种方式：连续观测方式（Continuous Review）和定期观测方式（Periodic Review）。与之对应，在不同的观测方式下，会采取不同的控制方法来确定补货时间和补货数量。

一、定量补货策略

定量补货策略的特点是，对库存水平连续不断地进行观测，当监控到库存水平下降至一定数量时，便发出补货（生产或订货）订单，每次补充数量为预先确定的固定数量（Q），当然此时可以使用经济批量补货。这个触发订单发出时刻的库存水平称为订货点或再订货点（Reorder Point，用RL表示订货时间，经过一个提前期到货）。也就是说，发出订单的时间是用库存数量表示的，不是用日历上的时间表示。因此，这种方法也称为订货点法，或定量控制系统（Q系统）。

系统运行的规则是，库存系统要知道每一时刻（或每次一批物品出库后）的库存水平，在补货周期内库存水平不断下降，到达订货点时发出订单，经过一个提前期货物到达入库，库存得到补充，又达到最大值。因此，订货点（RL）成为主要的决策变量。因为需求量是随机变动的，所以相邻两次补货周期通常是会变化的，其大小主要取决于需求量的变化情况，需求量大时周期会短，需求量小时周期会长。如图5－6所示，其中，SS表示安全库存的数量。

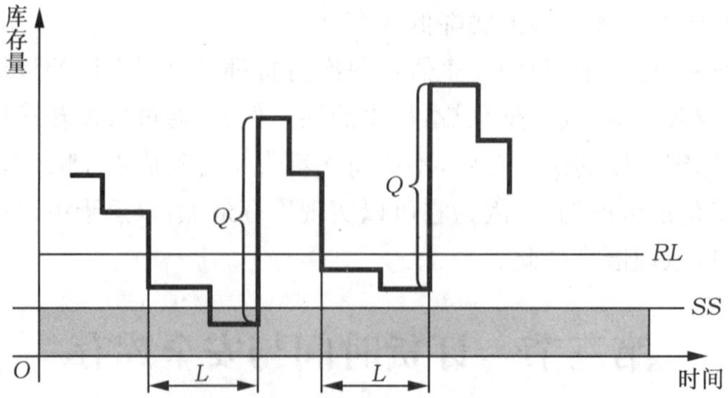

图5－6 连续观测定量补货策略的库存变化

如前所述，在确定性需求环境下，根据公式 5—1 反映的库存数量与时间之间的关系，很容易推算出订货点的库存水平为：

$$RL = r \cdot L \tag{5—9}$$

式中：r——平均需求量(计量单位可以是日或周)；

L——供货提前期(与需求量的单位一致)；

RL——订货点的库存水平(该时点物品的库存数量)。

但是，在需求随机变动的环境下，由于从订单发出到货物到达为止，也就是供货提前期内实际需求可能会比预计平均需求多(当然也可能少)，所以需要增加一部分库存数量，即安全库存量，以避免缺货发生。因此，此时订货点的库存水平应该包括两部分内容(见图 5—6)：提前期之内的平均需求数量与安全库存的数量。其计算公式为：

$$RL = \mu L + SS \tag{5—10}$$

式中：SS——安全库存的数量；

μ——单位时间的平均需求量(随机变量，计量单位可以是日或周)；

L——补货提前期(确定变量，计量单位要与平均需求量相同)。

与确定需求环境下的订货点比较，增加了一个安全库存的数量。从图 5—6 的分析可知，连续观测定量补货策略下，缺货只能发生在各个补货提前期之内，安全库存需要保证这段时间的缺货损失尽量小，这段时间称为保护间隔期(Protection Interval)。

这里我们假定，每个计量单位(日或周)内的需求量是随机的，而且是相互独立服从正态分布的[①]，根据数理统计学的原理可知，如果需求是服从正态分布的，在保护间隔期内，实际需求不大于平均数的概率为 50%。也就是说，如果管理者决策不加安全库存的话，缺货的可能性是 50%，如图 5—7 所示。

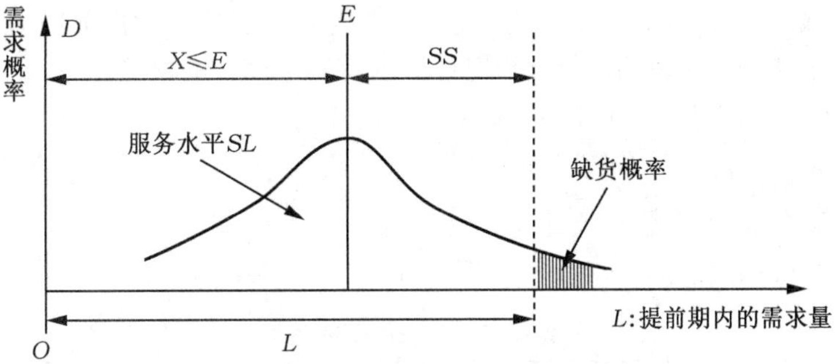

图 5—7　服务水平与安全库存的关系

一般将保护期内不发生缺货的概率称为服务水平(Service Level，SL)。那么，如想提高服务水平的话，就需要增加一部分安全库存。具体数量根据服务水平的不同来确定，具体方法可以根据数理统计学的原理，在平均数的水平上，增加若干倍数的标准差，以达到管理者满意的服务水平。因此，安全库存的计算公式为：

$$SS = \lambda\sigma_{\mu L} = \lambda\sigma_{\mu}\sqrt{L} \tag{5—11}$$

式中：SS——安全库存的数量；

① 具体的需求服从怎样的分布，需要经过统计分析确定，不失普遍性，我们这里使用最常见的正态分布来讨论具体的控制方法。

λ——安全系数(即标准差倍数,可查标准正态分布表取值);

σ_μ——单位时期平均需求量 μ 的标准差;

$\sigma_{\mu L}$——若干期(L 个时期)平均需求的标准差。

这里需要说明的是,在公式 5－10 与公式 5－11 的计算中,都涉及多个期间随机变量的平均数与方差的计算问题。根据数理统计学的原理可知,如果是多个(如 L 个)相互独立的,且服从均值为 μ、标准差为 σ 的正态分布的随机变量,在多个期间需求的合计服从均值为 E、标准差为 V 的正态分布。其中,平均数为:$E=(\mu_1+\mu_2+\mu_l)=\mu L$。方差为:$V^2=({\sigma_{\mu1}}^2+{\sigma_{\mu2}}^2+{\sigma_{\mu L}}^2)={\sigma_\mu}^2 L$。对等式两边开平方,所以标准差为:$V=\sigma_\mu\sqrt{L}$。因此,可以得到上述公式 5－10 和 5－11。①

在连续观测定量补货系统方式下,由于增加了安全库存的储备,所以库存的总成本应该包括订货成本、周转库存持有成本与安全库存持有成本三部分,计算公式为:

$$T_c=\frac{D}{Q}\cdot S+\frac{Q}{2}\cdot p\cdot i+SS\cdot p\cdot i \tag{5－12}$$

其中,年度的订货成本和周转库存的持有成本的计算方法与确定需求时是相同的,对于安全库存的持有成本的计算,实际是假定安全库存一直存在,但实际安全库存也是会变化的,有时会被使用,不过有的周期内也会有多余周转库存,所以假定一直有一定量的安全库存。

根据上述式 5－12 计算得到的是计划库存成本,如果经过实际运行,可以得到库存期初、期末数据的话,更实务的操作是,用期初库存加期末库存的二分之一来计算平均库存水平,这样就可以将安全库存直接包含在持有成本中,不必再单独计算安全库存的持有成本了。

下面通过一个零售商的实例来说明需求随机波动条件下,连续观测策略的订货点及安全库存的计算方法。

【例 5－4】 某大型超市有一种小包装的巧克力食品,经过长期的统计分析得到,平均日需求量为 60 包,服从正态分布,标准差为 7 包,与供货商确定的订货提前期为 6 天,如管理层决定服务水平要求达到 95%的话,分析确定订货点及安全库存的数量。

因为 $SL=95\%$,可查表(见表 5－5)得到 $\lambda=1.65$

又因为 $\mu=60$ 包,$L=6$ 天,$\sigma_\mu=7$ 包

所以,订货点 $RL=60\times6+1.65\times7\times\sqrt{6}=388.2\approx388$(包)

其中,安全库存的数量为:$SS=1.65\times7\times\sqrt{6}=28.2\approx28$(包)

表 5－5　　一定服务水平下的概率系数

服务水平	50	75	80	85	90	95	98	99	99.99
概率系数	0.00	0.67	0.84	1.04	1.28	1.65	2.05	2.33	4.00

定量补货策略的好处是,可以根据批量的优化(如经济批量),将库存控制在比较合理的水平,而且每次订货的数量是确定的,对于采购物品的包装运输、供应商的备货都会比较方便。但需要对库存数量变化实时观测,需要有很好的信息系统支持。

二、定期补货策略

与连续观测定量补货系统不同,定期补货策略的特点是,事先确定一个固定的检查周期

① 这里比较简单地对公式进行了说明,更详细的分析和证明可以参考相关的数理统计书籍。

（实际上即为补货周期），在检查周期的期末盘点实际库存剩余量，并根据实际剩余库存数量的多少，以及下期预计需求数量来确定补货数量，故也称为定期控制系统（T 系统）。系统运行及库存变化状况如图 5－8 所示。

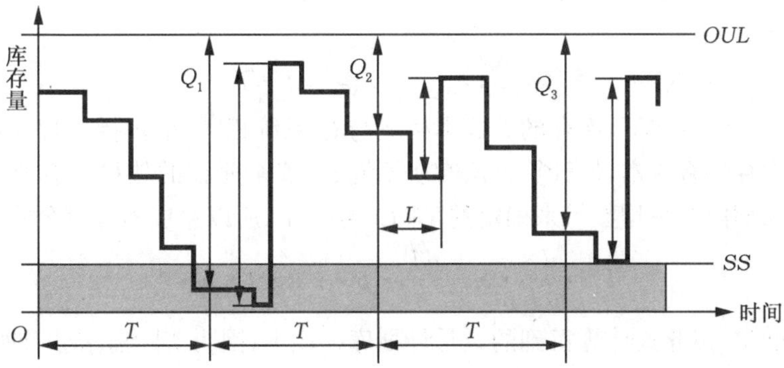

图 5－8　定期观测不定量补货策略的库存变化

如果需求是随机变化的，则在每一期的期末，库存物品的剩余量是不同的，所以补货量通常是变化的。简单地说，就是库存物品剩得越多，补货量就越少；反之，剩得越少，补货量就越多。而补货间隔期是事先确定不变的，因此，这种库存控制系统决策的关键点是确定每个补货周期的补货数量。如前所述，这种系统属于以期定量法。补货频度取决于预先确定的订货周期，只有到了规定的时间节点才发出补货订单。

另外，在不确定性需求环境下，采取定期补货策略也会发生缺货，也需要增加安全库存。而且由于定期控制系统对库存并不是实行连续监控，只是在补货周期的期末才对库存进行盘点并做出相应的补货量决策（见图 5－8），故缺货不仅可能发生在提前期 L 内，还可能发生在订货间隔期 T 内（当然这种情况是发生非常大的需求），即此时的保护间隔期更长了，是补货周期与提前期之和（$T+L$）。

同样的道理，此时补货周期的确定也可以考虑经济批量条件下计算出来的补货次数及补货周期，方法与上一节的期间订购量策略是一致的（见公式 5－8），但较多的情况是根据工作制度确定，如一周或一个月。例如，假设某种商品按经济批量补货，每年（按 365 天计算）需要补货 10 次，那么也就是每 36.5 天补货一次。多数情况下会根据工作制度来调整确定补货周期，如根据上述数据，可以决定每月补货一次。

据图 5－8 表示的库存变化规律可知，每个周期需要补货的数量应为，库存的目标水平（OUL，或称最高库存量）减去期末盘点的库存剩余数量。其中，目标库存水平的数量应该满足补货周期（T）内的平均需求，并且由于期末盘点后订单发出需要经过一个提前期才能到货，所以还要满足提前期内的平均需求，所以库存目标水平应为：

$$OUL=\mu(T+L)+SS \qquad (5-13)$$

式中：OUL——目标库存水平（最高库存量）；

SS——安全库存数量。

此时，每次补货的数量（见图 5－8）应为：

$$Q=OUL-A \qquad (5-14)$$

式中：Q——某一期的补货数量；

A——某一期的剩余库存量。

此时，根据上式计算得到的是某一期的补货数量，由于在随机需求条件下，每期库存的剩余量是不同的，所以每期的补货数量也是不同的，需要每期计算一次。

安全库存的道理与定量控制系统相同，但此时的保护间隔期加长了，安全库存应防止更长时间（$T+L$）的缺货。同样根据数理统计学的原理，当需求服从正态分布时，一定水平下的安全库存计算公式为①：

$$SS=\lambda\sigma_{\mu(L+L)}=\lambda\sigma_{\mu}\sqrt{T+L} \quad (5-15)$$

在定期观测系统方式下，库存的总成本构成与 Q 系统相同，也包括订货成本、周转库存持有成本与安全库存持有成本，但计算方法有所不同，除安全库存的数量会有所不同外，补货数量是根据补货周期内的平均数量来确定的，即 $Q=\mu\cdot T$，所以总成本计算公式为：

$$T_c=\frac{D}{\mu T}\cdot S+\frac{\mu T}{2}\cdot p\cdot i+SS\cdot p\cdot i \quad (5-16)$$

需要注意的是，按此式计算得到的只是计划库存成本，因为实际需求会有所不同，所以，实际库存成本可以根据每期末的盘点数据计算。

下面再用例 5—4 来分析采取定期观测系统的库存状况。假设此时管理层决策每隔 15 天补货一次，即补货周期（T）为 15 天，服务水平仍然要求达到 95%，而期末盘点的库存剩余数量为 200 包的话，分析确定补货量及安全库存的数量。分析计算如下：

因为 $SL=95\%$，$\lambda=1.65$

已知 $\mu=60$ 包，$\sigma_{\mu}=7$ 包，$L=6$ 天，$T=15$ 天，$A=200$

目标库存水平为：$OUL=60\times(15+6)+1.65\times7\times\sqrt{15+6}=1\ 312.9\approx1\ 313$（包）

本期补货量为：$Q=OUL-A=1\ 313-200=1\ 113$（包）

其中，安全库存的数量为：$SS=1.65\times7\times\sqrt{15+6}=52.9\approx53$（包）

可以看出，在定期观测策略下，该零售商可以每 15 天盘点一次库存，并根据当期实际的库存剩余量来计算补货量，补货量为 1 113 包。同时，需要持有的安全库存量为 53 包，比连续观测策略下的 28 包安全库存水平要高出许多。从两种策略计算结果可以发现，对于不确定性需求环境，在补货提前期和服务水平相同的条件下，定期观测策略比连续观测策略需要持有更多的安全库存。

三、提前期随机的情况

我们再进一步放宽条件，假定提前期也是随机的，这种情况虽然不多见，或者说不应该出现，但在实际业务中也会遇到。例如，供应商的送货距离很远、道路条件不好，尤其是有些地方冬季下雪，很难保证按时供货。另外，对于海外采购的物品，由于运输时间以及入关的清关时间不确定等因素，都会影响提前期的确定性。

关于提前期随机可以有两种组合：需求是确定的，提前期是随机的；需求与提前期都是随机的。下面我们基于上述定量策略的条件，分别给出两种情况下对库存控制方法的影响，以及安全库存的算法，不再做具体的数学论证。

首先，如果需求是确定的，但提前期是随机的，且服从正态分布，可以根据统计分析得到提前期的平均数与标准差。在这种情况下，订货点仍然包括两部分数量，即提前期内的平均需求量与安全库存量，计算公式如下：

---

① 这里数学原理同连续观测策略的计算是一样的，不再详细说明。

$$RL = r \cdot \overline{L} + SS \qquad (5-17)$$

式中：r——单位期间的需求量(确定变量)；

$\overline{L}$——平均提前期(随机变量的平均数)；

SS——安全库存数量。

此时，安全库存的计算公式如下：

$$SS = \lambda \cdot r \cdot \sigma_L \qquad (5-18)$$

式中：σ_L——提前期的标准差；

λ——安全系数(概率系数)。

其他方法与随机需求的定量补货策略相同，不再赘述。这种情况一般供应商企业较多遇到，因为客户企业的订货是已知的，有时提前期由于种种原因，可能会有不确定性，需要保留一部分安全库存。

其次，如果需求与提前期都是随机的，此时，我们仍然假定两者都是服从正态分布的独立变量，可以通过统计分析得到均值与标准差，则订货点与安全库存的计算如下：

$$RL = \mu \cdot \overline{L} + SS \qquad (5-19)$$

$$SS = \lambda \cdot \sqrt{\overline{L} \cdot {\sigma_\mu}^2 + {\sigma_L}^2 \cdot \mu^2} \qquad (5-20)$$

式中：μ——单位时间需求量的平均数；

σ_μ——单位时间需求量的标准差；

$\overline{L}$——提前期的平均数；

σ_L——提前期的标准差。

此时，由于需求量与提前期都是随机的，标准差的计算非常复杂，安全库存会有较大的增加。如果是采用定期补货策略，再考虑提前期随机的情况，参考式 5－15 可知，安全库存的计算需要考虑补货周期，库存环境会变得更糟，安全库存会增加更多。

第四节　单周期库存控制

上面我们讨论的库存控制问题，都是针对在一段时间内可以重复补货和销售的商品而言的，一般称为多周期的库存。尽管这些多周期库存物品也会面临过时或过期损失的风险，但总体来讲可以多周期存储。与其相比，有些产品因为生命周期非常短暂而被认为是易逝品。这种易逝品一旦过时或过期后，产品本身的价值就会急剧下降，一般只有很小的残值甚至没有残值，例如报纸、时尚服饰、新年礼品、中秋月饼、生鲜食品等。对于这类易逝品的库存决策，通常只涉及一个需求周期(即销售期)。周期的长短是根据产品而不同的，而且需求是不确定的，难以准确预测，为满足需求每个周期只订货一次，故称之为单周期库存。

单周期库存物品的特点是，需求是随机的，而且在期间内只补货一次，所以库存控制决策的关键参数在于确定一次订货的数量。因为根据需求预测量确定的订货量与实际需求量往往会不一致：如果需求量大于订货量，即供不应求的话，就会失去销售机会，形成机会损失(少销售的收入)；反之，如果需求量小于订货量，即供过于求的话，所有未销售出去的易逝品就将产生过期或报废损失(因为残值很小)。所以，我们通常需要按照期望利润最大或损失最小的原则，利用边际分析法来确定最优库存水平。

所谓边际分析法的思路是，当多增加销售一个单位易逝品所获得的边际收益，与多增加一个单位易逝品滞销过期后所产生的边际损失相等时，这个数量就可确定为最优的订货数量（Q）。

在这里，我们假定单位产品成本为 C，单位产品销售价格为 P，物品残值为 $S(S<C)$。那么，在周期内，销售出去的每单位产品所获得的收益，即 $k=P-C$；如果物品没有销售出去，每单位物品所产生的损失为 $h=C-S$。再假定需求为 r 的概率为 $P(r)$，则根据数理统计学知识可知：

（1）当供过于求时（$r\leqslant Q$），物品不能全部销售出去，需要承担过期或报废的损失，期望值为 $\sum h(Q-r)P(r\leqslant Q)$；

（2）当供不应求时（$r>Q$），订货不足，会发生缺货损失，总的缺货成本期望值为 $\sum k(r-Q)P(r>Q)$。

此时，总的成本损失最小点就是最佳订货数量的概率，但由于数量 Q 是离散的，不能套用微积分的方法求解，需要用差分的方法求解，我们这里不做详细的数学证明，只给出应用性的结果。即在某个服务水平（SL）下，单位物品的预期损失在第 Q 点会达到平衡，即表示订货量多一个或少一个时，损失的期望值是相同的（类似于连续函数的一阶倒数等于零），所以：

$$P(r>Q)k=P(r\leqslant Q)h$$

又因为 $P(r>Q)=1-P(r\leqslant Q)$，于是，我们可以得到：

$$SL=\sum P(r\leqslant Q)=\frac{k}{k+h} \tag{5-21}$$

其中，求出的 $\frac{k}{k+h}$ 数值通常称为单周期库存的关键比率，是一个概率系数，表示从 0 到 Q 的概率积分，也就是需求小于等于 Q 的累计概率。因此，在知道需求概率分布的条件下，就可以根据这个数据求得最佳的订货量。

如果实际需求服从标准正态分布，通过查找标准正态分布表可以得到库存的安全系数（见前述的说明），于是可以得到在一定服务水平下，损失最小或者说收益最大的订货量为：

$$Q=\mu+\lambda\sigma \tag{5-22}$$

式中：μ——平均需求量；

σ——需求量的标准差；

λ——安全系数（概率系数）。

【例 5—5】 某商场有一种巧克力礼盒，根据历史销售数据预测，今年的圣诞期间可以销售 6 万盒，且其需求服从正态分布，需求变动的标准差为 7 500 盒。商场可以按每盒 25 元的零售价格销售，商品的进价为每盒 10 元，如果在节后未售出，商场最终只能以每盒 5 元的价格进行处理。那么，商场应如何确定最优进货量呢？

为了使商场的期望利润最大化，我们首先要确定此产品的服务水平（SL），根据公式 5—21 计算如下：

因为 $k=15$，$h=5$，所以 $SL=k/(k+h)=15/(15+5)=0.75$。

然后，通过查找标准正态分布表，可知服务水平达到 75%时对应的 λ 为 0.67（见表 5—5），且 μ 为 6 万盒，σ 为 7 500 盒，由此根据公式 5—22 可得：

$Q=60\ 000+7\ 500\times0.67=65\ 025$（盒）

也就是说，该商场在圣诞期间可以一次性订货约 6.5 万盒巧克力，可以保证 75%的服务水平，是损失最小的策略。

如果库存储备不是连续的，是在离散分布的情况下，上述方法的应用会有所不同，下面我们再通过一个例子来说明应用方法。

【例 5－6】 某商场计划进一批夏季的流行童装，这款童装是最新设计，在夏季上市估计会比较畅销，但销售期间比较短，一旦过期就得降价处理。管理层根据以往童装的销售情况做了预测，需求分布情况如表 5－6 所示。

表 5－6　　　　**童装的需求分布**

需求量(件)	需求概率
<1 000	0.10
1 000	0.40
2 000	0.30
3 000	0.10
≥4 000	0.10

如果销售 1 件童装可以盈利 36 元，而卖不出去的话，过季需要打折处理，每件要亏损 7 元，假设打折后都可以卖出。此时，商场应如何确定这批童装的订货量？

同理，我们首先要根据给出的盈亏数据，计算确定商场的最佳服务水平。根据上述数据计算服务水平为：$SL=36/(36+7)=0.84$。

其次，需要求出对应这个服务水平的订货数量。这时，对表 5－6 中需求概率从 0 一直累积到大于等于 0.84，即达到 84％服务水平对应的数量。累计需求量不超过 2 000 件时概率为 80％，不超过 3 000 件时概率为 90％，因此，要达到 84％的服务水平，这批童装需要采购备货 3 000 件。即此时可以取值略大于服务水平的订货量，当然，如果服务水平比较接近某一档次，也可以取对应概率的订货量。

第五节　库存管理相关问题

一、长提前期时订货点的计算

在前几节的讨论中，为了便于理解，我们一直默认了一个前提，就是提前期(L)是小于补货周期(T)的(见图 5－6、图 5－8)，但实际情况是，L 完全有可能大于 T。例如，很多企业的原材料是从国外采购的，一般海外采购物品的提前期多为 2～3 个月，有的特殊物品甚至更长，多达 5～6 个月。此时固然可以延长补货周期 T，使其等于或大于提前期 L，但这样一来，每次的采购量会增多，使库存大幅度上升，不利于库存成本的控制。对于这个问题，许多做实际采购业务的人也会存在误解，认为海外采购提前期长，每次采购的物品必然要多。

但实际上，在这种情况下，仍可以采取较短的补货周期(T)，以减少每次的补货数量(Q)，控制库存的增加。例如，可以采取根据经济补货批量(EOQ)推算出的补货周期(T)。这有可能会短于提前期($L>T$)，如图 5－9 所示。

这种情况下，有时前一批的订货还没有收到，后一批订单需要再发出，可能同时有大于一批的在途库存(见图 5－9)，所以，订货点的计算不仅要考虑提前期内的需求量，还要考虑在途的库存数量，此时公式 5－9 应调整为：

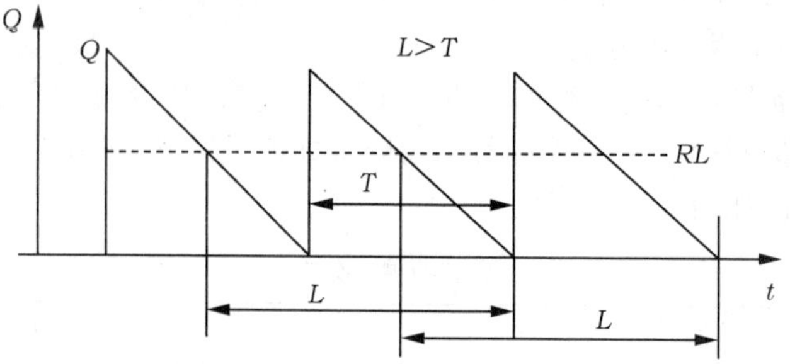

图 5—9　提前期大于补货周期的订货点

$$RL = r \cdot L - K \cdot Q \qquad (5-23)$$

其中，K 为在途库存的批次，K 的取值应为小于 L/T 的整数。

例如，已知某种产品的需求是稳定的，每年为 5 200 件，确定的经济订货量为 400 件。因为，每周平均需求为 5 200/52＝100 件，所以全年订购次数为 5 200/400＝13 次，$T=4$ 周。如果 $L=6$ 周时($L>T$)，若不考虑在途库存的话，运用公式 5—9 计算的订货点为 $RL=600$ 件，会大于最高库存量 400 件，导致系统一直处于发出订单的状态。但实际上，因为有一批物品在途(因为 6/4＝1.5，所以 $K=1$)，按公式 5—23 计算的话，则 $RL=100\times6-400=200$ 件，所以只有当库存下降到 200 件时才需要发出订单。

从上述分析中可以得到一个启示：无论提前期多长，都可以采取较频繁(补货周期较短)的补货策略，这样可以减少周转库存量，有利于对库存的控制。例如，即便提前期为 2～3 个月，仍然可以每月，甚至每周补充一次货物，这样周转库存会降低，库存的平均水平会较低，对应的成本也就低。当然，这时要考虑物流运输过程的组织问题，如果能够采取有效的小批量运输手段(如混载运输)，不增加物流成本的话，则不失为一种较好的策略。

二、库存水平分析

在上述讨论库存策略与方法时，我们主要是考虑库存的多少会对由于库存引起的各种费用有什么影响，找到一个能使各种费用达到最低的途径。但实际上，库存的总体水平对企业经营的综合性指标也是有影响的。所以，从库存水平对企业经营状况影响的角度，可以用下面两个指标分析库存水平。

1. 库存周转速度

库存周转速度是说明存储的物品多长时间完成一个生产流通过程的一项指标。对于一个企业而言，库存物品的种类会是很多的，直接用物理量来计量库存的数量比较直观，但在计算周转速度时，一般是考虑总体水平，如果测量总体的库存水平则使用物理量就比较困难。例如，拥有 10 台电脑和 100 件西装的库存水平如何，所以计算周转速度时多使用价值量来表示。具体指标可以用完成一次流程所用的时间，或者一年完成几次流程来表示。

库存周转时间表示库存总体水平周转一次的时间，实际为流程的平均流转时间。其计算公式为：

库存周转时间＝(平均库存总值/售出产品成本)×52 周(或 360 天)　　(5—24)

其中，售出产品总成本(COGS)是用成本表示的产品出产数量，实际为产出率的价值量。

平均库存总值是平均库存的价值表示，但库存数量是一种时点数据，某一时间段的库存平均数量，一般采取简单的计算方法，如前面在计算库存总成本时用最高加最低库存的二分之一，在实际业务中也可以用期初库存加期末库存的二分之一，如下式：

平均库存量=(期初库存量+期末库存量)/2　　(5—25)

库存周转次数是在一定时期内(如一年)库存物品总量能够完成几次生产流通过程。用产出量与平均存储量的比值计算，与周转时间是倒数关系：

库存周转次数=售出产品成本(COGS)/平均库存总值　　(5—26)

【例 5—7】 表 5—7 是两个零售企业 2010～2012 年的财务报表中与库存相关的数据。

表 5—7　　两个零售企业的财务报表　　单位：万元

企业	指标	2010 年	2011 年	2012 年
A	库存 总收入 产品总成本	6 350 37 028 29 732	5 796 36 151 29 853	4 825 30 762 26 258
B	库存 总收入 产品总成本	19 793 166 809 129 664	21 644 193 295 150 255	22 749 219 812 171 562

根据表中的数据，我们可以分析比较两个企业的库存水平指标，下面选取 2012 年的数据进行比较，计算如下：

零售商 A(2012 年)：

库存周转时间=4 825/26 258=0.18(年)=67(天)

库存周转次数=365/67=5.44(次/年)

零售商 B(2012 年)：

库存周转时间=22 749/171 562=0.13(年)=48(天)

库存周转次数=365/48=7.54(次/年)

通过比较分析可知，零售商 B 的库存周转速度要比零售商 A 快，每年可以多周转两次，也就是用同样的资金投入，可以多增加两次盈利的机会。同时，从上述反映库存周转速度的两个公式也可以看到，库存总体水平对两个指标的影响是很大的，这也是降低库存的意义所在。

2. 单位产品库存成本

在前面有关库存引起成本的分析中，其中一项是库存的持有成本，是根据物品本身的价值与保管费率计算的，如保管费率为 20%或 30%等。这里所说的单位产品库存成本，主要是指库存持有成本分摊到单位产品中的数量。因为，持有成本是按单位产品持有一年计算的，而库存周转速度说明一年库存会周转几次，所以单位产品的库存成本为：

单位产品库存成本=库存持有成本/库存周转次数　　(5—27)

例如，在上面的例子中，假设两个零售企业的库存持有成本是相同的，均为 20%的话，则零售商 A 的单位库存成本为 3.68%(20%/5.44)，零售商 B 的单位库存成本为 2.65%(20%/7.54)。可以看到，由于两个企业库存周转速度的不同，会导致产品成本中由于库存发生的费用是不同的，加快库存周转速度的意义就在于此。

三、库存物品分类(ABC 分类法)

由于企业的库存物品种类繁多，对全部物品库存进行有效控制是一项非常复杂而繁重的工作,如对所有物品均匀地投入精力,则精力过于分散,管理效率低下。因此,在库存控制工作中,应该强调重点的原则,将管理重心放在重点物资上,对重点物资加强管理。

ABC分类法便是库存物品分类常用方法之一。这种方法是由意大利经济学家帕累托(Pareto)在调查19世纪意大利城市米兰的社会财富状况时提出并应用的。他发现,米兰市社会财富的80%被占人口20%的少数人占有,而占人口80%的人仅占有其中20%的财富。帕累托将其统计结果,按从富有到贫穷的顺序排列,绘制成管理界熟知的帕累托图。

后来人们发现,帕累托图所示的分布不均匀现象,不仅存在于社会财富的分布上,而且普遍存在于社会经济生活中的许多方面。在库存方面,库存物资占用的资金量的分布情况,与帕累托图曲线分布非常相似。少数库存物资占用了大部分的流动资金,这些物资无疑应该是成本控制的要点。基于上述认识以及库存物资自身存在的客观规律,将企业的库存物资按其占用资金的多少,依次划分为A、B、C三大类。其中,A类物品其品种数虽仅占库存物资总数的10%~20%,但占用的库存资金通常可达70%~80%;B类物品其品种数可占到库存物资总数的20%~25%,占用的库存资金通常在15%~20%;C类物品的品种数可占库存物资总数的60%~65%,而占用的资金总和却仅为5%~10%,如图5-10所示。

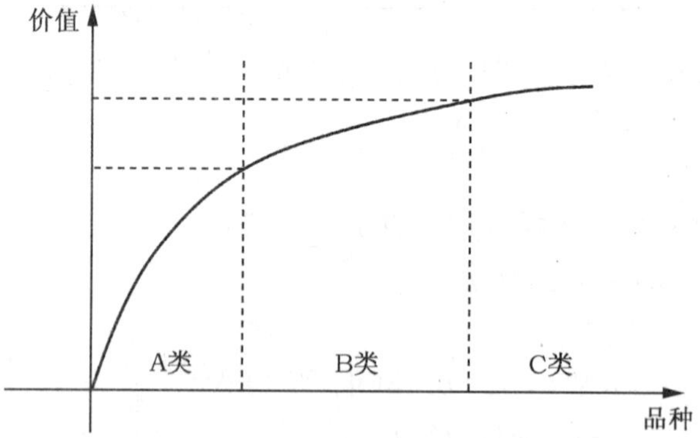

图5-10 库存物品的A、B、C分类示意图

因此,可以针对A、B、C类物品的特点,采取不同的控制策略,在选择连续检查控制方式还是周期检查控制方式时,物资类别是考虑因素之一。一般来讲,A类物资采用连续检查控制方式较好,而周期检查控制方式较多地应用于C类物资管理。需要指出的是,在实际的库存物资分类工作中,除考虑物品占用资金的情况外,还应兼顾供应以及物资重要程度等因素。一些特别关键的或供应较难保障的物资,虽然占用资金较少,但需要按A类物资对待。

四、统计数据的期间

在前面建立模型分析库存控制方法的过程中,对于随机的需求情况,其中有两个重要参数,即需求的均值与标准差。在上述的讨论中,我们一直假定统计期间为一年(或者说没有给出明确的期限),也就是对于全年的需求统计得到一个均值和标准差,但是这样做会产生一个问题:如果面对的商品需求波动幅度很大的话,均值的代表性就很差,标准差也会很大,对于库存的控制很不利,会导致安全库存过高,而且有很长的时间(需求低谷时期)安全库存是不需要的。所以,一个有效的方法是,如果需求波动幅度很大,但是有一定的规律性的话,如图5-11所示,可以采取分段统计的方法。

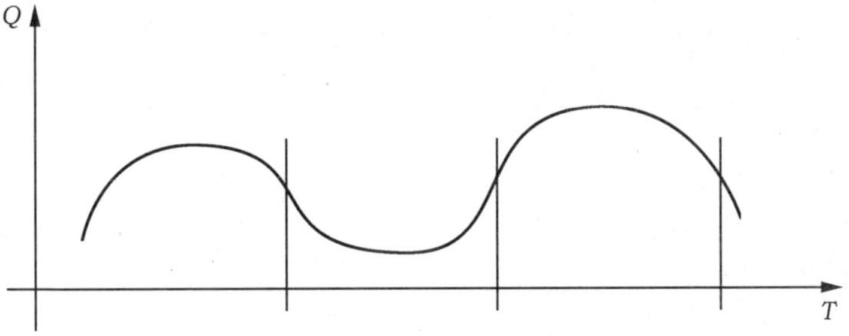

图 5－11　波动的需求曲线

例如，有些商品的需求是与季节相关的，每个季节的需求量差别比较大，此时，就可以根据需求波动的规律，将一年分成几个阶段（见图 5－11），每个波动周期（如季度）为一个阶段，分别对每个阶段进行统计分析，取得均值与标准差。然后再根据两个参数，对每个阶段分别计算得到补货数量以及安全库存量，这样会更接近需求变化的实际，也就是采取分阶段的库存策略对库存的减少更有效。

本章小结

库存的基本功能是调节供求的平衡关系（缓冲），由于供求之间在时间、空间及数量上的不均衡，在生产与流通过程中库存必然发生。但库存的存在却具有正、负双向效应。正向效应主要体现在：协调供求之间的平衡关系，满足需求；预防不确定性，改善客户服务水平；利用规模经济优势，获取成本效益。但库存的负面效应也是非常大的。例如，采购及保管需要付出运行成本，资金积压损失机会成本，物品损坏、丢失、过期等会有风险损失等。所以，控制、降低库存成为企业运营的一个重要任务。

本章首先对各种库存形成与变化规律以及由于库存引起的成本进行了讨论分析，这是建立库存控制策略与方法的基本前提。在此基础上，依据数理统计学的原理，区分不同的库存环境，建立了确定补货数量与补货时间的理论模型，为库存策略的运用提供支持。尽管这些理论与方法在企业的实际运用中仍有一些需要解决的问题，或者说企业的实务还需要一些改进，但通过本章的理论分析，尤其是一些模型的解释，可以得到对于企业降低库存的一些有益启示：

（1）尽量减小一次性的获取成本，减少物品一次订购的批量（Q）。因为周转库存的平均水平主要取决于一次的补货数量，批量越小，平均库存水平会越低，有利于降低持有成本。但根据经济批量的原理可知，减少批量的前提是降低一次性的获取成本（S），否则减少批量会导致获取成本上升，失去意义。因此，企业要与供应商合作协商，尽量减少一次采购费用，或者对生产系统进行改善，减少调整费用，这些都是降低库存的有效措施。

（2）尽量均衡需求（D）。根据安全库存的原理可知，需求波动幅度越大，其中的标准差会越大，安全库存数量会越多，所付出的持有成本越多。但需求是由用户或消费者决定的，企业只能引导而无法控制，而且不是运营部门单独可以做到的。例如，营销部门的促销措施是会使需求均衡，还是会使需求波动加大，这需要企业的整体协调配合。

（3）尽量缩短补货提前期（L）和补货周期（T）。从安全库存的计算公式可知，补货提前期越长，安全库存的数量会越多，如果采用定期补货的话，补货周期越长，一次补货的数量和安全库存都会增加。所以，要协调供应商关系、物流运输的组织等，甚至要考虑供应商的空间地理位置等因素，缩短提前期。

关键词

周转库存(Cycle Stock)
安全库存(Safety Stock)
独立需求(Independent Demand)
相关需求(Dependent Demand)
连续观测方式(Continuous Review)
定期观测方式(Periodic Review)
提前期(Lead Time)
服务水平(Service Level)
订货点(Reorder Point)
经济订货批量(Economic Order Quantity, EOQ)
目标库存水平(Order up-to Level,OUL)

复习与思考

1. 库存有哪些基本功能？库存数量过多或过少会导致怎样的结果？

2. 导致库存发生问题,如缺货或者积压的原因,是否一定在企业的生产制造环节,或是库存管理本身？“每个管理上的失误都会转化为库存”,谈谈你对这句话的理解。

3. 独立需求是如何形成的,特点如何？对其库存应怎样控制？

4. 什么是周转库存、安全库存？为什么要持有周转库存与安全库存？

5. 从库存控制的理论模型分析,你认为企业想减少库存数量,应该有哪些途径？

6. 某零售店的一种商品每周平均需求量为850台,标准差为50台,订购成本每次是120元,从下订单到收到货的时间间隔为3周,单位年持有成本为1.5元。此时的经济订购批量应为多少(一年按52周计算)？如果服务水平为98%,按定量补货策略订货点应该是多少？假设物流经理要求将安全库存减少100台,那么此时的服务水平是多少？

7. 某品牌电脑制造商,其个人电脑业务所需的两大关键件A、B分别向不同的供应商采购,电脑装配厂每年工作50周。其中,关键件A的需求量相对较大,而关键件B的供应商每2周向电脑装配厂供货一次,其他相关数据具体如下表所示：

零部件	关键件A	关键件B
年需求	10 000件	5 000件
存储费用(占单价的百分比)	20%	10%
订购费用	225元	25元
提前期	4周	2周
安全库存	100件	50件
服务水平	97.5% (λ=1.96)	97.5% (λ=1.96)
采购单价	10元	5元

(1)请根据以上材料分析关键件A、B应分别采用何种库存管理策略，是连续观测定量补货策略还是定期观测补货策略？关键件A的经济订货批量和最理想的订货点分别是多少？关键件B的订货数量应如何确定？

(2)根据公司预测，下一年度个人电脑所需的两大关键件A、B的周需求分别服从均值为1 000台、标准差为100台以及均值为500台、标准差为50台的正态分布，且每周的需求是相互独立的，其他相关条件保持不变，请问公司应如何及时调整下一年度的安全库存策略？

案例分析

一、如何确定安全库存的数量①

某大型服装制造商，其主要产品涵盖了服装的多个品种系列，包括西装、休闲装以及时装等多种产品，在国内拥有5个产品生产制造工厂，凭借质量、成本、交货期等方面的优势，公司成为最具活力和先进的服装制造商之一，是众多世界知名服装品牌的长期合作伙伴。

但一直困扰运营部门的一个问题是，库存水平过高。因为公司力求对客户的服务水平要求满意，需要有较短的交货期，这样就需要对物料有提前的储备，而且服装产品的需求不确定性很大，物料采购种类又很多，供应商的供货情况有很大不同，所以一般安全库存储备也较多，这样导致材料库存成本过高。

公司的产品除时装外，有很多产品是在较长一段时间里进行销售的，生命周期比较长，其间会有多次补充订购的机会。当然，即使有多次补货的机会，还是要面对供需匹配过程中的“太多—太少”问题。由于产品的生产需要一定的时间，另外，需求具有不确定性，在下一批产品确定生产之前，需要补充足够的物料缓冲库存应付不确定需求，所以，有必要设置安全库存，以应对需求的变化。

在材料采购数量的确定方面，由于产品需求不确定，交货期又很短，所以公司的原材料采购通常是按照经验来确定的，也会考虑库存成本概念，但缺乏库存持有成本的概念以及系统的库存管理知识，所以也就无法对安全库存进行合理的控制，更没有运用科学的库存控制模型进行安全库存量的计算，仅凭个人主观经验按照历史需求情况进行估计来制订物料采购计划及安全库存的数量，缺乏科学客观的依据，随意性比较大。同时，又因为担心缺货状况的发生会影响客户满意度，一般会尽量调高安全库存的数量，导致库存持有水平偏高，库存的总成本也居高不下。

此外，目前物料供应商大多不是单一采购渠道，这样的多源供应虽然有利于加强供应商和供应商之间的竞争关系，但多点寻源不利于形成采购的规模效应，导致在供应商处的谈判能力受到一定影响。当供应商产能不足或发生缺货时，受到的影响比较大，往往显得很被动。因此，从供应商管理角度考虑，通过单点寻源可以有效提升采购的规模效应，也提高了在供应商处的谈判能力和影响力，提高交货提前期的稳定性，降低库存水平和成本。

通过分析，管理层决定采用一定的科学方法来解决安全库存问题。按照供应商的交货准确率高低，分别按照需求不固定、生产提前期固定以及需求和生产提前期都有波动两种情形计算安全库存量。对历来交货期比较稳定的供应商，其物料按照需求不固定、生产提前期固定的模式备库存；对生产交货期波动性大的供应商，其物料按照需求和生产提前期都不固定的模式备库存。

首先，对于需求不固定、生产提前期固定的情形，因为公司对于物料的采购是采用定期补货的策略，根据库存理论，此时安全库存应按下式计算：

$$S = z \times \sqrt{L+R} \times \sigma$$

式中：L——供货提前期；

R——盘点周期；

① 本案例选自企业的实际素材，但为了企业的经营信息安全，企业的名称、案例中的数据以及相关信息都做了适当修改，并不影响分析的结论。案例分析与讨论的目的是为了理解课程学习的内容，通过实际案例加深对理论知识的理解，目的并不在于评价背景企业的经营绩效。

z——顾客服务水平对应的安全系数(见表 1);

σ——需求的标准差。

表 1　　顾客服务水平和安全系数表

顾客服务水平(%)	安全系数 z	顾客服务水平(%)	安全系数 z
100	3.09	96	1.75
99.99	3.08	95	1.65
99.87	3	90	1.29
99.2	2.4	85	1.04
99	2.33	84	1
98	2.05	80	0.84
97.7	2	75	0.68
97	1.88		

以某个供应商提供的编号 T-51 的原材料为例,其日平均需求的标准差 σ 为 3.07KG,订货提前期 L 稳定在 25 天,盘点周期 R 为 1 周(按 7 天计算),99%的订单满足率对应的安全系数 z 为 2.33(见表 1),则按照公式可以计算出所需安全库存的数量为 40.5KG。而企业之前按照经验所备的库存量为 100KG(见表 2),用科学的库存模型可以在该产品上降低库存水平 59.5KG。此外,部分物料按照经验设定的安全库存数量与通过库存模型计算出的安全库存数量比对如表 2 所示。

表 2　　固定采购周期的原材料安全库存

型号	单位	采购提前期(天)	根据经验设定的安全库存数量	通过库存模型算出的安全库存数量	多备库存数量
T-51	KG	25	100	40.5	59.5
T-245	KG	25	40	21.6	18.4
211	KG	25	25	16.6	8.4
231	KG	25	25	15.9	9.1
JC-46	KG	25	90	60.5	29.5
TI-PU	KG	25	200	41.4	158.6
R-153	KG	25	40	19.5	20.5
TC63	桶	15	8	2.8	5.2
清洗剂	KG	15	600	341.5	258.5
88	KG	15	30	32.3	−2.3
丙酮	KG	15	450	276.0	174.0
氢化蓖麻油	KG	15	25	19.4	5.6

其次，对于需求和生产提前期都不固定的情形，根据库存控制理论的安全库存计算模型，安全库存数量应按下式计算：

$$S=z\times\sqrt{\sigma_d^2\times\mu_L+\sigma_L^2\times\mu_d^2}$$

例如，供应商提供的编号 L-08 的原材料，其日平均需求 μ_d 为 9 桶，日平均需求的标准差 σ_d 为 3 桶，订货提前期的均值 μ_L 为 25 天，订货提前期的标准差 σ_L 为 5 天，盘点周期为 1 周(7 天)，99%的订单满足率对应的安全系数 z 为 2.33，则按照上述公式可以计算出所需安全库存的数量为 79 桶(78.3 桶)。而企业之前按照经验所备的库存量为 190 桶，用科学的库存模型可以在该产品上降低库存水平 111 桶。除原材料 L-08 外，其余部分变动采购提前期物料的安全库存如表 3 所示。

表 3　　　　变动采购提前期的原材料安全库存

型号	单位	采购提前期(天)	根据经验设定的安全库存数量	通过库存模型算出的安全库存数量	多备库存数量
L-08	桶	25～30	190	78.3	111.7
903	桶	25～30	90	39.2	50.8
B-96	桶	20～25	40	29.6	10.4
228	桶	25～30	25	15	10
UPT	KG	21～25	200	113.4	86.6
R-12	KG	45～50	900	354.5	545.5
UPT-3	KG	21～30	150	110.5	39.5
C-201	KG	20～25	800	230.9	569.1
苯乙烯	KG	18～25	1 295	747	548

按照科学的安全库存模型进行改进后，公司原材料库存水平降低了很多，节省了大量的库存成本。因此，公司进一步对安全库存的设置提出了统一标准和方法，改进了安全库存设置不科学的现象。同时，结合库存物品的分类，对交货提前期稳定的一般物料和杠杆物料以及交货提前期稳定性较差的战略物料和瓶颈物料分别实施不同的安全库存标准，使得公司原材料库存水平降低了 36.7%。

讨论问题：

1. 你觉得该公司对于物料的采购使用定期补货策略，其道理是什么？合理吗？

2. 对安全库存数量确定的改进，采用的数量方法合适吗？

3. 在需求量与提前期均不确定的情况下，采用定期补货策略，安全库存应如何确定？该企业使用的公式没有考虑补货周期，这样可以吗？

二、如何制定库存控制策略①

某信息设备制造及技术服务提供商成立于 20 世纪 90 年代。企业的产品主要为计算机、存储产品、服务器、信息技术服务和其他相关服务，其中个人电脑(PC)产品的生产制造及供应链主要布局在国内。

公司自成立以来得到了较快的发展，在 2011 年个人电脑销售量和销售价格大幅下跌的环境下，仍然实现

① 本案例选自企业的实际素材，但为了企业的经营信息安全考虑，企业的名称、案例中的数据以及相关信息都做了适当修改，并不影响分析的结论。案例分析与讨论的目的是为了理解课程学习的内容，通过实际案例加深对理论知识的理解，目的并不在于分析评价背景企业的经营绩效。

销售增长。但近年来，由于市场环境的变化，尤其是网络营销的普及，很多企业采用网上销售，公司的利润在逐渐减少，以往的发展局面维持正日益艰难，公司的业绩停滞甚至下滑，库存问题尤为突出。

因为公司也开始采用网上直销、订单组装的运营模式，所以产成品基本是没有库存的，库存问题主要发生在零部件上。对于电子产品而言，电子元器件由于标准化程度较高，有较好的通用性，所以库存问题更严重的是外观件。例如，个人电脑产品的外观件，一般俗称机壳，包括台式机的机箱和笔记本电脑的外壳等，但后者的库存问题更严重，因此公司决定先从这里入手，解决库存过多问题。

外观件的库存问题

随着社会经济的发展，大家生活水平提高了，笔记本电脑已经不再是一件奢侈品。体积轻巧、方便携带、性能优越的笔记本电脑已经被普遍拥有。笔记本电脑的外观件，除了美观外，更起到对内部器件的保护作用。大家在使用笔记本电脑的过程中，不可避免地会受到外力的冲击，外观件是保护笔记本电脑机身不受损伤的第一道防线。笔记本电脑外观件还要有散热作用，因为笔记本电脑的内部结构非常紧凑，假如在使用过程中热量没能及时散发出去的话，则电脑可能发生频繁死机故障，甚至会损害内部元器件。材质优秀的外观件可以快速散发热量，让笔记本电脑减少磨损、避免伤害。同时，这也是影响笔记本电脑重量、坚固性甚至价格的重要因素。

外观件的这些性质主要是由材质本身和加工工艺决定的。另外，从笔记本电脑的部位划分，又可以将常见的笔记本电脑外观件分为四大类，分别是上盖、边框、掌托和底座，企业将其称为四大要件。

由于笔记本电脑的更新换代比较快，外观件又多是专用的，库存积压会导致物料成为“死库存”。但由于种种原因，公司相关的库存管理策略（采购量、安全库存水平等）主要是基于实践经验总结的，目前由于缺乏科学的库存管理方法，产生的问题更加严重。

针对此现状，管理层决定成立一个研究小组，解决库存的问题，就从笔记本电脑的外观件开始，在提出科学的管理方法后，探讨得出具有推广意义的库存管理策略。

数据收集与分析

公司产品的外观件种类繁多，研究小组决定从其中挑选一个编号为 R3K 的产品外观件作为试点，研究库存控制方法的改进。该产品的上盖材质为塑胶件，颜色为传统的黑色。规划的产品生命周期为 18 个月，有 3 种颜色可供选择，分别是黑色、白色和红色。需求数据对于制定库存控制策略是一个很重要的依据，所以，研究小组首先收集了上一年度黑色款物料的实际需求数据，见表 1。

表 1　　物料 R3K 的每周需求数据

时间	W1	W2	W3	W4	W5	月合计
1 月	160	290	1 800	2 400	380	5 030
2 月	1 190	1 600	300	800		3 890
3 月	344	140	1 175	200	450	2 309
4 月	777	118	350	674		1 919
5 月	559	411	1 084	803		2 857
6 月	706	814	726	340	600	3 186
7 月	313	1 083	527	525		2 448
8 月	575	1 400	656	397		3 028
9 月	508	310	366	342	800	2 326
10 月	463	375	369	723		1 930
11 月	516	652	623	578		2 369
12 月	671	636	1 755	1 221		4 283

注：企业使用自己的财年日历，与自然年日历不同，有些月份有 5 周，有些则为 4 周。

总计收集了 52 周的实际需求数据，研究小组对 52 个数据进行了统计分析，做了正态分布的拟合度检验，确定需求量基本是符合正态分布的。同时计算得出统计数据：年度总需求量＝35 573 件，平均值(周平均需求量)＝684 件，这是后续制定库存控制策略的基础依据。

成本分析

根据库存管理的理论以及企业的实际业务，小组收集了财务数据，分析计算得到相关成本如下：

取得成本，就是购买物料需要向供应商支付的价款，也就是通常意义上所谓的材料成本。由于此成本与销售一一匹配，不论何时买、买多少，此成本不变，是一个不受管理决策变化的定值，所以一般情况下不在模型中考虑(注：如果采购单价与采购数量相关，即量多有优惠，则需要考虑，本例中假设采购单价不变)。该外观件材料单价约为 10 元/件。

订购成本，指每次发出补货指令而相伴随的各种运输费用、行政管理费用等。一般情况下，在订购量一定的范围内是个定值或者波动不大(类似于在线购物，买一件和买两件快递费用相同)，但即使如此，成本往往也很难非常精确，只要不是误差太大，对结果影响一般可以接受。通过综合分析，对于此外观件产品，估算单次订购成本约为 1 000 元。

持有成本，主要包括存货占有资金的资本成本和实物对应的仓储成本。计算此成本需要知道公司的资本成本，另外，计算单件产品年仓储成本往往也非易事，一种简易估算方法是按照取得成本的百分比估算。根据实际分析外观件产品，在整个笔记本电脑的成本中占比很小，因此，以较低的 20% 比例估算对应的年持有成本，约为 2 元/年。

缺货成本，当一单位需求出现而此时已经没有库存所造成的损失，这是最难量化的一个成本。一般是按照每单位的毛利润来衡量缺货成本，即按损失了一个单位的销售计算。但实际情况远比此复杂，假如一单位的销售损失会对未来销售产生实质的影响，比如客户转向其他竞争对手，那么销售损失的成本将远高于毛利润，但如果客户十分耐心，可以容忍延迟交货，此时销售损失几乎为零。谨慎起见，还是以单位毛利润来确定缺货成本。一单位外观件的缺货将导致一台笔记本终端产品的销售损失，其对应的毛利润约 500 元，所以缺货成本为 500 元/件。

至此，小组确定了所有建立控制模型需要用到的相关成本数据，并且一般在基础经济订货批量模型中不考虑缺货成本，通过平衡准备成本和持有成本，得到"经济订购批量"决策信息；而定期订购的模型，在固定订购期间的基础上，通过平衡持有成本和订货成本，确定订货期间得到补货数量决策信息。

经济批量应用分析

首先，小组分析了运用经济批量的模型来建立控制方法，因此，根据 EOQ 模型的要求计算批量，计算得到 R3K 的最优订购批量 Q＝5 964.3 件(注：此物料的单位持有成本为 2 元，一次采购成本是 1 000 元)。为使用方便，可以取整 6 000 件，所以如果按经济批量定量补货策略，每年近似补货 6 次(5.9 次)。同时，由于缺货是公司很看重的一个因素，所以有必要对基本 EOQ 模型做进一步分析，分析有计划的缺货这种情况的存在，但需求仍然是稳定的，结果如何？小组运用缺货模型计算得到改进后的 EOQ 模型，但从计算结果可以发现，此时的最优订货批量依然是 5 964.3 个单位，计划的缺货量为 0，与基础模型结论是一致的。这也是可以理解的，由于单位缺货成本远大于单位持有成本，所以在实际规划求解过程中，模型会尽可能地避免缺货的存在，极端情况就是没有缺货。

定期补货策略

此外，研究小组对定期补货策略也做了分析，根据实际的业务分析，补货周期比较接近工作制度时间更好。因此，小组对定期补货策略的时间间隔做了分析，采取固定周期为一周，即每周周初订购一次，则每年订购 52 次，每次订购的数量正好是每周的平均需求量。订购提前期是 6 周，订单发出的同时，也随即收到 6 周前的订货部分。每周末根据实际剩余情况，可以算出具体的订购数量。可以按平均数量计算出持有成本和缺货成本，每周的成本合计即为总成本，目标就是总成本最小。

但是，此时这个最大库存水平 684 件仅仅只是针对过去一年的实际需求而得到的一个数值，这只是一个特例，事实上，未来的需求是不确定的，有可能是随机变化的。好在已经能较好地确定需求分布，且得出周平均值是 684 件，则可以依据这个数据计算得到总成本。

两种模型的比较

至此，研究小组分别计算了两种库存控制策略的结果。对于物料 R3K，根据公司的实际需求数据作了定量分析，为了最后确定适当的策略，又进一步对比分析了两种模型在成本上的差异（以过去一年数据计算），具体结果见表 2。

表 2　　两种模型的成本对比

EOQ 补货		每周定期补货	
采购成本	6 000 元	采购成本	52 000 元
持有成本	6 000 元	持有成本	684 元
总成本	12 000 元	总成本	52 684 元

比较发现，采取每周定期补货的策略，明显比按经济批量的定量补货策略库存总成本要高，成本增加了 40 684 元，但是库存的持有成本明显降低了，这主要是因为每周补货一次，减少了每次的补货数量，如果一次订货成本可以减少的话，采取定期补货策略会更好。另外，小组认为还需要考虑以下两种情况：

(1)EOQ 模型采用了理想条件，假设需求是固定均衡的，从而忽略了需求波动所导致的缺货成本，以及为了预防需求的不确定性而配置的安全库存所导致的持有成本的增加；而定期补货按最大库存水平控制库存，充分考虑到这一点，可以将缺货成本的增加考虑进来，更接近现实的情况。

(2)两个模型虽然在订购成本上有巨大差距，就单一产品而言，EOQ 模型所得到的采购频次一定优于定期订购模型固定采购频次这种做法，这也是 EOQ 模型比较突出的优势所在，但如果是多品种集中采购的话，固定采购频次就会慢慢凸显出优势，由于采购一种和同时采购多种产品之间的订购成本差异很小，所以随着产品品种数量的上升，固定采购频次则能很好地分摊这部分费用，而 EOQ 模型基本上按各自周期结算，难以发挥摊薄效果。

所以，最终研究小组建议：鉴于公司物料种类成百上千的情况，可以采用基于定期订购的最大库存水平模型来控制，因为相对来说更加贴近工作制度，操作起来也相对简单。

讨论问题：

1. 你认为研究小组计算的库存水平、总成本如何？他们的分析过程以及得到的结果有什么不足或不妥之处？

2. 你同意研究小组在对成本比较后提出的两个分析观点吗？他们建议的库存策略你认为合理吗？为什么？

3. 两个方案都没有考虑安全库存引起的成本，根据已知信息，你能够计算出两个方案的安全库存数量吗？如果考虑安全库存，研究小组的建议又如何？

参考文献

1. 唐纳德·沃尔特斯等：《库存控制与管理》，机械工业出版社 2006 年版。
2. 张相斌、林萍、张冲：《供应链管理——设计、运作与改进》，人民邮电出版社 2015 年版。
3. F. 罗伯特·雅各布斯、理查德·B. 蔡斯：《运营管理》（第 14 版），机械工业出版社 2015 年版。
4. 威廉·J. 史蒂文森等：《运营管理》（第 12 版），机械工业出版社 2016 年版。
5. 托马斯·E. 沃尔曼等：《制造计划与控制》，中国人民大学出版社 2008 年版。
6. 保罗·齐普金：《库存管理基础》，中国财政经济出版社 2013 年版。
7. 戴维斯、阿奎拉诺和蔡斯等：《运营管理基础》，机械工业出版社 2004 年版。
8. 柯恩、罗塞尔等：《战略供应链管理：供应链最佳绩效管理原则》，人民邮电出版社 2006 年版。

9. 黄卫伟:《生产与运营管理》(第二版),中国人民大学出版社 2006 年版。
10. 托尼·阿诺德等:《物料管理入门》,清华大学出版社 2005 年版。
11. 詹姆斯·A. 菲茨西蒙斯等:《服务管理》(第 3 版),机械工业出版社 2003 年版。

第六章
生产计划

本章部分习题答案

生产一件(或一批)产品需要一定的时间,这是一个不言而喻的常识,但正是由于这样一个常识性原因,企业的生产(运营)活动需要计划。因为大多数情况下,消费者来购物时需要有现货,即便是订货生产的产品,用户也会希望交货期短一些更好。因此,在需求发生之前,企业都需要有计划地做好准备,存货生产准备的是产品,订货生产准备的是产能,否则就会丧失销售机会。这就是企业要制订计划的原因,也是做好计划工作的意义所在。而且越是市场环境,需求变化越快,越需要计划。

但是,怎样做好生产计划却是一道难题。这主要是两个因素所致:其一,市场需求的变化是不确定的,难以准确掌握需求的品种与数量;其二,企业生产能力是相对稳定的,一旦形成短期内难以大幅度地调整。两者恰好相互矛盾,所以生产计划方案的制订,实质是一种平衡,是需求与供给的平衡;也是一种预测与决策的综合,是在对需求预测的前提下,对资源配置与运用的决策。

这个平衡与决策的过程,是企业生产计划功能从长期到短期、从粗略到详细逐渐完成的,是由一系列相互关联的计划配合实现的。其中,包括长期的产能规划,中期的综合生产计划、出产进度计划,以及短期的作业日程计划等。所以,企业的生产计划功能并非仅仅是一种计划的编制,而是由一系列计划即一个计划体系完成的。长期的产能规划已在生产能力一章中讲过,本章在阐明生产计划体系的基础上,主要讨论综合生产计划、出产进度计划问题,作业计划的详细原理与方法将在后续几章分不同生产类型企业讲解。

第一节　生产计划体系

计划是管理的首要职能,一切有组织的活动必然需要计划。如前所述,企业的生产活动是一种组织行为,是通过企业内部的分工与协作完成的。同时,一个企业生产的产品系列(产品线)可能会很多,需要投入的各种资源也会很多,生产系统的组织结构也会表现为工厂、车间等多种形式。所以,做好生产计划至关重要。但生产计划涉及的内容是广泛的,并不是简单的一份文件可以完成的,而是由一系列不同内容、不同作用的计划协调完成的。例如,有公司、工厂,以至于车间等层面的计划;有反映综合的品种产量计划,有反映物料需求与采购的计划,以及反映具体作业安排的日程计划;等等。因此,我们将生产系统中这些相互关联、相互作用的计划称为生产计划体系。①

一、功能与流程

生产计划体系的功能，首先是为生产系统规定某一个时期的生产任务，由于生产系统的主要任务是向市场提供产品（有形的实物产品或无形的服务产品），所以，生产任务目标多表现为定量的指标，如产品的产量，或者对应的价值量（收入），一般将此称为计划指标。其次，计划功能还需要为完成任务的行动过程做出详细的安排。例如，对制造业而言，为完成产量计划要采购多少物料，何时开始采购；要加工多少零部件，何时开始加工、组装；等等。

上述生产计划的各项内容，根据其作用与逻辑关系，在企业中一般是由不同的职能部门分别完成的，尽管具体某个企业的分工及表现形式会有所不同，但实质的功能及流程是具有共同规律性的。例如，简单地讲，都是要根据市场的需求确定企业生产产品的品种与产量；再根据具体品种产量推算各种物料（原材料、外购件等）的需求数量；再根据产品出产时间、交货期等信息安排具体的作业进度等。也就是说，计划的制订过程是一个由分工协作完成的流程，可称之为计划流程。但与前面讨论的生产制造流程不同的是，计划流程处理的对象是数据与信息，所以，随着计划制订的过程形成一个信息流程，如图 6—1 所示。

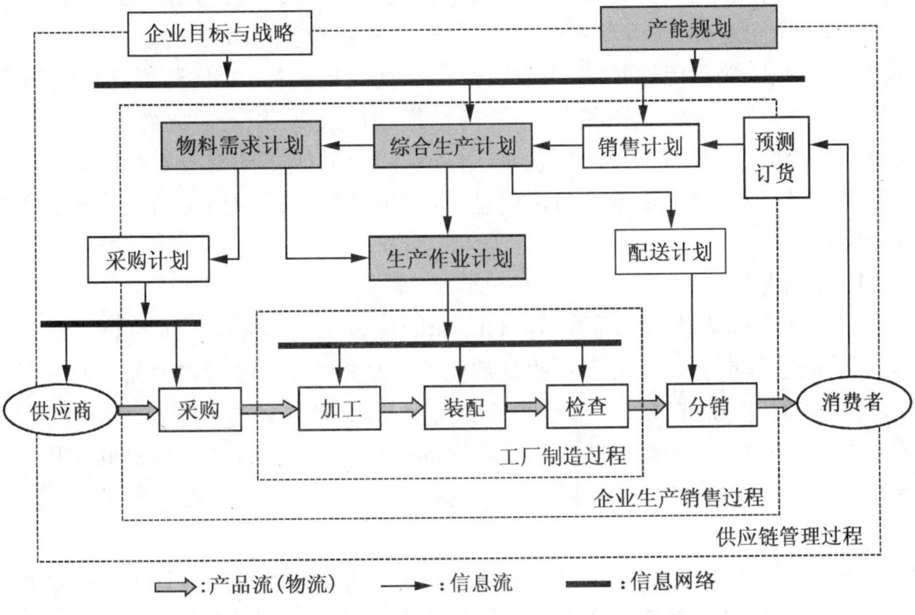

图 6—1　生产计划体系职能与流程示意图

生产计划体系应该是企业整体计划体系的一个组成部分，属于对企业中生产子系统的计划管理，根据企业的规模、产品特点、流程等因素的不同，生产计划体系的构成会有所不同，但其包含的核心内容一般是具有共性的。根据各种计划的性质、作用及内容的不同，一般包含的主要具体计划可归纳为以下三种：

1. 产能规划

① 基于本书对生产与运营两个概念的解释，这里的生产计划体系也可称为运营计划体系。但考虑在制造业企业的实务中，仍然较多地使用生产计划的概念，所以我们仍然使用了“生产计划”一词，对于服务业而言，可以认为提供无形产品的服务也是一种生产。

产能规划实际是生产系统的长期计划，其主要任务是，根据企业发展战略与目标，确定生产系统所需资源及配置实现过程，主要表现为固定性的设施、设备的配置计划。例如，一个企业要根据市场需求容量、发展趋势，以及自己的市场定位、占有率等因素，确定其生产规模、工厂布置、设备配置及组织模式等问题，这些基本都属于产能规划的内容。产能规划执行的结果是形成企业的生产能力，而且由于设施、设备的配备及组织一旦完成，就是相对稳定的，调整产能需要较大的资金投入，以及较长的时间。所以，产能规划属于长期的、战略层面的生产计划，计划所涉及的期间（计划期）一般会是3～5年，指标性质多属于发展性、综合性的，因此才将其称为规划。

2. 综合生产计划

综合生产计划（Aggregate Production Planning）是中期的生产计划，主要作用是对企业未来一定时期内生产系统所需完成任务量的规定。一般包括两项内容：年度的总产量决策，以及分阶段（季度或月度）的产量决策，即产品出产总进度的安排。指标性质多属于对任务的数量规定，如产品产量。其中，年度产量决策，多数企业是以年度为计划期制定的，所以也称为年度生产大纲；产品总的出产进度安排，一般是以月度为期限编制的，所以也称为月度生产计划。虽然在计划的期限、指标详细程度上两者有所不同，但都属于中期的、战术层面的计划。

从纵向的时间跨度上看，综合生产计划要将企业长期发展规划的指标落实到每一年，或是每个月。例如，一个企业在3～5年的长期计划中，会对企业整体发展规模（产量水平）有一定的目标，综合计划则需要确定逐年的产量指标，与长期规划衔接，而且还要细化到每个季度或月度的产量。另外，从横向的业务关系看，要与销售、财务、供应、资源配置等业务领域的计划协调，必须从营销部门获取需求预测信息，从财务部门获取成本和财务数据，从设备及人力资源部门获取设备维修、劳动力供给和培训信息等，经过综合平衡做出可行的生产计划方案，所以称为综合生产计划。

3. 生产作业计划

生产作业计划也称为作业日程计划（Operations Scheduling），属于执行性的、短期的计划，需要处理的问题基本上是有关于企业日常业务活动的内容，包括物料需求量的确定、作业任务分配、负荷平衡、作业排序等。对于服务业而言，会更具体到每周或每天，甚至是按每天各时间段的顾客需求，来安排服务作业。与战术性的中期计划相比，其计划时间跨度会更短，影响的范围也更窄，内容更具体，指标性质多属于执行性、程序性的，多数企业以周为计划期制订作业计划。

上述三个层次的计划，实际上是对企业生产任务逐步细化的过程，计划指标的性质、计划依据以及计划的制订方法，都会有所不同。因为本章主要讨论的是综合生产计划的制订及相关问题，所以，下面针对综合生产计划的具体问题，讨论其对策与方法。

二、问题与对策

综合生产计划的核心任务是规定生产系统的任务，主要表现为品种与产量。而企业的生产是为了满足市场需求，因此，毫无疑问要根据市场需求来确定产量，也就是说，需求信息是生产计划的主要依据。

但问题是，需求是由市场决定的外部变量，企业只能对其进行预测，但却无法控制。而在制订年度生产计划时，一般生产能力是相对稳定的，是无法进行较大幅度调整的。所以常见的现象是：尽管从长期看，企业的产能规划是合理的，但在年度内也会表现为有时过剩、有时不足，两种状态交替出现，这都会给企业带来损失，增加运营成本。因此，综合生产计划面临的一个主要任务就是：在生产能力约束下，面对变化的市场需求，如何进行产销平衡，尽量满足需求，并充分利用产能，降低运营成本。下面我们用一个服装企业的实例来说明产销平衡问题的具体表现。

【例 6－1】 某服装企业的市场部门，对其 BOX 系列的服装产品 2012 年上半年市场需求量进行了预测，具体数据如表 6－1 所示。企业的最大正常生产能力为每月 10 万件，我们假定期初没有存货，试想企业的计划人员面对如此产能与需求的关系，应怎样制订一个最优或者说最满意的综合生产计划方案。

表 6－1　**BOX 系列产品 1～6 月份预期需求量**　单位：千件

期间	1 月	2 月	3 月	4 月	5 月	6 月
需求预测	70	100	130	90	60	150

从上述需求预测与产能数据可知，在 3 月份与 6 月份的需求量较多地超过了企业的生产能力；而其他几个月份的需求又不足，小于生产能力；只有 2 月份的需求与产能相等，比较理想。两者的关系如图 6－2 所示。

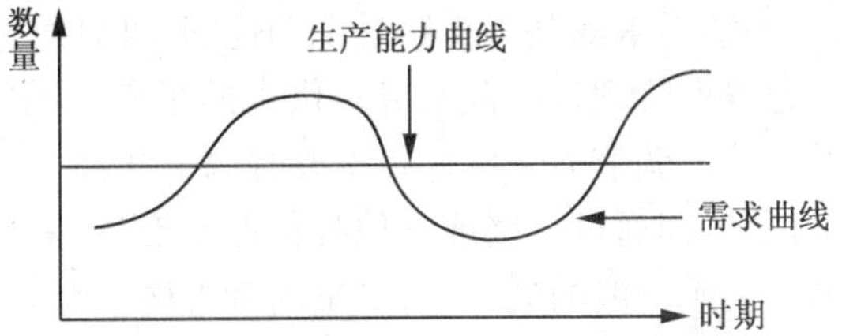

图 6－2　需求与生产能力关系示意图

需要注意的是，企业总的产能规模与需求水平是合适的，半年内的总需求为 60 万件，与最大产能的数量一致，说明企业长期产能规划较好。尽管如此，也依然存在一个短期的产销平衡问题。同时，也可以得到一个制订计划方案的基本思路：如果需求恰好等于产能，产量决策就很容易，也就是让三个量相等。计划方案的几个相关数量关系如下：

$$需求量(D)=产量(Q)=产能(M) \tag{6-1}$$

毫无异议，这是一个最优的计划方案，但是遇到这种状态的概率极小，尤其是在短期内，几乎是不可能的，多数情况下需求是波动的，不等于产能，如上面服装企业的例子。因此，这时的解决思路是，再引入一个库存量来平衡生产与需求，在需求低谷时多生产一些产品，增加库存，在需求高峰时可以用库存来满足，这样管理者就可以用增减库存来使生产（供给）与需求平衡。因此，我们可以得到一个制订计划方案的基本关系式：

$$产量(Q)+库存量(I)=需求量(D) \tag{6-2}$$

从基本关系式可以得到制订综合生产计划的思路，就是采取各种手段使三个变量达到平衡，最后的计划方案产量越接近产能（或者库存量越少），方案越接近最优解。在上述几个变量中，产量与库存量是计划员可以控制决策的；需求量是市场决定的，是计划人员无法左右但是可以通过一些营销策略影响的；生产能力是一种前提变量，一般在计划期内大幅度改变是困难的，不过也会有一些措施可在一定程度内对其进行调整。因此，在进行综合计划决策时，可以先采取一定的对策调整能力与需求，使两者尽量接近平衡，以便得到满意的产量决策。

通过有效地调整企业的生产能力，使企业能够比较稳妥地应对市场需求的波动，在这种对策下制订出满意的综合计划，称为"稳妥应变型策略"。调整生产供应能力一般主要有以下几条途径：

(1)改变劳动力数量。即通过增减用工数量来改变生产能力，以适应需求的波动。采用这种对策会有一些限制，对于机械化、自动化作业程度较高的企业不适用。另外，对于技术含量较高的作业，符合其技能要求的人员是有限的，并不是随时都可以聘用，新员工需要进行技能的培训，是需要时间和成本的。

(2)增加作业时间。即当正常工作时间不足以满足市场需求时，企业可以考虑加班；反之，则可以考虑酌减工作时间。当然在加班的情况下要有加班费用，而且超时多少有一个极限问题，需要符合相关的劳动法规。

(3)改变库存水平。即在需求淡季时增加库存水平以储备一些调节库存，用来满足将来需求高峰时期的需求。采用这一方法可以保持产出均衡、人员稳定，但会增加库存的成本与风险。

(4)外包。即将部分业务外包给相关企业来弥补短期能力的不足，使得企业可以变得更具柔性，更能适应动态的外部市场需求。但外包不仅需要成本，还会有质量、技术控制等风险。

与调整供应能力相比，调整需求的基本思路是主动性的，可以通过各种营销手段来影响需求量，力求需求平稳(也称为需求管理)，以此来寻求供求的平衡，故这种对策下的生产计划策略常被称为"积极进取型策略"。调节需求的途径主要有以下几种：

(1)价格及促销诱导需求。即通过价格或其他各种促销策略，来诱导或刺激提升低谷期的需求和分流高峰期的需求。按照一般的规律，需求量随着价格上涨而减少，随着价格下降而增加。所以，企业可以根据具体情况，合理调整价格或促销策略，来平衡需求。

(2)延期交货。所谓延期交货，是指顾客向商家订购了商品或服务，而商家当时不能实现(有意或偶然)，需等待一段时间才兑现的方式。在需求高峰值时可以采取延期交货的策略，以减缓需求。但延期交货策略需要有一定的代价，而且仅在顾客情愿等待且不减少其效用或不取消其订货的条件下才适用。

(3)导入互补产品。设法使不同产品需求的高峰与低谷错开，从而实现生产量的平衡。这一方法的关键是找到合适的互补产品，既能够充分使用企业现有生产能力，又可以使不同需求的峰、谷错开，使产出保持均衡。

三、目标与成本

无论采取怎样的策略与方法，最终确定的计划结果称为计划方案。其中，不同的计划方案执行后会导致运营成本不同，例如，计划方案中使用加班多、库存多就会导致相关费用增加，尽量减少加班、减少库存会减少相关的费用，但可能会有缺货的风险。所以，我们将这种由于计划方案执行后引起的成本称为计划方案成本，因此方案的优劣就可以用它的成本来衡量。在制订生产计划时，考虑的相关成本一般有以下几种：

(1)基本生产成本。基本生产成本是在计划期内生产产品的固定成本和变动成本之和，包括材料成本、直接和间接劳动力成本等，这种成本是每个计划方案都需要的。

(2)与产出率相关的成本。这是指由于改变生产速度，需要临时增加生产供应能力增加的成本，如增加产能引起的加班、加点费用，以及外包生产费用等。这类成本主要是为了产出量的变化而发生的。

(3)与人工相关的成本。这一类成本中典型的是与聘用、培训以及解聘人员相关的成本。因为用工量会随产量的变化而增减，所以会发生此类成本。

(4)与库存相关的成本。这主要是存货成本与缺货成本。其中，存货成本主要考虑的是库存持有成本，但对于存货有过期的物品，需要考虑物品损失的风险成本。缺货(或延期交货)成本通常比较难确定，一般应包括由于缺货导致的销售损失，以及延期交货引起的补偿费用等。

关于计划方案的成本，会因企业产品与流程的不同而异，不能一概而论。例如，对于像钢铁、化工等流程工业类企业，改变生产速度的成本是非常高的；而对于时装、消费电子类需求变化较快的产品，过期库存的损失是非常大的。但其分析的基本思路是一致的，主要考虑生产数量的调整、库存量的多少，以及用工数量的变动等因素引起的各项费用，可以概括地表示为：

计划方案成本＝产出成本(正常＋加班＋转包)＋人工成本(招聘/解雇)
＋库存成本(存货成本＋缺货成本)　　(6—3)

其实，计划方案成本在很多情况下是难以准确计量的，我们讨论上述计划方案成本发生的规律，不仅仅是为了计算计划方案的成本，更重要的是为了更好地理解产销平衡对企业运营管理的意义；同时，也更深刻地体会计划方案制订得如何，对生产系统以至于企业整体运营的影响。

因此，我们可以将制订生产计划方案追求的目标归纳为：力争尽量满足市场需求，可以增加收入，提高市场占有率；尽量减少加班、库存、外包等措施，以降低运营成本，增加利润；努力实现均衡生产，可以充分利用资源，减少浪费。

第二节　年度生产大纲

年度生产大纲是一份纲领性的文件，它是企业整体经营计划的重要组成部分，是对企业生产系统总任务量的确定，一般是规定一年内系统总的产量水平。根据企业经营所涉及的业务领域、系统构成状况等因素的不同，总产量的表现也会有所不同。例如，对于一家由多个工厂构成的大型公司，总产量会分解为各个工厂的生产总量；对于一家服务型企业，总产量会表现为业务总量，多数情况用销售额表示。

生产总量虽然是一个比较综合、概括性的指标，而且在实际执行的过程中会有调整与变化，但是对于企业的运营系统十分重要。因为整个系统的装备配置与维护、人员的招收与培训、供应商的确立与维护、新产品的研发与上市等一系列相关活动都要依据它进行，所以说，无论市场需求的不确定性如何，年度生产大纲都需要编制。年度生产大纲的内容应包括品种与产量两项决策，即在计划期内，企业(工厂)生产多少品种的产品，以及每个品种产品生产多少产量。

一、品种决策

这里所说的品种决策，并不是说某个品种产品生产的数量多少，而是指生产产品的品种范围。例如，企业的生产或服务系统在计划期内，是生产10种还是20种产品。品种决策面临的问题是：企业提供的产品种类越多，顾客的选择越多，销售机会越好，收入也越多；但是，企业生产的品种越多，运营成本会越高，导致收入会减少。例如，一个大型超市，商品品种越多，顾客购物的满篮率越高，满意度会越高，销量会越多；但其备货、存储、物流成本会越高。所以，对于一个时期生产系统的任务目标来讲，确定一个企业提供品种的合理范围是非常重要的，尤其对于经营市场范围较大的企业，如跨地域经营的大型企业，可能会面对多个消费者需求特性不同的市场，品种决策问题会变得更复杂。

因此，品种决策也是一种供求的平衡，在考虑收益与成本之间找到平衡点。品种决策的主要依据有以下三点：

(1)企业的产品选择及市场定位。每个企业都有自己的产品选择及市场定位，企业的市场定位不同，提供的品种会有很大的不同，这是企业战略的体现，是品种决策的主要依据。例如，对于服装企业，可以分为是生产时装还是生产西装；对于餐饮企业，可以分为是提供中餐还是提供西餐；等等。但市场需求会不断变化，企业可能生产的品种在每个时期是否都生产，是品种决策面对的问题，需要根据每个时期的具体需求分析做出决策。

(2)运营成本。一般来讲，增加品种都会导致一定程度的成本增加，即便对于系统柔性较强的单件小批生产的企业，也会如此。所以，企业应该在可能的品种范围内，尽量减少生产产品品种的数量。关于这一点的基本原理，在前面流程组织、系统设计、库存管理等章节的学习中都可以体会到。如最简单的例子是，一个餐饮店提供的菜肴品种越多，需要准备的蔬菜、肉类等食材的品种就越多，会导致采购、存储成本的增加。所以，在决策是否增加品种时，需要根据成本增加的多少以及品种增加的收益来决策。

(3)需求的统计分析。在每个市场上，消费者的需求都有一定的特点，对品种的偏好是不同的。因此，对不同市场上品种销量进行统计分析，找出市场需求的规律，是品种决策的重要依据，也是支持做出合理品种决策的定量方法。例如，运用帕累托法则分析品种与销量之间的关系，可以发现，对销量贡献较大的品种可能只是少数几种产品，如图 6—3 所示。

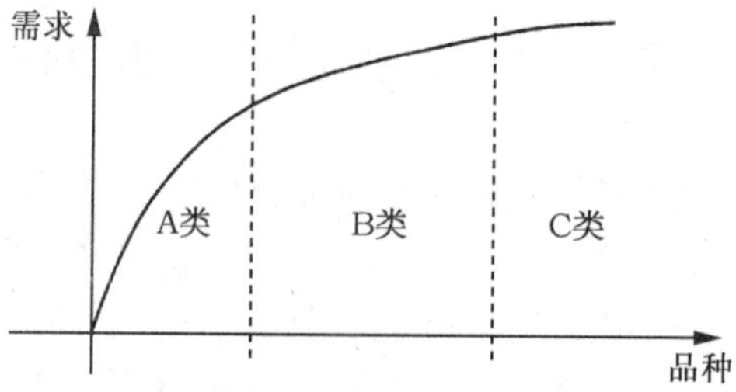

图 6—3　品种与销量的比例关系

所以，解决品种决策的一个思路就是，分析确定哪些品种的销量较大，当然也可以结合考虑哪些品种的收益更大，最后做出选择。

市场需求的多样性是发展的趋势，表 6—2 是 10 年前后市场上畅销汽车产品的品种数量的对比，可以看到近 10 年来产品配置的种类从 20 多款已经增加到百款以上。对于汽车产品，在一个大的产品种类下，还可以有很多选购项(品种的细分)，如发动机的排量、变速箱的类别、汽车颜色、座椅种类等多种选项。

表 6—2　　市场畅销车型品种数量统计

年份	车型	车身形式数量	驱动形式数量	发动机数量	变速器数量	配置数量	车身颜色数量	合计
2000	捷达	1	1	1	1	4	4	16
	桑塔纳	1	1	1	2	4	5	40
	富康	1	1	1	1	5	5	25

续表

年份	车型	车身形式数量	驱动形式数量	发动机数量	变速器数量	配置数量	车身颜色数量	合计
2010	F3	1	1	2	2	5	6	120
	凯越	3	1	2	2	3	6	216
	瑞虎	1	2	4	2	3	6	288
	A3	2	1	3	2	3	6	216

如果每个选项都提供多种选择，按数学的排列组合，可以组合生成庞大的品种数量，全部生产这些品种会导致生产供货、流程组织极其复杂，成本会大幅度上升。所以，企业都会做出选择，只提供其中部分品种的产品。实际大家在选购时也会知道，不是任意的组合都有。如在表6－2中，某汽车制造商的畅销车型A3型产品，经过大量的市场调查，最后选择提供的品种为：车身形式可以分为两厢和三厢两种；发动机排量有1.6L、1.8L、2.0L三种；变速箱有手动和自动两种；每种排量和变速箱类型的车型又有3个不同价位的配置（如座椅、内饰），以及6种以上的车身颜色。这样产品的组合品种也多达216种（2×3×2×3×6），如果全部生产，势必会大幅度增加运营成本。

因此，企业在计划期对品种进行决策时，可以依据市场定位、消费者需求特征、产品结构等要素，通过分析确定一个时期生产的品种范围。例如，可以选择大众化的、消费者购买较多的品种生产，也有企业专门选择小众的品种经营。

二、总产量决策

这里所说的总产量，是指某一个计划期（如一年）内的产量总和，而且在编制年度生产大纲时，一般是按产品大类（产品线）计量的，是比较综合的指标。例如，在表6－2中表示的捷达、桑塔纳、F3、A3等都属于产品的大类。虽然一年的时间较长，在实际执行过程中，由于市场需求的变化，实际产量与计划产量总会有所差异，但如前所述，年度总产量是企业的一项重要指标，是企业运营规模的标志，企业经营活动所需的所有资源准备、供货合同、营销策略等业务都要与其适应，是一个非常重要的数据。

总产量的确定纵向上需要与企业长期目标衔接；同时，横向上需要与企业的市场占有率、销售收入、成本与利润等指标平衡，通过综合平衡的方法来确定，一般总产量决策的依据主要有以下几项内容：

（1）企业的长期战略计划。计划期的总产量是中期计划的重要指标，需要与企业的长期计划相互配合、协调。例如，要与企业的发展规模、市场占有率发展、新产品的推出、收入与盈利水平增长等长期目标衔接。

（2）企业年度经营计划。年度经营计划是企业中期的综合性计划，一般会包括生产、财务、市场等各领域的指标，其中产量指标是重要的构成，所以总产量的确定需要与企业年度的销售收入、利润及成本水平等指标平衡。

（3）生产能力及变化状况。在年度（中期）内企业的生产能力一般是稳定的，或者说难以有大幅度的变化，所以生产能力是决定产量的一个约束条件。除考虑计划能力（潜在能力）外，还需要考虑设备及设施的维护保养、人员的招收培训等因素，来分析确定计划期的有效生产能力，一般会比计划能力小些，尤其对于钢铁、化工等流程性工业，主要设备（如钢铁企业的高炉）

的维修会对生产能力产生很大影响。

(4)物料供应及供应商合作状况。总产量的规模水平决定物料的需求量,由于多数企业都是处于供应链分工中,所以供应商的合作关系、物料供应状况也是影响产量的一个因素。尤其是关键性的核心构件与材料,必须有稳定的供货保证才能支持产量计划的实现。

关于总产量的决策方法,简单来讲,公式 6－1 就是总产量计划的决策思路,产量决策要考虑市场需求的数量,同时要受生产能力的约束。市场需求是一个系统的外生变量,只能根据预测得到,而生产能力属于前提性变量,是约束条件,总产量计划的实质是在这样条件下的一个决策。这里需要强调的是,年度生产大纲的产量是一个决策量,不可能通过简单计算得到,此时,盈亏平衡分析法是支持产量决策比较实用的一种方法。

根据管理会计学的原理可知,一个生产系统(企业)在一定时期(如一年)内,生产一定量的产品,其总成本为:

$$T_C = F + C_V \cdot Q \tag{6-4}$$

式中:F——固定成本总额;

C_V——单位产品的变动成本;

Q——计划期总产量;

T_C——计划期生产总成本。

其中,固定成本的主要内容一般包括设备、设施的折旧费用,这种费用一般是按设备原值考虑折旧率计算的,在一个时期内是不变的,不受产量多少的影响;单位产品的变动成本较典型的是材料费用,是每生产一件发生一次,两种成本的变化规律如图 6－4 所示。

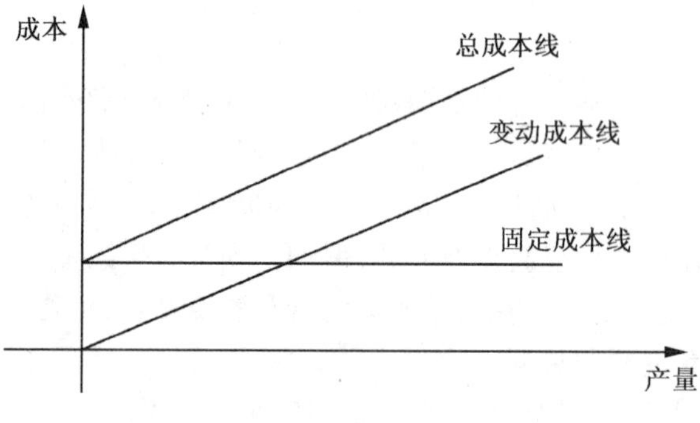

图 6－4　各项成本的变化规律

总成本则是两项成本之和,表明一年内为了生产一定数量(Q)的产品,总计花费的支出总额。同时,如果产品的价格水平(P)可以基本确定的话,那么总的收入就可以表示为:

$$S = P \cdot Q \tag{6-5}$$

式中:P——产品销售单价;

S——产品销售总收入。

因此,生产一定量(Q)产品的利润为:

$$E = S - T_C = P \cdot Q - F - C_V \cdot Q \tag{6-6}$$

所谓盈亏平衡分析,就是计算分析企业在不盈利也不亏损的情况下,生产的产量如何,此时的产量称为盈亏平衡点的产量。根据式 6－6 可知,如果令利润等于零时,就可以得到盈亏平衡点的产量为:

$$Q_0=\frac{F}{P-C_V} \tag{6-7}$$

式中：Q_0——盈亏平衡点的产量；

$P-C_V$——单位产品的边际利润。

盈亏平衡点表示企业在不赢也不亏时的产量，所以计划期的总产量只要高于这一点就可以有盈利，如低于这一点就会发生亏损，如图6—5所示。当然，这种分析方法不仅限于利润为零，如果企业给出经营的目标利润数据，可以令公式6—6的利润等于给定的数值，计算出等于目标利润时的产量，此时为目标利润产量。

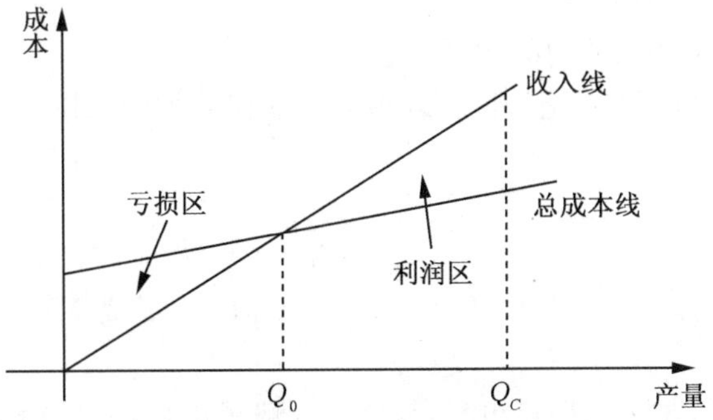

图6—5　盈亏平衡点的产量

如果通过分析得到企业的盈亏平衡点的产量，另外知道生产能力的数据以及预期需求量的话，那么总产量的决策就可以根据三者的关系得到，具体产量决策可以按下式确定：

$$Q_0 \leqslant Q \leqslant \min\{D, Q_C\} \tag{6-8}$$

式中：D——计划期内的需求预测量；

Q_C——生产能力的产量；

min{　}表示在其中取最小值。

公式6—8只是提供了一个总产量的决策思路，具体数据每个企业还会考虑其他各种因素最后确定。

需要说明的是，盈亏平衡点不仅是总产量决策的一项重要依据，同时也是企业经营的关键性参数。例如，美国通用汽车在2007年需要生产387.5万辆才能达到收支平衡，而经过破产重组后2011年只要生产189万辆就可以达到收支平衡。① 所以，根据盈亏平衡总的产量，以及实际生产产量（或生产能力）的数据，可以计算得到企业的经营安全率。经营安全率是从企业利润相对大小的角度评价企业经营状况的指标，其大小反映发生亏损的可能性大小。经营安全率的计算公式如下：

$$K=(Q-Q_0)/Q \tag{6-9}$$

式中：K——经营安全率；

Q_0——盈亏平衡时的产量（业务量）；

Q——计划期的总产量（或生产能力的数量）。

通过式6—9可知，计划产量（生产能力）与盈亏平衡点之间的差额越大，经营越安全；反之，则风险越大。一般认为，经营安全率大于30%表示安全；在10%以下表示风险较大，应采

① 据《第一财经日报》2012年2月29日报道。

取对应的措施，如通用汽车的例子。

盈亏平衡分析方法的优点是，原理简单好理解，也比较容易计算，而且可以将企业经营的几个主要指标(收入、利润、产量、成本)综合在一个公式里，比较适合总体分析，在企业的实际经营中也得到了较好的运用。但在多品种生产的企业略有不同，因为品种多直接用产量表示盈亏平衡点就比较困难了，而且每种产品的价格、变动成本都会不同，所以，此时盈亏平衡点的计算可以用价值量表示，计算公式为将公式 6－7 的两边同乘以产品价格，得到：

$$S_0=\frac{F}{1-C_V/P} \tag{6—10}$$

式中：S_0——盈亏平衡点的销售收入；

$1-C_V/P$——单位产品的边际贡献率。

因为每种产品的边际贡献率不同，所以用一个加权平均的边际贡献率(MR)来计算盈亏平衡点的收入为：

$$S_0=\frac{F}{MR} \tag{6—11}$$

其中，MR 为平均边际贡献率。$MR=\sum a_i(1-C_V/P)$，a_i 为某一种产品在销售收入中的比重，$a_i=S_i/\sum S_i$。

对于服务企业来说，盈亏平衡点也是存在的，一般可以用销售收入来表示。例如，一个商业零售企业，在营业额达到一定数值时，就会达到盈亏平衡。但是，此时由于品种较多，单位产品的边际收益比较难确定，需要根据提供服务的产品具体费用的性质分析来确定。

另外，对于多品种生产的企业，可以针对工厂(或流程)分别计算盈亏平衡点。如果是在一个流程中同时生产多种产品的情况，更适合的方法是线性规划法①，可以根据企业的资源约束条件，比较精确地计算出各种产品产量的最优解，以及系统剩余资源的状况，使企业可以收益最多。

第三节　月度出产进度计划

月度产品出产进度安排是在既定的总产量下，考虑各个时间段的需求变化，以及相关产能等资源约束，确定企业计划期内分时段(如每月)的产量。尽管总产量是在考虑了需求与产能平衡的条件下制定的，但在一年(计划期)内需求往往是波动的，尤其季节性商品波动还是比较大的，例如，例 6－1 中服装企业面对的 1～6 月的需求波动就较大。所以，出产进度计划的制订除总产量是一个主要依据外，每个时间段(每月)的具体需求也成为一个重要依据。

进度安排的时间单位，可以根据企业产品需求变化的特点确定，规律是：需求变化越大、越不稳定的产品，时间期限会越短；反之，时间期限可以长一些。一般多数企业是按月度制订的，所以也称为月度生产计划(或大排产计划)。

在应用计算机信息系统(如应用 ERP 系统)进行计划编制的情况下，将此计划称为主生产计划，而且一般是以周为计划期限，对产量随时间的变化进行更加详细的安排，关于主生产计划的具体编制方法会在后续章节讲解。

① 关于线性规划的方法，在运筹学的课程中有较详细的讲解，本书不再赘述，有兴趣的读者可以参见运筹学的书籍。

一、计划方案形式与时间参数

年度生产大纲规定了生产系统年度任务总量，与其相比，出产进度计划是更具体详细的任务安排，需要对计划期内分时间段的产量做出安排，一般表现为年度分月（或分周），或者季度分月（分周）的计划方案。对于不同的企业细分到什么程度会是不同的。

目前，由于市场需求的变化比较频繁，因此，就要求出产计划能够及时满足市场需求的变化，但计划本身的性质要求具有一定的稳定性，又不能随时随刻地更改计划，所以解决这个矛盾的一个手段就是采取滚动式的计划方案，如图 6－6 所示。

图 6－6　滚动式计划方案

滚动式计划方案的特点是，每次制订若干个较短时期的计划，但只有最近的一个时期为实际的执行计划，其余时期为一个预期计划，为企业的生产活动提供一些准备依据，在下一次制订计划时，再根据需求的最新变化，确定最近一期的计划数据作为执行数据，逐次向后推移，不断地调整确定计划方案。

滚动式计划方案的好处是，可以将稳定性与灵活性相结合，使计划保持相对的稳定，同时又对市场需求的变化有灵活反应。在这种计划形式下，我们对计划方案所涉及的时间参数作如下界定：

(1)计划期。这是指计划方案所确定指标的时间范围，也就是计划方案中指标所规定的任务是什么时间内完成的。例如，规定的产量是一年内完成的，计划期则为一年，称为年度计划；如果是一个月完成的，计划期就是一个月，称为月度计划；等等。计划期的长短，也是计划详细或具体程度的一个要素。计划期越短，计划制订得越详细。在本章前面讨论计划体系时，提到的长期计划，其计划期一般为 3～5 年；中期计划一般为 3～18 个月；短期计划一般为一个月、一周。

(2)计划展望期。在滚动式计划方案中一般会涉及若干个计划期，如图 6－6 所示的计划中，涉及 6 个计划期，这个时间跨度称为计划的展望期，也就是一次制订计划所涉及的时间长度。目前，中短期计划较多地使用滚动形式制定，例如，有的企业编制年度分月的滚动计划，有的企业编制季度分月的滚动计划。而在 ERP 系统中，一般是以周为计划期，每次制订若干周的计划，每周制订一次，逐步向后滚动编制。实际滚动式计划是将两种不同计划期结合使用的一种形式。

二、计划方案制订策略

针对需求波动，在制订出产进度计划方案时，固然可以采取价格、促销等进取型策略，以平稳需求，但完全通过营销手段达到预期是不太可能的，因此在计划制订时，也会考虑增加供应的数量，这时会引入库存量来平衡供求。如公式 6－2 所示，用产量加库存量来与需求量平衡，但由于库存量是一个时点值，在具体应用公式 6－2 计算产量时，需要考虑具体某一点的库存数据，一般会取库存的期初和期末两个数据，这样产量、销量与库存之间的关系变为如下公式：

$$I_t = I_0 + Q_i - D_i \qquad (6-12)$$

式中：I_t——第 i 期的期末库存量；

I_0——第 i 期的期初库存量；

Q_i——第 i 期的计划产量；

D_i——第 i 期的需求预测量。

运用这个公式，在已知需求预测量以及期初、期末库存量的基础上，可以逐期地推算出计划产量的数据，而且可以得到每期期末的计划库存数据。这是计算月度产量的基本原理，也是安排出产进度的基本思路，但是对于库存的具体对策，或者说具体采取怎样的策略应对需求的波动来实现产销的平衡，一般会有以下三种基本策略：

1. 跟踪需求策略

跟踪需求策略（或称追逐策略，Chase Strategy）的特点是，不设置库存数量，而是通过各种措施（例如加班、增减人员、外包等）来调节产品的出产速度，即调整年度内每个月或每周的产量，以适应市场需求的波动。此时产量与需求量基本相等，表现为产量曲线与需求曲线基本是一致的，如图 6－7 所示。

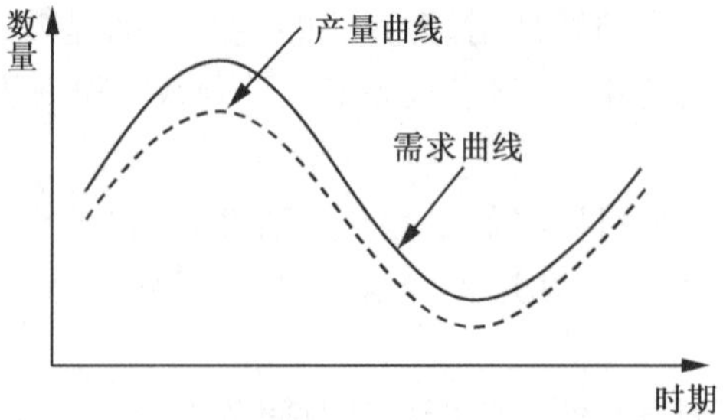

图 6－7 跟踪需求策略

这种策略的优点是，没有库存，因此库存成本会很小，而且产量与需求一致无订单拖欠，也不存在缺货成本（当然，极端情况需求大于能力时会有缺货）。但缺点是生产速度不均衡，在需求高峰时如果超过生产能力的最高值，则需要通过加班、增加人员、外包等措施实现产量，这些都会导致成本上升；而需求低谷时又容易造成生产能力存在过多剩余，导致资源（设备或人员）的浪费，也会增加成本。

因此，此策略比较适合于库存持有成本很高，甚至不能有库存，而改变生产（数量）速度比较容易，且成本不是很高的产品的生产。对于按订单生产的企业，尤其对于无法储存的无形产品生产的服务业，只能采取这样的生产策略。

下面我们再用例 6－1 来说明跟踪需求策略的具体计算方法。在例 6－1 中，该服装企业，按 2009 年 1～6 月份的需求预测数据，因为服装产品季节性强，假设企业期初没有库存，期末也不保留库存的话，采用跟踪需求策略，那么根据公式 6－12，每个月的产量就直接等于需求量，很容易得到生产计划方案，如表 6－3 所示。

表 6－3　　该服装企业 2009 年上半年出产计划(跟踪需求)　　单位:千件

期间	1月	2月	3月	4月	5月	6月
计划产量	70	100	130	90	60	150
产能增减	－30		＋30	－10	－40	＋50
增减成本(元)	300		300	300	400	500

但这个计划方案的成本不见得是较低的,或者说不一定是满意的,因为企业最大的正常生产能力每月只有 10 万件,在 3 月与 6 月产量都超过产能,所以必然会采用加班、外包等手段来达到出产量的要求,会引起计划方案成本的增加。另外,在 1 月、4 月和 5 月都存在产能剩余的现象,会导致资源浪费。一般通过加班增加产量可以计算出加班的成本,但是产能空闲的成本比较难确定。为了说明制订计划的思路,在本例中,我们假定无论增加或空闲一个单位产能的成本都是 10 元,则可以计算得到由于产量变化引起的成本(如表 6－3 中最后一行数据)。当然,每个企业改变生产速度的成本究竟是多少,需要根据流程特点来分析,上述方法仅是说明制订计划方案的一个基本思路。

2. 水平产量策略

水平产量策略(或称均衡生产策略,Level Strategy)的特点是,在计划期内保持产出速度不变,通过使用调节库存、延期交货等方法来适应需求波动,此时产量与需求是不等的,产量曲线与需求曲线的关系如图 6－8 所示。

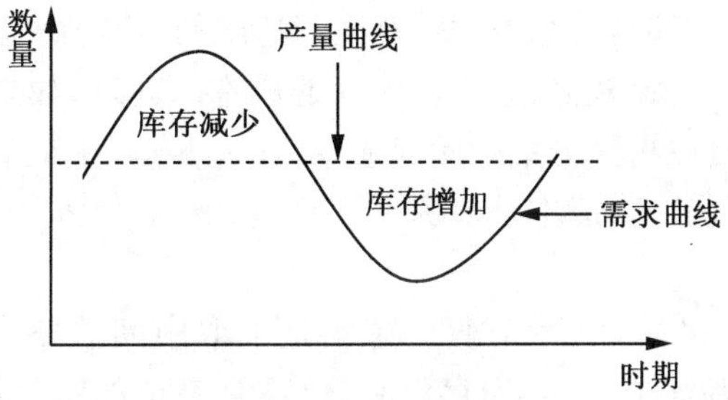

图 6－8　水平产量策略

这种策略的优点是,生产速度是基本不变的,实现了均衡生产,因此,需要投入的设备与人员是稳定的,如果生产能力与需求比较匹配的话,可以减少调整生产能力以及资源空闲带来的损失,有利于创造一个稳定有序的生产环境。但是,这种策略的缺点是,如果需求波动幅度很大的话,库存量会较大,有时也会发生缺货现象,会增加库存成本及风险。

因此,这种策略比较适用于产品的库存成本较低,而改变生产速度的成本很高的情况。例如,极端的情况是,像化工、钢铁这类连续型的流程工业,因为改变生产速度的成本非常高,基本上只能采取此种策略。

如采取此策略,我们再运用上述服装企业的例子来说明计划方案的制订方法。此时,因为是计算一个均衡的产量,所以在求出全部期间的产量之后,再计算每月的平均数,可以将公式 6－12 用求和的方式表示,每个月的产量可以按如下步骤计算:

$$I_t = I_o + \sum Q_i - \sum D_i \quad (6-13)$$

$$Q_t = \sum Q_i / m \quad (6-14)$$

式中：Q_t——每月的计划产量；

$\sum D_i$——计划展望期内销量之和；

$\sum Q_i$——计划展望期内产量之和；

I_o——计划展望期的期初库存数量；

I_t——计划展望期的期末库存数量；

m——计划展望期内的时段（计划期）数。

因为我们假设期初、期末都没有库存，又 6 个月的需求合计为 600 件，所以根据式 6－13 计算得到 6 个月的产量合计为 600 件，按式 6－14 计算得到每个月的均衡产量为 100 件。制订一个水平产量计划方案，各月产量如表 6－4 所示。

表 6－4　　该服装企业 2009 年上半年出产计划（水平产量）　　单位：千件

期间	1 月	2 月	3 月	4 月	5 月	6 月
需求预测	70	100	130	90	60	150
计划产量	100	100	100	100	100	100
计划库存量	30	30	0	10	50	0
库存成本	30	60	30	10	60	50

注：表中的库存量为期末库存，每期平均库存数量按"某期平均库存数量＝（期初库存量＋期末库存量）/2"计算。例如，第一期为：（0＋30）/2＝15。然后再乘以每期的单位库存成本，所以第一期为 30，但本例中的数量单位为千件，所以库存成本实际为 3 万元。

与跟踪需求策略比较，此时，计划方案没有生产速度的增减，而且恰好产量等于产能，但是有库存，而且库存的数量有时比较大，会增加库存的成本。同理，如果我们假定单位产品库存一个月的成本为 2 元，则可以得到方案的库存成本（如表 6－4 中最后一行数据）。这样，就可以知道由于计划方案引起的库存成本是多少。

3. 混合策略

上述两种策略是两个极端，实际企业更多的是采取中间策略，也就是混合策略（Mixed Strategy），既不是完全跟踪需求，一点库存没有，也不是完全的水平产量，生产速度一点也不变，而是介于两者之间，在需求高峰时产量相对多些，在需求低谷时产量尽量降低。此时，需求与产量曲线如图 6－9 所示。

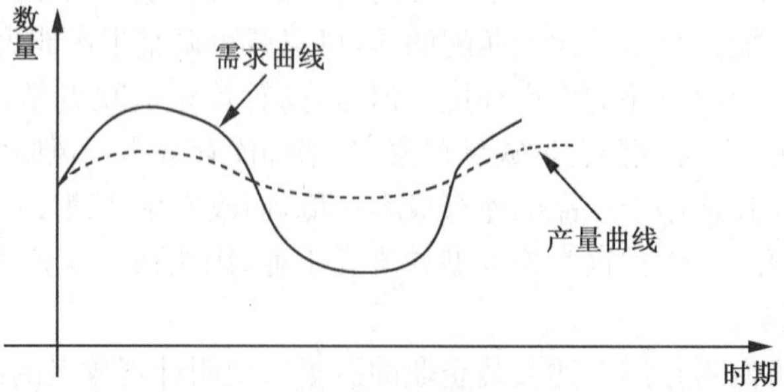

图 6－9　混合策略

在使用混合策略制订出产计划时，每一期的产量都有可能是不同的，此时各期计划产量可按公式 6－12 计算，逐期推算每一阶段（月份）的产量。我们仍然以例 6－1 中的服装企业来说明计算方法。

在此例中，产品的期初库存是零，我们需要求出各月的产量，需求量是已知的，但期末库存是未知的，所以我们首先要对各月的期末库存做一个决策[①]，然后计算各月产量。例如，我们根据需求波动的情况，采取的库存策略是在需求高峰之前增加库存、之后降低库存（见表 6－5）。给出期末的库存决策数量后，运用式 6－12 计算就可以得到下面这个初始的计划方案。

表 6－5　　该服装企业 2009 年上半年出产计划（混合策略）　　单位：千件

期间	1 月	2 月	3 月	4 月	5 月	6 月
需求量	70	100	130	90	60	150
期末库存	10	30	10	10	30	10
计划产量	80	120	110	90	80	130

但是，我们看到这并不是一个满意的（或最优的）方案，不仅有库存，而且产量也有较大的波动，当然，仍可以按上述方法计算两种成本来分析方案的优劣。但此时初始方案也不是唯一的，因为采取不同的期末库存决策，就会得到不同的计划方案，因此需要对初始方案进行优化获得满意结果。

三、计划方案的优化方法

在采取跟踪需求与水平生产策略时，应该说计划方案基本是唯一的，不存在对方案优化的问题，但是如果采取混合策略时，通过表 6－5 的数据分析可知，由于对各期期末库存数量的决策不同，会有不同的计划方案。这就存在哪个方案最优的问题。下面介绍两种比较实用的方法：比较分析法和线性规划法。

1. 比较分析法

比较分析法的特点是，以计划方案的总成本作为评价依据，通过对不同组合策略形成的备选方案成本的测算，分析确定满意的计划方案。这种方法虽然不是一次能求出最优解，但对于计划方案的影响因素较多、计划人员可以进行多项措施组合的情况是比较适用的。此方法可以通过绘制简单表格进行计算，能够比较直观地比较、分析方案成本状况，帮助计划人员选取满意的方案。下面通过一个例子来说明方法的具体运用。

【例 6－2】　某公司是一个生产小家电的企业，产品需求有显著的季节性变动特征，现在公司对未来 6 个月的需求量进行了预测，预测数据以及有关的工作时间、库存成本等信息如表 6－6 所示。试分析不同策略计划方案的成本。

表 6－6　　公司 7～12 月份需求预测及计划相关信息

月份	7	8	9	10	11	12	总计
需求量（件）	2 000	1 500	1 000	900	1 100	1 500	8 000
工作天数（天）	22	19	21	21	22	20	125

① 此时期末库存是人为的决策量，不是计算得到的，必须先给出各月末的库存量，否则无法计算得到各月的产量。

续表

成本	
材料成本	500元/件
库存持有成本	5元/件·月
缺货成本	50元/件·月
外包边际成本	100元/件·月
招聘与培训成本	1 000元/人
解聘成本	1 500元/人
单位产品加工时间	5工时/件
正常人工成本	20元/工时
加班人工成本	30元/工时
库存	
期初库存=400件	
安全库存=每月需求预测量的25%	

企业期初备有库存是400件，因为需求预测是有误差的，所以管理层决定建立安全库存，以提高服务水平，设定安全库存为每月需求预测量的25%。也就是说，根据这个决策，到每一个计划期(月份)末，企业都保留需求预测量的25%的库存量。这样一来，实际上在制订计划时，这个安全库存就是计划期末的库存决策量(参见混合策略)。因此，我们就可以根据公式6—12，计算得到一个初始的计划方案，如表6—7所示。

表6—7　　初始出产计划方案　　单位：件

月份	7	8	9	10	11	12	总计
期初库存	400	500	375	250	225	275	
需求预测	2 000	1 500	1 000	900	1 100	1 500	8 000
安全库存	500	375	250	225	275	375	
计划产量	2 100	1 375	875	875	1 150	1 600	
期末库存	500	375	250	225	275	375	

例如，7月份的安全库存500件(即7月份需求预测2 000件的25%)成为7月份的期末库存，这样7月份的计划产量(也称生产需求量)就是当月的需求预测量，加上安全库存数量(需求量加期末库存量也称生产需求量)，再减去期初库存量为2 100件(2 000+500−400)。其余各期依此推算，可以得到一个初始的计划方案。

但这个方案是否可行，需要看生产能力的状况。现在我们假定，该企业的生产能力主要由作业人员的数量来决定，而且，在人员不足或过多时，可以采取加班、外包、增减人员等对策。因此，对于上述初始方案，就可以有多种策略组合形成的备选方案，下面以两种策略组合为例进行分析，计算方案的成本，主要目的是说明比较分析法的一般原理。

方案1：固定下限劳动力水平，并采用外包

此策略的实质是跟踪需求，但企业又不想让用工量频繁地变化，想保持稳定的员工队伍。因此，将用工数量固定在一个较低的水平不变，对于超过这个能力水平的需求量，采用外包策略来满足。

下面我们假定一个理想状态，即将劳动力水平控制在最小需求状态。在本例中，最小需求量为 9 月或 10 月，因此，根据 9 月或 10 月的生产量来确定一个固定用工数量，因为 9 月的计划产量为 875 件，每生产一件产品需要 5 个工时，有 21 个工作日，每天工作 8 小时，需要用工人数为：(875 件×5 工时)÷(21 天×8 小时)≈26(人)。

所以，此方案的策略是，固定 26 人的劳动力数量，其余月份的能力不足部分需求量采取外包来满足。此时，各项费用及总成本计算结果如表 6—8 所示。在计算方案成本时可以不考虑材料成本，因为在所有方案中都需要材料成本，它并不影响比较结果。

表 6—8　　方案 1：固定劳动力水平与外包组合策略

月份	7	8	9	10	11	12	总计
计划产量(件)	2 100	1 375	875	875	1 150	1 600	
工作天数	22	19	21	21	22	20	125
月可用工时 (工作日数×8 小时×26 人)	4 576	3 952	4 368	4 368	4 576	4 160	
可生产量(件) (可用工时÷5)	915	790	874	874	915	832	
外包量(件) (计划产量－可生产量)	1 185	585	1	1	235	768	
外包成本(元) (外包量×100 元)	118 500	58 500	100	100	23 500	76 800	277 500
人工成本(元) (可用工时×20)	91 520	79 040	87 360	87 360	91 520	83 200	520 000
方案总成本：797 500 元							

注：上表中，9、10 两个月的可生产数量应该是正好等于计划产量的，但由于计算过程中用工数量有小数取整的原因，引起缺少一件产量，所以实际可以忽略不计。

方案 2：劳动力水平不变，采用加班

此策略的实质是水平生产策略，但只是劳动力的初始水平不同，可以减少加班或外包的数量，因为企业并不希望发生缺货现象，所以在发生缺货的时期可以采取加班生产，以补充缺货的数量。此时，劳动力的水平可以采取一个需求的平均数，根据公式 6—13 与 6—14 来确定。因为本例中，期初库存为 400 件，按企业的决策，12 月末的库存应为 375 件，6 个月的需求总量为 8 000 件，所以，6 个月内的总产量及用工水平计算如下：

总产量＝8 000＋375－400＝7 975(件)

用工数量＝(7 975×5)÷(125×8)≈40(人)

方案策略是，将劳动力水平固定在每天 40 人，而且保持不变，如果发生能力不足时采取加班来补充，其余时间用库存来调节生产与需求，方案的具体各项费用及总成本计算如表 6—9 所示。

表 6—9　　方案 2:固定劳动力水平与加班组合策略

月份	7	8	9	10	11	12	总计
期初库存(件)	400	0	0	344	788	1 096	
工作天数	22	19	21	21	22	20	125
可用工时 (工作天数×8 小时×40 人)	7 040	6 080	6 720	6 720	7 040	6 400	
可生产量(件) (可用工时÷5 小时)	1 408	1 216	1 344	1 344	1 408	1 280	
需求预测量(件)	2 000	1 500	1 000	900	1 100	1 500	8 000
加班前库存量(件) (期初库存+可生产量—需求预测量)	—192	—284	344	788	1 096	876	
加班生产量(件)	192	284	0	0	0	0	
加班成本(元) (加班产量×30 元×5 小时)	28 800	42 600	0	0	0	0	71 400
期末库存量	0	0	344	788	1 096	876	
库存费用(元) (平均库存量×5 元)	0	0	860	2 830	4 710	4 930	13 330
人工成本(元) (可用工时×20 元)	140 800	121 600	134 400	134 400	140 800	128 000	800 000
方案总成本:884 730 元							

从上述分析结果看,还是方案 1 成本比较低,因为方案 2 中的用工数量多一些,而且库存数量也多一些,导致最后的成本上升。另外一个因素是各项成本的关系,即加班与外包之间的成本关系,如果成本不同,计算的方案成本会不一样。

需要指出的是,上述两个方案都是用人员来调节基础的产能,这比较适合于以手工作业为主的企业,尤其是一些能力主要取决于用工数量的服务业。但对于以机械生产为主的制造业企业,设备的数量在短期是无法增减的,所以,只能是在固定的生产能力水平(而且是事先确定的)条件下,依靠加班或者外包来满足需求。

2. 线性规划法

如果计划期内各期的正常生产能力、加班生产能力、外包生产能力等均有一定的变动幅度,各期的需求预测量也可以确定,并且相关成本均与产出量之间呈线性关系,那么线性规划的一般模型对于综合计划的优化决策是十分有效的,尤其是在不考虑招聘和解聘成本的特殊情况下,可以使用线性规划中的运输问题来解决生产计划问题。①

线性规划运输法是利用运输矩阵来优化计划方案,运输矩阵的每一行表示一个生产期的决策,每一列表示一个计划期的需求。另外,还包括尚未使用的生产能力(即闲置生产能力)和总的可能生产能力等信息。每一单元格的右上角表示单位产品的相关成本。下面我们还是以一个例子来说明应用方法。

【例 6—3】 假设需要为 A&P 公司制订第三季度 3 个月的综合计划,公司有关市场预测、

① 本书仅基于实用的角度举例说明此方法的应用,详细的理论及数学原理参见运筹学的有关书籍。

可能的生产能力及相关成本等方面的信息如表6－10所示。此外，第三季度的期初库存为300件，同时公司希望第三季度的期末库存能够维持在9月份需求预测量的25%，即250件。试求解计划方案。

表6－10　　A&P公司的需求及产能信息

	7月份	8月份	9月份
需求预测	1 200	1 500	1 000
	生产能力		
正常	1 000	1 000	1 000
加班	50	50	50
外包	200	200	200
期初库存	300		
	成本		
正常生产成本	20元/件		
加班成本	30元/件		
外包成本	90元/件		
库存成本	5元/件·月		
	库存政策		
计划期期初库存	300件		
计划期期末库存	9月份需求预测量的25%		

首先，建立一个供求矩阵，如表6－11所示，在矩阵的每个单元格的右上角填写成本系数数据。例如，对应第1期正常生产与第1期需求的单元格中，右上角的20，表示第1期正常生产第1期卖掉，成本为20元。如果推迟到第2期卖掉则成本为25元(20元生产成本加5元的库存成本)，所以，对应的格子左上角的成本系数为25，以此类推计算出各个格子中的成本系数。

然后，运用表上作业法来求最优解。步骤如下：

(1)在第1个需求期(本例的7月份)对应的列中，找到成本系数最小的格子，填入最大的可能利用能力，但不要超过需求数量。例如，在本例中7月份对应的列中，最小成本系数为0，可利用能力有期初库存300件，所以，在左下角填入300，表示将300件期初库存在7月份首先卖掉。

(2)因为7月份的需求为1 200件，所以再继续在对应的列中寻找其他最小的成本系数，本例为20，而且企业的最大正常生产能力为1 000件，所以在此处填入900，表示第1期正常生产900件第1期卖掉。至此第1期(7月份)的需求全部得到满足。

(3)继续上述方法，对其他各个需求期进行计算，直到全部完成为止，即得到一个最优解的方案。

表6－11就是运用供求矩阵方法求解得到的一个本例的最优解方案。但是需要注意的是，本例没有在缺货的区域选择，也就是企业决策不允许缺货；如果可以缺货，也有相关的缺货成本数据的话，也可以选择有缺货情况的方案。

表 6—11 利用运输矩阵求解的计划方案

计划方案		需求：时期1（7月份）	需求：时期2（8月份）	需求：时期3（9月份）	需求：闲置生产能力	总的生产能力可能
期初库存		[0] 300	[5]	[10]	[0]	300
时期1	正常	[20] 900	[25] 100	[30]	[0]	1 000
	加班	[30]	[35] 50	[40]	[0]	50
	外包	[90]	[95] 100	[100]	[0] 100	200
时期2	正常		[20] 1 000	[25]	[0]	1 000
	加班		[30] 50	[35]	[0]	50
	外包		[90] 200	[95]	[0]	200
时期3	正常			[20] 1 000	[0]	1 000
	加班			[20] 50	[0]	1 000
	外包			[90] 200	[0]	200
总需求		1 200	1 500	1 250	100	4 050

从上述两种方案优化的方法可以看到，在进行计划方案优化时，需要有比较详细的成本数据支持，而且主要考虑的是加班、外包、库存这样可以定量计量的因素，但在企业的实务中会有许多不容易计量的因素，或者说，有许多成本系数不容易确定的因素。例如，我们前面提到的，产能的空闲损失成本是多少，以及缺货除金钱的损失以外，对于企业信誉的影响如何等，诸多不容易计量的因素都不容易考虑进去。所以，在实际进行计划方案优化时，可能会考虑很多定性的因素，不一定能够准确地计量成本，但至少上述分析思路与方法是对方案优化的一个支持。

第四节 作业计划概述

一、作业计划的功能

作业计划（也称为日程计划，Schedule Plan）是整个生产计划体系的最后一环，直接驱动流程的运行，基本功能是制定生产执行过程的时间表，需要规定生产系统内各个生产单元、各个工作岗位，每天、每班的工作任务，以保证生产计划规定的产量按时完成，具有指挥调度生产流程的功能。

另外，流程的各个环节是根据以作业计划为基础产生的生产指令运行的，因此作业计划也具有对流程运行控制的作用，是计划与控制信息的结合点，最后形成一个闭合的计划与控制系统。其地位与作用如图 6—10 所示。

作业计划的内容主要可以分为两项：一是任务分解，也就是具体工作任务数量的确定。因为在综合生产计划或出产进度计划中，只是对最终产品的独立需求规定了任务量，没有涉及相关需求的任务，所以，作业计划的第一项内容就是对任务进行分解，要计算确定所有相关需求（物料）的需求数量，这一点也是作业计划区别于生产计划的一个主要特征，即作业计划的对象

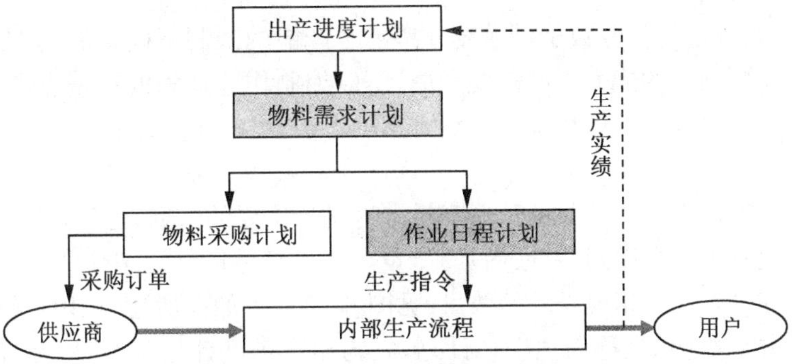

图 6—10　作业计划的地位及作用

是面向相关需求的。二是时间的细化。在生产计划中确定的任务是某一个时期内的产品产量,而且只是出产数量,没有涉及具体出产的时间点,也没有规定什么时间点开始生产。所以,作业计划的第二项内容是,要计算确定每一项产品、物料的投入与出产时间节点。

制订生产作业计划是一项非常细致的工作,是把生产计划层层分解,具体落实到每个岗位。所以,生产作业计划的内容应当详尽而又具体,才能起到组织日常生产活动的作用。制订生产作业计划时应考虑以下基本要求:

(1)确保实现已确定的交货期。一般来讲,生产计划中规定的生产任务都有不同的交货期要求,为了保证按期交货,需要在作业计划中精心策划和安排,确定产品或零件在各个生产环节的投入产出时间,尽可能满足任务的交货期限。如果因生产能力的限制或其他条件的制约不能保证所有任务按期完成,也应使延期的损失最小。

(2)减少作业人员和设备的空闲时间。提高生产效率的有效方法首先是使人员和设备能够满负荷工作,增加作业时间,减少非作业时间,特别是等待时间。因此,生产作业计划不仅要保证生产各环节的紧密衔接,保证各工序连续作业或平行作业,缩短加工周期,而且要减少流程中的时间损失,充分平衡负荷水平,提高能力(人员、设备)的利用率。

(3)使作业加工对象的流程时间(生产周期)最短。流程时间是指作业加工对象(如产品、零件或部件)投入某个工艺阶段起始,直到被加工为止的全部时间。在制订生产作业计划时,运用科学方法,进行合理的作业排序,可以明显地缩短流程时间,给按期交货、减少在制品占用创造有利条件。

(4)减少在制品的数量和停放时间。在制品是指从原材料投入开始到成品产出为止、处于生产过程中尚未完工的所有毛坯、零件、部件和产品的总称。在制品是生产流动资金的物化状态,在制品数量越多、在车间停放时间越长,流动资金的周转速度越慢,造成的损失就越大,同时还会增加搬运作业量和在制品管理业务,占用场地。因此,制订生产作业计划必须考虑在制品的影响,确定合理的占用量。

二、作业计划的基本原理

与生产计划相比,作业计划更详细、具体,这主要表现在两个方面。首先,作业计划的对象更细化,一般生产计划只是针对独立需求,而作业计划需要针对每个相关需求,要对所有构成产品的物料(部件、零件、材料)做出具体的作业进度安排;其次,计划方案的表现形式以及时间与数量参数也会更详细,不仅要给出各种产品、物料的出产数量与时间,而且要给出对应的投入数量与时间。

虽然生产计划规定的任务数量是在充分考虑了产能的限制下确定的，但在制订作业计划方案时，仍然会有更细致的能力限制需要考虑，所以编制作业计划的依据也需要更多的信息，结合依据信息，以及根据这些信息确定计划方案的方法，可将作业计划编制的基本原理归纳如下：

(1)所有独立需求在每个期间的计划产量。这是最主要的依据，也就是生产计划规定的生产任务，一般表现为每一个期间(月或周)的产量。这也是生产计划与作业计划在数量上的衔接，根据这个数据可以计算相关需求的数量(见图6－11)。如前所述，在用计算机信息系统支持的MRP系统中，这个依据称为主生产计划，它与出产进度计划基本是一致的，但是时间期限会更细致一些，多以周为单位编制主生产计划，而生产计划多以月为单位编制，所以需要进行细化、加工得到主生产计划。

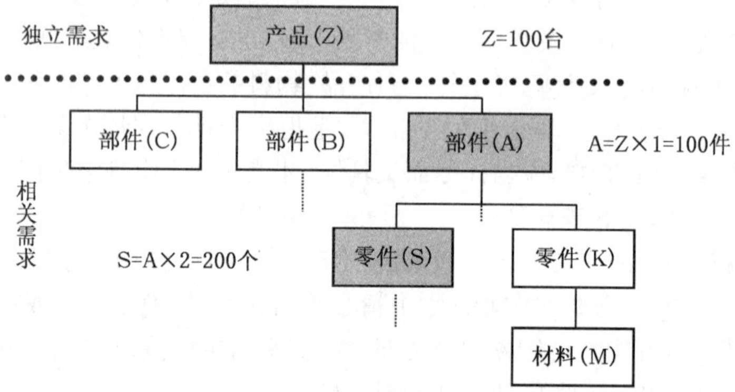

图6－11　物料需求数量的推算原理

(2)产品的结构工艺信息。这个信息一般是由技术工艺部门提供的，在产品量产之前会确定下来，根据产量数据以及产品构成信息，分析计算可以求得各种物料的需求数量，原理如图6－11所示。在制订作业计划时，根据生产计划规定的各种独立需求的产量，依据产品的结构逐级推算各种物料(相关需求)的需求量，以保证产品所需物料能够如数配套。如图6－11所示的Z产品，如果在计划期间需要出产100台，其中的部件A每台装入1件的话，则需要生产100件A部件；如果零件S在A中每件装入2个的话，就需要生产(或采购)200个。以此类推，直到计算出所有的物料需求量为止。

如果是一个具有一定规模的企业，产品品种又很多的话，这个过程计算工作量比较大，但规律性很强，所以目前已经广泛地应用计算机系统支持完成，计算得到的结果被称为物料需求计划(参见第八章)。计算出来的各种物料的需求，一般分为自制和外购两种。对于外购的物料需求，是制订采购计划的依据；而自制物料(零部件)的生产，才是作业计划的对象。因此，物料需求计划有时也被认为是介于生产计划与作业计划之间的一个独立计划，但实质上它应该是作业计划的一个组成部分。

(3)工艺路线及流程组织文件。在确定了自己加工生产的物料数量后，需要推算产品(零部件)在各阶段的投入出产时间，这是作业计划更重要的任务。因为各种物料，无论是外购还是企业自己加工，都需要一定的时间，称为生产周期或提前期，是推算产品投入出产时间的主要依据。对于外购的物料，这个时间是采购的提前期，需要和供应商协调确定；而对于自制加工的物料，这个时间是根据产品的工艺路线以及流程组织形式的不同来确定的。例如，在大量流水生产时，生产基本是按节拍进行，不必考虑提前期推算投入出产时间；而在批量生产时，产品是以批量为单位轮换生产的，必须计算提前期。因此，具体投入出产时间的确定方法，我们将在后续章节分流程的类型进行讨论，这里仅举一个小例子来说明其基本原理。

例如，在图 6－11 中，如果生产 100 台 Z 产品需要 2 周的话，那么，假设交货期是某一个时间点，就需要比这个时间点提前 2 周开始投入生产 Z；而生产 Z 需要的各种物料，如 A、B、C 就需要在 2 周前生产出来。以此类推，可以计算全部物料的投入出产时间。这个推算过程如图 6－12 所示。

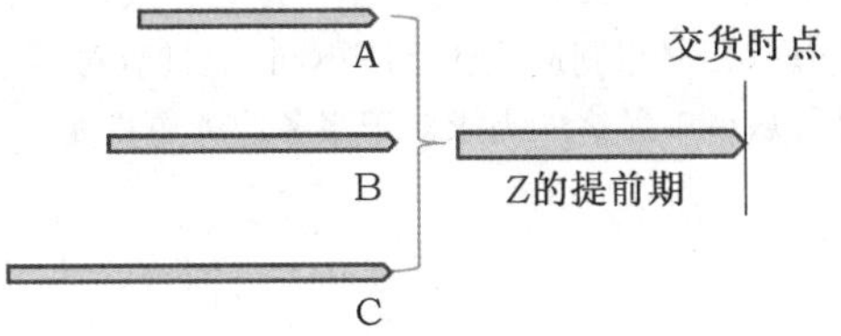

图 6－12　投入出产时间的推算原理

(4)作业计划的时间与数量参数(期量标准)。从上述投入出产时间的推算过程可知，生产一定量(批量)的产品需要多少时间(生产周期)，是编制作业计划的重要时间与数量参数，而且这两个参数是作业计划本身的内容，需要先制定一个合理的参数，然后才能依据它编制计划。由于不同的流程类型所用到的参数会不同，所以具体的制定方法我们将在之后的几章分别讲解。

(5)工作中心能力信息。虽然生产计划在确定各个时期的任务数量时已经充分考虑了能力的制约，但是在具体的作业计划安排时，由于产品工艺路线、流程的组织、加工对象的运行方式等因素的限制，流程的个别环节还会出现拥堵问题。例如，在一个按工艺原则组织的流程中，会同时生产若干种不同的产品，工作中心面临几个任务同时到达的可能性比较大，作业计划排产的一个任务就是尽量减少这样的情况，使流程不发生拥堵。所以，每个工作中心的分工模式、设施数量、设备效率、工作制度时间等信息，是在编制作业计划时具体安排进度所必需的依据。

以上我们结合作业计划所需要的依据，概括地说明了作业计划编制的基本原理，具体的编制方法会因生产类型的不同有很大的差别。例如，大量流水生产的流程主要是流水生产线，所以可以根据流水线的运行规律来具体地计算每个时期(日或班)出产与投入的数量；而批量生产的企业，流程可能会是不同种类的，可以是按产品原则组织的，也可以是按工艺原则组织的，需要根据流程的运行特征来计算具体的投入出产数量及时间。这些问题将是后续几章的主要研究内容。

本章小结

生产计划的制订过程，实质是一个产销平衡的过程，需要各种计划配合不断地深入和细化。本章主要是在分析了生产计划体系的基础上，讲解了综合生产计划(年度生产大纲)的制订方法及过程。综合生产计划是依据企业战略计划规定的长期发展目标，并考虑计划期的实际需求及资源能力的约束，为企业生产系统确定全年的工作任务。

综合生产计划一般包括两部分内容：一是系统总产量的确定，总量指标虽然是比较宏观、纲领性的，但是企业经营计划的重要构成，也是企业全年生产运营活动的依据，所以是一项重要指标；另一项是出产进度计划，是考虑需求随时间波动环境下，生产任务的具体安排，因此也被称为大日程计划。计划指标与方案的确定，对于企业经营目标、运营成本有关键性的影响，尽管目前市场的变化难以掌握，但是制订一个好的计划方案是十分必要的。

在此基础上，本章对作业计划（生产日程计划）做了概括性的阐述，日程计划的性质是对生产任务的执行过程安排，需要更详细地测算。与生产计划相比，另一个重要的不同是，作业计划的制订方法需要依据流程运行的规律，而不同类型流程的运行规律是不同的，因此，后续章节将分别不同的生产类型研究作业计划的编制方法。

对于服务业而言，由于提供的是无形产品，所以综合生产计划一般只能采用跟踪需求的策略，但服务业的能力调整可以通过用工数量来实现，相对于制造业会有所不同，不过应对需求高峰还是一个难题，例如，大家经常遇到的拥挤、排队等问题，所以，调节顾客的需求对于服务业务更重要。

关键词

生产计划体系（Production Planning System）
计划方案（Solution of Planning）
计划方案成本（Cost of Planning Solution）
综合生产计划（Aggregate Production Planning）
日程计划（Schedule Plan）
追逐策略（Chase Strategy）
平准策略（Level Strategy）
混合策略（Mixed Strategy）

复习与思考

1. 生产计划体系的构成是怎样的？什么是综合生产计划？它与企业其他计划有何联系？
2. 制造业综合生产计划策略和服务业综合生产计划策略的主要区别是什么？
3. 跟踪需求策略和水平生产策略有何特点？它们分别适用于怎样的环境？
4. 从计划的角度解释，为何有些服务企业，如医院等机构采取预约制度来提供服务产品？
5. 已知某公司对经营的一种商品的需求预测为：秋季 10 000 件，冬季 8 000 件，春季 7 000 件，夏季 12 000 件。如秋季期初库存为 500 件，秋季期初现有员工 30 人，但计划于夏季初雇用临时工，并于夏季末解雇。另外，如果临时加班以防止季末缺货，则可让正式工在冬季与春季加班，但秋季不能加班。

相关成本信息是：临时工雇用费 100 元/人，解雇费 200 元/人；库存成本 5 元/件/季；推迟交货成本 10 元/件；正常人工成本 5 元/小时；加班人工成本 8 元/小时；假定生产率为 0.5 件/员工 · 小时，每天工作 8 小时，每季为 60 个工作日。

如果该公司就按需求数量确定为全年的计划产量，并且按照上述条件确定能力，请你为该公司制订一个全年分月的出产进度计划，并计算计划方案成本。

6. 作业计划（生产日程计划）与年度生产大纲、出产进度计划（大日程计划）的关系是怎样的？三者主要解决的问题有什么不同？时间与数量参数的表现如何？

案例分析

如何制订公司的生产运营计划①

WH公司是一家大型的日用化妆品生产企业，其主要产品为日用护肤品。产品分七大系列，共一百多个品种，品牌在国内具有很高的知名度，产品销售量居国内同行的前列。由于品牌、市场、生产都由公司自己掌控，而且产品属于日用消费品，要求企业有足够的存货供应市场。在竞争日益激烈的环境下，为防止缺货，保持与抢占更多的市场份额，公司选择了存货生产的计划组织方式。

公司目前的产品属于中低价位，其市场需求量非常大，市场的范围也很广。因此，公司在国内的华东、华中、华南分别建立了苏州、武汉、深圳三个生产工厂，各自的产量分别占到公司总产量的25%、60%、15%。同时，公司考虑到为市场提供更加快捷的送货服务，又在东北、西北、西南、华中、华东、华南选择了六个市场较为发达的城市，建立了六个物流配送中心。公司的运营组织结构如图1所示。

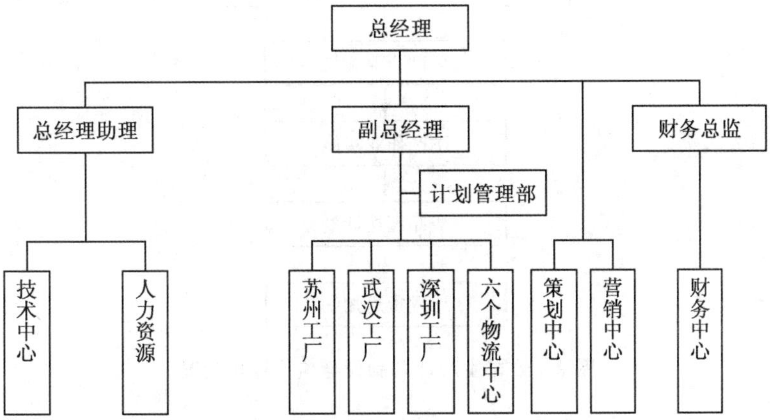

图1　公司基本的运营组织结构

公司的市场需求、原材料供应，以及生产能力的配合情况是：每年春季的3、4月份与秋季的9、10月份，四个月的销售量就占了公司全年销售量的70%～80%，这四个月是市场需求的高峰时期。但此时三个工厂的当月总产能是无法满足市场需求的，可是三个工厂的全年总产能之和除可满足全年市场的总需求之外，尚可以剩余10%～15%的产能。考虑到库存的积压成本远远低于为了应付需求高峰期而提高产能时所需追加的费用投入成本，以及有部分材料是进口的，需要较长的订货提前期，所以，无论是原材料还是产成品都需要有一定的存货来满足市场需求。

公司选择存货生产方式的另一目的，是为了更好地平衡一年当中各个月的生产能力和提高设备的利用率。由于公司的合理选择与安排，正好每年的1～4月份的生产总和可以满足3、4月份的市场高峰期要求；6～9月份的生产总和可以满足9、10月份的市场高峰期要求。公司为满足市场需求及确保市场占有份额，一般每年3、4月份的市场需求预测会在上一年的10月底提出；9、10月份的市场需求预测会在当年的3月底4月初提出。

另外，由于公司的原料供应中有70%从国外进口，进口原料的最短订货周期为60天，而且其中部分原料为公司要求国外公司专项研制的，其供应能力也是有限的；同时，公司的包装供应商受磨具、机器等因素的限制，也无法满足公司在需求高峰期按需求生产的要求。因此，对WH公司来说选择存货生产方式也减少了供应环节对公司的生产制约。公司总体的生产运营计划制订与执行过程概况如图2所示。

① 案例来源于企业实际背景，但为不影响企业经营，其中企业的名字、数据都是经过加工处理的，目的仅是课堂学习讨论使用，不影响对问题的理解，也不存在对企业经营的评价。

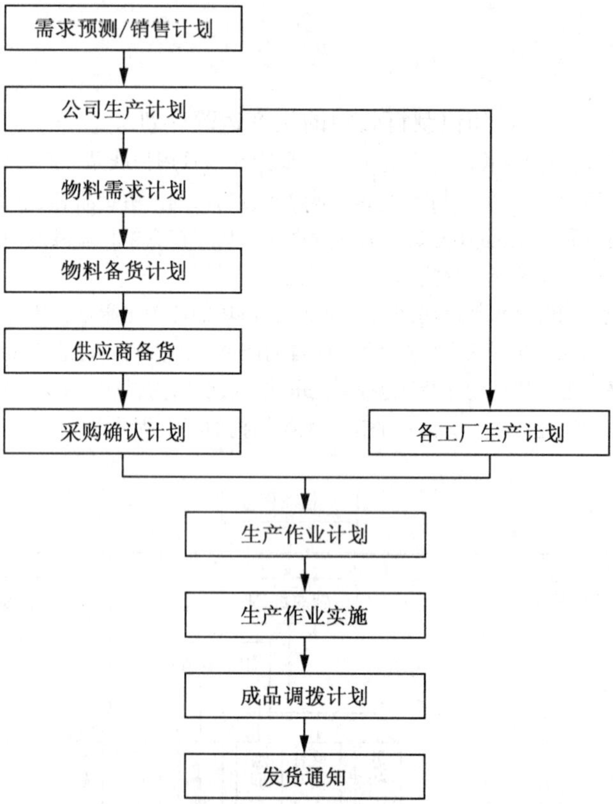

图 2　公司生产计划制订与执行过程情况

计划业务流程的描述

1. 策划中心根据历史的销售统计数据，以及下一个销售季节的产品广告投放与促销计划情况，做出产品的市场需求预测数据，提交给计划管理部组织安排实施。考虑到原材料的采购周期与生产配送周期，一般季节的配货，市场需求预测计划的制订要提前 3 个月；高峰季节的配货，市场需求预测要提前 5 个月制定。

2. 计划管理部根据市场需求预测数据，结合产品现有库存、下阶段的实际生产能力、生产与运输周期等因素，制订出下一阶段的生产计划。

3. 计划管理部按照生产计划，综合原料及包装材料的现有库存情况，编制出下一阶段的物料需求计划。考虑到各供应商的实际供货能力，计划部会将物料需求计划预先通知采购部，由采购部与供应商联系提出对各供应商分配的备货数量与实际供货安排的建议。

4. 计划管理部根据采购部门的反馈信息与分配建议，综合原料的最小包装、包装订单的最小批量、采购价格、采购周期、批量的经济性等情况，编制出各物料的备货计划。

5. 采购部根据计划管理部编制的备货计划通知各供应商按备货数量与时间要求进行备货。

6. 计划管理部根据策划中心预测计划的确定预测与暂定预测(说明：策划中心将最邻近的一个月的预测作为确定预测，以后各月的预测为暂定预测)，考虑到今后各区域市场的产品需求预测以及各工厂的产能和配送周期，制订出各工厂的生产计划，并通知各工厂做好相应的人力资源及生产能力的准备。

7. 计划管理部根据生产进度安排(月计划)通知各工厂向指定的供应商按指定的原材料、品种、数量、价格、交货期向供应商下达采购合同。

8. 各工厂按计划管理部下达的生产计划，编制自己工厂的生产作业计划并反馈给计划管理部。

9. 各工厂按生产作业计划组织生产。

10. 计划管理部按各区域市场产品需求预测编制成品调拨计划，并通知相关工厂，将指定的产品品种及数量调往指定的物流中心。

11. 计划管理部根据各市场的产品需求申请，向最方便运输的物流中心下达发货指令。

存在的问题

1. 策划部门对个别品种预测量过小，导致材料订货不足，造成材料缺货，导致生产中断，从而形成销售损失。

2. 策划部门对有些产品需求预测量过大，引起产成品的积压，而产品又有保质期的限制，最终导致库存损失。

3. 个别产品市场需求会发生突变，超过预测需求，引起市场断货。

4. 包装材料采购成本较高，难以控制。

5. 各个区域市场的要货需求失准，造成产成品生产的安排不合理，导致成品的大范围调动，引起运输成本增加。

6. 年市场需求的两次高峰，需求量非常集中，如何合理地平衡产能是一道难题。

讨论问题：

1. 该企业的生产计划体系构成是怎样的？有什么特点？

2. 结合此案例分析，计划编制的流程是怎样的？如何分工组织？其中，市场需求的预测由哪个部门来做合理？为什么？

3. 生产计划与销售计划分别由哪个部门来做合理？为什么？

4. 你认为应如何解决企业面临的几个难题？

参考文献

1. 杰拉德·卡桑等：《运营管理》，中国财政经济出版社 2006 年版。

2. 托尼·阿诺德等：《物料管理入门》，清华大学出版社 2005 年版。

3. 黄卫伟：《生产与运营管理》（第 2 版），中国人民大学出版社 2006 年版。

4. F. 罗伯特·雅各布斯、理查德·B. 蔡斯：《运营管理》（第 14 版），机械工业出版社 2015 年版。

5. 本间峰一等：《生产计划》，东方出版社 2012 年版。

6. 托马斯·E. 沃尔曼等：《制造计划与控制》，中国人民大学出版社 2008 年版。

7. 李·克拉耶夫斯基等：《运营管理——流程与价值链》（第 7 版），人民邮电出版社 2007 年版。

8. 安纳兹·V. 艾费等：《丰田供应链管理》，机械工业出版社 2010 年版。

9. 叶宏谟：《企业资源规划——制造业管理篇》，电子工业出版社 2000 年版。

10. 森尼尔·乔普瑞、彼得·梅因德尔：《供应链管理——战略、规划与运营》，社会科学文献出版社 2003 年版。

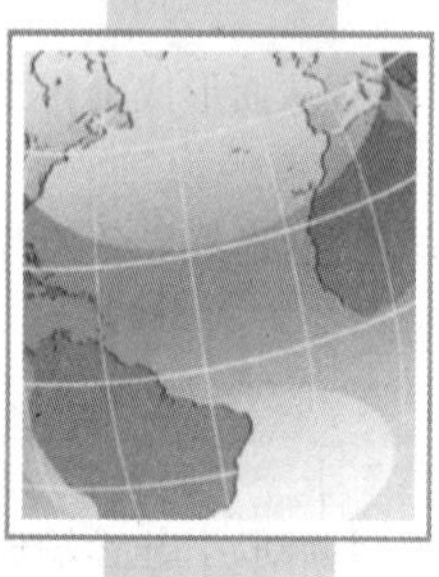

第七章 大量生产与 JIT 技术

自流水生产线问世以来，就成为大量生产体系的核心技术，小到儿童用的玩具，大到重型卡车的生产，被大量生产企业广泛地应用。也正是因为如此，大量生产的企业，无论是生产玩具、服装、电视机、电脑还是汽车，其生产流程都是具有共同规律的，这个规律也就是我们制订作业计划的依据。例如，如果我们知道一条流水生产线的运行速度（节拍），就可以比较准确地知道它每小时、每一天可以出产多少产品，也就可以推算出每一天应该投入多少材料、零部件等。这也就是我们对大量生产体系进行计划与控制的基本思路。

但问题是，福特发明流水生产线时的背景是，商品是供不应求的，那么在这样的环境下，计划只要根据流水生产线的速度制订就可以了，也就是让流水线开足马力生产就可以，因为产品一定会卖得出去。可是，这样的市场环境早已不存在了，消费者的需求越来越多样化，即便是汽车也是如此。所以，人们早就在探索，是否可以在福特流水生产线的基础上，生产更多品种的产品，而且已经取得了成功，其中最典型的例子就是丰田创立的准时生产（JIT）体系。

那么你可能会认为，福特的流水线技术已过时了，其实不然，无论流水线发生怎样的改变，其实质都是在福特流水线基本原理基础上的改进，因为如果完全放弃这个原理就违背了客观规律。正是基于这样的原因，本章内容的安排，是在讲解大量流水生产作业计划基本原理的基础上，进而讨论准时生产体系的计划与控制方法，目的不仅仅是说明作业计划编制方法，更重要的是，通过对计划控制体系的学习，能够从生产系统随市场环境变迁的角度，更好地理解大量生产与准时生产体系的运行原理。

第一节　流程运行特征

大量生产企业所面临的生产环境一般是这样的：产品是标准通用的，品种较少，产量相对比较大，按需求预测组织存货生产；流程多数是按产品原则组成的线性流向的组织形式，因此我们一般将其称为连续流程[1]。例如，流水生产线、生产线或者成组生产线，甚至单元生产线虽然品种可以较多，但就某一条线的运行特征，也是与流水生产线相同的。所以，作业计划的

---

① 这里所说的连续流程是与批量生产流程比较而言的，流程的连续性较好，但与钢铁、化工类企业的连续流程的含义有所不同。

作用对象是每一条生产线(流水生产线、生产线或单元生产线),需要对每一条生产线,规定每一个时间单位(每天或每班次)的投入和出产数量。

一、物流运动规律

流水生产线是大量生产的核心技术,尤其是在产品的装配过程中,流水线技术得到了广泛的应用。例如,在汽车、电脑、家电、服装等产品的生产中,流水线的运用非常普遍,所以,大量生产也被称为大量流水生产。下面我们以流水生产线为例,来分析大量生产流程的运行规律,至于生产线与单元生产线,虽然在时间组织上不一定能实现严格的节拍生产,但流程中设备是串联关系、产品在流程中是线性流向的特征都是一致的,作业计划的基本原理也是相同的。

关于流水生产线的组织原理,我们在流程布局一章中已经讲过,这里不再赘述。下面主要分析在这种流程中,产品(加工对象)的运动规律,对于制造业也可以认为是生产系统内部的物流运动规律。

流水生产线既然冠以"流水"一词,那么顾名思义,产品如同流水一样在流程中运动。据此分析其运动规律,我们可以做一个形象的比喻:假设一条管道中充满了水,且管道不存在漏水的现象,那么在管道的出口流出多少水,管道的入口就应该流入多少水,如图7—1所示。

图7—1　水流系统

其实,这就是大量生产物流的运动规律,因为在流水线中各个工序的设备是串联的,产品进入流程后,依次经过各道工序加工,直至全部完成出产为止,就如同水流在管道中的运动一样。只不过产品的生产比水流复杂一些,一个企业的产品不仅仅是一条流水生产线可以完成的,可能会有零件的加工线、部件的组装线、产品总装线等等。而且,还会有一些零件是成批生产的。下面我们先从简单的基本状况开始分析,即假设产品的生产过程都是流水生产的,零件加工是加工流水线、产品装配是装配流水线,来讨论大量生产作业计划的基本原理,之后我们再逐步分析其他情况。

从上述水流管道的分析可知,如果管道不存在漏水问题,那么就可以根据需要确定流出的数量,然后再根据流出的数量来控制流入的数量,当然一旦管道的口径确定,最大的流出数量也就确定了,这就是我们说的生产能力,这也就是大量生产流程进行计划与控制的基本思路。虽然与水道不完全一样,流水生产线不是水流管道,是由多个设备连接起来的流程;加工的产品也不是流体①,多数是离散的物体,而且流程中也会存在漏水(在制品缺少)现象。但是根据这个道理,我们就可以推算出生产线的投入与出产数量。

为了便于理解,同时也不失普遍性,我们将一个较典型的大量生产连续流程的企业,其内部生产物流的运动过程简略地表示为如图7—2所示。

① 在钢铁、化工等流程型工业企业,产品多数是流体的,其运行的基本原理更接近流水,所以本章讨论的作业计划原理与方法,对于这类企业也是适用的。

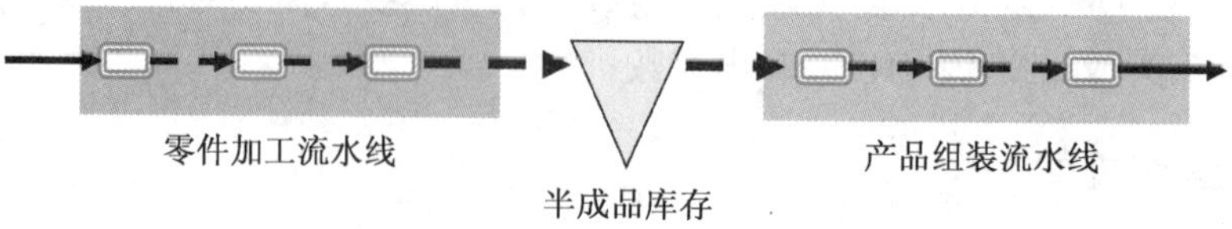

图 7—2　大量生产连续流程物流运行特征

二、参数的计算

根据上述分析可知，在大量生产环境下，要计算出每一条线的投入与出产数量，需要预先知道两个数据，即流水线的节拍与在制品的占用数量。这是反映大量生产物流运行规律的两个重要参数。其中，节拍的含义及确定方法在流程布局一章中已经讲解，这里不再赘述。在制品是指从原材料投入到产成品入库为止，整个生产过程中尚未完工的所有物品的总称，实际是投入流程中尚未加工出产的物品，相当于在前面对水流管道分析时存在于管道中水的容量。因此，如果知道流水线中合理的在制品占用数量应该是多少，就可以根据产品出产数量推算出物料的投入数量了。这个在制品的合理占用数量称为在制品的标准占用量。所以，在制订作业计划时，一般先对节拍与在制品占用量确定一个标准值，然后推算投入与出产数量。这两个数据实际是反映物流运动规律的数量及时间方面的参数，也就是前面提到的作业计划的期量标准，即在大量生产环境下，两个重要的期量标准是节拍与在制品占用标准数量。

在大量生产连续流程的条件下，在制品占用可分为生产线内部占用，以及生产线之间占用两部分(参见图 7—2)。各种在制品占用标准数量，可以根据在制品的作用及影响因素分析确定。

线内在制品一般包括工艺占用、运输占用及保险占用三种。其中，工艺占用是处于被各道工序加工状态的在制品，因此，可以根据流水线的工序数、各工序的设备数确定。① 运输占用是处于两道工序之间运输状态(如在传送带上)的在制品，其数量需要考虑运输手段、距离等因素确定。极端的情况下，例如在单元生产线中由于工位间距离很近，甚至不需要运输在制品。保险占用是为了防止设备故障、质量问题等原因，造成流水线停线设置的半成品，一般存放在容易发生问题的工位，数量可以根据发生故障停机时间的统计确定。例如，多数情况下发生故障在 2 小时以内可以恢复的话，就储备够 2 个小时使用(如节拍是 2 分钟就是 60 件)的保险量。

线间在制品一般包括周转占用、运输占用和保险占用三种。其中，周转占用是由于前后两条流水线的节拍、工作时间不一致导致的，如果不存在这种不一致甚至可以不发生。运输占用是由于两条流水线之间的运输需要发生的，同样的道理，需要考虑运输方式与距离来确定，但是线间的距离较工序间要远。保险占用的道理相同，是防止因流水线发生事故、中断供应而设置的半成品，需要数量的确定思路也相同，即考虑保险时间及需求速度来确定。

在制品占用标准数量的计算，是一项比较细致的工作，虽然有一定的规律可循，但影响因素较多，需要考虑具体情况分析确定。但从理论分析，流水线中在制品的数量是服从律特法则的，即：

$$R=WIP/T$$

① 在移动作业的装配线上，工艺占用与运输占用合为一种，参见第三章装配线时间平衡的讲解。

其中，WIP 表示流程中在制品的数量；产出率（R）与流水线的节拍（r）是倒数关系，如 $r=2$ 分钟的话，则产出率 $R=30$ 件/小时。因此，也可以根据律特法则推算在制品的占用数量。

第二节　作业计划制订方法

根据上述分析，如果已知流水生产线的节拍，并确定了在制品的标准数量，就可以推算出流水线的投入及产出数量。思路是：如果一条流水生产线内部的在制品数量没有变化的话，那么流水线的投入量应该等于出产量；如果流水线内在制品的数量由于某种原因增加或减少了，那么投入量应该相应调整。同理，如果流水线之间的半成品库存数量没有变化的话，前面流水线（如零件加工线）的出产量就应该等于后面流水线（如装配线）的投入量；反之，如中间半成品库存数量有变化，或多或少都需要进行对应的数量调整。推算程序是从最终产品的总装线开始，逐步向前推算。因为这种方法是基于在制品标准数量进行的，所以将其称为在制品定额法。

一、在制品定额法

运用在制品定额法制订作业计划，是按照生产计划所规定的产量要求，反工艺顺序计算各车间的投入量和出产量。计算公式如下：

$$N_{io}=N_{jI}+N_{iS}+(Z_{wg}-Z_{wf}),i<j \tag{7—1}$$

式中：N_{io}——第 i 车间（流水线）的出产任务量；

N_{jI}——第 j 车间（流水线）的投入任务量；

N_{iS}——第 i 车间外销半成品数量；

Z_{wf}——第 i 与 j 车间（流水线）之间期末半成品标准占用数量；

Z_{wg}——第 i 与 j 车间（流水线）之间期末半成品实际占用数量。

$$N_{iI}=N_{io}+N_{iW}+(Z_{kg}-Z_{kf}) \tag{7—2}$$

式中：N_{iI}——第 i 车间（流水线）的投入任务量；

N_{iW}——第 i 车间（流水线）计划允许的废品数；

Z_{kf}——第 i 车间（流水线）期末在制品标准占用数量；

Z_{kg}——第 i 车间（流水线）期末在制品实际占用数量。

需要注意的是，运用上述公式计算投入出产数量时，假定 i 是前车间，j 是后车间，最后车间（如产品的总装）的出产数量应该根据月度生产计划规定的产量确定。下面我们通过一个实例来说明利用在制品定额法制订大量生产作业计划的程序与方法。

【例 7—1】　某汽车制造企业的发动机工厂，根据月度生产计划的要求，本月的发动机产量为 10 000 台（设定发动机总装线需要投入 10 000 台套的各种零部件），其中需要装入两种主要零部件即缸体与缸盖，其装配与加工线中的在制品数据，以及按在制品定额法推算各个阶段的投入出产数据，如表 7—1 所示。

表 7—1　　某车间×月份生产数据计算过程　　单位:件

产品名称			发动机		
商品产量			10 000		
零件编号			6100-A	6100-B	
零件名称			缸体	缸盖	其他
每台件数			1	2	
组装线	1	出产量	10 000	20 000	
	2	废品	—	—	
	3	在制品占用量定额	500	1 000	
	4	期初预计在制品占用量	200	500	
	5	投入量(1+2+3−4)	10 300	20 500	
零件库	6	半成品外销量	—	800	
	7	半成品占用量定额	600	700	
	8	期初预计半成品占用量	800	1 500	
加工线	9	产出量(5+6+7−8)	10 100	20 500	
	10	废品	100	150	
	11	在制品占用量定额	1 000	1 800	
	12	期初预计在制品占用量	800	1 050	
	13	投入量(9+10+11−12)	10 400	21 400	

求出两种产品的月度生产数据后,进一步,可以根据表 7—1 计算出的各生产线的投入和出产数量,编制各加工线与装配线的进度计划。在大量生产的环境下,一般按日编制生产进度计划。在上例中,采用均匀分配的方法将投入出产数量分配到每一天,得到机械加工生产线的日历进度计划,具体如表 7—2 所示。

表 7—2　　×月份机械加工车间排产进度计划　　单位:件

零件号及名称	计划出产总量	计划投入总量	排产计划	1	2	3	4	5	6	…	31
缸体 6100-A	10 100	10 400	投入量	520	520	520	520	520	520	…	520
			出产量	505	505	505	505	505	505	…	505
缸盖 6100-B	20 500	21 400	投入量	1 070	1 070	1 070	1 070	1 070	1 070	…	1 070
			出产量	1 025	1 025	1 025	1 025	1 025	1 025	…	1 025

注:(1)扣除假日,全月按 20 个工作日计算;
(2)本例每日的投入与出产数量是按平均数计算的。

如果按计划要求计算的每日产量比较理想,即按流水线节拍运行与工作制度时间基本同步,或者只需对流水线的工作时间稍作调整,就可以平衡的话,作业计划即可以执行。一般大量生产企业会制定一个标准的作业指示图表,称为流水线的工作指示图表,作为流水生产线的工作指令，下达到生产现场成为作业执行的依据。以上例中的缸体加工线为例，表7－3所表示的即为流水生产线标准工作指示图表的一般形式。

表7－3　　**流水生产线标准作业指示图表**

<table>
<tr><td>6100-A
缸体加工线</td><td colspan="9">时间(小时)</td><td>休息次数</td><td>休息时间
(分)</td><td>班工作时间
(分)</td></tr>
<tr><td rowspan="2">节拍
1.8分</td><td>1</td><td>2</td><td>3</td><td>4</td><td rowspan="2">午休</td><td>5</td><td>6</td><td>7</td><td>8</td><td rowspan="2">2</td><td rowspan="2">10</td><td rowspan="2">460</td></tr>
<tr><td></td><td></td><td></td><td></td><td></td><td></td><td></td><td></td></tr>
</table>

注：(1)　　为休息时间；

(2)节拍时间按每天两班制，共计920分钟，计算节拍为1.8分(920/520)。

总体来讲，如果产量与流水线的节拍比较适合，或者说需求量比较稳定，运用在制品定额法编制大量流水生产的作业计划是比较适合的。这主要是流水生产线的组织特点决定了一般比较适合需求量大且相对稳定的情况，因为流水线的节拍是基于一定的产量计算得到的，工序的作业分工及时间标准也是经过平衡确定的，频繁地调整是不容易的，这也是大量生产体系具有刚性特点的原因。但市场需求是变化的，如品种的多样性、产量的增加或者减少，都会经常发生。因此，如何应对需求变化，也就是如何增强系统柔性的问题，就成为大量生产企业面临的难题，也是大量生产连续流程作业计划需要考虑的新课题。下面我们首先结合单元线的排产来说明适应产量变化的方法，在下一节结合准时生产体系计划与控制的方法，进一步讨论如何运用计划与控制技术来解决产量柔性问题。

二、适应需求变化的排产方法

在大量生产体系中，作业计划的两个主要参数是节拍与在制品标准，而且节拍是在流水线设计时按设计能力确定的，是稳定不变的。但是，如果流水线的节拍是固定不能改变的话，那么在需求量发生变化时，只能依靠增减运行时间来调整产量。例如，如果需求量减少，则每天运行时间少一些；如果需求量增加，则每天运行时间就多一些。但这样会引起停机损失或加班费用，导致运行成本增加。

因此，另一种思路是，在具体制订作业计划时，根据需求量的变化调整节拍。也就是不改变工作制度规定的时间，根据需要的产量来确定流水线的运行速度，并根据工序时间的平衡来确定用工数量，这样可以让流水线的生产速度与需求相一致(或者接近)，而且可以根据流程的出产数量调整用工数量的投入。这种思路恰恰是单元生产线的特点，实现产量随需求量变化、用工数量随产量变化，根据这样的原理排产，是大量生产体系应对数量变化的一种有效方法。① 下面我们用一个例子来说明具体方法的运用。

【例7－2】　某一小家电制造企业，其生产的一种家庭用的小型电风扇需求量比较大，但需求不稳定，高峰与低谷时的数量变化较大。设有一条产品的组装流程，分为12道工序，为U形单元的布局，组装作业基本由人工手工完成。由于产品结构及工艺的要求，经过对作业时间规划后，各工序的单件作业时间如表7－4所示。

---

①　具体单元线的组织特征以及节拍与时间平衡，参见第三章单元线设计的讲解。

表 7—4　　产品工序单件作业时间

工序	1	2	3	4	5	6	7	8	9	10	11	12
时间（秒）	12	10	16	12	10	8	12	12	8	8	10	12

根据预测，未来一个季度市场需求量每天为 600 件，因此生产计划规定的任务是每天 600 件的产量。如果每天有效工作时间按 450 分钟计算，则根据单元生产线的原理（参见公式 3—12、3—13），首先计算其循环时间（节拍）为 45 秒（450×60÷600），其次计算此时需要的用工数量为 3 人（130÷45）。具体的作业分工可以根据每道工序的时间以及循环时间的限制进行分配，本例的作业安排以及每个作业人员的行走路线如图 7—3 所示。

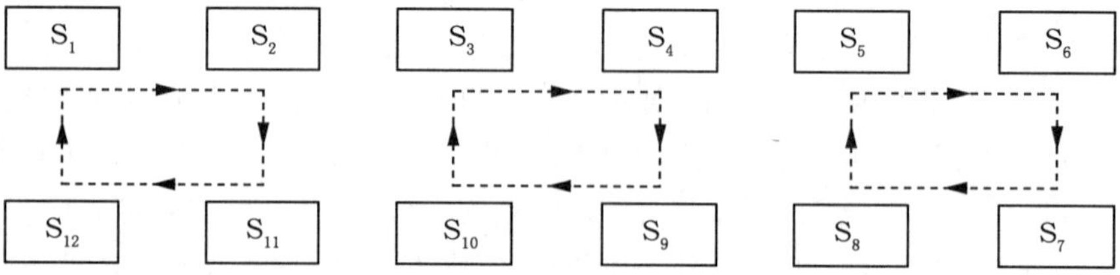

图 7—3　单元生产线的作业顺序

同样的道理，如果需求量增加，可以通过增加用工数量来加快生产线的运行速度，适应市场需求。例如，当需求量增加到每天 800 件时，则节拍时间可以调整为 34 秒，而用工数量变为 4 人。极端的情况下，按目前的工序作业时间标准，此单元线最快的速度为 16 秒一件（此时可以在每道工序安排一个人操作），每天可以生产 1 687 件；最慢的速度为 130 秒一件（全部 12 道工序由一个人完成），每天可以生产 208 件。

需要说明的是，上述关于适应数量变化的排产方法，都是基于 U 形单元布局的生产模式分析的，也可以认为是单元线作业计划的编制方法。也就是说，在传统的大规模流水线方式下，采用上述适应数量变化的排产方法是比较困难的。而且它是基于可以多工序作业的多技能员工存在，可以通过工序的分解与组合来调节生产线的速度。如果在机械加工以设备运转为主的生产线中，时间的计算需要考虑机器自动运转时间与手工时间的比例，需要更详细的计算来确定生产线的速度和用工数量。

第三节　准时生产计划技术

准时生产方式的实质，其实是想在大量生产体系中实现多品种生产，目的是适应需求的多样性，这一点从其产生的背景就可以知道。① 但问题是，在一条流水线中，生产的品种越多，中间投入的半成品、原材料的种类与数量也会越多，这会导致流程内部空间拥挤、物品混乱、作业效率降低，甚至会影响产品质量问题发生；另外，系统出产的品种越多，如果不改变按预测生产的方式，会导致成品库存大幅度增加，甚至产生积压。这些都是企业无法承受的，因此必然的选择就是准时生产，而且是在全过程实现准时生产，这样才能消除上述矛盾。

与单元生产主要优势在数量变化相比，准时生产体系主要的特点是品种的多样，即品种的

① 参见第一章运营模式的演进一节的讲解。

柔性。丰田公司创立的准时生产体系，其准时生产的过程是依靠计划与看板分为两个阶段实现的：第一阶段是从用户需求到最终产品的出产（也可以说是销售渠道阶段），即解决独立需求的准时化问题，这一阶段主要依靠与市场需求紧密结合的计划体系来实现；第二阶段是从最终产品的制造到各种零部件加工、原材料供应（也可以说是供应链阶段），即解决相关需求的准时化问题，这一阶段则主要是由丰田公司独创的控制工具即看板系统以及相配合的供应体系来实现的。实现过程可概括如图 7—4 所示。

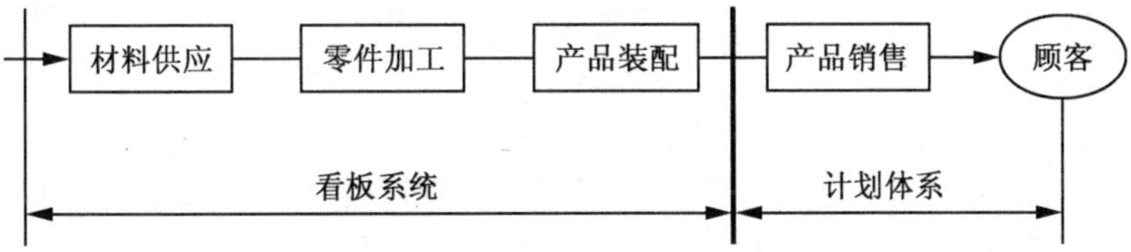

图 7—4　准时生产的实现过程

虽然目前大多数情况下，上述过程是多个企业合作实现的，即是在供应链上实现的，但现在我们仅讨论企业内部流程运行的准时化问题，这并不影响说明准时生产运行原理的目的，关于供应链过程的准时化我们将在第十章中讨论。

一、生产计划体系构成与运行特点

准时生产同样要根据市场预测来制订生产计划，也会有长期、中期与短期的生产计划。一般中短期的生产计划，分为年度生产计划、基本生产计划与生产日程计划三个层次。[①]

年度生产计划是指导企业全年运营的总体计划（基本等同于第六章讲的年度综合生产计划），按年度根据企业的经营方针、各项经济指标和市场预测来确定总量指标，主要作用是大致规划准备生产，是公司层面的计划，按产品系列规划数量，但并不具体化，起到指导性的作用。

基本生产计划是按季度分月编制的，根据年度计划及市场需求，采用滚动式计划编制方法制订，基本生产计划的作用是规定计划期（主要是当前一个月）的具体生产任务，需要按品种确定具体的出产数量。

基本生产计划确定后，开始制订作为生产指令的生产日程计划（一般以投产顺序计划形式下达）。生产日程计划每天制订一次，但只下达给装配工厂，其他绝大多数工序都通过看板来进行产量控制。

从计划的表现形式、各种计划间的相互关系来看，准时生产的计划体系与其他方式的生产系统没有区别，计划体系的流程如图 7—5 所示。

但准时生产计划体系的运行却与其他生产模式的计划不同，其主要特点可以归纳为以下三个方面。

---

① 我们这里主要以丰田公司的计划体系为背景来讲解准时生产的计划编制，关于长期生产计划，可参见第四章能力规划部分，因为长期规划与其他类型的生产模式基本相同，所以我们在此仅讨论中短期的生产计划问题。

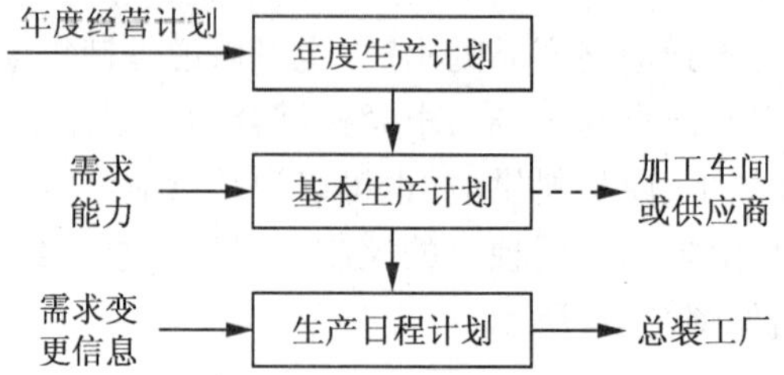

图 7—5　准时生产计划体系流程

1. 拉动式生产

在上述计划体系运行中，作为生产指令的作业计划（投产顺序计划），只向最后一道工序（总装工厂）下达，而对最后工序以前的各工序，只出示每月大致的生产品种和数量计划（基本生产计划），作为生产准备的一个参考基准，但不制订具体的作业计划。

例如，在丰田汽车生产过程中，投产顺序计划只下达到总装配线，其余所有的机械加工、部件装配等工序，没有任何生产作业指令文件，而是在需要的时候通过看板，向前道工序传递生产指令。前道工序只有在接到看板时才能生产，而且只能生产与看板指示相同数量的产品。这样一来，计划与看板结合就形成一个计划控制系统，来驱动生产流程的运行，因为计划控制系统运行的机理类似于将流程拉动起来，所以被形象地称为拉动式生产（Pull Production），其信息与物流运行过程如图 7—6 所示。

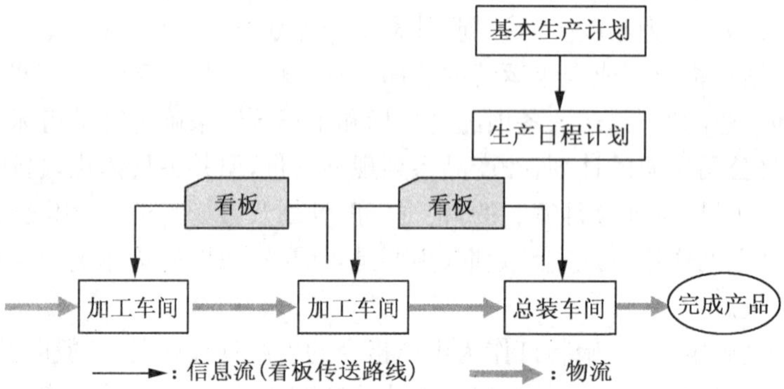

图 7—6　拉动式生产信息与物流运行过程

拉动式生产是实现准时生产的主要方法，如果流程中各环节都能严格地按拉动式生产的要求运行，就可以彻底解决过剩生产与提前生产的问题，消除流程中的各种在制品库存。尤其是在需求发生变化，进行计划调整时（如增加或减少产量），只要最后的总装线的产量变化，前面所有环节都会随之变化，不会有多余的库存，或者缺货现象发生。

相比之下，在存货生产方式中（如在 MRP 系统中），根据需求的预测制订生产计划，然后再制订生产作业计划，生产指令同时下达给流程的各个环节，每个环节接到作业指令后，同时安排生产（提前生产），即使前后工序出现变化，如增加或减少产量，前工序也仍按原指令进行生产，而且可能已经完成生产了，其结果往往造成工序间生产数量的不平衡，因此，工序间存在过多在制品库存也就是很自然的事了。这种运行方式类似于用计划信息将流程推动起来，所以被称为推动式生产（Push Production）。其信息与物流的运行过程如

图 7—7 所示。

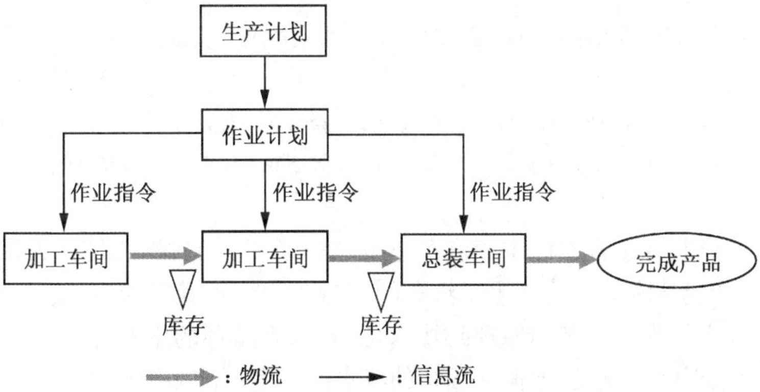

图 7—7　推动式生产模式运行过程

2. 均衡生产

拉动式生产的思路虽然可以很好地解决过量与过早生产的问题，但是如果各个环节面对的需求波动过大的话，拉动式生产就很难达到消除库存的目的。例如，某零件生产工厂每周接到总装厂用看板传递来的需求量都是 100 个，那么它可以将自己的生产速度控制在每周出产 100 个零件，这样就不会有多余的库存。但是，如果后面总装厂的需求是不均衡的，有时多有时少，这样的话拉动式生产就失去意义了。例如在上面的例子中，如果这个零件工厂得到的看板，需求有时突然增加到 200 个，或者减少到 30 个，有时又会是 50 个、80 个等，那么你试想这个零件生产车间会怎样应对呢，根据我们前面讲过的计划的知识，就会想到它只有增加安全库存，将库存加大到足以应对最高需求的状态，这就与精益生产要消除库存的目的背道而驰了。所以，均衡生产是实现准时生产的前提条件。

所谓均衡生产，是指流程的单位时间产量相等或近似，时间单位越小，表明均衡性越高。例如，可以是按月、周或日计算均衡性，一个流程每天的产量基本相等的话，就是实现了日均衡。系统达到均衡生产时，累计产量曲线在直角坐标上呈现为一条斜率一定的直线，如图 7—8 所示。这条线称为生产平准线，所以均衡生产也称为平准化生产，此时的斜率就是均衡的产量。

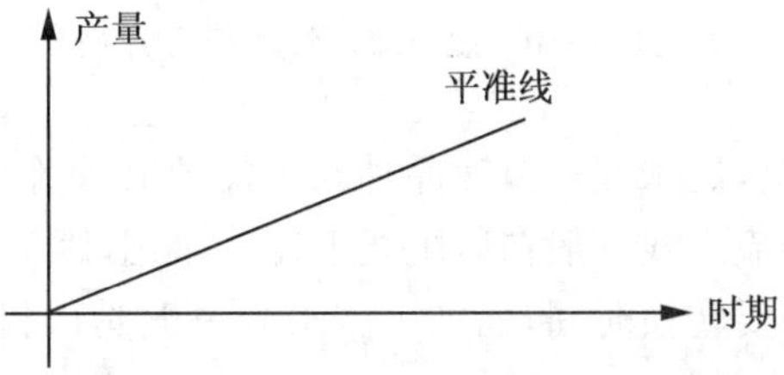

图 7—8　平准化生产

在准时生产方式中所说的均衡生产，包括总量均衡、分量均衡与物料需求均衡三个方面。总量均衡是指最终产品的总产量在各个时期相均衡，如每月、每日的产量大体相等；分量均衡是指各种产品按品种分别计算的产量在各个时期之间相均衡；物料需求均衡是指向供应商发出的物料需求是均衡的，如生产过程中对各种零部件、外购零部件、原材料的需求在各时间段内大致相等。这样做的目的是为了使流程的每个环节库存都最低。

3. 混流生产

按上面的思路分析，要消除库存，需要实施拉动式生产，实施拉动式生产需要以均衡生产为前提，但现在的问题是需求是波动的，生产如何实现均衡呢？这似乎将我们前面构筑的(准时生产)思路陷于困境。另外，简单地理解，如果一条生产线只生产一种产品，除非该产品需求量非常大，否则采用拉动式生产模式只能是开开停停。所以，实施多品种生产几乎是准时生产体系必然的选择。

另外，准时生产起源于日本的丰田汽车公司，是汽车生产系统，特征是大量流水生产体系。而福特的流水生产线技术恰恰是产生于汽车的制造过程。也就是说，作为汽车生产企业不可能违背规律，放弃大量生产的基本原理与技术，去寻求多品种的生产方法。这样，准时生产体系要解决的一个重要问题就是，如何在福特的流水线上生产出多种产品。

在一条流水线上生产多种产品可以有两种方式：其一是集中生产一定数量的一种产品，之后再转换集中生产另外一种产品，以此类推不断地循环。这种方式称为可变流水线。例如，我们以生产三种产品(A、B、C)为例的话，可变流水线是按图7—9所示的方式运行的。之所以采取这样的方式生产，是因为在改变品种时需要有转换时间，需要对设备进行调整、更换模具、工装等作业，也就是需要花一定的准备时间，因此，只能每次生产一定数量(一个批量)的产品，再进行转换。

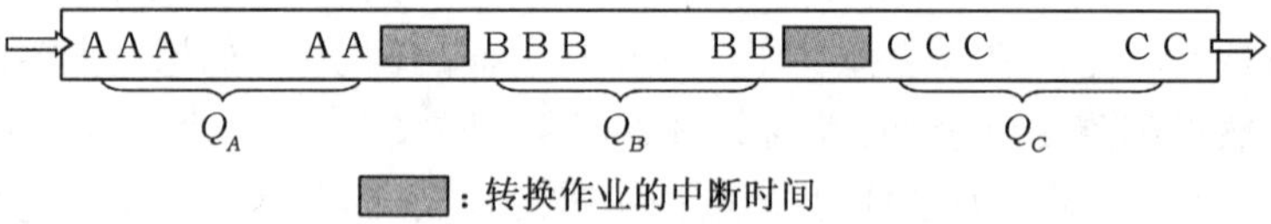

图7—9 可变流水线的运行方式

另一种方式是混合流水线，也称为混流生产，就是在一条流水生产线上同时交叉混合地生产多种产品。我们仍以A、B、C表示三种不同产品为例的话，混流生产的运行方式如图7—10所示。

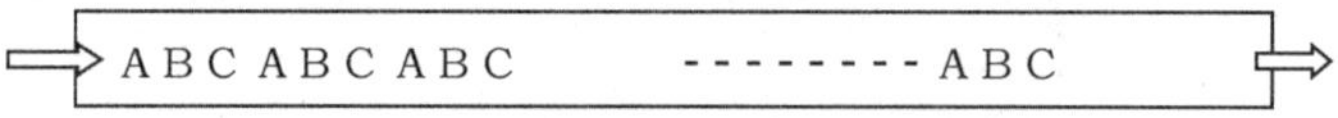

图7—10 混合流水线的运行方式

此时的一个前提条件是，流水线在改变品种时不需要转换作业，没有中断时间，否则难以实施混流生产。所以，混合流水线一般在装配线上比较多用，因为装配线多半是以手工作业为主，人的适应能力较强不需要转换时间；而加工流水线一般是以机器作业为主，机器设备在改变加工对象时一般会有转换时间。

两种方式的共同点是，设施的布局都是线性流向的，都是在流水生产线原理的基础上运行的，相比单对象流水线都增加了品种，提升了生产系统的柔性。其中，可变流水线虽然也可以实现多品种生产①，但由于是集中生产，与需求的一致性难以实现，会发生库存，这与准时生产

① 可变流水线的运行规律基本与批量生产相同，所以我们将在下一章讨论，本章结合准时生产体系，首先讨论混流生产的计划方法。

的目的相悖，因此，准时生产体系必然采取混合流水线的方式。

实施混流生产的优点比较多，不仅可以增加品种，提升系统的柔性，而且可以通过尽可能交叉混合品种的排产，实际上使生产批量最大限度地减小。根据周转库存的原理，很容易知道，可以降低甚至消除库存，减少由于库存导致的浪费，降低运营成本。所以，实施多品种的混流生产，是精益生产方式消除库存的一项关键技术。

二、生产日程计划流程

为了比较清楚地说明生产日程计划对实现准时生产的作用，我们这里首先从基本生产计划开始，也就是从大日程计划（出产进度计划）开始讨论。

1. 基本生产计划的编制

如前所述，基本生产计划以季度分月为主，根据年度计划及市场需求，采用滚动式计划编制方法制订，即在第 $N-1$ 月制订第 N 月、第 $N+1$ 月以及第 $N+2$ 月的生产计划。其中，第 N 月的生产计划为确定的计划，第 $N+1$ 月以及第 $N+2$ 月的计划只作为准备性计划，随着时间的推移，当第 $N+1$ 月变为第 N 月时，再进行进一步的确定。制订过程如图7—11所示。

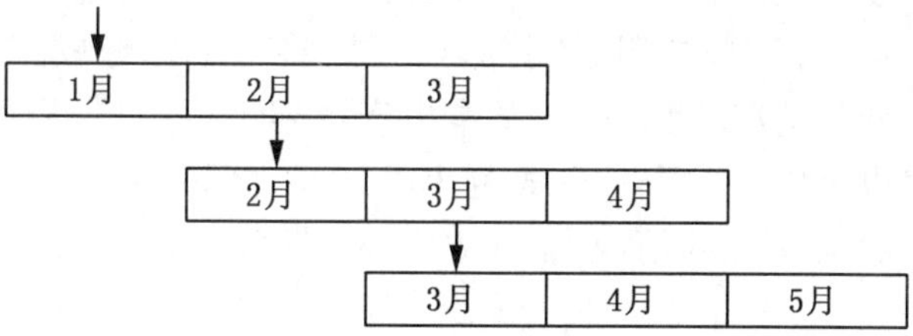

图7—11　基本生产计划的形式

准时生产的计划仍然要根据订单及需求预测数据来编制，形式上是与一般的计划模式相同的，但是在一个计划期内（一般为1个月内）采取均衡的分配计划产量策略，这一点是力求均衡生产的实现。下面我们结合丰田的例子来说明基本生产计划的编制步骤。

（1）销售部门（分国内和国外）每月根据市场需求及订货情况，做出今后3个月的产品需求量预测，并将此数据提前传递给生产管理部门，这个步骤与一般存货生产方式的计划编制过程是一样的，所以准时生产仍然需要预测销售量，需要提前做计划。

（2）生产管理部门根据上述数据，以及计划期内生产能力的大小、库存状况等数据，按生产工厂分别制定当月的计划产量①，以及每日出产计划，为实现均衡生产采取平均分配法计算每日的产量，作为该月的基本生产计划。这是JIT系统协调生产与需求的初步过程，也是实现最终产品与需求准时的第一步。

（3）在月度基本生产计划的基础上，依据产品的构成，计算各种零件、部件及材料的需求数量（此时方法与MRP相同），并将此计划下达给对应的内部加工工厂，以及外部的供应商。但需要注意的是，各工厂和供应商并不是按此计划马上安排生产，而是按此计划做好生产准备，实际生产的具体时间及品种、数量是通过看板系统来控制的，也就是看板传递过来才开始生产

① 需求预测数量与产量计划应该有所不同，主要是要考虑库存，但准时生产强调无库存，同时我们也为了简单、明了，所以将产量等于需求量，但这不影响对均衡生产计划制订的理解。

与供货。

上述三个步骤以及信息的流动过程如图 7－12 所示。

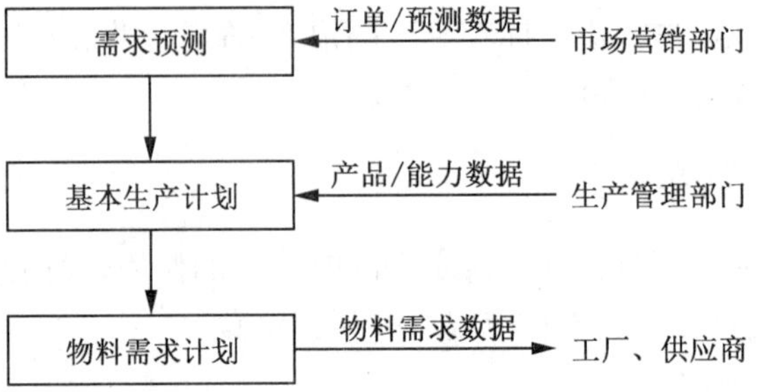

图 7－12 月度基本生产计划编制流程

2. 生产日程计划的制订过程

在准时生产体系中，基本生产计划采用平均分配的方法，即将月度总产量平均分配到每一个工作日，这样实现了月度内的均衡生产，但由于市场需求是随时变动的，用户订单也可能随时更改，也就是月度内仍然存在均衡与需求波动的矛盾。为进一步实现产量与需求的准时化，在日程计划制订过程中，丰田公司的做法是：将一个月分成三个时间段，每旬为一个时间段，再根据订货变动情况，每旬前对基本生产计划进行调整，最后确定投产顺序计划和产品发送计划（当然也可以将一个月分成更小的区间，例如，国内许多企业是按周编制日程计划，这一点取决于需求变化的情况，需求越稳定，期间可以越长一些）。具体编制步骤如下：

（1）制订修正的基本生产计划。各营销零售网点每旬的中期根据用户的实际订货数量，以及订单变动情况，确定下一个 10 天的具体订货数，将数据在每旬开始的 7～8 天前发给公司的营销部门，营销部门汇总整理后传递给生产管理部门，生产管理部门根据此数据，按生产工厂分别制订修正的基本生产计划，再将产量平均分配到一旬中的每一天。这个过程如图 7－13 所示。

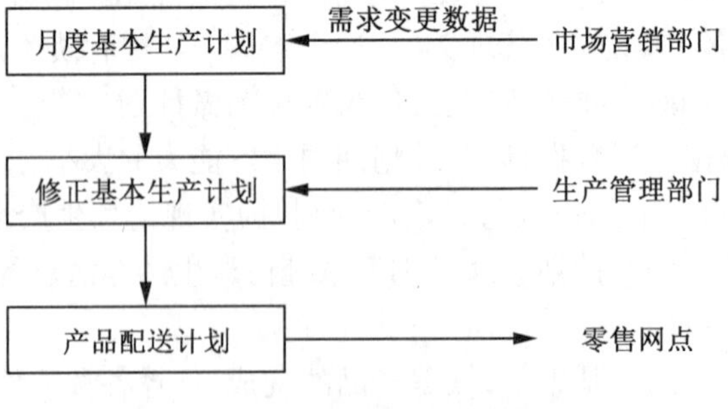

图 7－13 旬修正生产计划制订过程

利用修正生产计划的制订，可以将月度分为三段，每旬确定一个均衡的产量水平，各旬之间可以有差异，这样可以进一步实现与需求的一致，这是计划系统实现准时生产的第二步。

（2）订单修改机制。在旬（或周）的修正计划的基础上，如果有顾客需要修改订单，仍然可以做变更，但为了保持均衡生产，变更的幅度应该控制。丰田的做法是：全国各销售网点可以在上述确定的旬修正生产计划量的一定范围内，根据用户的要求进行订货变更，并将变更数据每天反馈到公司的营销部门。反馈信息应在产品下线前4天进行（如图7－14所示），但是变动的幅度控制在每天日产量的10％以内，因为变化幅度过大会引起生产过程的波动，破坏均衡生产。

运用订单修改机制，可以进一步使生产与需求相一致，这是计划系统实现准时生产的最后一步。但是，运用订单修改机制是有一定限度的，如上述过程中，丰田的实例是要在产品下线前4天完成，之后用户就不能再更改订单了。也就是说，冻结期为4天，这是根据它的生产系统可以接受的提前期确定的，每个企业可以根据自己的情况确定这个时间限度。当然，这个时间限度越短，越有利于适应需求的变化，但越不利于生产系统的稳定。

（3）信息加工。收到订单变更数据后，公司营销部门将各网点的数据分类、整理，在最终产品下线前3天，将此数据传给各制造整车的工厂（最终产品生产工厂），此时已经是准确的需求数据了。

（4）投产顺序计划的制订。各制造整车的工厂根据上述数据，最后编制投产顺序计划。因为我们前面提到过，丰田公司是采取混流方式生产多种产品的，而且生产日程计划只下达到总装工厂，所以最后作业计划的形式是投产顺序计划，此计划在产品下线前2天完成。

上述生产日程计划的制订过程，实际是在月度基本生产计划的基础上，使实际产量再逐步接近需求的过程，是通过订单修改机制、销售网络的信息反馈，以及计划的平衡实现的。当然，这个过程需要营销策略与渠道的配合，以上步骤（2）到步骤（4）的过程如图7－14所示。

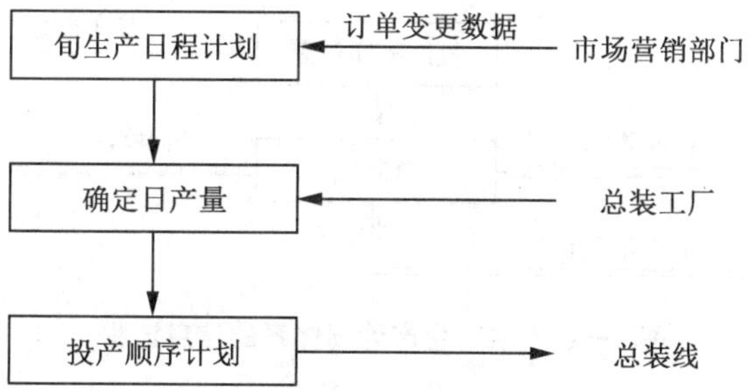

图7－14 生产日程计划的制订流程

在上述计划编制的流程中，实际是以月度生产计划为基础，引入订单变更机制，对基础的计划数据不断修正的一个过程，这不仅是准时生产体系的计划方法，实际在目前市场环境下，每个企业都面临这样的问题。使计划如何适应市场变化的一种措施，虽然我们是以丰田的计划体系为例说明的，但实际具有很强的普遍性。需要注意的是，其中几个关键参数的处理如下：

第一是计划的时间单位。也就是计划是按月还是按周编制。上述计划流程中，我们是以丰田的实例来讨论的，丰田的做法是：基本生产计划按月编制，修正生产计划按旬编制。当然每个企业会有不同方法，例如，有的企业基本生产计划是按半月编制的，修正生产计划是每周做一次等。一般的规律是：需求越稳定，计划的时间单位可以越长一些；生产系统的刚性越强，计划的时间单位最好越长一些。每个企业需要根据自己的市场、产品及生产系统的不同，分析确定合适的时间单位。

第二是需求信息的获取提前时间。例如，在上述计划流程中，编制月度基本生产计划或是旬度修正生产计划都需要需求信息，而且这个信息可能是预测数据，那么，在什么时间可以提供这个数据，比计划执行期的时间提前多少，就是信息的获取提前时间。当然，计划部门希望早一些为好，因为计划的编制需要时间。但是这个时间越早，信息的准确性会越差。在上述丰田的实例中，旬度修正计划的提前期是 7～8 天。这一点也是企业需求预测以及计划部门需要分析确定的。

第三是冻结区。所谓冻结区，是指订单数据不能更改的时间。这是一个平衡生产的稳定性与需求的灵活性之间矛盾的参数。在上述丰田的实例中，最后的冻结时间是 4 天。这个数据决定计划的灵活性如何。冻结区时间越长，越有利于企业的生产系统稳定，但越不利于对市场变化的适应性，需要根据企业的生产系统状态做出决策，多数情况下可以用产品装配提前期作为冻结区。

最后，根据上述计划编制流程的分析，我们将准时生产计划体系的信息流程归纳如图 7—15 所示。

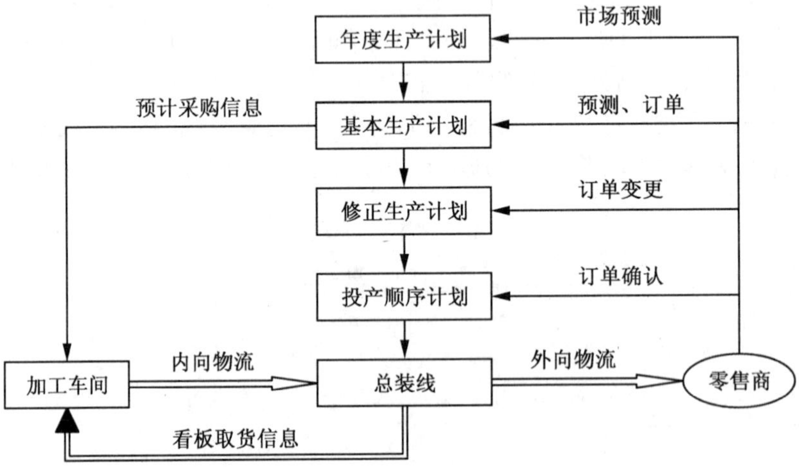

图 7—15　准时生产计划体系的信息流程

三、日程计划制订方法

根据上述分析，要实现准时生产就一定要实施混流的均衡生产，这是准时生产体系作业计划的主要特点，下面分别讨论混流的投产顺序计划和均衡生产计划的编制方法。

1. 混流投产顺序计划制订方法

在混流生产环境下，作业计划面临的主要问题是：如何制定一个合理的流水生产线投产顺序，既能完成生产任务，又能让不同品种的产品尽量交叉混合。下面我们通过一个例子，先来简要地说明投产顺序计划的制订方法。

【例 7—3】 某汽车制造企业一个系列不同品种的产品月度产量计划如表 7—5 所示，出产进度计划是按平均数将月产量分配到每个工作日（每月以 20 个工作日计算）的。总装线采取混流生产方式，现需要制订投产顺序计划。

表 7—5 企业月度基本生产计划 单位:台

产　品	月产量	平均日产量
A	1 200	60
B	400	20
C	1 600	80
D	400	20
E	600	30
F	600	30
合　计	4 800	240

首先,根据表 7—5 中月度基本生产计划给出的产量数据,计算得到每日的产量(各品种合计)为 240 台,如果每天按 8 小时工作制,480 分钟计算(不考虑工时损失),确定投产顺序简单的方法是,可以按较短时间间隔分配各种产品的产量,如按 48 分钟(480 分钟的 1/10)为单位均匀分配的话,则各种产品在 48 分钟的区间内的产量如表 7—6 所示。

表 7—6 混流计划的投产顺序计划(生产作业表)

产　品	生产量
A	6
B	2
C	8
D	2
E	3
F	3
合　计	每 48 分钟 24 台

大家可以注意到,这已经是最小的时间区分了,如果再小,有些产品就出现小数了,这是不可能的。这个最小区分内的产量称为一个循环的产量,本例为 24 台。也就是装配线在 48 分钟内生产 24 台不同的产品,反复循环 10 次,则可以完成全天的任务。如果管理层认可此方案,这也可以认为是混流生产投产顺序计划的一种简单编制方法。

运用这个例子,我们还可以说明实施混流生产一个更重要的优点,就是可以增强生产系统对市场变化的适应能力,当市场需求发生变化时很容易及时调整计划。例如本例中,假设月初时确定的计划执行到月度中期时,顾客需求改变,要减少订购 400 件 C 产品,增加 400 件 B 产品。如不改变原计划,势必会产生剩余库存,而且需求增加的产品会缺货。所以,计划面临需要根据需求的变化调整产量的问题。在本例中,如接受需求变更,按新的需求调整后,则下半月的产量如表 7—7 所示。

表 7—7　　需求变更后下半月修正的生产计划

产　品	下半月产量	日平均产出量
A	600	60
B	600	60
C	400	40
D	200	20
E	300	30
F	300	30
合　计	2 400	240

因为投产顺序计划可以是按日制订的，所以，就可以根据修改后的下半个月的修正生产计划，重新制订新的投产顺序计划。例如，仍然采用 48 分钟的最小间隔均匀分配产量的话，其结果如表 7—8 所示。

表 7—8　　变更后的日程计划(投产顺序计划)

产　品	生产量
A	6
B	6
C	4
D	2
E	3
F	3
合　计	每 48 分钟 24 台

由此可见，采取混流生产技术可以很好地适应市场需求的变化，如果工厂不是采用混流生产模式，而是采用集中完成一种产品的月产量后再生产下一个产品的方式的话，在生产过程中市场突然发生变化时，工厂就很难进行调整了，因为市场发生变化的产品有可能已经集中生产完了。例如，在上面的例子中，如果采取按每月产量要求，集中先生产 1 200 件 A 产品，接着生产 400 件 B 产品，再生产 1 600 件 C 产品等，有可能用户要减少订单的产品已经集中生产完了，系统就没有适应能力了。

但上述例子只是简单说明基本的排产思路，因为在表 7—8 表示的结果中，还会有连续生产相同产品的现象，当然并不是说混流生产一定不能连续生产两件相同的产品，但是交叉得越彻底，效果会越好。

关于投产顺序的制定方法目前有许多种算法，例如，丰田公司自己开发了一种方法称为目标追踪法，追求总产量均衡、品种产量均衡、物料需求也均衡的条件下，混流生产的投产顺序，但是比较复杂。下面我们介绍一种最基本也是最简单的方法——生产比倒数法，来说明投产顺序的计算方法。

生产比倒数法的特点是，根据各品种的产量来确定投产顺序，产量越大的产品投入的次序越优先，机会也越多。具体计算方法如下：

假设某企业的一条流水生产线，混流生产三种产品（A、B、C），各品种计划产量分别为：A＝1 000 件，B＝2 000 件，C＝3 000 件。采用生产比倒数法确定投产顺序的步骤如下：

（1）计算生产比。如上例中，三种产品的生产数量比例为：1 000∶2 000∶3 000＝1∶2∶3。一个循环的产量为：1＋2＋3＝6 件。

（2）计算生产比倒数。分别计算三种产品的生产比倒数为：$m_A=1$；$m_B=1/2$；$m_C=1/3$。

（3）确定一个投产循环的投产顺序，按如下规则确定：

规则一：倒数最小的产品优先投入；

规则二：如出现倒数相同时，在选出的品种中，以选出较晚的品种优先投入；

规则三：将选出产品的倒数，再加上一个自身的倒数，其他产品不变；

规则四：重复上述步骤，直至一个循环确定为止。

例如，上例的三种产品生产比的倒数，以及按上述原则确定投产顺序的计算过程如表 7－9 所示。

表 7－9　　生产比倒数法计算过程

循　环	A	B	C	投入顺序
1	1	1/2	1/3*	C
2	1	1/2*	2/3	C　B
3	1	1	2/3*	C　B　C
4	1	1*	1	C　B　C　B
5	1	3/2	1*	C　B　C　B　C
6	1*	3/2	4/3	C　B　C　B　C　A

注：表中 * 符号表示每次选中的品种。

最后，本例确定的投产顺序为：C—B—C—B—C—A，按此顺序反复循环 1 000 次，三种产品的产量全部完成，而且相邻的两个产品品种都不同，混流生产的效果实现得最好。

2. 均衡生产计划编制方法

混流生产方法可以较好地解决品种的柔性问题，可以很好地提升生产系统的适应能力。但是，每个品种市场需求数量是会有较大波动的，而追求均衡生产又几乎是每一个企业的目标，准时生产体系更是如此，因为均衡生产是看板系统运用的前提。① 所以生产系统的运行面临的另一个难题是数量柔性（也称为系统的弹性）问题。当然，解决数量的柔性流程组织方式会有相当的作用（参见单元生产），但是计划方法也可以起到很重要的作用。

首先，在需求波动的情况下，如何制订一个均衡的生产计划。解决思路是：根据需求量的波动规律，将计划期划分成一定的时间段，即将需求高峰与低谷时期划分为不同的阶段。然后根据每个阶段的需求数量确定一个平均数，以此来制订均衡的出产计划。下面我们还是通过一个企业的实例来说明具体方法。

① 如前面的论述，并参见下一节对看板系统的讲解。

【例 7—4】 某摩托车生产企业，根据对本月市场需求量波动特点分析，确定将月度分为两个阶段：上半月需求量较大，确定每天出产 250 辆；下半月需求量减少，所以确定每天出产 200 辆。最终，制订一个分段的均衡生产计划，如表 7—10 所示。

表 7—10　　摩托车月度出产计划　　单位：辆

日　期	1	2	3	……	14	15	16	17	18	……	30	31
生产数量	250	250	250		250	250	200	200	200		200	200
用工数量	54	54	54		54	54	44	44	44		44	44
循环时间(秒/辆)	115	115	115		115	115	144	144	144		144	144

根据表 7—10 数据可知，既可以实现均衡生产，又可以适应需求的波动，比较好地实现与需求一致的产量。此方法的技巧是：在计划期内，根据需求量波动的规律，将计划期划分为不同阶段，然后在各阶段将产量平均分配至每个工作日，保证一定阶段每日产出量均衡；但在各阶段之间，有一定程度的数量变动，以此来与需求协调一致。抽象一点讲，实际就是用阶段性的直线产量，来接近长期性波动的需求曲线，如图 7—16 所示。

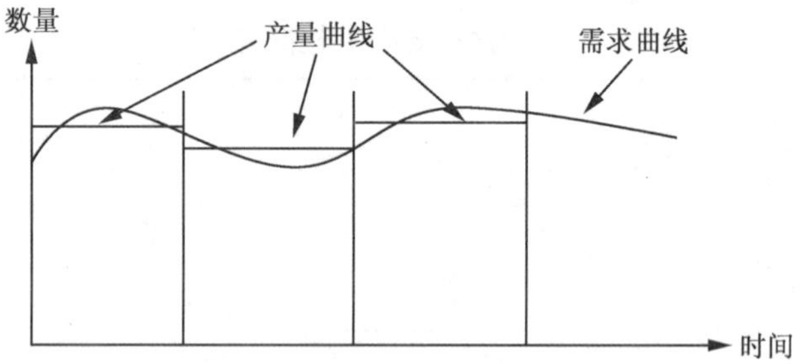

图 7—16　均衡与波动的拟合

当然，具体的产品不同、市场需求特征不同，需求波动的规律也会不同。如时装、空调机等季节性产品的波动幅度会较大，但可能周期比较明确；而日用消费品类的商品一般需求波动会小一些。因此，每个企业究竟以多长时期作为一个均衡生产的阶段是不同的。例如，上例摩托车企业是半个月，而汽车企业一般是采取一个月的情况较多。如果需求相对稳定的时期较长，比如是一个季度，则可以制订一个较长时期的均衡生产计划，效果会更好。

其次，一项重要的内容是，根据各个阶段均衡产量计算出生产速度，以及对应的用工数量。也就是根据系统的产出来调整资源(人力)的投入，不仅可以实现出产的柔性，而且可以实现投入的柔性。当然，这一点是有局限的，需要有设施布局的配合，而且设备等固定资产性资源投入是无法在短期变化的。具体用工数量的确定，可参见前面适应需求变化计划方法的内容。

第四节　作业控制——看板系统

计划与控制结合形成一个完整的、有闭合回路的信息系统，可以更有效地指挥调度流程的运行。但生产控制一直是一个难点，没有十分有效的方法。丰田公司开发并使用一种被称为看板的工具，形成一个有效的生产控制系统，较好地解决了生产控制的问题。

一、看板的概念及种类

看板(Kan Ban)是丰田公司发明的一种工具，是一种类似通知单的卡片，其作用是传递取货或生产指令的信息。所以，就看板本身而言，其实质就是一种信息传递工具。其基本形式是一种长方形卡片，用塑料、金属或硬纸制成。看板一般存放在物料箱上，与物料箱是一一对应的。看板上记载的内容，可以根据管理的需要来决定，一般包括产品名称、品种、装入数量，生产线名称，前后工序名称，运送时间，运送方式和存放地点等。它的内容一目了然，使现场操作人员能够按照看板的要求生产和传送产品。

看板的运用有一定的规则，在整个流程中看板依据这个规则运行，就形成了一个由看板传递的信息系统，起到对流程运行的控制作用，所以我们将其称为看板系统，其实质是生产控制系统。

看板根据功能和应用对象的不同，可以分为不同类型，但主要分为生产看板和取货看板两大类。两类看板的功能和内容如下：

(1)生产看板。生产看板是指在一个工厂或车间内，指示某工序加工制造规定数量工件所用的看板，它的作用是传递生产作业的指令，如果某个工序(工作中心)得到生产看板，就可以按其中记载的信息生产对应数量的产品；没有得到生产看板就不可以生产，这一点是看板系统的规则，也是需要特别注意的。

生产看板又有两种类型：一是加工看板，其内容如图 7—17 所示。它指出了需加工工件的工件号、工件名、类型、工件存放位置、工件背面编号、加工设备等信息。二是信号看板，它是在固定的生产线上作为生产开始指令的看板，一般的表现形式是三角看板、信号灯或不同颜色的小球等。

<table>
<tr><td colspan="2">加　工　看　板</td><td rowspan="5">加工设备
机加工
LD-6</td></tr>
<tr><td>存放货架号F14-26</td><td>工件背面号A3-252</td></tr>
<tr><td colspan="2">工件号　56790-321</td></tr>
<tr><td>工件名　　曲轴</td><td>容器容量　　16</td></tr>
<tr><td colspan="2">产品型号　SX50BM-170</td></tr>
</table>

图 7—17　加工(生产)看板的内容

(2)取货看板。取货看板是后工序到前工序(或外部供应商)领取零部件或材料时所用的看板。其作用是领料的凭证，运输作业人员要携带取货看板，并一定按看板上所列的工件号、数量等信息领取货物。规则是取货不是送货；另外，没有看板是不可以领取物料的。

取货看板又可分为两种类型：一种是工序间取货看板，如图 7—18 所示。它记载的是领取的工件号、工件名、类型、工件存放位置、工件背面编号、紧前加工工序号、紧后加工工序号等信息，是厂内工序间的取货凭证。另一种是外协取货看板，如图 7—19 所示。它除了指出有关外协件的特征信息外，还有本企业名称、外协企业名称、交货时间、数量等信息，是向固定的协作厂商取货的凭证。

对于同一种物料，如某种装配汽车需要的零部件，一定同时存在生产与取货两种看板，而且两种看板记录的信息是一致的，与物料箱里装载的实物也一定是一致的，这与库存管理中的台账与实物要一致的道理相同。另外，物料的存放地点一定要按看板规定位置存放，看板一定是按规定位置存放在物料箱上，或者是其他指定位置，这些都是看板系统运行的基础。

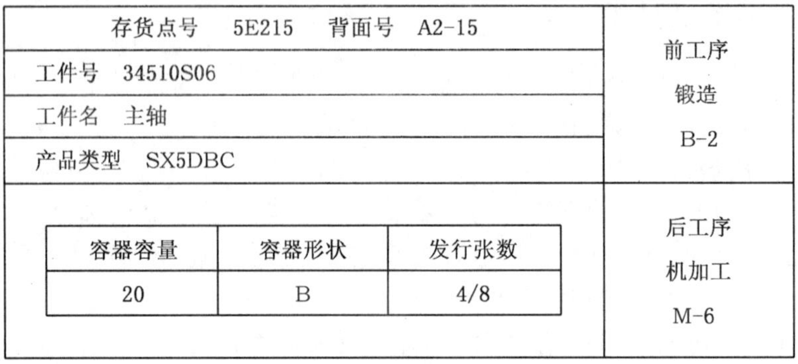

图 7—18 工序间取货看板的内容

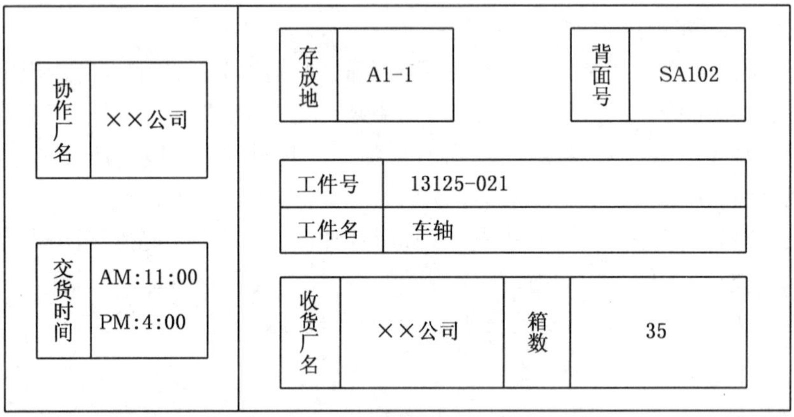

图 7—19 外协取货看板的内容

二、看板系统的运行原理

看板是在工序(这里的工序应理解为一个独立的生产环节,如车间、工段、生产线等生产单元)之间或之内进行传递的,运行逻辑以总装配线终端为起点,向上游环节逐级传递生产指令信息,每种看板都是按一定规则运行的。

以汽车生产为例,在汽车生产过程中,每一流程环节的两端都分别设置了两个存放物料箱(容器)的空间,如图 7—20 所示。一个用于储存上一道工序已制成的、作为本工序加工对象的待加工零部件(或原材料);另一个用于储存本工序已加工完毕、供下一道工序随时提取的零部件(半成品)。由于最后一道工序的制成品是一辆完整的汽车,因此,它只有一个用于储存上一道工序已制成的作为本工序待加工零部件的存料箱。其他任意两阶段之间的衔接过程如图 7—20 所示。[①]

如前所述,看板是与存料箱一起存放的,即每个存料箱上都有一个与之对应的看板,而且看板上记载的零件名称、数量等信息与存料箱中的物品一定是一致的,这一点是运用看板的基础。看板的运行分为两部分:取货看板随生产过程的进行,在两个流程环节之间循环运行,完成传递后工序的需求指令,以及领取物品的凭证两项基本功能;生产看板则在某一流程内部不

① 现场的物料供应及存放会比较复杂,为了清楚起见,这里仅作简略描述,但不会影响对原理的理解。

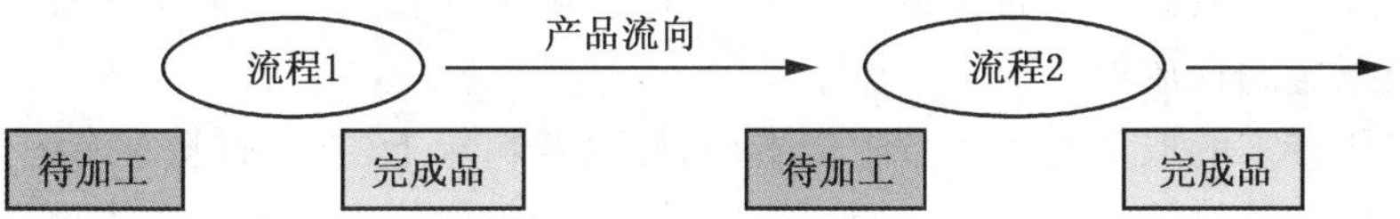

注：对于装配线而言，每个工位都应该有自己的物料存放地点，因此，一条装配线中会有多个物料存放处，但为了清楚起见，上图只表示其中一个，其余的原理是一样的。

图 7—20 工序之间的衔接关系

断地循环运行，完成指示生产、控制数量的基本功能。

两者相互结合按照一定的规则运行，则形成一个对生产过程运行的控制系统，看板及零部件在流程环节之间的传递过程如图 7—21 所示。

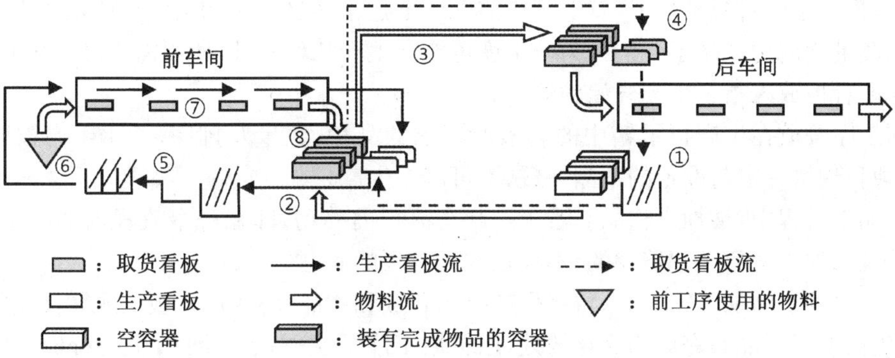

注：图中①和④的位置实际应该是一个地点（物理空间），这里是为了比较清楚地说明看板操作的步骤（逻辑过程）而分开画的。另外，②和⑧两个活动也是在同一个地点进行的，只是先后顺序不同。

图 7—21 看板运行原理

为了讲解方便，我们这里规定：越接近用户的工序为后工序（流程环节）；反之，越接近供应商的工序为前工序。不失普遍性，在图 7—21 中，可以假定后工序为总装车间，前工序为某一零件的加工车间，所示的看板运作步骤及具体规则如下：

①按照看板的使用规则，后工序如总装线的操作者，在使用线边的某一箱零部件进行装配作业时，首先要将附在零件箱上的看板（此时为取货看板）取下，放在指定的存放位置（见图示），这样随着后工序不断地运行，在经过一段时间后，取货看板就会积累到一定的数量，后工序的运输工（一般为专职运输工人）在取货看板积累到一定量时，将一定数量的看板和空容器一起拿到前工序进行取货。此时可以有两种方式：一种是规定看板积累到一定数量时就取货；另一种是规定一个固定的间隔时间，每个期间进行一次取货。当企业内部两个车间距离很近时，多用前者，也称定量取货，如图 7—21 中即为定量取货，积累到三张看板时，运输工将三张看板连同三个空容器一起拿到前工序取货。在对外部供应商取货时，一般因为距离比较远，多采取后者，即定期取货的方式。

②运输工到前工序存料处[①]，将前工序完成产品存放处已经加工好的物品取回，要领取与带去的取货看板指示的品种、数量相同的物料，一般装在搬运的小车上运回，将同时带去的空

① 在此处应该有前工序已经加工好的、待后工序领用的物料，但是在产品投入生产的第一次，这个物料是事先按计划准备的，之后只要看板不断循环，就会不断生产出来。

容器放在前工序的存放处。此时更重要的是,将附在前工序存料箱上的生产看板取下,放入前工序生产看板指定的存放处。

③运输工用带来的取货看板代替生产看板,插到存料箱上(在存料箱上有固定的看板存放处),连同前工序加工好的物料一起运回后工序,放到后工序指定的待加工零部件存放处(如果是总装线,每个工位会有物料指定存放地点)。

④后工序的操作者进行工序作业,在开始使用取来的某一箱物料时,第一个动作必须将附在存料箱上的取货看板取下,放入指定位置(如第一步所述,图 7－21 中①的位置),此时取货看板完成一个循环,又回到起始点。随着后工序(如总装线)的不断运行,经过一段时间后就会又积累到规定数量的看板,则再次进行取货作业。因此,取货看板会随着流程的运行而不断循环,其特点是只在两个流程环节之间循环,所用的时间即为取货看板的循环时间。

⑤前工序隔一定时期(与看板积累的时期相同)将生产看板汇总。一旦加工完成的半成品被后工序取走,生产看板被取下,就等于给前工序下达了生产指令,前工序就可以开始生产与看板指示数量相同的产品了。但因为前工序可能会生产几种零件,所以需要进行作业排序,按顺序将生产看板放入指示生产开始的箱中。

⑥前工序按放在生产指示箱中的看板所指示的品种、数量及排序,开始生产被取走的产品,但品种和数量一定与取走的物品一致,不可以多生产。

⑦在加工过程中,被加工物品与看板一起在流程内移动,即在一个流程内部的工序之间,生产看板是与加工对象一起移动的,不存在取货看板的问题。

⑧前工序的产品加工完成后,再将生产指示看板和物品(将生产看板插入零件箱的固定位置)一同放在工序后部的完成物品存放处,以备后工序下次领用。至此,生产看板完成一个循环,又回到起点,随着后工序不断取货,前工序的生产会不断进行。生产看板的循环特点是,在某一个流程的内部循环,所用时间为生产看板的循环时间。

按照上述基本规则,取货看板在流程(车间、生产线)之间、生产看板在流程(车间、生产线)之内不停地运行,产品就可以按顾客需求的速度被不断地制造出来,而且在流程内及流程间都不会产生过多的库存。将这个规则沿着流程(供应链)向上游推进的话,就形成了一个以看板为信息载体的控制系统,完成整个生产流程以至于供应链的控制功能,系统运行过程如图 7－22 所示。

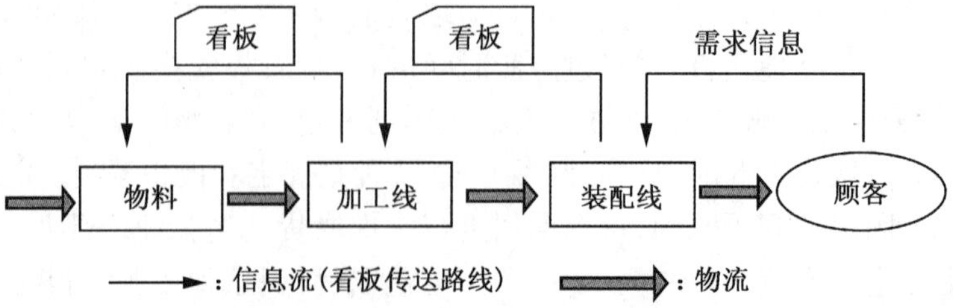

图 7－22 看板控制系统基本原理

需要特别指出的是,以看板技术为核心形成的控制系统的特点是,控制目标不是计划规定的任务量,而是顾客的实际需求数量,可以随着需求的变化调整产量,是按顾客的需求速度来控制整个生产过程的运行速度。同时,看板系统不是事后(反馈)控制,是一种事前(前馈)控制。因为流程中每个环节实际的产出都是按看板指示进行的,在没有看板时不能提前生产。

也正是由于这样的运行机制，这种生产体系才被称为拉动式生产。

因此，为了使看板系统充分发挥其功能和作用，必须保证能严格遵守看板的规则，这是运用看板系统的前提条件。具体来说，看板使用规则有：

(1)后工序向前工序取货。为了避免过多、过早生产的缺陷，实施看板控制系统，必须由后工序在必要的时候到前工序领取必要数量的零部件，不能是前工序向后工序送货。为确保这条规则的实行，后工序还必须遵守下面三条具体规定：第一，禁止不带看板领取物料(零部件或原材料)；第二，禁止领取超过看板规定数量的物料；第三，实物(物料箱)必须附有看板。

(2)不良品不交给下道工序。因为如果数量控制得非常准确，发生质量问题就会引起生产流程中断，所以，上道工序必须为下道工序生产百分之百的合格品；如果发现生产了不良品，必须立即停止生产，查明原因，采取措施，防止再次发生，以保证产品质量，防止生产中断，产生不必要的浪费。

(3)前工序只能在必要时生产后工序领走数量的产品。即前工序只能按照后工序的需求进行生产，而不生产超过看板所规定数量的产品，也不能提前生产，只能在收到看板后才可以开始生产。这样一来，整个流程的运行速度可以得到控制，生产会与需求相平衡，达到准时生产的目标。

三、看板数量的确定

运用看板系统控制流程运行的另一个关键要素，就是确定合理的看板发行张数，因为即便是严格按照上述规则使用看板控制生产过程，但如果看板的张数过多，也会导致流程中的在制品库存过多，只有确定合理的看板发行张数，才能更好地控制库存的数量。

如上所述，看板传递的是取货或生产指令，所以看板数量的确定，类似于库存管理中的订货频次与数量的确定，也有定期订货和定量订货两种方式。定期订货是每间隔一定的时期，如 2 小时、4 小时，订货一次(取货看板运行一次)，而每次订货的数量可能是变化的。定量订货方式是只要看板积累到一定数量(如三张看板)，看板就运行一次，而每次运行的间隔时间是不确定的。[①] 不过如果生产过程的均衡性较好的话，两者基本没有差别。因此，在不同的方式下，两种看板数量的计算有所不同，但在企业应用的实践中，取货看板采取定期运行的方式较多，而生产看板因为流程多为批量生产，采取定量订货的方式较多。下面是这两种方式看板数量的计算方法。

在定期订货方式下，取货看板的张数计算如下：

$$N_m = D \cdot T_w(1+A_w)/b \tag{7-3}$$

式中：N_m——取货看板张数；

D——零件(物料)的日需求量；

b——物料容器装入物料的数量；

T_w——取货看板的循环时间(用日表示，但多数情况下小于 1 天，与前面看板使用步骤中讲解的循环过程是一致的)；

A_w——保险系数，多数情况下取零。

① 此时等于库存控制中的发出订单，例如，运送者带三张看板去前工序取货，如果每张看板规定的数量是 20 件，则共计取货 60 件，实际就是订货批量为 60 件。

定量订货方式下，生产看板的张数计算如下：

$$N_p=(Q+D\cdot A_p)/b \tag{7-4}$$

式中：N_p——生产看板的张数；

Q——生产批量，也可以按经济批量公式计算，但在准时生产系统中这个批量会尽量小；

A_p——保险系数，根据工序状况设定。

需要说明的是，看板的实际发行数量对控制在制品、原材料库存有重要作用。看板发行过多，会导致中间物料库存增加；但是，计算很严格的话，也会由于中间的运输、机器故障等原因产生缺货的风险。所以，理论的计算方法是重要的依据，但在实际应用时企业会有许多方法，根据实际生产运行情况逐步地摸索确定一个合理的数量。而且，在对外部供应商的取货时，需要考虑运输距离等因素来确定看板数量。①

四、看板的功能及使用条件

就看板本身而言，它只是一个记载信息的工具，但根据上述对看板传递过程的分析，只要遵循看板的使用规则使用看板，就会形成一个控制系统。它不但能很好地控制生产过程的运行，而且还可以与计划系统结合，自动地调整计划。所以，所谓看板的功能，应该是看板系统的功能。它不仅具有控制生产过程的功能，而且还具有传递指令、调整计划、管理现场物品等多项功能。具体如下：

（1）看板是指示作业的生产指令。这是看板最基本的功能，如取什么货、取多少、什么时间到什么地点取货和怎样搬运等，这些信息在看板上都指示得很清楚。各工序的员工只要见到看板，就会对生产数量、时间、顺序及搬运时间、搬运对象等完全清楚了。因此，看板就像生产线上的神经，传递取货和生产指令，控制过量生产和过量储备。

（2）看板是现场管理的工具。由于看板在任何时候都必须与实物一起移动，因而它能够控制过量制造，指明生产顺序和简化现场管理程序。这样坚持下去，就能使现场管理更明确、更直观。如看板上指明了零件的名称、产量、生产时间和方法、运送地点和数量等有关内容，使得生产现场人员可以清楚地独立判断和处理问题；同时，这也便于管理人员掌握工序生产能力、库存状况和人员安排等情况，提高经营管理水平。

（3）看板是调整计划的手段。按照上述看板规则运行，如果产量比较稳定，后工序到前工序取货，每次都取相同数量的货，不会发生什么问题。但是，如果在计划期间内，需求量发生变化，需要增加或减少产量时，一般的做法会是调整计划。但是，运用看板系统就可以具有自动调整计划的功能。我们以产量增加为例，一般可以有两种方法：一种方法是，某一次多带一张看板，这样就可以多取回一定数量的半成品，达到增加产量的目的，可是这样前工序就需要多备一箱（或是更多）保险量；另一种方法是，缩短看板的取货间隔时间，这样每天就可以多取一次（或几次）货，也可以达到增加产量的目的，而且一般产量波动不大时，不会引起保险量的增加。因此，在使用看板的情况下，不再需要对计划进行专门的调整，当需求量发生一定变化时（变化量不是很大），随着最终工序的运行，看板系统会自动地调整计划，当然这个调整的幅度是要有一定限制的，所以也称为对计划具有微调整的功能。

（4）看板是改进管理的手段。如果某一工序设备出现故障，生产出不良品，根据看板的使用规则之一“不良品不交给下道工序”，后工序所需得不到满足，就会造成全线停工，由此可立

① 具体的看板数量计算方法，可以参见本章后面的案例二。

即使问题暴露，从而能迅速采取改善措施。这样，不仅使问题得到了解决，也使生产线的“体质”不断增强，带来了生产率的提高。

看板系统在准时生产系统中确实起着重要的作用，但使用它需要一定的前提条件，否则不但收不到成效，还会造成混乱。主要应具备以下条件：

(1)实行均衡化生产。均衡生产是看板管理的基础，在上述看板运行规则以及对计划调整功能的分析中可以体会到，实施拉动生产、看板管理，只对总装配线下达生产数量指令，如果后工序向前工序取货每次数量不等的话，那么前工序就很被动，有可能需要准备更多的储备物品，这样就破坏了准时生产的初衷。因此，均衡生产是至关重要的。要实现生产均衡化的重要一环就是投产顺序计划的编制。为了准确地协调生产过程，及时满足市场多变的需求，需要分析各种影响因素，制订合理的均衡化生产计划。

(2)必须使生产工序合理化和设备稳定化。为了保证对后工序供应百分之百的合格品，必须实行作业标准化、合理化和设备稳定化，消除无效劳动，提高劳动生产率，稳定工序的质量能力，确保向后工序供应的产品百分之百是合格的。

(3)必须与计划结合进行微调整。如计划流程分析所述，由于市场需求的变化，需求量的变化是难免的，所以计划阶段也是不断进行调整的，但应该在允许范围内对计划进行微调，即适当地进行产量的增减调整，并且尽量不给前工序造成很大的波动而影响均衡生产。例如，可以将调整的数量控制在一个可以接受的范围内，丰田公司的做法是控制在10%以内，这样看板的运行也不会出现大的问题，在最小的计划期间(如一旬或一周)内的数量变化，则通过看板的运行就可以实现了。所以，看板与计划结合形成了一个完整的计划与控制系统。

本章小结

作业日程计划是协调企业日常生产活动的核心，是实现综合生产计划的具体执行计划。它与综合生产计划不同的是，综合生产计划规定的是任务量，要考虑的问题是市场需求与企业生产能力之间的平衡；而作业日程计划规定的是完成任务的过程，要考虑的是任务要求与流程的运行规律，既要按时完成任务，又要符合流程运行规律，才会有利于提高产品质量与降低运行成本。因此，本章内容的重点在于，分析在大量生产环境下流程的运行规律，在此基础上，阐述作业计划编制的原理和方法。这是本章力图说明的一个思想，远比具体的计划制订方法重要得多。

准时生产是一种先进的生产方式，具有根据需求的变化决定出产数量、消除库存、减少浪费、增强系统的柔性等优越性，克服了大量生产方式固有的系统刚性问题，其中计划技术对实现准时生产起到非常重要的作用。本章在讨论了大量生产作业计划原理与方法的基础上，讲解了准时生产的计划技术与方法，如混流生产计划、均衡生产计划的方法。尽管是以丰田生产体系为实例进行讲解，会有一定的应用局限，但对于大量生产企业是有普遍意义的。

控制功能是生产运营管理的另一项重要内容，计划与控制结合形成一个具有闭合回路的信息系统，来指挥调度流程的运行。所以，一般将其称为计划与控制系统。但无论是在理论研究中还是在企业实践中，生产控制都是一个难题。原因主要有两点：其一，理论上讲，控制的目标应该是计划所规定的指标，但企业的生产系统不同于其他体系，计划规定的指标是产量，是根据需求确定的，可是需求却是不断变化的，计划也要随时调整，因此，控制的目标经常会模糊。其二，要能够准确地掌握计划的实际执行状态才能够控制，目前信息技术已经很发达，应用也很普遍，可能大家一般会认为做到也不是很困难。尽管如此，但这种思路的控制是一种反馈控制，形成的库存及浪费已经成为事实。丰田公司开发的看板系统提供了一种很好的解决思路与方法，尤其对于大量生产体系，看板系统可以实现防止过量、过早生产的前馈控制，也就是实现准时生产的目的。

所以，本章是将看板系统作为一种控制体系来阐述的，尽管目前信息技术已经很发达，有好多企业用信息技术取代看板，或称为电子看板，但从系统运行的实质及原理来看是没有什么变化的。因此，本章仍然以传统看板系统来讲解，目的不仅仅在于介绍它的具体运用方法，更重要的是想阐述其思想与原理。

关键词

生产日程计划(Operations Scheduling)
大量生产连续流程(Mass Production Continuous Process)
节拍(Cycle Time)
在制品(Work in Process)
准时生产(Just in Time)
看板(Kan Ban)
拉动式生产(Pull Production)
推动式生产(Push Production)
混流生产(Mixed Production)
均衡生产(Balance Production)

复习与思考

1. 大量生产环境下，企业内部生产物流的运动规律是怎样的？都有哪些反映物流运行状态的参数？
2. 运用在制品定额法制订作业计划的原理是怎样的？如何确定最终产品的产出数量？
3. 准时生产系统中生产计划制订的特点是什么？其原理是怎样的，对生产系统的准时性有什么作用？
4. 看板系统的实质是什么？它的运行原理是怎样的？看板的数量是如何决定的，数量的多少对生产过程有什么影响？
5. 服务业有大量生产吗？试举例说明。如果有，服务作业计划编制时应考虑的因素有哪些？

案例分析

一、库存为什么居高不下[①]

会议室里总经理宋坤正在主持生产经营会议，讨论如何降低居高不下的库存问题，但气氛越来越紧张。宋坤知道如果她现在不出面协调的话，手下的几员爱将会陷入难解难分的争执中，生产经理、销售经理、各大区的分销经理，各执一词，谁都有自己的理由。

公司背景

宋坤所领导的公司是国内较出名的服装(特别是西装)制造商。公司的经营战略是走品牌之路，早在20世纪90年代初公司就设立了自己的男装品牌。现在，公司的主打品牌已经成为业内和消费者心目中的知名品牌。公司年销售额近10亿元人民币，日生产能力达10 000套，每年开发30多个新品种。公司的生产线全部从意大利、德国和日本引进，具有先进的制造工艺，产品质量也是一流的。在销售方面，公司在全国有30多家分销公司、500多家专卖店。

但是，让宋坤头痛的是大规模生产的负面效应，即居高不下的库存。按照公司目前的经营模式，公司自己

① 本案例只作为课堂讨论材料，并不表明该公司的管理是否有效，其中涉及的名字、数据等都是经过加工处理的，但不影响问题的分析。

的成品仓库、分公司的仓库、代理商的仓库和零售店中的成衣都是公司自己的库存。光总公司的成品仓库中就有将近 40 000 套，这只是系统总库存量中的一小部分，散布在分公司和零售店的库存总额竟然高达 5 亿元人民币，相当于目前公司半年的销售收入，积压资金非常严重，而且服装是变化很快的产品，一旦款式过时，可能意味着要大甩卖，所有库存产品都要大幅度贬值。

计划、生产、销售的协调

销售经理振振有词："我们的生产有问题，生产计划是根据每年的订货会制订的，从采购面料到生产，再把货运到分公司及零售店要历时 2～5 个月。也就是说，我们在生产半年后的成衣，但半年后我们生产的成衣却不是客户所要的。例如，某款成衣生产了 1 万件，只能卖出去 1 000 件，其余 9 000 件成了库存。现在，我们在全国有 500 多家专卖店，每个专卖店都有款式出现了不同程度的压货，这样一来，库存怎么降得下去？而同时，市场上非常流行的款式我们又没有货。"

生产经理急了："大家知道，目前我们的生产计划主要由生产部下面的计划科编制。做计划的依据有三种：每年的三次订货会得到的信息、销售部门的预测，以及各分销点反馈的销售数据。程序是首先根据每年三次订货会及预测信息确定年生产计划，然后再根据分公司的日报表和月报表调整生产计划。如果我们不按照订货会与预测信息生产的话，分公司来提货提不到，他们又要抱怨。而且分公司和销售点的信息反馈既不及时又不准确，再加上我们的计划系统要有一定的处理时间，采购材料、生产准备都需要时间。所以，生产必然要有一定的提前期，而且，我们是大批量组织生产，当然不可能没有库存。"

这下矛头指向了分销公司经理，华东地区分公司的经理沉不住气了："信息反馈的速度慢和不准确是目前管理系统造成的必然后果。现在我们的零售店都是靠人工盘点，数据靠人工输入。而且，再订货的方式是通过传真、打电话等方式，确实很难控制。"

宋坤意识到这个问题已经很严重了，不是哪个部门的错误了。需求预测的准确性过低，计划、生产和销售间的矛盾，不仅造成了大量的库存，减慢了资金流的速度，还直接导致了客户服务质量不高，对客户要求的响应慢。这对于走品牌路线的服装公司来说是非常不利的。她希望有办法来帮助协调企业内部和外部的诸多矛盾。

讨论问题：

1. 你认为产生上述矛盾，以及造成库存严重积压的主要原因是什么？

2. 你觉得运用什么方法可以解决上述问题？请你提出一个解决方案。

二、神龙公司看板直送供货

供货背景与目的

在汽车生产企业中实施准时制生产，是以市场为拉动源，以总装配线为控制点，各生产环节都按后工序的需要组织生产和运输，不设置多余的库存；前工序仅仅生产后工序所取走的品种、数量，不进行多余的生产。与此同时，也要求供应商进行准时化供应，改变传统供应方式中设置大量的库存储备来保生产、保均衡的做法，减少库存费用，降低生产和运输成本，使得供应、生产与市场需求同步。

看板直送供应是拉动式准时供应的重要方式之一。将准时化要求向上游延伸至供应商处，即用户厂家以看板作为准时化要货指令，供应商按照看板指令实施生产或运输；所供应的外协件不进入用户仓库存储，直接转运至用户生产线消耗点。通过看板拉动，供应商按用户生产线需要的时间、需要的数量和需要的品种实施生产与运输。供应商供应点至用户生产线消耗点之间实行直送，减少存储点和存储量，从而降低供应商和用户的库存成本；同时发挥看板的现场自动微调功能，平顺排产、运输与仓储作业，降低协调难度和工作量，提高系统化管理水平。其物流示意如图 1 所示。

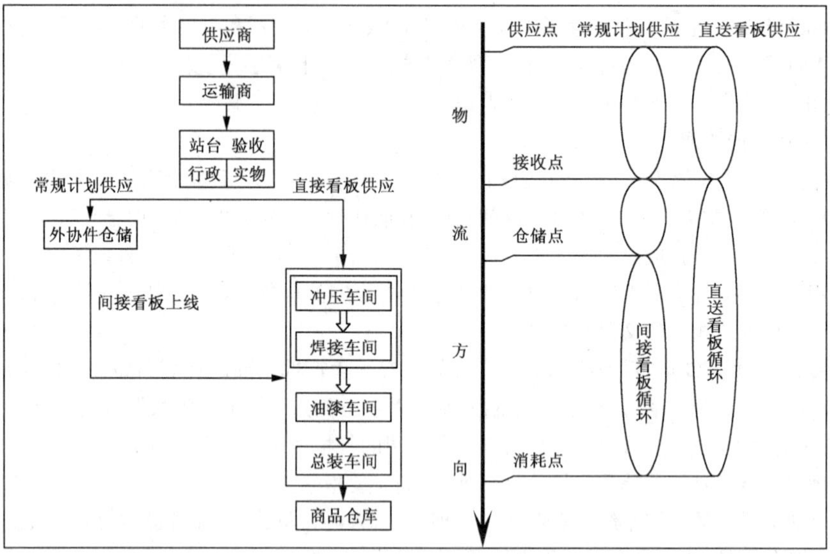

图 1　直送看板供应物流

采用看板直送供应的前提性条件

采用直送看板供应的前提性条件是：

(1)人员素质。直送看板供应运行涉及的相关人员经过必要培训，了解看板知识和运行规则，具备看板管理必备的素质和责任心。

(2)质量保证性。质量保证在供应商处完成，用户和供应商都对产品质量有足够的信任和信心，直送看板零件达到质量免检水平，只有合格的产品才能挂看板卡片。

(3)技术经济性。应优先选择 A 类物资(占用资金、面积、容器等制造资源较多的零件)。

(4)包装特性。标准化耐久容器；容器体积大，装载数量少。

(5)运输特性。每次运输批量较小，日运输频次大于一次，供应商供应点在 50 千米范围内。

(6)管理保证性。用户及其供应商愿意和能够实现准时化生产或运输管理，签订一份座椅直送看板供应合同/协议。

直送看板供应的实践应用

作为一个现代化轿车生产整车厂，神龙公司武汉工厂从 1995 年生产启动之初就引入和实施看板管理，已经历了 4 年多时间的发展，在观念普及、技术手段、信息处理、操作水平、运行效果等方面都取得了长足进步，形成了管理优势；在实现混流生产、降低成本、优化现场管理、合理组织物流、改善仓储供应、提高劳动效率等方面发挥了重要作用。

从 1995 年至 1997 年，武汉工厂总装、油漆、焊装、冲压四大工艺车间相继投产运行。这些工艺生产环节和相应的内部运输物流环节都实现了看板管理，但只限于本厂范围之内，准时化要求尚未延伸至外部供应环节。看板管理的效益潜力有待进一步开发。

1998 年初，神龙公司相关部门推出生产管理优化新举措，试行外协件直送看板供应，首项零件定为座椅。神龙富康轿车成套座椅价值 4 100 元；采用专用耐久容器盛放，每个容器盛放两套座椅；供应商为云鹤座椅厂，距公司总装车间约 1 千米；运输工具为 3 吨东风轻卡，每车运送 9 个容器；神龙公司总装车间实行 5 天两班制生产，日产 214 辆，日有效工时为 15.5 小时；云鹤座椅厂实行 5 天单班制生产，但仓库发交和运输作业时间与神龙总装车间同步，当时神龙公司仓库座椅库存水平为 240 套左右。针对以上情况，首先进行了初步设计。

1. 设计要点

(1)描述座椅厂为公司总装车间实行座椅直送看板供应的流程。

(2)进行工时分析，确定工时参数。
(3)看板计算。
(4)确定重要控制点和作业点。
(5)提出看板样本。
(6)提出看板运行所需要的人员、设备、物品、面积、环境配套等资源需求。
2. 座椅直送看板供应流程的一般性描述(见图 2)

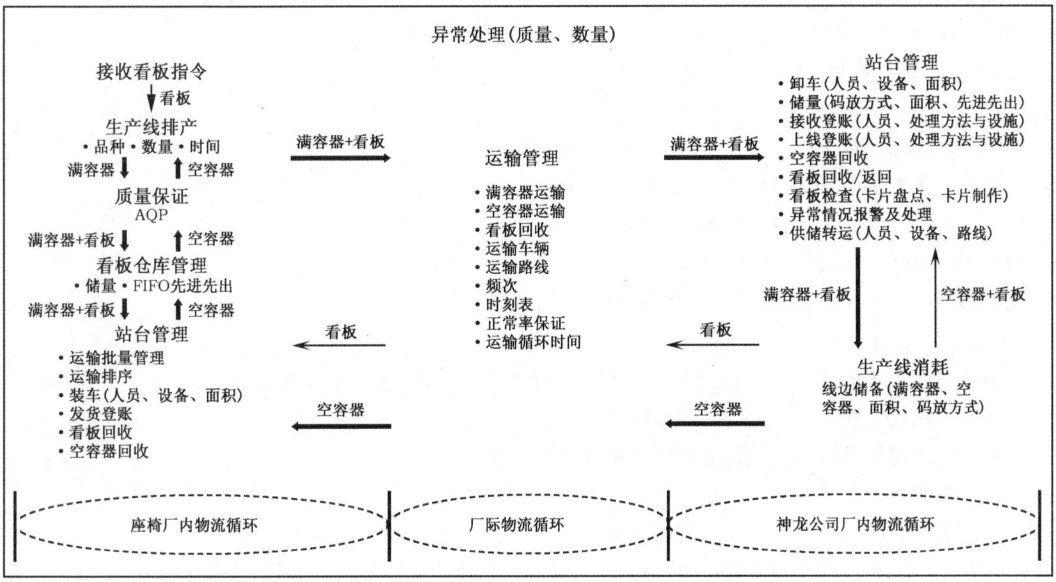

图 2　座椅直送看板供应流程

3. 工时分析(见表 1)

表 1　座椅直送看板供应工时分解表　　单位:分钟

序号	项　目	符　号	数　值
1	日工时	TMJ	930
2	生产节拍	TH	4.3
3	一个满容器在线边存放和消耗时间	t_1	17.4
4	运输间隔(等待)时间	t_2	78
5	用户站台卸车	t_3	7.5
6	上线转运时间	t_4	3
7	回收空容器时间	t_5	3
8	装空容器上车时间	t_6	7.5
9	运输车辆返回供应商处路途耗费时间	t_7	10
10	供应商处卸车时间	t_8	7.5
11	供应商处装车时间	t_9	7.5
12	运输车辆来用户处路途耗费时间	t_{10}	10
13	看板循环时间合计	$\sum t_i$	151.4

4. 看板计算

(1)看板卡片总数计算：

$$R=[CMJ\times T\times(1+a)+LOT]/UC$$

式中：R——看板卡片总数(张)；

CMJ——用户日消耗零件数(件或套)；

UC——容器装载量(件或套)；

a——安全系数($a=1/F$)；

F——日送货运输频次(次/日)；

LOT——运输批量(件或套)；

T——看板循环一次的时间(天)。

(2)本次设计取值：

$CMJ=214$(套)；$UC=2$(套)；$F=12$(次/日)；$a=1/F=0.08$；

$T=\sum t_i/TMJ=151.4$ 分/930 分=0.163(天)①，$LOT=18$(套)。

看板卡片总数 $R=[214\times 0.163\times(1+0.08)+18]/2=28$(张)

每张看板对应一个容器(满或空)，共需 28 个座椅容器周转。

(3)周转量/储量：

①日供应商每车运 9 箱(18 套座椅)，平均约 80 分钟送一次，日送货频次为 12 次。

②用叉车供储上线，每次送一箱(两套座椅)。

③总装线边储量：满容器 2 箱，空容器 2 箱，合计 4 箱。

5. 运行控制重点

(1)正点发交控制：准点交货水平控制在±5 分钟之内。

(2)看板卡片回收、传递和放置：总装车间线边叉车司机回收空容器时，同时回收看板卡片，交给站台管理员；站台管理员每次都将所有回收的看板让返程运输货车司机带回给座椅厂站台管理员；座椅厂根据看板卡片指示的品种和数量进行准时化供应和运输。

(3)供应商和用户站台秩序控制：双方站台都要及时、安全地完成装、卸车作业，按要求分类码放容器。

(4)看板卡片的检查盘点，丢失的要补充：由神龙方站台管理员每周检查盘点一次看板卡片，丢失的要补充，重复的则销毁；并做好记录备案。

(5)实物收发登记、过账、对账和结算：由双方站台管理员负责收发记账，并将相关票据传递给结算部门；具体方式在双方相关合同/协议中约定。

(6)异常情况处置：双方站台设置直通电话，发生数量、质量异常或紧急情况时，本着"首先全力保证用户生产需要"的原则，迅速进行生产和运输补充；并做好记录，交相关部门处理。

6. 资源配置需求

(1)双方都应配置掌握看板运行管理的站台管理员。

(2)车况良好的运输货车和叉车。

(3)必要的通信工具(电话、传真等)。

(4)看板管理栏、看板袋等。

(5)配置计算机看板条码处理设施。

7. 看板卡片样本(见图 3)

8. 直送看板供应运行效果

经过严谨的设计和精心准备，座椅直送看板供应按计划于 1998 年 6 月 16 日启动，运行情况非常好，尤其是经济效益十分显著。图 4 是座椅直送看板供应一段期间的运行记录。

---

① 因为每天工作时间为 930 分钟，看板循环一次是 151.4 分钟，折算为 0.163 天。这样与各参数的量纲统一为每天的数据。

图 3　看板卡片样本

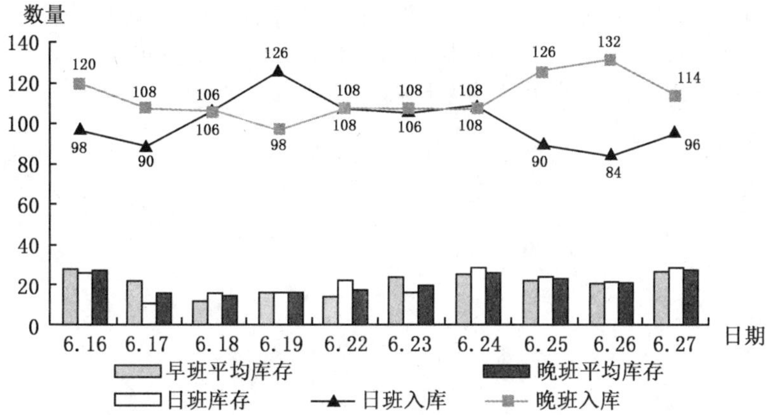

图 4　座椅直送看板供应运行图

从运行图可以看出,供应量曲线和库存水平都比较平滑和均衡,座椅平均库存水平降到 24 套左右,为原来库存水平(240 套)的 10%,同比降低了 90%,减少库存资金占用 88.56 万元。真正是"管理出效益"。

直送看板供应的推广前景

座椅直送看板供应的成功应用,极大地鼓舞了公司各级管理和技术人员推广直送看板供应模式、挖掘管理潜力和效益的信心。经过总结和进一步分析研究,公司又陆续启动新一批适宜零件实行直送看板供应。截至 1999 年 9 月,已经发展了 4 家直送看板供应商,27 个看板供货品种,平均库存量水平同比降低 85%,减少仓储面积占用 60%,减少容器具占用 70%。

同时,还开发了直送看板供应计算机管理信息系统——SKB 系统,实行条形码验收和出入库管理,自动生成要货令和验收单;在结算日实现收发汇总和结转;提供所有看板供货交易的对账和查询服务;看板计算和动态跟踪报警。

目前,直送看板供应零件占国产外协件品种的 1.5%,预计可能降低的库存金额占当前外协件库存总金额的 10%;随着产量的增加、国产化率的提高以及供应商质量水平和管理能力的改善,由整车厂拉动的直送看板供应零件品种范围也将不断扩大。根据雪铁龙公司数据显示,该公司直送看板供应零件占外协件的 50%以上。因此,神龙公司直送看板供应的应用前景十分广阔,所产生的管理效益和联动效应也将非常可观。

资料来源:王辉:"神龙公司直送看板供应分析与应用",《工业工程与管理》2000 年第 3 期,略有改动。

讨论问题:

1. 你认为本案例所列出的应用看板直接供货的六项前提条件是否合适? 如果运输距离较远的话是否可

以运用?

2. 你认为本例中计算的看板数量是否合理?是否可以再减少看板的数量?

3. 你能计算出在此例中一次订货数量是多少、平均周转库存数量是多少吗?

参考文献

1. [美]杰伊·海泽、巴里·雷德:《生产与作业管理教程》(第4版),华夏出版社1999年版。
2. [美]拉瑞·P. 里兹曼、李·J. 克拉耶夫斯基:《运营管理基础》,中国人民大学出版社2006年版。
3. F. 罗伯特·雅各布斯、理查德·B. 蔡斯:《运营管理》(第14版),机械工业出版社2015年版。
4. 威廉·J. 史蒂文森等:《运营管理》(第12版),机械工业出版社2016年版。
5. 詹姆斯·P. 沃麦克等:《改变世界的机器》,商务印书馆1999年版。
6. 詹姆斯·P. 沃麦克等:《精益思想》,商务印书馆1999年版。
7. 门田安弘著:《新丰田生产方式》(第4版),河北大学出版社2012年版。
8. 李·克拉耶夫斯基等:《运营管理——流程与价值链》(第7版),人民邮电出版社2007年版。
9. 托马斯·E. 沃尔曼等:《制造计划与控制》,中国人民大学出版社2008年版。
10. 安纳兹·V. 艾费等:《丰田供应链管理》,机械工业出版社2010年版。

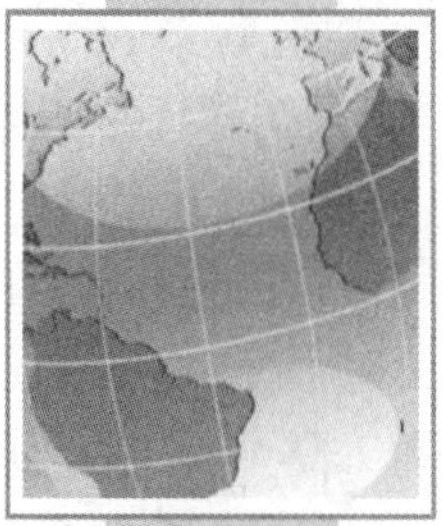

第八章 成批生产与 MRP 系统

本章部分习题答案

成批生产是一种比较多的制造环境，作业计划面临的问题是，要在一个生产体系中安排多种产品的出产进度。试想如果一个系统同时生产几种、几十种，甚至上百种产品，如何安排一个能够满足供求平衡的产品出产进度，本身就是一道难题。加之即便是结构很简单的产品，所需要的零部件、原材料也会有很多种类，为了保证产品按交货期准时出产，需要计算出各种零部件、原材料的需求数量与需求时间。因此，与大量生产相比，成批生产作业计划的制订要复杂得多，工作量也大得多。

不过成批生产面对的多半还是重复性需求，产品的结构与工艺流程也是相对稳定的，作业计划工作量虽然很大，但还是有规律可循的。尤其是随着计算机与信息技术的发展，计算机在管理领域得到了充分应用，为计划工作提供了很好的技术支持。例如，目前在企业得到广泛运用的企业资源计划(ERP)系统，其中的生产计划(MRP)子系统，即便是面对生产几十种，甚至几百种产品，需要面对几百个、几千个以至于上万个物料的计算问题，也能很快地计算出结果。因为计算机的优势就在于信息容量大、运算速度快，计算机在管理领域的应用也是在此背景下展开的，其作用与意义也在于此。

实际上，对于批量生产环境而言，MRP 系统的原理与人工编制计划方法是一致的，只是在没有信息技术支持时，面对较庞大的计算量，人工无法实现。因此，本章在分析批量生产流程运行规律，以及作业计划原理与方法的基础上，讨论目前比较成熟也得到普遍应用的 MRP 系统，力图说明运用信息系统制订计划的原理与方法，而不在于信息技术本身，这是本章的目的所在。

第一节　流程运行特征

成批生产的最大特点是，要在一个流程(生产线或工艺单元)中轮番生产多种不同品种的产品，这主要是因为，每种产品需求数量都不是很大，不足以支持企业的最小经济规模。例如，时装、家具、健身器材、体育用品等。但产品需求还是有一定的规律性的，企业既可以按订单生产，也可以根据预测生产，有时甚至两种方式都有。

成批生产流程组织模式可以是生产线，也可以是工艺的单元，针对产品工艺特点、需求数量的不同会有所不同。但一般来讲，生产流程在更换加工对象时需要一定的转换时间，有时转换时间甚至很长，并且会产生相应的转换成本，因此，每次生产的数量(批量)不能太少，否则转换成本会很高；但如果一次生产的数量过多，根据库存控制原理可知，库存水平会很高，导致库存成本增加。我们将这种流程称为间断流程。

所以成批生产作业计划面临的问题是，生产可以是按批量轮流进行的，可是需求不会是轮番发生的。那么，如何协调两者的数量关系，在既满足需求又考虑运行成本的条件下，制订一个合理的排产方案？下面我们通过一个实例来分析成批生产流程的运行规律，在此基础上再讨论如何制订作业计划的问题。

【例 8—1】 某电动工具制造企业，主要生产家用及工业用两大类电动工具产品，生产的品种较多，企业也不断地有新产品问世，经常生产的产品有 100 多个品种。生产工厂有 6 条组装线，因此，每条装配线需要生产多种不同的产品。例如，其中 4 号线负责生产三种家用系列产品——FA、FB、FC 三种电钻，根据需求组织轮流生产。由于各种产品的结构、工艺要求不同，在改变品种时，生产线需要进行设备调整工作，一般需要全线 8 名员工 1 个小时才能完成。所以采取集中生产一定数量的产品，尽量减少转换带来的损失。

市场需求的特点是，需求量虽然有一定的波动，但各种产品在每个计划期都有一定量的需求，有一定的规律性可以预测。例如，市场部给出的三种产品未来 8 周的需求预测数据如表 8—1 所示。

表 8—1　　家用系列产品未来 8 周的需求量　　单位：件

产品	1	2	3	4	5	6	7	8	合计
FA	1 000	950	800	1 050	900	960	800	1 000	7 640
FB	600	650	800	760	900	700	750	800	5 960
FC	400	350	450	500	450	500	450	550	3 650

这条生产线有 8 名员工分工作业，生产能力主要取决于作业人数。其中，组装一件 FA 产品需要 0.1 个工时；一件 FB 产品需要 0.12 个工时；一件 FC 产品需要 0.16 个工时。工厂实行一班制生产，有效作业时间为 8 小时。

根据上述实例分析可知，由于在改变加工对象时发生转换时间，即需要将系统停下来按产品工艺要求进行设备、工装、模具、物料等方面的准备。在间断流程的生产环境下，生产与需求衔接的特点是，就某一种产品来看，生产速度要比需求速度快，所以批量生产的规则是，在集中生产一定数量的某种产品后，流程停下来，转换后再生产另一种产品；间隔一定时期后再转回来重新生产第二批该种产品，因此中间会有周转库存存在。如果以上述电动工具厂的 4 号生产线同时生产三种产品为例的话，企业内部(车间与仓库中)物流(加工对象)的运动规律如图 8—1 所示。

我们将消耗一次转换时间，连续生产一批产品的数量称为批量(Q)；将生产一个批量产品所消耗的时间称为生产周期(T)；将两次投入或者出产同一种产品的时间间隔称为生产间隔期(TR)。这是反映成批生产流程运行规律的三个主要参数(期量标准)。根据上述加工对象的运动规律可知，如果让生产量与需求量平衡，则必然有下述关系式成立：

$$Q=\mu\times TR \tag{8-1}$$

其中，μ 为每单位时间(天、周)的平均需求数量。

由于批量与间隔期之间是相关的，成批生产是按一定时间间隔依次生产多个批量产品，所

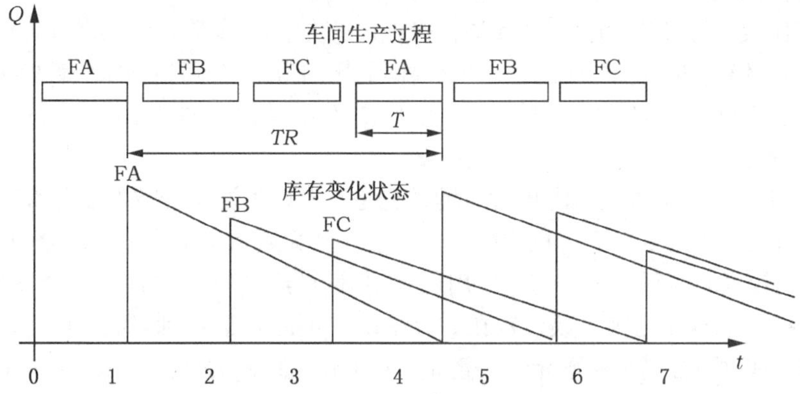

图 8—1　批量生产间断流程的物流运动规律

以，间隔期实际可以根据批量推算得到。另外，在实际编制计划方案时，推算产品的开始投入时间多以提前期为计算依据，而提前期是以生产周期为基础计算得到的（两者关系下面会讲解），因此，制订成批生产作业计划的两个关键参数是批量与提前期。

一、批量的确定

根据图 8—1 所示的规律可知，如果全年的需求量确定的前提下，批量越大，转换次数就会越少。所以，增大批量会减少设备调整次数和调整费用，提高设备利用率，有利于生产组织，保证稳定的产品质量。但是，批量加大会增加产品库存数量，增加资金和生产面积占用，产品生产周期也会延长。这与库存控制中批量分析的道理是相同的。因此，成批生产作业计划中批量确定的基本思路也类似于库存控制，主要有以下两种方法。

1. 最小批量法

这种方法的特点是，从选择最佳的设备利用率和生产率的角度考虑，来确定生产批量。因为，在改变加工对象时，需要对设备和工艺装备进行调整，如果批量小，调整次数就会多，会影响设备利用率，降低企业的经济效益。因此，可以事先确定一个调整时间与加工时间比值的允许值，调整时间与在该设备上加工完成该批制品的加工时间之比不能超过这个允许值，以此来确定批量的大小，这个事先确定的允许值称为设备调整时间损失系数，其计算公式如下：

$$t_f/(Q \cdot t_i) \leqslant \alpha \tag{8—2}$$

式中：Q——批量；

t_f——调整时间；

t_i——工序单件加工时间；

α——允许的调整损失系数，取 0 到 1 之间的数值。

在上述不等式中，在给定的损失系数 α 下，如果批量 Q 越小，整个公式的左侧数值会越大，那么批量小到使左侧数值等于 α 时，就不能再小了，否则就破坏了不等式，选取此时的数值为生产批量就是合理的。当然，在上式中批量取值越大越不会超过损失系数，但是批量越大库存越多，所以，这种方法是取上述公式中批量的最小值为合理，因此被称为最小批量法。这样实际上就是在上式中取等式时解出批量即可，公式如下：

$$Q=t_f/(\alpha \cdot t_i) \tag{8—3}$$

最小批量法的优点是，应用比较简单易行，两个参数调整时间与单件加工时间，根据工艺文件或时间定额比较容易得到；时间损失系数由管理人员决策，例如取 $\alpha=0.2$ 的话，表示为了加工一批产品而进行的转换时间，占加工此批产品时间的比例为 20%，所以效果关键取决于损失系数的确定，这取决于现场管理人员的经验，一般在设备较贵重、转换成本较高时比较适用。

2. 经济批量法

经济批量法是从成本方面来考虑批量的。它是在考虑了调整准备费用和库存持有费用的基础上，从费用最低的角度来确定批量的一种方法。其优点是理论依据较充分，制定的批量经济合理，也得到较好的实际运用。但在应用过程中，计算经济批量用到的几个参数，如转换成本(S)与库存持有成本的比例系数(i)，在财务系统中不能直接得到，需要生产管理人员经过统计分析确定，有时不容易准确确定。经济批量(EOQ、EPQ)的计算方法，与库存控制一章中的讲解完全相同，在此不再讲解。

二、生产周期的确定

生产周期是一个时间长度概念，而且它是针对一批产品而言的，即是以一个批量(当然极端的情况批量可以等于 1)为单位计算度量的。具体的度量是从产品(或零部件)物料的投入生产开始，到出产为止所经历的全部时间。

由于产品的结构可能很复杂，例如会由许多零部件构成，所以，产品的生产周期是由构成产品的各种零件的加工周期、部件装配周期，以及总装配周期构成的，如图 8—2 所示。因为在编制作业计划的过程中，需要每一个物料(加工对象)的提前期，因此，可以分别对零件的加工、部件及产品的装配分对象、分阶段地进行生产周期的确定。

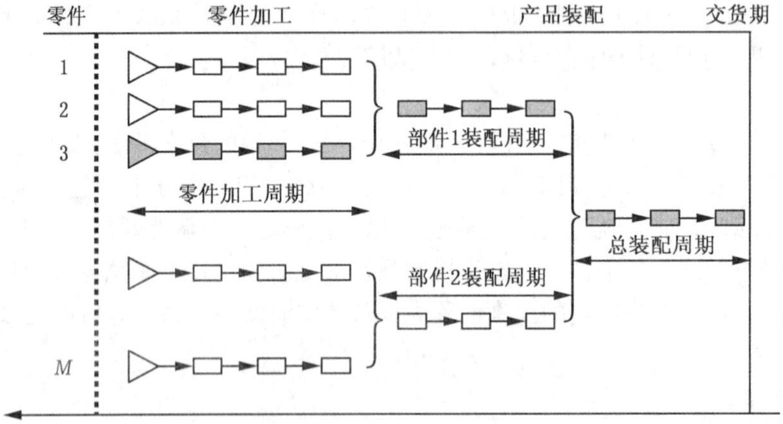

图 8—2 产品生产周期的构成

从图 8—2 可知，生产周期一般应包括三部分时间：①工序的加工时间。这是生产周期的主要构成时间，用流程分析的思想来看，也是流程中的增值时间，这个时间一般可以根据标准工时计算得到，相对会准确一些。②设备的转换时间。这也是必不可少的，在批量生产条件下，一般改变加工对象时需要对设备进行调整，准备新的任务需要的时间。但这个时间没有直接的依据，需要根据转换作业的内容以及技术要求分析确定，会产生一些误差，而且也是改善压缩的重要内容。③运输时间。是指在两道工序之间加工对象的运送时间。这个时间的长短取决于运输距离以及运输的方式、工具等因素，需要根据具体条件分析统计确定。此时产生的误差会更大一些，但同时改进的空间也会更大。

但在确定生产周期时，一个更主要的影响因素是流程的类型，以及加工对象的运行方式。实际上，不同加工对象的运行方式下，加工时间的计算问题，我们在第二章中已经讨论过（参见第二章第二节的内容），但那里只考虑了加工时间，没有分析转换时间和运输时间，而且根据流程类型及加工对象运行方式的不同，三种时间会有很大的差别，下面我们分别讨论不同类型下生产周期的具体确定方法。

1. 顺序运行方式下一批零件的生产周期

此时，流程一般按工艺原则分工组织，生产单元为工艺性质，如工艺车间、工段等。加工对象一般要经过若干个工艺单元，才能完成全部工序作业内容，而且加工对象一般是成批运输的。因此，一批加工对象的生产周期应包括全部的上述三种时间，一点平行交叉也没有，周期时间是最长的一种情况，计算公式如下：

$$T_Q = Q \cdot \sum t_i + \sum t_{Si} + \sum t_{di} \tag{8-4}$$

式中：T_Q——一批产品（加工对象）的生产周期（天）；

Q——批量（件）；

t_i——第 i 道工序单件时间（天）；

t_{Si}——第 i 道工序设备的转换时间（天）；

t_{di}——每两道工序间的运输时间（天）。

这里需要注意的是，一般工序单件时间（t_i）、设备转换时间（t_{Si}），以至于工序间的运输时间（t_{di}）多是以分或秒表示的，但生产周期一般是以天为单位表示的，需要将计量单位转换成统一的时间。

另外，公式 8－4 的第一部分实际就是第二章中阐述的加工对象在顺序移动方式下的加工周期（可参见公式 2－2），所以，实际上 8－4 式就等于 2－2 式的加工周期，加上每道工序的设备转换时间，再加上工序之间的运输时间。其中，设备转换时间也需要每道工序都计算进去，因为一般是在任务到达后才开始准备作业。另外，在此环境下，中间的运输距离会比较远，而且会发生多任务同时到达一个工作单元的情况，这些都会对生产周期有很大的影响，需要综合考虑确定。

2. 平行顺序运行方式下一批零件的生产周期

此时流程一般按产品分工原则组织，是一个线性的流程，如生产线。根据加工对象运行的特点可知，中间的运输是变量，所以计算更加复杂一些，但仍然可以按上述思路计算，即一批零件的生产周期包括工序加工时间、设备转换时间，以及中间运输时间。但此时总的时间长度会有所变化（请参见图 2－15），其中有许多工序加工时间、设备转换时间可以是重叠的，而且由于流程是按产品原则组织的，中间的运输时间会很少，基本可以忽略不计，可以只包括加工时间和转换时间两部分，根据公式 2－4 计算得到加工时间，再加上生产线的转换时间即可。不过因为具体的平行作业比较复杂，也可以采取简便的做法，即可以根据实际情况，分析确定一个平行系数，在这种情况下，考虑加工过程的平行因素，加工周期时间会比完全不平行的顺序运行方式下缩短，然后按下式计算生产周期：

$$T_Q = K_p \cdot Q \cdot \sum t_i + T_S \tag{8-5}$$

式中：T_Q——一批产品（加工对象）的生产周期（天）；

K_p——平行系数（在 0 到 1 间取值）；

T_S——生产线的转换时间（此时只计算一个转换时间，即一条生产线总的转换时间）。

上式中，平行系数是反映各工序平行程度的参数，可根据工序之间实际平行作业的程度综合分析确定。例如，分析确定在有平行作业时，加工周期时间是完全没有平行作业情况的70%，那么平行系数即为0.7。如果平行系数等于1，说明各工序之间没有平行作业，完全是顺序加工的；如果平行系数为0，说明该零件(加工对象)各工序间是完全平行作业的，即零件是流水生产的，不必考虑生产周期，是按节拍生产的。所以在平行顺序运行的情况下，K_p 值不应该取0。

3. 平行运行方式下一批零件的生产周期

如果加工对象完全是按平行运行方式生产的话，那么根据第二章的讨论可知，此时流程一般是按产品原则组织的，如流水线或生产线。所以，此时也可以根据对应的公式计算得到一批产品的生产周期，而且可以不用考虑工序间的运输时间，因为中间会有比较便利的传送装置，只需要确定必要的在制品即可。但一般可以按流程的节拍或瓶颈工序时间计算求得生产周期时间。另外，调整时间也只需考虑整条线的一次调整时间即可，计算公式如下：

$$T_Q = Q/R + T_S \tag{8-6}$$

式中：T_Q——一批产品(加工对象)的生产周期(天)；

Q——批量(件)；

R——流程的平均日产量(件，$R=F_e/r$)。

F_e——每天的有效工作时间(分)；

r——节拍时间或瓶颈工序的单件加工时间(分)；

T_S——流程(生产线)的转换时间。

无论是零件加工还是产品的装配，都可以根据上述三种情况分阶段计算出一批产品的生产周期，最后汇总求得整个产品的生产周期。生产周期是计算提前期的基础数据，但由于加工装配型产品的工艺过程及配套衔接关系比较复杂，因此在实际工作中，一般还需要考虑产品的配套等待时间、中间的排队等待时间，以及各种影响因素分析确定。对于小批量或批量不稳定的情况，可以根据产品装配图及各工艺阶段生产周期图表资料，绘制产品生产周期图来分析确定产品的生产周期。而对于连续流程型生产的产品，如钢铁、化工、纺织类产品，是按流程的能力连续出产的，而且产品多为非结构性的，如液体、粉状、线型等状态，是不需要计算生产周期的。

三、生产提前期的确定

生产提前期(简称提前期，Lade Time)是一个基于比较而言的时间概念，是产品在生产过程中，各工艺阶段相对于产品最终出产(或交货期)，应该提前投入或出产的时间。所以，从时间长度上看，它与对应的生产周期是一致的，只是两者的概念是不同的，如图8－3所示。而且在实际制订作业计划时，直接应用的是提前期(L)。当然，有时企业也会从使用的角度考虑，提前期也会包含一些生产周期以外的影响因素。

在产品的生产周期确定的基础上，产品或零部件的提前期都可以根据对应的生产周期推算出来。计算过程是以产品最后工艺阶段，即以产品的出产交货点为起始点，根据各工艺阶段的生产周期，反工艺顺序逆向进行推算，其原理如图8－3所示。计算公式如下：

$$L_i = T_i \tag{8-7}$$

式中：L_i——某阶段产品或零件的生产提前期；

T_i——对应本阶段的产品或零件的生产周期。

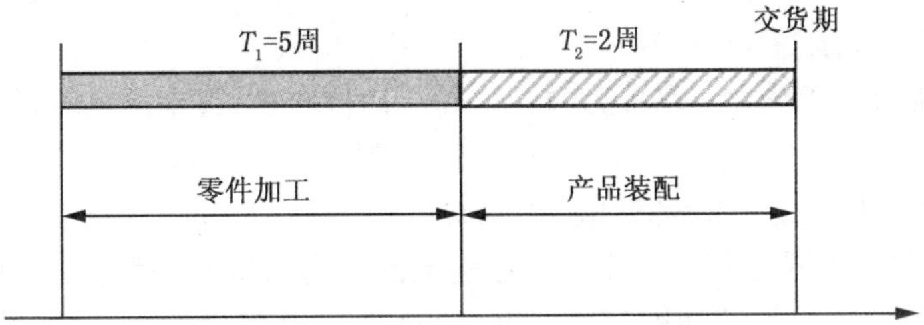

图 8—3　提前期与生产周期的关系

提前期可以有两种表示方式：其一是统一以最终产品出产为基准点，累计前向计算。如以图 8—3 所示的数据为例，产品装配的提前期，就等于装配的生产周期 2 周；而产品零件加工的提前期为装配周期与加工周期之和 7 周。另一种表示方式是分段提前期，仅表示本阶段投入生产比产品出产的提前时间。此时，如图 8—3 所示，装配的提前期为 2 周；零件加工的提前期为 5 周。在制订作业计划时更起作用的是分段的提前期，尤其是在 MRP 的系统中，每种物料(零件、材料)都会有一个批量和分段的提前期的数据。

第二节　作业计划制订方法

成批生产环境下，产品(或零件)是整批投入、整批出产的，在确定了批量与提前期的前提下，作业计划编制的任务，主要是确定产品在各期间需要投入与出产的数量，具体方法是根据产品的提前期逐期推算的，所以称为提前期法。

首先，计算出计划期内某种产品或零件需要生产的数量，这个数量是考虑后工序(或销售)的需求数量，减去该产品的库存数量得到的，所以也称为净需求量，对应的后工序(或销售)要求的数量称为毛需求量，其计算公式为：

$$N_t = G_t - H_{t-1} \tag{8—8}$$

式中：N_t——本期净需求量；

G_t——本期毛需求量；

H_{t-1}——期初库存数量。

其次，计算各阶段(车间)在计划期内实际应完成的出产量和投入量，其计算公式为：

$$P_t = N_t / Q \tag{8—9}$$

式中：P_t——实际生产(投入/出产)数量；

N_t——本期净需求量；

Q——采用的批量。

根据公式 8—9 计算得到的生产任务量，有时会是小数，需要进行修正，使任务量与批量相等或成倍比关系。例如，假设批量 Q 为 50 件，如果求得净需求量 N 为 120 件的话，则生产任务量 P＝120/50＝2.4 批，所以任务量可以取 2 个批量 100 件或 3 个批量 150 件。

最后，再计算期末的库存数量，计算公式如下：

$$H_t = H_{t-1} + P_t - G_t \tag{8—10}$$

式中：H_t——期末库存量；

H_{t-1}——期初库存量；

P_t——本期实际出产量；

G_t——本期毛需求量。

成批生产作业计划的编制一般是以周(或日)为时间单位,逐期地推算,得到每周的投入与出产数量,以及库存状况等信息。而且投入与出产的数量一般应该是相等的。现在我们用例8—1的数据,来说明具体的计划编制方法及过程。

假设表8—1给出的需求量就是生产计划确定的毛需求量[①];三种产品的经济批量分别为3 000件、2 400件、2 000件;期初库存分别为2 000件、800件、1 200件,三种产品的提前期均为1周。则根据公式8—8、8—9、8—10,可以分别推算三种产品的作业计划如表8—2所示。

表8—2 三种产品未来8周排产计算过程 单位:件

周	1	2	3	4	5	6	7	8
FA产品								
毛需求量	1 000	950	800	1 050	900	960	800	1 000
预期库存	1 000	50	2 250	1 200	300	2 340	1 540	540
净需求量			750			660		
计划出产			3 000			3 000		
计划投入		3 000			3 000			
FB产品								
毛需求量	600	650	800	760	900	700	750	800
预期库存	200	1 950	1 150	390	1 890	1 190	440	2 040
净需求量		450			510			360
计划产出		2 400			2 400			2 400
计划投入	2 400			2 400			2 400	
FC产品								
毛需求量	400	350	450	500	450	500	450	550
预期库存	800	450	0	1 500	1 050	550	100	1 550
净需求量				500				450
计划产出				2 000				2 000
计划投入			2 000				2 000	

注:表中的预期库存为每一期末的库存数量;出产量为净需求量的取整数量。

表8—2是一个计算过程,计算方法完全是依据上述三个公式,例如第一种产品FA,因为期初有2 000件库存,第一周的毛需求量1 000件,所以不需要再生产了(净需求为负数),期末还会有剩余库存1 000件,直到第三周计算净需求为750件,所以决定出产一个批量3 000件。因为提前期是1周,所以推算得到第二周需要投入一个批量3 000件。这样就得到了该产品第一个订单,数量为3 000件,时间为第二周开始生产,第三周生产结束并入库。

表中其余数据均是按上述原理计算求得的,最后可以得到三种产品未来8周内的作业计划,我们将计算过程去掉,仅对三种产品的作业日程计划结果汇总,如表8—3所示。

① 关于独立需求毛需求量的确定将在下一节MRP系统中讲解,在此暂以预测数据计算。

表 8—3　　生产线未来 8 周的作业日程计划(初始方案)

周		1	2	3	4	5	6	7	8
FA	出产			3 000			3 000		
	投入		3 000			3 000			
FB	出产		2 400			2 400			
	投入	2 400			2 400				
FC	出产				2 000				2 000
	投入			2 000				2 000	

作业计划是一种日程进度计划,规定了产品的具体生产起止时间,根据时间点可以绘制出对应的甘特图(见表 8—3 中的线段)。通过甘特图可以看到,计划时间单位的作用,或者说计划详细程度的选择问题。本例是以周为计划的时间计量单位计算的,如上述产品 FB 是从第一周开始投入,第二周出产,因为 1 周有 5 个工作日,具体哪一天投入,哪一天出产,与第二个产品投入的衔接,则留给现场管理、调度人员来决定。这是计划与执行过程衔接的技巧。如果以日为计划的时间计量单位,现场执行的调整空间就很少了,计划更细致,要求现场执行管理水平更高。

制订作业计划的最后一步是,进行能力平衡,确定方案是否可行。表 8—3 表示的是一个初始的计划方案,是否可行,还要看能力是否能够满足要求。具体的计划与产能平衡的方法是,按每个生产单元(工作中心)计算各时段的生产任务负荷,公式为:

$$生产负荷=计划任务量/生产能力 \qquad (8—11)$$

在进行负荷计算时,一般可以按实物量计算,也可以将任务量与能力都换算成工时,再根据生产单元的具体情况,可以按周或按日直至按班计算。在本例中,生产单元是一条组装线,轮流生产三种产品,所以可以考虑以产品计量任务或能力,按周计算负荷。根据例 8—1 给出的能力数据,每周工作时间为 40 小时,这条组装线有 8 名员工同时工作,所以每周最大能力为,仅生产 FA 产品的话是 3 200 件(8 人×40 小时÷0.1 工时);同理,只生产 FB 产品可以生产 2 666 件;只生产 FC 产品可以生产 2 000 件。所以大家很容易发现,上述初始方案是可行的,因为每周的出产数量都没有超出能力的限制。

至此,我们给出了一个三种产品未来 8 周的日程计划,但对于一个完整的作业计划来讲,还只是第一步,要保证三种产品能够按时出产,需要进一步计算所有装入产品的零件、材料的需求数量与时间。

现在我们以表 8—3 中第三种产品 FC 为例,来说明相关需求的计算。[①] 假设该产品需要用到一种核心零件(A),是企业自己加工的,生产批量为 2 000 件,生产提前期为 1 周;生产此零件用到一种钢材(B),每件需消耗 4 公斤,是外部采购的,采购批量为 10 000 公斤,采购提前期为 1 周。期初有库存 A 零件 500 件,材料 B 为 2 000 公斤。根据表 8—3 给出的计划方案,两种物料的毛需求以及需求计算过程如表 8—4 所示。

① 这里我们只是说明计划过程以及基本原理,更具体的方法将在 MRP 一节讲解。

表 8—4　　两种物料未来 8 周的需求计算过程

周	1	2	3	4	5	6	7	8
零件 A(件)								
毛需求量			2 000				2 000	
计划库存	500	500	500	500	500	500	500	500
净需求量			1 500				1 500	
计划出产			2 000				2 000	
计划投入		2 000				2 000		
材料 B(公斤)								
毛需求量		8 000				8 000		
计划库存	2 000	4 000	4 000	4 000	4 000	6 000	6 000	6 000
净需求量		6 000				4 000		
计划收货		10 000				10 000		
计划订货	10 000				10 000			

运用上述方法，根据产品的结构，可以逐层次地推算得到每一种物料(零部件、原材料)的投入出产时间与数量。对于外购的物料依据此数据可以制订一个采购计划；对于自制生产的零部件，经过与流程工作中心负荷平衡后，可以得到一个可行的作业计划方案。

第三节　MRP 的基本原理

根据前一节的讨论可知，无论企业生产的品种有多少、产品结构多复杂、有多少零部件构成，只要基础数据齐备，如产品的结构、库存信息、各种物料的批量与提前期等数据齐备，按照上述计算方法，都可逐级地推算得到每一种物料的投入出产时间与数量。只不过随着企业规模扩大、产品品种增多，其计算工作量会成倍地增加，完全依靠人工计算基本是难以完成的。所以，人们想到用计算机来支持这个计算过程，这就是物料需求计划系统产生的背景。

MRP(Material Requirements Planning)系统是 20 世纪 60 年代中期由于计算机技术的发展，使短时间内对大量数据的复杂运算成为可能，因而研制的运用计算机解决物料需求计算问题形成的一种信息系统。它很好地解决了作业计划中大数据量计算的问题，为编制生产日程计划提供了有力的支持，因此将其称为物料需求计划。

一、MRP 的核心思想

实际上，MRP 系统的运算原理与人工系统是一致的，只不过在没有运用计算机系统之前，人们无法对每一种物料进行准确的计算，尤其是在企业规模较大、产品品种较多时，计算工作量是非常大的。所以，虽然知道计算原理，但是各种物料的需求量仍然是预测的，运用库存理论中的订货点法来确定物料的需求数量与时间，也就是没有对相关需求与独立需求进行区分，采用对独立需求一样的方法来控制相关需求。

这样一来，需求预测的误差会随产品结构层次逐渐积累，加之各阶段保险库存的增加、提前期误差的作用等因素，表现为需求误差沿着产品生产流程(供应链)越向上游误差越大的现象发生。[①] 于是，人们想到将两种不同性质的需求加以区分，然后，根据上述计划制订的原理，运用计算机来准确地推算出各种相关需求的数量，这就是 MRP 系统的基本思想。

20 世纪 70 年代美国运营管理专家奥利基(Joseph A. Orlicky)的经典著作《物料需求计划》(*Material Requirements Planning—The New Way of Life in Production and Inventory Management*)的发表，从理论上论述了 MRP 系统的思想与原理。奥利基指出：

(1)在制造业中，零件与材料的需求不同于最终产品的需求，不应作为独立需求进行库存控制，属于相关需求；

(2)在各个时间段内，最终产品(独立需求)一经确定，相关需求是可以计算得到的，不必预测其需求数量；

(3)对最终产品(独立需求)，无论是采取最少库存(订货点)控制也好，还是采用最优库存控制也好，都会引起零件需求(相关需求)的波动，因为零件的用量与最终产品的用量不等；

(4)人工条件下，对所有零件逐一计算需求量，以及需求发生时间，几乎是不可能的，但在计算机支持下是可以做到的。

这些论述正是建立 MRP 体系的核心思想，也是 MRP 系统进行物料计算的基本思路。下面我们通过一个实例来说明 MRP 系统的原理。

【例 8—2】 某运动器材制造企业生产多种健身产品，其中的滑板产品受到极限运动爱好者的偏好与热衷，很长一段时间内，市场对滑板有一定数量的需求。公司的滑板设计专业时尚，每副滑板主要是由一块板面和两个滑轮组件装配而成的，产品结构如图 8—4 所示。

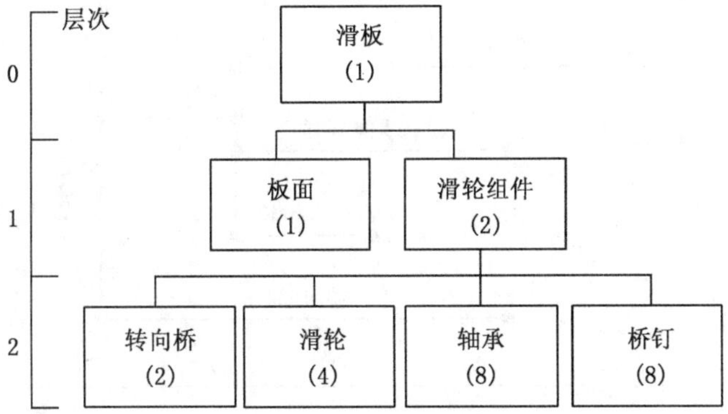

图 8—4　滑板的产品结构

其中，最顶层项目是滑板，是最终产品即企业的外销产品，需求信息来源于企业市场销售部门，属于独立需求；属于底层项目的是转向桥、滑轮、轴承和桥钉，以及属于中间层项目的板面、滑轮组件，都属于相关需求。图中对应每个物料方框括号内的数字，代表该物料装入上一层结构中的数量。

另外，企业对各种物料制定的加工或采购提前期如表 8—5 所示。根据产品的装配关系，以及各物料的提前期可知，要保证每副滑板及时交货，就必须提前 6 周采购转向桥，提前 4 周采购轴承和板面，提前 3 周采购滑轮和桥钉，提前 2 周装配滑轮组件，提前 1 周总装。也就是

① 这种现象在供应链理论中被称为牛鞭效应，可参见供应链管理的相关书籍。

说，滑板的累计提前期为 6 周。

表 8－5　　滑板的物料提前期

物料项目	层次	采购提前期（周）	加工/装配提前期（周）	累计提前期（周）
转向桥	2	4	—	6
滑轮	2	1	—	3
轴承	2	2	—	4
桥钉	2	1	—	3
滑轮组件	1	—	1	2
板面	1	3	—	4
滑板	0	—	1	1

因为成批生产是按批量投入与出产的，一般情况下，每一种物料的经济批量可能是不同的，从表 8－5 可知，每一种物料的提前期也是不同的。所以，产品各层次物料的需求时间与需求数量会是不同的，即存在相关需求的时段性与成批性特点，因此相关需求通过产品结构及提前期等信息逐次地推算，与预测比更合理也更准确。将时间因素加入产品结构，换成用时间坐标来表示产品结构，能更加直观地理解物料需求的计算过程，如图 8－5 所示。

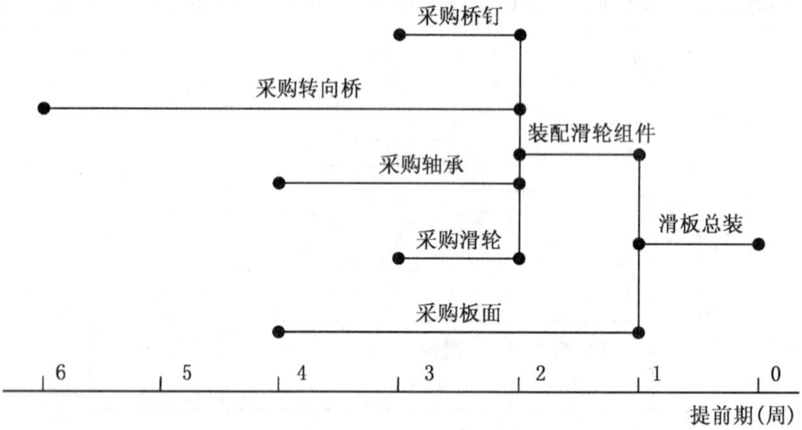

图 8－5　时间坐标上的产品结构

MRP 系统的基本工作原理，就是将上述过程用计算机信息技术实现，按时间段（计划的时间单位）根据产品的结构，逐层次地来推算确定各种相关需求（即零部件与原材料）的数量，直至推算到最终的原材料为止。在系统中将独立需求（主生产计划）、产品结构（物料清单）、库存记录信息作为计算的依据（系统的输入），逐步推算出所有物料的需求量（系统的输出），分别为采购计划和作业日程计划提供数据。系统的总体运行逻辑流程如图 8－6 所示。

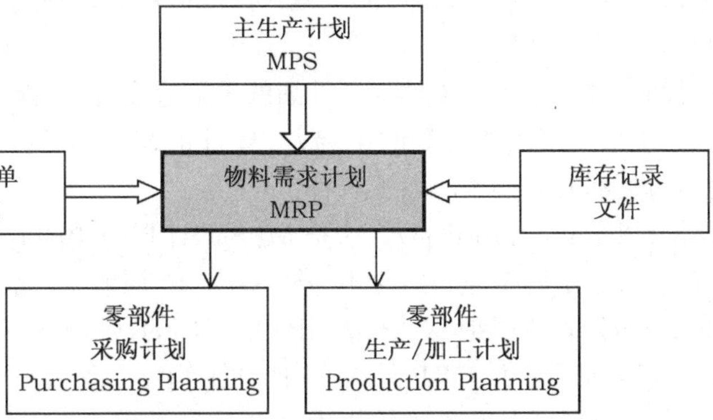

图8—6　MRP系统总体流程

二、MRP系统的基础数据

根据上述基本原理，MRP系统的运算必须具备充分、准确的基础数据，主要有如下三项内容：独立需求的时间与数量，这项内容在MRP系统中是以主生产计划的形式表示的；产品的结构，即表明产品中装入各种物料的项目及数量，这项内容被称为物料清单；库存记录信息，即表明现有库存以及各期间的预计库存的信息。这些数据也就是MRP系统的三个输入项。

1. 主生产计划

主生产计划(Master Production Schedule，MPS)是MRP系统中一个特有的计划项目，是按时间段(一般以周为计划单位)确定的各种独立需求的需求数量。独立需求是一种由外部市场决定的变量，不是企业可以控制的，而是建立在客户订单和需求预测的基础上决策确定的。所以也可以说，MPS是生产计划与作业计划之间的一个衔接，是经过对生产与销售之间数量的协调确定的数据。

MPS与综合生产计划有所不同，是对综合生产计划的分解和细化，因此，MPS首先必须满足的约束条件是，所确定的生产总量必须与综合生产计划确定的生产总量平衡、协调；其次，MPS必须考虑资源的约束，如设备能力、人员能力、库存能力、流动资金总量等，根据产品的轻重缓急来分配资源，将关键资源用于关键产品。MPS类似于综合生产计划中的出产进度计划，但更加详细，更接近实际的需求，一般是按周确定出产数量，所以是生产日程计划的起点，具体内容如下：

(1)计划数量单位的确定。所谓计划数量单位，是指在计划方案中，产品的计量单位对象是产品的全部，还是其中的部件或零件。MRP中的计划单位称为项目，一般是按企业的产成品(产品的全部)制订计划的。然而，市场需求是多样化的，有些企业产品的派生系列不断增加，但是构成各种产品的零部件差异并不大，这时选择产成品作为项目，就会导致物料清单数量增加，但内容重合度较高，所以就不合适了。因此，企业应该根据产品结构的特点来确定MPS计划项目。

在存货生产方式下，由于市场需求比较稳定，企业只需按现行的标准产品组织生产就可以了。产品结构从产品层到零件层，项目数量逐渐增大，因此，通常选择最终产品为MPS计划项目，但如果有零部件的直接外销，也应该作为MPS计划的项目。

在订货生产方式(Make-to-Order，MTO)下，企业是按客户订单组织生产的，可以根据订单的内容确定项目。对于定制的大型产品，一般选择部件为MPS计划项目，更有利于计划与生产过程的控制。

(2)计划的时间参数。为了既能够保证计划的灵活应变性，又能够保持计划相对的稳定性和有序性，MRP系统采用滚动式计划的编制方式，因此MPS的制订也是按滚动式提供信息的，在计划方案中包括的时间要素有以下三种：

①计划展望期(Planning Horizon)。这是MPS的计划跨越的时间范围，也就是每次计划所涉及的时间范围，对于不同企业长短会不一样，例如10周或15周等。

②时段(Time Bucket)。这是MRP与MPS所采用的计划时间计量单位，可以是旬、周或日，在一定程度上代表和规定了MRP与MPS的详细程度。例如，在计划中如规定每周出产100件，那么在一周之内哪一天出产都可以，如果规定每天出产100件，则就很确定了。目前，多数系统是以周为时间计量单位，这样现场管理人员会有一定的调节余地。所以时段划得越细，表明计划性越强，要求现场的组织调度能力要越强，否则计划不能实现，需要修改计划。但计划时间单位过于宽松，会导致交货期延长、流程中空闲时间增加、在制品周转缓慢等后果。

③时界(Time Fence)。这是指MPS计划展望期的分隔点。一般在MPS一个计划展望期内存在两个时界，即需求时界(Demand Time Fence)与计划时界(Firm Planned Time Fence)。这两个时界将MPS的计划展望期划分为三个时区，即计划冻结时区(Frozen Time Zone)、计划确认时区(Firm Time Zone)和计划应变时区(Flexible Time Zone)，如图8－7所示。

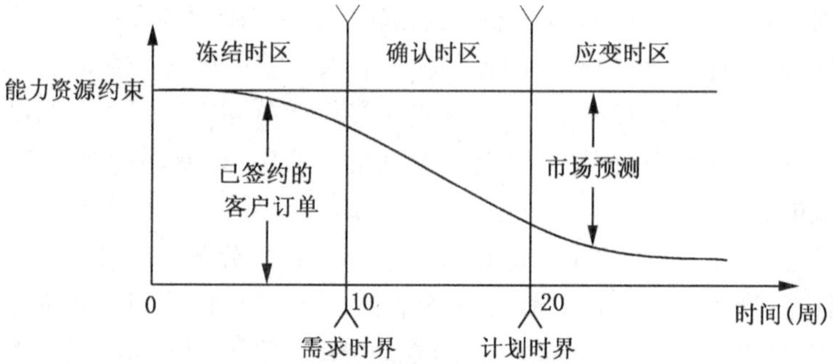

图8－7　MPS的时界与时区

一般的原则是，在冻结区内的需求数据不能再改变了，因为距离交货时间很近产品已经接近出产了，修改数据会造成产品积压，给企业带来损失。所以，冻结区多以装配提前期来界定。在计划确认区内的数据可以修改，但应注意尽量控制修改的幅度不应过大，因为此时多数物料可能已经投入，数据修改会带来物品的积压。计划区多以物料投入的累计提前期界定。在应变时区内的数据可以随时修改，此时一般物料还没有投入。

目前很多企业都是分工运作的，有些生产最终产品的企业只是装配，几乎所有的物料都是采购的，所以，只分为装配提前期与采购提前期。如果只是生产零部件的企业，就只有加工提前期与采购提前期。所以，每个企业可以根据自己的实际情况划分计划中的时区。

2. 物料清单

物料清单(Bill of Materials，简称BOM表)是一种树形的数据结构，用来表明产品的构成，通常也被称为产品结构文件或产品结构树(见图8－8)。一般最高层被称为零层，代表产品的最终项目，也称为最终产品项；第一层代表组成最终产品项的部件；第二层为组成第一层部件的组件……最低层为零件和原材料。它详细说明了一个最终产品项是由哪些原材料、零件、组件、部件构成的，以及这些构件相互之间的从属关系和数量关系，对于具有从属关系的相邻两级，上一级被称为父项，下一级则被称为子项。

在物料清单中的每个物料项目，都必须具有唯一的标识码，通常采用低层编码原则（Low-Level Coding，LLC），这样特别有助于 MRP 计算机系统逐层展开计算。例如，在图 8－8(a)中，零件 B 同时出现在第一层和第二层中，由于第二层是零件 B 出现的最低层，所以所有出现的零件 B 都被转移到第二层中，如图 8－8(b)所示。这样，在物料清单中，零件 B 的需求只需要在第二层中计算一次即可，从而避免了重复展开 BOM 计算的问题。

物料清单是 MRP 系统的基础数据，上面提到的工艺数据，可以根据工艺文件获得，是由工艺技术部门提供及负责维护的。此外，还应包括每一物料的批量与提前期数据，这是需要生产运营部门自己制定与维护的。

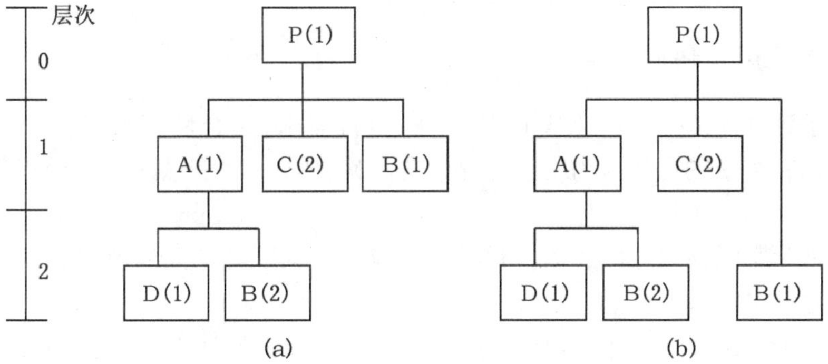

图 8—8　物料清单

3. 库存记录文件

库存文件记录每一项物料的库存状态，对象包含原材料、零部件和产成品的现有库存量，已订货量，物料出入库等状态。在 MRP 系统中，库存文件是比较特殊的参数，它不同于前两项输入项目，它既是系统的输入，同时它的状态也是随系统运行不断改变更新的。库存文件中主要包括以下项目：

(1)预期库存量(Projected Available Balance，PAB)，是指某一时刻在企业仓库中按计划应该具有的可用库存数量，所以有时也称为在库库存量。另外需要注意的是，由于库存是一种时点数据，所以预期库存在具体计算时，根据给出的时点分为期初库存和期末库存，且本期期末库存量就是下期的期初库存量。

(2)计划收到量(Scheduled Receipts)，是指以前某一期按计划发出的采购或生产订单，尚未收到，但在计划期内某个时段应到货入库的数量。因为一批零部件或材料，无论是自己加工还是采购，都需要经过一个提前期才能到货，所以从订单发出到货到入库为止，物料存在于途中或加工流程中，因此也称为在途库存量或已订货量。

(3)计划产出量(Planned Order Receipts)，是指按计划执行某项订单任务(订货或生产)后，在某个时段应该入库的产品(物料)数量，所以也称为计划订单入库量。这项数据是 MRP 的主要计算结果。例如，按计划发出一批 100 件物料的采购订单，供货提前期是 2 周的话，在 2 周后这批物料就应该到货入库。

值得注意的是，如果计划下达订单发出，在没有收到货物之前，计划产出量就变成计划收到量(在途库存)。也就是说，两者的数量是一致的，性质取决于订单的状态，是处于未下达状态，还是已经下达尚未完成(未结)状态，还是已经完成(已结)状态。

(4)计划投入量(Planned Order Releases)，是指按提前期推算，各时段内各种产品(物料)开始采购或生产的数量。计划投入量与计划产出量两者的数量是一致的，时间相差一个订货或生产提前期，类似于库存控制中按订货点发出订单的状态，所以也称为计划订单下达量。

(5)安全库存量(Safety Stock)，是指为了预防需求或供应方面的不可预测的波动，管理者决策保有一定数量的库存，作为安全库存量。

(6)可签约量(Available to Promise，ATP)，是指在预期库存中尚未被订单预订的产品(物料)数量。销售部门可根据 ATP 数据，向客户承诺在确定的时段内可以提供的产品数量，因此也称可承诺量或可供销售量。可以认为这是一种多余的库存数量，可以随时向顾客供货，即便是在冻结区，如果有可供销售库存存在，有顾客追加订单仍可以随即签单，所以这个数据对于生产与销售的协调是非常重要的。

三、MRP 的运算逻辑

MRP 的运算过程是一个将来自 MPS 中的项目需求，结合库存量，逐级展开推算，得到 BOM 表中各物料需求的过程。为了使库存信息准确，MRP 对信息的处理过程作了如下基本假设：

(1)无论企业实际物流怎样运动，物料是否真的入库(物理空间)，所有物料信息均经过中央库存处理(逻辑空间)，库存信息及时更新；

(2)订单完工数量即为入库量，是库存系统的输入量，例如计划产出量、计划收到量都是入库的数量，会引起库存的增加；

(3)需求量即为库存系统的输出量，如某一期的毛需求就是出库卖掉的数量，会引起库存的减少。

根据以上对数据项目的分析，并结合图 8－6 所示的 MRP 系统流程，可以进一步将 MRP 系统分解成计划排产与库存计算两项功能模块。系统的处理流程如图 8－9 所示。

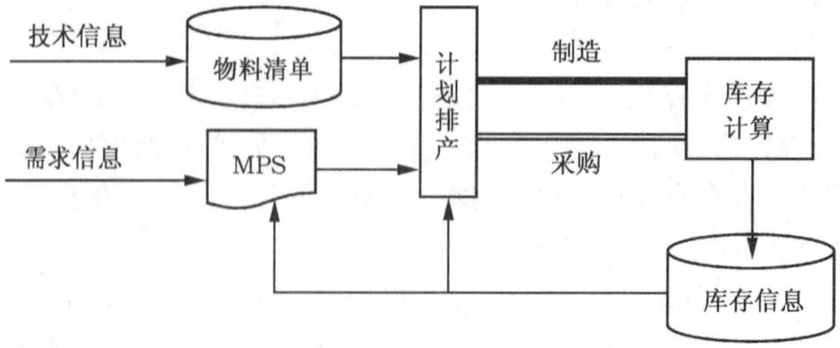

图 8－9　MRP 系统处理流程

其中，计划排产完成每一种物料的投入与产出的计算，得到产品的投入出产数量与时间，即完成排产功能；库存计算完成排产后每期库存的数量变化的计算，得出对应的期末库存。两项功能的计算公式如下：

$$N_t = G_t - SR_t - H_{t-1} + SS \tag{8-12}$$

$$H_t = H_{t-1} + SR_t + P_t - G_t \tag{8-13}$$

式中：N_t——本期净需求量；

G_t——本期毛需求量；

SR_t——本期计划收到量；

H_{t-1}——期初库存量；

H_t——期末库存量；

SS——安全库存量。

独立需求的毛需求量是按主生产计划（MPS）规定的数量，其余相关需求的毛需求量，是根据BOM表的结构逐级推算得到的。物料的毛需求减去该项目物料的库存量（包括预期库存量和计划收到量）便确定了净需求，净需求又通过下达相应的计划订单来得到满足。这样逐级展开地计算处理下去，直到达到外购项目（零件或原材料）才停止。

最后经过推算求得的各时间段的计划产出量与计划投入量，就是采购或者作业计划的任务量，而时间段就是任务的起止时间，得到的库存数据就是各期的期末库存（注意这是预期库存），如果计划的执行结果没有差异的话，在当期的期末（一般现在的MRP是每周运行一次）再次进行下一期的计划。如果执行结果发生差异，对差异数据进行修正后再进行下期的计划。下面我们以例8－2中的滑板产品为例，来说明MRP的计算过程与方法。

1. 主生产计划与可签约量的确定

主生产计划虽然是MRP的输入项，但数量是由生产部门确定的，一般是计划员根据营销部门提供的顾客订单或预测数据做出的决策，是一个人工参与的决策变量。MPS的数量确定后，可以计算可签约量（ATP），营销部门可依据ATP向客户许诺在准确的交货期内供货，特别是对于临时的、新来的订单，营销部门可以依据ATP来签约，从而快速地向客户承诺准确的交货量和交货期。

在一个计划期间内，当计划收到量及计划产出量大于订单数量时，就会存在可签约量，计算公式为：

$$\text{可签约量} = \text{计划收到量} + \text{计划产出量} - \text{期间累计合同量} \tag{8-14}$$

但在计划展望期的首期，计算要特别考虑现有的实际库存，也就是要考虑第一期的实际期初库存，因为这个库存不同于以后各期的库存，它是实际库存，不是预期库存。所以，计算第一期的可承诺量时，上述公式变为：

$$\text{可签约量} = \text{期初实际库存量} + \text{计划收到量} + \text{计划产出量} - \text{期间累计合同量} \tag{8-15}$$

在例8－2中，假如公司的市场营销部门提供的未来8周内，需求预测量与客户已签订合同数量如表8－6所示。且已知期初实际库存量为350件，其中有安全库存100件；滑板的批量为400件。另外，企业根据实际的生产流程确定的计划时区为：前2周为冻结区（装配的累计提前期为2周）；第3周到第6周为确认区（产品的累计提前期为6周）；其余时间段为应变时区。

由于滑板是独立需求，所以毛需求量是决策得到的。本例决策的原则是：在冻结区依据合同量确定；在确认区依据预测量与合同量较大的数据确定；在应变区依据预测数据确定，如表8－6所示。

表 8—6　　滑板的 MPS 与 ATP 计算过程

周	1	2	3	4	5	6	7	8
需求预测量	130	130	140	140	140	140	120	120
已签合同量	170	155	85	50	50	25	20	30
毛需求量	170	155	140	140	140	140	120	120
预期库存量	180	425	285	145	405	265	145	425
净需求量	0	75	0	0	95	0	0	75
计划产出量		400		0	400	0		400
计划投入量	400			400			400	
ATP 数量	180	110			305			370

有了毛需求量的数据，依据公式 8—12、8—13，就可以确定下一个计划期(第 1～8 周)内滑板的排产时间及数量，即 MPS 计划数据了，计算过程见表 8—6。

例如，第一周，毛需求量是 170 件，当前期初库存是 350 件，按公式 8—12 计算净需求量应为—80 件(170—350+100)，净需求小于等于零则取零，表明不用出产现有库存就能够满足销售，期末库存为 180 件(350—170)。

第二周，因为毛需求量为 155 件，所以计算得到净需求量为 75 件(155—180+100)，说明不出产已经不能满足销售了(虽然目前有 180 件库存大于 155 件，但是其中有 100 件是安全库存)，所以决定出产一个批量 400 件，期末库存为 425 件(180+400—155)。

其他各周以此类推，可以逐期计算求出滑板产品在各期的投入出产数量，以及期末预计库存数据，这是 MPS 的主要结果。在此基础上，根据公式 8—14、8—15 可以计算出 ATP 的数量。这里需要注意的是，公式中所说的“期间”的确定。期间是指两个有产出的时间间隔，如表 8—6 中，第一次有产出是第 2 周，第二次有产出是第 5 周，所以，第 2 到第 4 周为一个期间。同理，第 5 到第 7 周为一个期间。但第 1 周是一个衔接过程，期间只有 1 周。

第 1 周的 ATP 数据为 180 件(350 件现有库存，减去 170 件合同量)；第二周开始则均不考虑库存数量，按公式 8—14 计算，如第 2 周有 400 件产出量，减去 2、3、4 周的累计合同量 290 件，所以第 2 周有 110 件可签约量，也就是如果有客户追加订单，只要不超过这个数量，就可以随时签约。

例如，在计划制订后，营销部门又收到了 4 个新客户对滑板的追加订单，时间与数量如表 8—7 所示，在现有的生产计划与生产能力的限制下，市场营销部门可以依据 ATP 数据来判断是否可以与 4 个新客户立即签约。根据表 8—6 中 ATP 的数据，第 2 周与第 4 周同为一个期间，追加合同合计 90 件，没有超出 ATP 的 110 件数量，所以可以马上签约。其余第 6 周与第 8 周的追加合同也都在可签约数量之内，可以即时签约。可签约量是协调生产与销售的一个十分重要的数据，所以 MPS 是对生产、库存、销售信息的一个集成。

表 8—7　　滑板的新订单

订单序号	客户订货量	交货期
1	20	第 2 周

续表

订单序号	客户订货量	交货期
2	70	第 4 周
3	150	第 6 周
4	250	第 8 周

2. 物料需求计划的计算

物料的需求量属于相关需求，毛需求量不必根据市场数据确定，可以根据独立需求的数据推算得到。下面我们仍然以滑板产品结构中滑轮组件和滑轮为例(参见图 8—4)，来逐级展开说明相关需求的计算过程与方法。这里我们假定，已知滑轮组件现有库存 300 个，批量为 800 个，第一周计划收到 800 个；滑轮现有库存 500 个，批量为 3 400 个，没有计划收到量。

根据表 8—6 确定的滑板产品的 MPS 数据，分别在第 1 周、第 4 周、第 7 周有三个批量投入，因为第 1 周投入的批量其物料需求应该是在前期计划确定的，所以有 800 件计划收到量。滑轮组件装入上层每件产品中为 2 件，毛需求量第 1、第 4、第 7 周分别为 800 件，其余各周没有需求，如表 8—8 所示。其余项目的计算方法与 MPS 相同，运用公式 8—12、8—13 计算得到。

表 8—8　　滑轮组件及滑轮的 MRP 计算过程

周	1	2	3	4	5	6	7	8
滑轮组件								
毛需求量	800			800			800	
预期库存	300	300	300	300	300	300	300	300
计划收到	800							
净需求量	0			500			500	
计划产出量				800			800	
计划投入量			800			800		
滑轮								
毛需求量			3 200			3 200		
预期库存	500	500	700	700	700	900	900	900
计划收到								
净需求量			2 700			2 500		
计划收货量			3 400			3 400		
计划订货量		3 400			3 400			

例如，第 1 周的净需求为零(800－300－800⩽0)，所以没有出产量，期末库存为 300 件(300＋800－800)。直到第 4 周，又发生毛需求量 800 件，此时净需求量为 500 件(800－300)，所以应该出产一个批量 800 件，因滑轮组件的提前期为 1 周，在第 3 周要投入一个批量 800 件。第 4 周末的库存为 300 件(800＋300－800)。

由滑轮组件计算得到，第3、第6周分别投入一个批量800件，其中每个组件中需要装入4个滑轮，所以滑轮的毛需求量为，第3、第6周分别需要3 200个，其余时间没有需求。滑轮为外购的物料，采购提前期为1周，推算方法完全相同，计算结果如表8－8所示。

至此，我们实际是选择了产品结构中的一条分支，说明了MRP系统的基本工作原理，根据这个运算逻辑，尽管一个实际的企业会有多种产品，每个产品又会有多种物料，但都可以逐步计算得到每一种物料的排产数据。

3. 批量的确定

MRP系统的生产环境是批量生产，所以与人工计划系统的道理相同，批量是运行过程的一个主要参数，关于批量策略，与库存控制中我们讨论的批量策略是一致的，一般有直接批量、固定批量、期间订货批量三种。目前用得较多的是固定的经济批量（EOQ）方法，具体的原理与方法相同，这里不再重复讲解。在上述的计算过程中，我们都是直接给出了各个产品及物料的批量（假定是经济批量），一般在实际系统的设计时，都会有批量策略的选择，企业可以根据自己的生产环境因素，选择使用何种批量策略。

四、对MRP的总结分析

MRP系统确实具有很多优势，功能实用、逻辑思路清晰、运算速度快，解决了计划编制中大数据量计算的问题，产生后得到了广泛的应用。但从系统的角度看，如果仅是上述计算过程，尚未形成闭合的反馈回路，只能是一项功能，需要与运行的实际控制系统结合应用效果会更好。另外，MRP的运行默认有以下基本前提假设：

（1）各种产品的批量、提前期是确定已知的，而且稳定、准确、可靠；

（2）计划方案所需的生产能力是充分的，排产方案可以得到满足（实际是无限能力假设）；

（3）计划运行的结果没有差异，可以按计划实现；

（4）库存文件准确、有效，可以得到及时更新。

在初期的MRP系统中，没有很好地解决计划的实现、信息反馈以及能力平衡的问题，应用过程中往往会出现上述假设不成立的问题，适应性较差。但随着新技术的发展，以及在使用中的不断总结提高，MRP系统逐渐得到完善，如发展出的闭环MRP系统，增加了能力平衡与结果反馈等功能。以及在此基础上发展形成的制造资源计划（MRPⅡ）、企业资源计划（ERP）系统，已经成为企业运营管理的有效技术保证。

但无论信息系统的功能、技术怎样发展，解决的是企业的计划问题，是管理的一个职能。系统的功能及技术设计、运行原理是基于一定的管理思想以及生产运行环境的，所以，对于MRP或是ERP的理解，不能将其仅仅作为一个信息技术，或者是一个软件体系，而是要充分理解其中的思想。

首先，是系统承载着设计者依据的一种管理思想，或者说一种运营模式，例如我们前面说的，它是依据批量生产、结构化产品、按未来需求（预测或订单）存货生产的模式，所以它体现或承载了一种管理思想。

其次，系统综合应用了计算机技术、数据库技术、网络通信等信息技术的成果，以企业生产计划功能为核心，形成一套能够支持企业计划主要业务功能的软件产品。

最后，系统虽然起始于产品制造形成过程的物流领域，但随着功能的不断扩展，已经渗透到企业的财务、人力资源等各种领域，它本身又是一个信息系统，因此实际是整合了企业资源与功能的一个管理系统。所以，对于MRP或是ERP概念的理解应该是全面的，绝不能认为安装了一套软件系统就完成了 ERP 的应用，或者说不能认为 ERP 是万能的，只要安装、运用它就提高了管理水平，对 ERP 概念的误解往往是应用不成功的主要原因。ERP 概念的三个层面关系如图 8—10 所示。

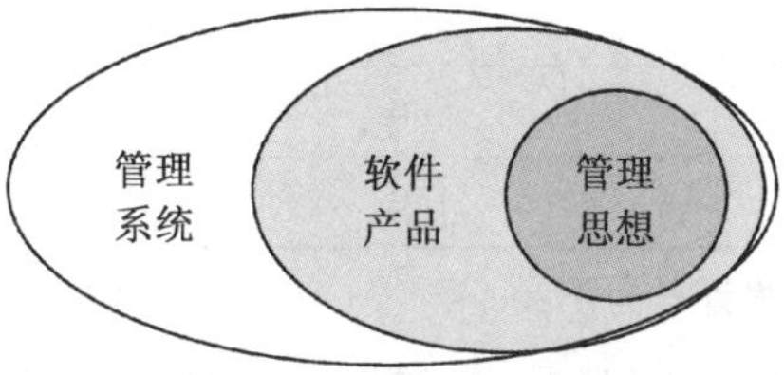

图 8—10　MRP、ERP 系统的概念

另外，MRP 虽然是一个比较完善的计划方法体系，其核心思想是通过计算比较准确地得到相关需求的数量，不早不晚地投入生产，即按需要准时生产，这也正是准时制生产追求的境界。因此，如果市场需求比较平稳，而且尽量减小批量的话，MRP 与 JIT 并没有本质的区别。

然而，MRP 系统是假定提前期与批量确定，采用库存和补货提前期（即采购提前期和生产提前期）推算的方法，确定各时段的物料需求，以计划推动物流的运行，因此是推动式生产，也就是 MRP 仍为提前生产模式。较之看板拉动的 JIT 系统而言，在较多的不确定因素发生时，尤其是在需求发生变化时，很难避免过剩库存的发生，也就是存货运行方式的局限是仍然存在的，所以需要对过程进度进行有效的控制。

第四节　进度控制——累计号系统

如上所述，无论是采取人工系统的提前期法，还是计算机系统的 MRP 方法制订的生产作业计划，下达到流程的各个环节执行后，都需要对实际生产进度进行控制，掌握计划的完成情况。一方面，可以知道是否可以准时交货；另一方面，可以掌握计划与实际的差异，为下一期计划的制订提供依据。

在准时生产体系中，看板系统是一种很有效的控制方法，对于大量生产连续流程环境比较适用。可以根据看板的发行数量控制物料的投入，根据看板的运行规则控制生产进度，以至于可以对现场的物料存放进行管理。但是，在批量生产间断流程中，加工对象是成批、间断地运动的，有时达不到使用看板的要求，例如传递均衡连续的需求数量。

累计编号系统是一种更适合批量生产进度控制的方法，其特点是，首先对一定时期（如一年）内的加工对象进行连续的累计编号，然后对计划的投入与出产数量，以及流程实际的投入与出产数量，进行累计号的记录，这样就可以推算出实际的生产进度。其计算公式为：

$$生产进度=计划累计号-实际累计号 \tag{8—16}$$

例如，以全年第一件产品为第 1 号的话，如果 1 月份计划决定生产 100 件产品，则就是计划累计生产到第 100 号产品。到月末对出产实际进行统计，如果产出到了 100 号，则说明计划按时完成了，否则就是计划没完成。具体可以再看投入的实际累计号，就可以知道详细的进度，例如流程实际的投入已经达到 100 号了，那么也就是说，产品已经投入但是没有按时产出。具体累计编号的方法如表 8—9 所示。

表 8—9　　6 月份产品累计编号

计划期	出产数量	累计编号
第 1 周	200	1 201～1 400
第 2 周	200	1 401～1 600
第 3 周	200	1 601～1 800
第 4 周	150	1 801～1 950

注:本例假设 5 月末产品出产累计号为 1 200 号。

实际上累计编号系统对计划的制订也是很好的依据,如果有比较完善的累计编号系统,在制订计划时,决定出产量的同时,就可以知道出产的累计号。例如在表 8—8 中,滑轮组的出产量在第 4、第 7 周分别有一个批量 800 件,假设累计号系统完善,该产品在第 4 周之前已经出产到 500 号,那么第 4 周就应该出产到 1 300 号产品,第 7 周就应该出产到 2 100 号产品。同理,第 3、第 6 周分别应该投入 1 300 号与 2 100 号产品。所以,在上述几个时间节点分别观测实际的投入与出产累计号,就可以清楚地掌握进度。

更重要的是,无论什么原因,在制订计划时,如果实际的投入或出产累计号已经大于计划累计号,就不应该再投入了。例如,在上面的例子中,第 4 周计划出产 800 件滑轮组,累计号是 1 300 号产品,如果实际的生产统计出产数据已经超过 1 300 号,则不需要再投入了。这证明该产品库存过多,需要进行调整。这个功能对于存货生产体系是非常有用的,因为由于需求的变动,计划经常会修改,有时流程实际可能已经投产,或者采购物品已经发运,都会导致流程执行的实际累计号大于计划数量,如果能及时发现并调整计划,会减少更多的损失。

另外,目前信息技术在不断发展,已经出现了制造执行层的信息技术,如果能运用信息技术,将累计号系统或是其他控制系统与前面讨论的 MRP 系统有效结合起来,会得到更好的运行效果,也可以更及时、准确地掌握和控制生产进度。

本章小结

成批生产可以说还是比较有规律的一种运行模式,作业计划的制订可以充分地分析流程的运行特征,确定出关键参数批量与提前期,这样就可以计算得到所有相关需求的数据。但是由于计算工作量巨大,在人工系统制订计划时,基本无法实现准确计算,所以计算机的应用有很大的空间,MRP 系统充分发挥了其运算速度快、存储量大的优势。

而在计算原理上,人工系统与 MRP 系统基本是相同的,所以本章在讲解用提前期法制订作业计划的基础上,简单地讲解了 MRP 系统的基本原理,其目的并不在于信息系统本身,而在于从应用的角度理解 MRP 系统的工作原理,也可以作为与信息管理系统课程知识的接口,目的在于更好地掌握计划技术。

更应该注意的是,计算机与信息技术的应用,不仅仅是信息技术,更是一种管理思想的体现,在实践中始终在不断创新和发展。本章仅是简要地讨论了 MRP 系统的功能,但随着信息技术的发展,已经陆续出现了制造资源计划(MPRⅡ)和企业资源计划(ERP)系统,功能也越来越全面,应用也愈加广泛,不仅仅限于生产制造领域,而且已经涵盖了企业整体的计划。但 MRP 在系统中的地位仍是非常重要的,有学者比喻 MRP 的功能是 ERP 系统的发动机。

关键词

批量生产(Lot Production)
间断流程(Intermittent Process)
批量(Lot Sizing)
提前期(Lade Time)
物料需求计划(Material Requirements Planning,MRP)
制造资源计划(Manufacturing Resource Planning,MRPⅡ)
企业资源计划(Enterprise Resource Planning,ERP)
主生产计划(Master Production Schedule, MPS)
物料清单(Bill of Materials,BOM)
毛需求(Gross Demand)
净需求(Net Demand)
可签约量(Available to Promise, ATP)

复习与思考

1. 成批生产条件下,企业内部流程的运行规律是怎样的?其中两个关键参数是什么?

2. 作为一种管理思想,MRP 体系是基于怎样的生产环境产生的?请讨论批量与提前期在 MRP 中的意义。

3. 在 MRP 系统中,物料清单(BOM)所起的作用是什么?它应该包括哪些基本内容?它的更新与维护与哪些职能相关?

4. 主生产计划(MPS)包含哪些信息?它对 MRP 系统有何作用?怎样制订主生产计划?由谁来制订?

5. 库存信息在 MRP 系统中的作用是什么?其中包括哪些项目?根据库存信息所含的内容,你对 MRP 的思想有什么认识?

6. MRP 的基本逻辑是否可以应用于服务业?与制造业相比,此时所需的输入及输出有何异同?

7. 为什么说引入 ERP 是一场管理变革?试讨论成功地实施 ERP 对企业经营的影响,以及阻碍企业成功实施 ERP 的主要问题。

8. 为什么说 MRP 系统是一种"推动式"的生产体系?你能分析这种体系在面对需求变动时会出现什么问题吗?

9. 已知某零件为相关需求,当前库存为 10 件,提前期为 2 周,经济批量为 25 件,每期的毛需求量、计划收到量分别如下表所示,试计算 MRP 计划。

项 目	0	1	2	3	4	5	6	7	8
毛需求量		10	15	25	5	15	10	20	5
计划收到量			25						
预期库存	10								

10. 如果产品 Z 为独立需求,提前期为 2 周,期初库存为 60 件,生产批量为 50 件(管理者决策按批量生产),各期的毛需求量如下表所示,请你完成主生产计划的计算。

周	1	2	3	4
毛需求量	20	30	20	40
计划库存				
净需求量				
计划产出量				
计划投入量				

案例分析

化妆品公司的生产日程计划①

企业背景

佳思加化妆品公司是一家规模较大的合资企业，总部在德国，中国公司主要是负责国内市场的生产与销售，一年的销售收入大约有2亿元。公司成立于1998年，位于经济非常发达的长三角地区，产品主要是面向大众的中高档化妆品，品种有300多种，而且每年还会不断地有新产品推出。市场覆盖国内各个地区，并且每年都有很大的出口量，在美国及欧洲市场都有销售。由于品牌具有很大的影响力，产品质量也非常可靠，很受消费者欢迎，销量比较稳定地上升。这几年公司又增加了几条生产线，产量也不断提高。公司是一个典型的生产制造型企业，组织结构如图1所示。

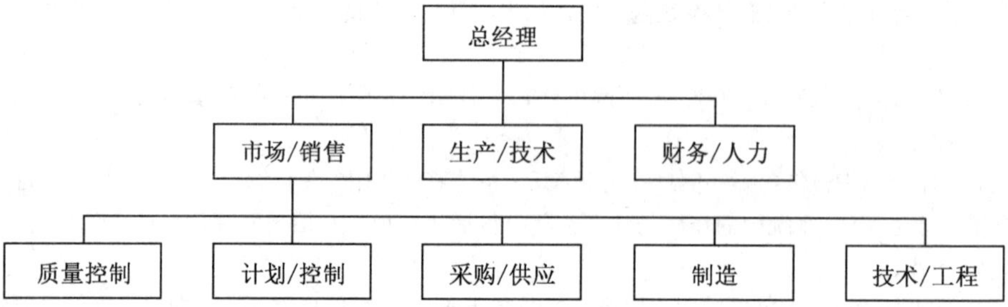

图1　公司组织结构简图

但公司最近的财务状况有些差，利润仅为销售收入的5%，资产回报率不到8%。为了改进目前的经营状况，公司决定努力减少库存及运营成本，并改善客户服务。为了降低运营成本，公司开始关注制造过程的改善，以及计划与控制问题。公司想通过这些努力，争取每年将产品生产成本至少减少5%。希望年库存周转率达到每年至少15次，服务水平可以达到95%。服务水平通过每月客户订单完成情况的百分比来衡量，目前的服务水平是90%。

公司负责生产的副总经理看了截止到去年末的生产报告，库存水平依然上升，而服务水平比预计的要低。他对这些问题为什么不能得到持久性的解决而感到非常困惑。前几年公司在计算机上安装引入了一个新的生产和库存控制的系统，尽管最初减少了库存和提高了服务水平，但上几个月的情况却又变得很糟。

产品的生产过程根据不同种类产品进行，每种产品都有自己独特的配方，但工艺流程基本都是近似一样的，需要经过对各原材料进行配料，然后将其进行搅拌均匀，最后就是灌装成小包装产品，装箱后运送给零售商。公司只负责产品的生产制造过程，产品的研发由总部负责，物料都是外购的，都是化工的中间品，从原料化工企业采购。生产制造工艺都是由技术部门设计的，有标准的工艺参数要求，制造过程主要是由机器设备

① 本案例是根据企业的实际调研、收集资料编写的，但出于企业的商业需要，公司的名称及数据等信息都做了修改，只作为课堂讨论材料。

进行，流程会集中在一个工厂内完成，典型的产品加工过程如图 2 所示。

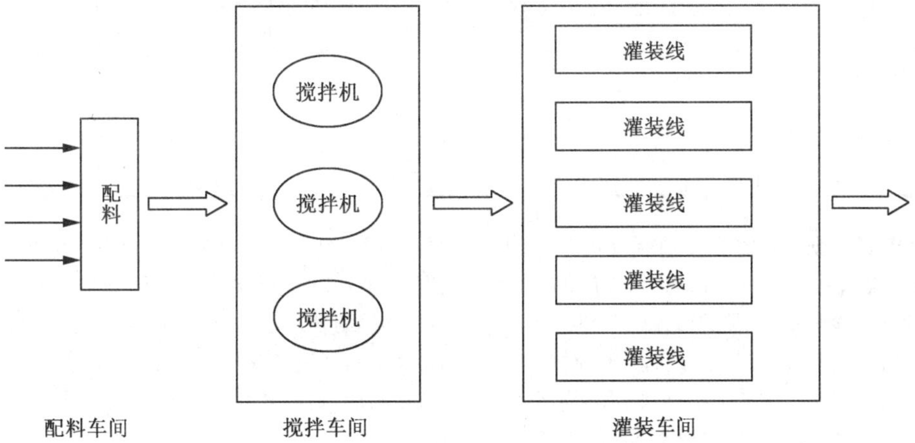

图 2　工厂布局及产品工艺流程

所有产品一般都是由多种原料混合构成的，因为品种比较多，配料车间负责按产品批号进行一个批量的配料作业，需要精确地对各种原料进行称重；搅拌车间有三个大的搅拌机（机器设备），每个设备的容量为 2 吨，一次可以完成 2 吨产品的搅拌作业，机器设置好后是自动运转的，根据不同产品的工艺要求，搅拌时间从 1 小时到 3 小时不等，搅拌后将半成品运送到后工序；灌装与包装作业是一条联动的流水生产线，机器设备根据产品包装的设计，将化妆品灌装到一个个小的包装中，包装物是供应商提供的，然后将多个小包装装箱打包，形成一箱一箱的产品成品。在搅拌与灌装作业之间会有一定的在制品周转，而且物品是一种流体状态，需要有特殊的运输容器。

生产过程的自动化程度是比较高的，除配料作业外，搅拌和灌装作业都是以机器为主自动进行的，用工量都比较少。但是在品种转换时，需要人工进行清洗及准备作业。例如，在搅拌机器改变品种时，因为每种产品的配方是不同的，需要对机器进行清洗作业，以免发生混料不良的反应，影响产品质量。在产品的变换过程中，需要 4 个人来完成作业，这种转换包括把设备清洗干净、将新产品的物料搬进来、重新设置好工艺参数、确保正确的质量。这时一般需要停机 2 个小时，作业人员进行清洗作业，而且在停机时容器内会残留一定数量的物料附着，造成一定量的物料损失。虽然各种物料的成本不同，但考虑人工的工时费用以及物料的损失，车间经理估计每次转换作业平均需要有 800 元的成本损失。

生产控制是以公司安装的 MRP 系统为基础的。每周都会根据需求情况（见表 1），制订一个未来 6 周的生产进度计划。产品从配料开始就是按批号进行的，一般在制订计划时，是以搅拌工序为核心来确定批量的。例如，对 1 号搅拌机，生产进度计划将规定每周需要生产的各种产品的数量（见表 2）。计划员每周都要从市场营销部门获得需求信息。基于过去的经验，他会调整这些预测来反映实际的需求，还对每种产品采用批量的方法（如表 1 中是对三种产品的进度计划）。这些批量计划都是根据公司过去的经验制订的。考虑减少转换作业的成本损失，以及充分利用工作时间的观念，计划员都会尽量加大批量。

表 1　　　　每周需求预测

	一	二	三	四	五	六
MR031	200	260	180	250	240	250
YA056	150	180	240	260	150	230
BG045	170	200	240	250	220	180

表 2　　搅拌车间的主生产计划安排　　单位:吨

	1#搅拌机的周进度安排					
	一	二	三	四	五	六
MR031	60	10				60
YA056			30	30		
BG045			530			

每种产品根据工艺的要求,在搅拌机上有不同的运行时间。例如,在 1#搅拌机上最近生产的三种产品中,MR031 需要搅拌 1 小时 15 分钟,工厂每周的生产时间为 40 小时(每天 8 小时作业,每周 5 个工作日)。如果整周都生产 MR031 产品的话,总共能生产 64 吨(因为搅拌机的容量是 2 吨,根据律特法则可知,每小时可以生产 1.6 吨)。生产 YA056 产品需要搅拌 2 个小时,如果整周都生产 YA056 的话,可以生产 40 吨。生产 BG045 产品需要搅拌 2.5 个小时,如果整周都生产这种产品的话,则最多可以生产 32 吨。然而,生产过程都是按批量进行的,有时一周内毕竟不会就生产一种产品。

最后,把生成的进度计划存入计算机,作为生产指令。然后,计算机系统再根据每种产品的材料清单,计算出各种材料的需求数量及时间,提供给采购部门及供应商,用来作为采购计划以及供货的依据。

采购部门并不是总能够按生产控制部门的要求订购到正好合适的数量。对采购数量的调整,是为了利用供应商的价格折扣或达到满负荷装载的优势。因此,为了减少订购成本,往往要购买更多一些的原材料。而且供应商也并不总能够按承诺供应原料,有些原料是海外进口的,供货的提前期很长,一般在 2～3 个月。因此,公司要储备安全库存,以保证生产过程不论在什么情况下都持续运行。公司大约保留一周的安全库存,来防止供应商延迟配送。管理部门已经发出指示,生产线不能停止。

管理层已经表明,公司不会以每周产量为基础裁减工人,希望每月有比较稳定的生产数量。此外,生产中还要安排满负荷的生产能力,以保证设备的满负荷工作。如果持续数周需求比生产能力低,那么为了调整生产能力,就会减少一些设备的开动时间;同样地,为了满足需求,公司也会安排临时加班;但如果需求持续超过生产能力数周,就会增加一些开动时间,甚至可以考虑增加班次。

公司现在采用以现有能力和准备时间为基础的 6 周滚动生产计划,每周都加入新一周的内容,以保证总进度计划仍为 6 周。每周都根据现有的物料、生产能力和产品的观察需求来调节生产。

需求的确定

让工厂经理非常头痛的是,需求不稳定,而且预测不准确。他对计划人员说:“面对现在的状况,我不知道该怎么做,公司已经为我们定下了减少库存并改善服务水平的任务。这次绝无选择,也不能有任何借口,我们必须去做。但我不知道从哪儿入手。我希望得到更好的销售预测,但这能实现吗?我们现在是依靠市场营销部门提供的需求预测。我也希望从我们的供应商那里得到更可靠的配送来减少我们的安全库存,可是他们会合作吗?也许,为了使生产能力与需求紧密结合,我们将必须对流程的适应性做出努力。”

“但是,目前的实际情况是,销售人员在预测方面向你虚报,这样就能够保证在真正需要时获得物品。因此,你们也可以虚拟一点生产计划,只要能满足供货就行。我们所有的人都试图满足自己的希望,这样就不会出现库存短缺。这种问题没有解决的办法,因为我们是在同人类的天性打交道。但是,我们高层管理人员的期待是,存货应该减少,服务应该改善。所以,需要考虑怎样在这样的环境下完成这些目标。”

讨论问题:

1. 假设该企业库存持有的保管费率为 20%,三种产品的成本价分别为 MR031 4 万元、YA056 7 万元、BG045 5 万元,请你为三种产品分别计算确定一个经济订货量(EOQ)。

2. 用问题 1 计算得到的经济批量(EOQ),来编制未来 6 周的主生产计划(根据表 1 中的需求)。按这个进度计划如果实现,不考虑安全库存的话,预计每年可以达到的库存周转率是多少?

3. 应该如何对待这个案例中提出的需求数据不准确的问题,尤其是由于组织体制人为造成的数据失真问题?

参考文献

1. 杰拉德・卡桑等:《运营管理》,中国财政经济出版社 2006 年版。
2. 托尼・阿诺德等:《物料管理入门》,清华大学出版社 2005 年版。
3. 黄卫伟:《生产与运营管理》(第 2 版),中国人民大学出版社 2006 年版。
4. 本间峰一等:《生产计划》,东方出版社 2012 年版。
5. 威廉・J. 史蒂文森:《运营管理》(第 12 版),机械工业出版社 2015 年版。
6. 托马斯・E. 沃尔曼等:《制造计划与控制》,中国人民大学出版社 2008 年版。
7. 陈启申:《ERP——从内部集成起步》,电子工业出版社 2004 年版。
8. 斯科特・汉密尔顿:《构建高效的 ERP 系统——制造业 ERP 实施指南》,机械工业出版社 2004 年版。
9. 叶宏谟:《企业资源规划——制造业管理篇》,电子工业出版社 2000 年版。
10. 季建华等编著:《运营管理》(第 2 版),世纪出版集团、上海人民出版社 2007 年版。

第九章
单件生产与 OPT 系统

如果你到过量体裁衣的服装店定做衣服，或者说你到过按菜单点菜式的餐厅用餐，对应的服装店、餐厅都是单件生产（服务业）企业。虽然单件生产的产品并不一定只是一件，但从上面两个例子可知，产品什么时间有需求、需要什么、需求多少都是不确定的，甚至没有规律可循。所以，一般单件生产的企业都是按订单生产的。而需求一旦发生，顾客总是希望尽快得到满足，也就是要求企业尽快交货，交货时间如果太长的话，会导致顾客的流失。因此，企业必须做好一定的准备（资源配备）才行，否则需求发生时顾客的等待时间会很长。

但是，订单的到达又是非常不稳定的，如果企业将能力配置得过多的话，又会导致资源的浪费，这种现象在服务业更常见。例如，银行的服务窗口、超市的收银台、机场的安检机、医院的挂号窗口等都是如此。对于制造业来讲，一般这种资源的准备需要大量的资金投入，投入过多会增加成本。所以，单件生产作业计划面临的一个难题就是，如何安排好产品的生产进度，在现有资源（能力）约束下，让订单尽可能按期交货，达到既满足顾客需求，又降低运行成本的目的。这也是学习本章内容的意义所在。

在窗口式的服务系统中，这个问题最后可归结为排队问题，有比较成熟的方法——排队论来解决。但在制造业或流程环节较多的服务过程中，这个问题就比较复杂，计划排产的难度也比较大。本章仍然是从流程运行规律的分析入手，来讨论计划制订方法，但问题是，单件订货生产流程的运行是无规律的，因此计划制订的难度会更大，这也是本章学习的难点。

第一节　流程运行特征

与成批生产相比，单件生产企业面对的生产环境是：需求更加多样性；一个品种的需求数量更少，极端的情况下只有一件；更重要的是，需求的发生是随机的，是没有规律可循的，一种产品需求何时发生、数量多少都是不确定的，是很难对需求量做出预测的，这一点是与成批生产本质上的区别。因此，同样出于规模经济的考虑，单件生产的企业必须生产更多品种的产品，而每种产品的产量都非常少。例如，在制造业中，模具生产，专用设备的制造，轮船、飞机等大型机电产品的生产等都属于单件生产。这里需要说明的是，实际单件生产只是一种生产类型的名称，并不代表一种产品每次只生产一件，企业一次接到几件相同产品的订单也是常有的，所以，仅从数量看，单件生产比较接近小批量生产。但不同的是，每次订单的数量是不确定的，不可能按固定的批量生产，而且下次何时还能接到相同产品的订单是不知道的，是一种不规律的重复生产。有些小批量生产的企业需求变化也很难预测，从需求变化的特点看，又是比较接近单件生产的，因此，在实践中也经常将两种情况合称为单件小批生产。总的来说，生产品种多、单品产量少、需求变化不规律是这种类型的基本特征。

由于需求方面的特点，单件小批生产企业面对的产品需求难以预测，一般是订货生产，计划的主要依据是订单，而不是需求预测了。产品可以是客户化定制的专用产品，也可以是通用的标准产品。也就是说，订单生产与定制生产是两个概念，这是需要注意的。其中，定制的专用产品是根据用户的专门要求设计和制造的，因此无法在订单到达之前进行产品设计和工艺设计等生产准备活动。企业在接到用户订单之后，要进行从产品设计、工艺设计、物料采购到加工制造等全过程的作业，这样就使得交货周期比较长。通用产品相对好一些，不是每次都发生产品设计、工艺设计等准备时间，可以有一定的物料准备，交货周期会短一些，尤其是对一些产品结构标准化、零部件通用化都较高的产品，如电子信息类产品，可以采用前面提到的订单组装的生产模式，交货期会更短。但对于一些机械类产品，由于专用零部件比例较高，专用零件还是需要订单下达后才能制造，否则会产生库存积压，所以交货周期要比较长。因此，如何缩短生产准备时间，从而缩短产品的交货周期，是单件生产作业计划的重要任务。

单件生产在流程组织方面的特征是，因为面对的产品品种多，每种产品的工艺路线会不同，所以，流程一般只能采取按工艺原则分工，组织成加工车间式的柔性流向流程。这样，在同一计划期内，就会有多种产品在一个流程中运动。虽然对于某一种产品来说，根据工序之间的逻辑关系、每道工序的作业时间①、装配的先后顺序等要素（参见图 8－2），可以比较准确地计算出物料采购、零件加工及产品装配的起止时间，但是由于多种产品的生产过程要共用流程中的某些设备（资源），势必会发生资源的冲突现象，这样难以保证产品按以时间逻辑表示的生产周期完成。而且，由于流程中加工对象的运动存在往复、周折等现象，致使物流的运动基本处于没有规律的状态，导致流程的时间（生产周期）会更长。关于这一点，大家可以再回顾一下第二章例 2－2 所讲到的综合医院门诊部的流程，实际服务业中的医疗流程组织基本与单件生产流程相同，只不过提供的不是实物产品。此类医院的布局一般如图 2－5 所示，那么可想而知，如果有十几位看不同病（医疗服务的品种）的患者同时进入流程，或者有几十、几百位患者同时进入流程会是如何，就可以理解单件生产流程的特点了，也就可以知道为什么自己只需要十几分钟的看病过程，却花了两三个小时的时间，因为中间有许多共用的资源（医生、物理化学检验设备）需要排队等待的时间很长。所以这种流程被称为混杂流程。

同样的道理，在制造业中加工的产品是实物的，在流程中运动的加工对象形成的是物流，也会发生排队等待现象，所以对于单件小批、按订货生产的企业来讲，如何保证产品能够按期交货（交货提前期）是一个关键；如果假设每一种产品都可以按生产周期完成，那么意味着企业的生产能力是无穷大的，但这却是不现实的。所以，对于单件生产来说，作业计划制订的两个关键参数是交货提前期与生产能力。

① 需要注意的是，单件生产由于产量很小，有时工序的作业时间也是不准确的。

第二节 作业计划制订方法

一、生产周期法

单件小批生产基本上是按照用户的订单组织生产的，也就是在订单到达后开始生产。而且，一般在与客户洽谈时，双方会确定一个交货日期，给顾客一个交货时间的承诺。因此，日程计划制订的基本思路是：以订单签订下达日为计算起点，根据产品的生产提前期，沿着流程向后推算，确定零部件及产品的投入及出产时间。所以，将这种方法称为生产周期法。其基本原理如图 9－1 所示。

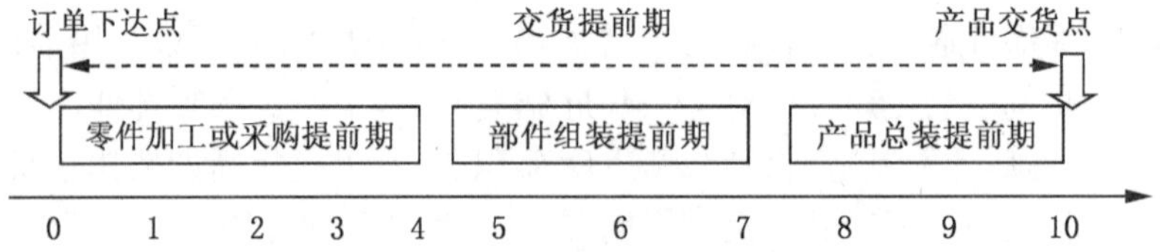

图 9—1 生产周期法

这里需要说明的是，每个企业的产品结构及工艺特点不同，订单下达后是从哪个工艺阶段开始生产是不同的。图 9－1 是从零部件的加工或采购开始，仅是为了说明原理的简单表示，有些企业，如前面提到的电子信息类产品，由于产品结构标准，零部件的通用性比较好，可以采取订单组装的方式，即事先准备好各种零部件（可以是自己加工或是外购），接到订单后只是进行产品的装配，这样交货期会较短。但有些产品，如定制的专用设备以及家庭的装修等，是需要根据用户的要求进行设计的，必须是订单下达后从产品、工艺设计开始的，无法事先准备各种物料，所以交货提前期会很长。当然，也有介于两者之间的情况，所以，在运用生产周期法制订作业计划时，产品的交货提前期包含什么内容，应根据产品特点确定，对于事先准备的各种物料，属于存货生产，仍需要根据预测安排生产计划。

另外，在单件生产环境下，交货提前期与生产周期之间是有差别的，从前一节讨论的物流运动状态特点可知，由于订单到达的随机性、工序时间的不确定性，以及资源（生产能力）的约束，流程中经常会发生排队等待的现象，单纯按时间长度计算的生产周期很难如期实现。所以，在单件小批生产企业，一般会考虑这些因素，对流程每个阶段的生产周期增加一个缓冲时间（配套时间，见图 9－1），来确定提前期的长度。然后，考虑累计提前期最长的物料，来确定需要多长时间可以交货，这个时间就是总的交货提前期。

在例 8－2 中的滑板，其累计提前期是 6 周，其中最长的路线是转向桥的采购，到滑轮组件的组装，再到产品的总装结束。如果在单件小批生产时，会考虑前面提到的缓冲时间。例如，在累计 6 周提前期的基础上，考虑各阶段的配套时间（一般会分段给出）再增加 2 周，可以确定 8 周为总的交货提前期。

缓冲（配套）时间的确定，主要受到共用资源约束的影响，例如流程中的数控加工中心、检测设备、大型高技术装备等，服务业如医院里的物理检测设备等，一般都会是共用资源，成为约束的关键因素。因此，在订单饱满能力比较紧张的情况下，缓冲时间会长，这与服务业在顾客比较多时排队时间就长的道理是一样的。但对于一个复杂的流程，究竟资源与能力状况如何，会对生产周期的影响多大，有时比较难以确定，所以经常会有不能按期交货的现象发生，这是制订单件生产作业计划的一个难点。下面我们用一个具体的实例，来说明用生产周期法制订作业计划的基本原理。

【例9－1】 某户外休闲用品生产企业，其主要产品有户外帐篷、遮阳篷、野餐用具等休闲用品。由于消费理念的差异，以及用途的多样性，产品差异较大，致使生产品种繁多。产品消费者属于高端、小众的需求群体，所以每个品种的需求量很小，需求发生也不规律，是根据客户的订单生产。

但产品基本是比较标准的，其中，主导的产品是帐篷、遮阳产品等，每件产品由PE布的顶棚、钢管骨架组成。简要的产品结构及工艺如图9－2所示。工艺流程主要有两条，即组成骨架的钢管加工和顶棚的PE布加工，最后组合成产品。其中：钢管加工是在金工车间进行的，工序有切割、去毛刺、缩管、弯管、冲孔、焊接与喷涂等流程环节；PE布顶棚的加工工序有裁切、附件缝纫、分包装等。最后，管架和PE配件分包装与其他附件一起，在包装线上完成最后成品包装。

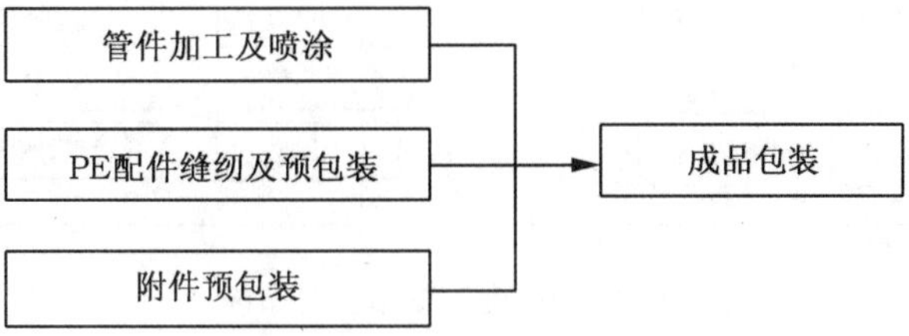

图9－2 产品结构与工艺过程

公司的生产设备主要是钢管加工和喷涂设备、PE配件加工设备及其他基础设施设备等。生产加工设备如下：

切割机(6台)、去毛刺机(2台)、冲床(8台)、钻床(2台)、弯管机(4台)、缩管机(2台)、电焊机(12台)、包装流水线(1条)、PE电热接合机(5台)、缝纫机(10台)、酸洗磷化处理和粉末喷涂流水线(1条)，以及其他辅助设备若干台。

其中，用于金属管件加工的切割机、去毛刺机、弯管机、缩管机、冲床等设备是按照工艺原则流程布置在金工车间的，设备布局如图9－3所示。从图中可以看出，所有设备都是按照工艺原则的工作中心布置的，是典型的柔性流向布局。

加工中心之间的位置关系由于各种原因，也并没有很好地优化，导致设备布局不尽合理。物料流动产生了很多交叉，甚至是逆向流动、往复流动。这种布置方式和物料流动的状况，最终造成了运输时间、排队等待时间都会很长。

运用生产周期法制订作业计划时，可以通过绘制产品生产周期图表的方式来确定投入出产时间。绘制产品生产周期图表的方法是，以总装配出产为起点，按工艺顺序逆向向前进行推算绘制。具体步骤如下：

(1)编制产品装配顺序图。该图能反映出构成产品的各种零部件装配成最终产品的各项作业顺序。如以本例中的户外帐篷为例，图9－2基本就是一个简单的产品装配顺序图。实际在MRP系统中使用的物料清单，也基本可以表明产品的装配顺序(参见图8－5)。

(2)计算流程各阶段的生产周期，并给出缓冲时间，确定交货提前期。在单件小批生产环境下，生产周期与提前期都不是事先确定的，是接到订单后计算确定的，因为很多情况下要根据客户提出的产品结构、工艺要求来分析确定。如果是定制产品的话，这些要素影响会更大，

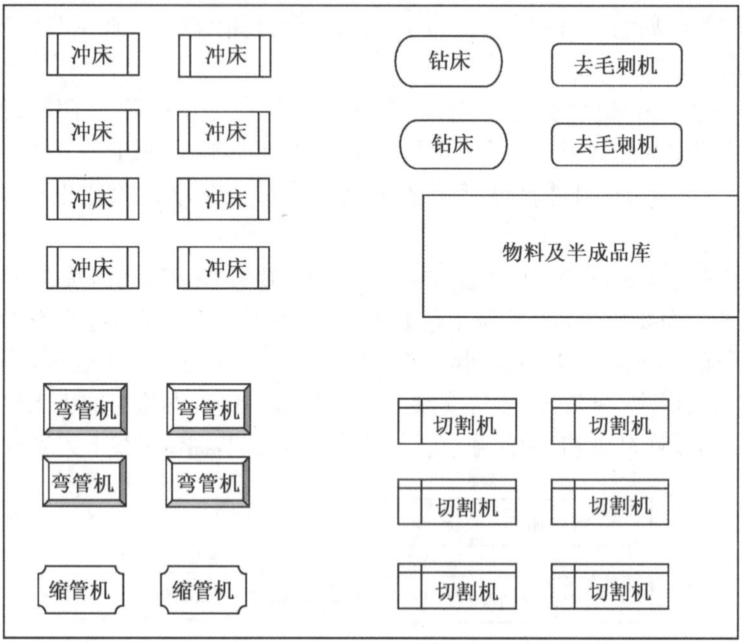

图 9—3　金工车间设备布局

而且有些时间参数是没有标准值的。例如，特殊的工序加工时间，特定用到的工具、模具的准备时间等数据，需要分析确定。

各阶段生产周期的计算方法与成批生产相同，只是此时的批量是不同的，而且每次订单的数量是不同的，极端时有可能是一件。缓冲时间的确定是一个分析决策问题，主要考虑资源的共用情况、任务的饱和程度、工作时间安排等因素，由计划人员或现场管理人员给出。例如，在本例中，最长的工艺路线是：管件加工—酸洗喷涂—成品包装，因为只有管件加工完成，才能酸洗喷涂，其他工艺可以平行作业，而且时间不会比这个路线长。因此，我们以此路线为例，如已知管件加工中较长的流程时间为 5 天，考虑金工车间的设备都是共用的，而且该企业目前任务比较饱满，加工的管件品种又非常多，所以此阶段的缓冲时间确定为 3 天，这样提前期合计为 8 天；因为酸洗与喷涂是一条生产线，不会发生资源冲突问题，产能也比较大，所以提前期为 1 天，缓冲时间确定为 1 天；同理，成品包装提前期也为 1 天，不设缓冲时间。最后可以将产品的生产周期汇总成图表的形式，如表 9—1 所示。

表 9—1　　产品生产周期图表

流程阶段	生产周期	缓冲时间	提前期
管件加工	5 天	3 天	8 天
酸洗与喷涂	1 天	1 天	2 天
成品包装	1 天	—	1 天

（3）绘制生产周期图表。根据成品各工艺阶段的生产周期、缓冲时间，可以运用甘特图绘制出生产周期的图表，这样可以比较直观、清楚地知道各个阶段的投产提前时间。如在本例中，假设 PE 配件的缝纫及包装生产周期为 3 天，缓冲时间设置为 1 天，附件包装生产周期为 1

天，缓冲设置为 1 天的话，根据表 9－1 中的其他数据，可以绘制出户外帐篷产品的生产周期图表，如表 9－2 所示。这个图表就可以作为计划编制的基本依据（期量标准）。

表 9－2　　　　**户外帐篷产品生产周期图表**

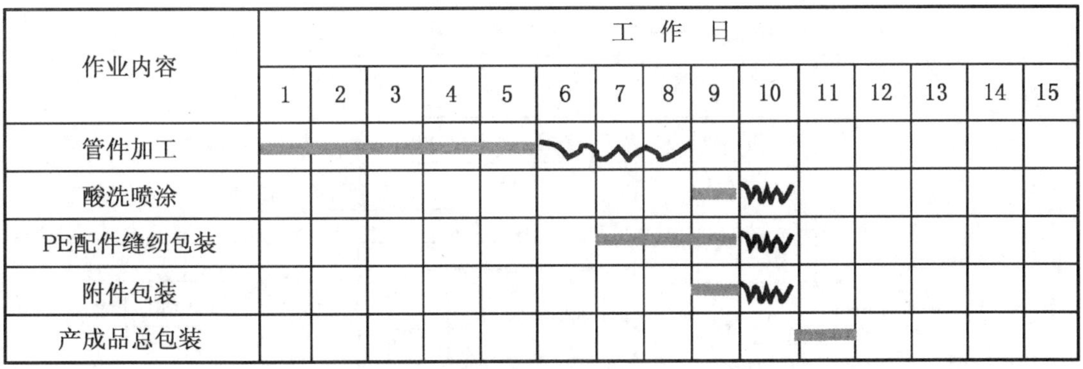

注：　表示车间生产周期；　表示缓冲时间。

但需要注意的是，单件生产环境下，产品的工序加工时间、中间的运输等待时间、设备的转换时间都不是很准确。这与成批生产和大量生产有很大的不同，因为产量很少，很难精确地确定各种时间。

（4）编制作业日程计划。有了生产周期图表，就可以根据签订订单规定的交货时间，推算产品在各车间的投入时间和出产时间，确定各车间的生产任务。例如本例中的户外产品，如果某客户签订的订单为 5 件，本月 30 日交货，就可以根据表 9－2 计算各车间的任务，规定车间投入出产的时间与数量。而且从上述图表中可知，一般只要控制好最长（关键）的工艺路线，就可以保证交货时间。

二、订单评审技术

根据生产周期法可以得到一个作业计划方案，作为具体的作业指令。而在单件小批生产环境下，一个流程可能同时生产多种产品，而且订单是随机到达的，有可能有多个订单同时到达，也可能某个订单到达时，某些环节生产能力被占用。在上例中，我们仅是以一种产品为例，说明了计划的制订原理与方法，具体到企业实际经常会遇到的情况是，订单到达时客户要求确定的交货时间，按生产周期推算已经来不及生产了，或是单纯按时间考虑虽然来得及，但是由于能力被占用，需要等待延迟开工时间，导致无法按期交货。实际上也就是需求与能力之间的矛盾。

在成批生产的环境下，因为能力与需求是基本稳定匹配的，能力平衡问题可以根据前一章讲的基本原理，在初始方案确定后，进行生产能力与生产任务的平衡，确定最终的作业计划方案，这是一种反馈式的能力平衡。但在单件订单生产环境下，由于订单是随机到达的，在没有收到订单时无法知道任务数量，也就是无法事先确定一个计划期间的产量，只有接到订单才可以知道产量。因此，能力平衡问题的性质完全变了，即便能力与需求总体是匹配的，但由于订单会集中到达，某一时刻的冲突仍然是很大的，需要在订单到达时确认能力是否充分，是否可以按顾客要求交货，这是一种前馈的能力平衡。

在这种状态下，能力平衡的方法也会不同，只能是在每个订单到来时询问一次，具体方法可以根据前面讲到的交货提前期，以及工作中心能力的空闲状态，对订单的需求是否可以满足进行测算,看看是否可以接受订单要求的数量与交货时间。如果可以,则接受订单;否则,需要测算调整新的交货期。因此,这个过程被称为订单评审,图 9—4 是一个订单评审系统的工作原理。

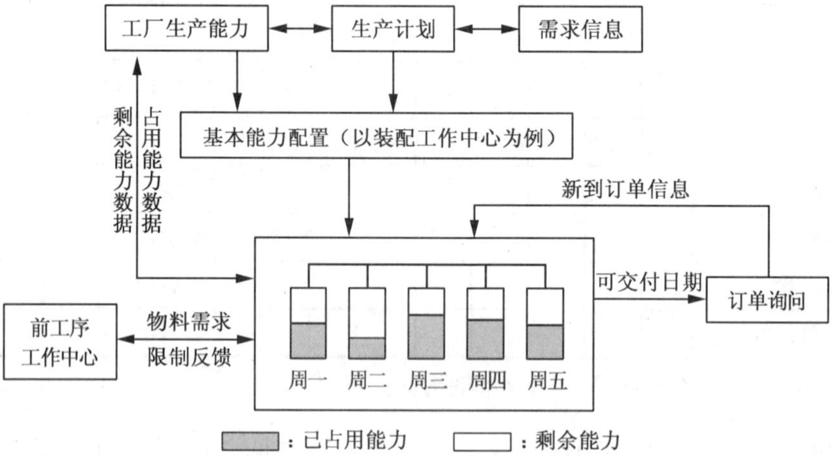

注:本图是以装配单元为例说明原理,此时需要向前工作中心要求物料,如按期开工,需要前工作中心及时供货,但在单件生产时,前中心是否可以按时供货是不保证的,所以图中的限制反馈是说明对供货要求的回答。

图 9—4 订单评审系统工作原理

所谓订单评审,实际就是能力平衡,只不过是在订单到达时适时进行的,而且不是根据需求来调整任务与能力的配合,而是根据能力的约束,分析确定任务的数量与时间是否可能完成。图 9—4 所示的系统具体工作步骤如下:

(1)生产计划阶段确定资源的配置水平。对于单件小批生产企业,虽然预测比较困难,很难做出各种产品的需求量预测,但是在生产计划阶段仍然需要对需求有一个总量水平的估计,用来指导确定各种资源的配置数量。例如,各种设施的配备、人员的需要量、各种物料的准备等,否则订单到达时会更被动。

(2)每个工作中心能力数据的实时更新。由于企业的生产是一个连续的过程,总会有未结束的订单正在加工中,所以系统需要知道每个工作中心的能力配置数据,以及目前被占用能力及占用时间、剩余能力等数据。这样,新的订单到达时就可以知道可利用的能力及时间,为订单开始时间和加工周期的计算提供依据。

(3)物料库存或到货数据的实时更新。在订单到达时,影响订单交货时间的另一个因素是订单所需物料是否齐备、是否可以马上开始生产。这是单件订单生产企业所特有的因素,因为有些物料是特殊需要的,企业并不一定经常备货,所以,除制造该订单产品需要的时间以外,订单所需物料是否配齐,或者说何时可以配齐,是决定订单何时可以开工的一个依据。

(4)新订单完成时间测算。测算方法是,根据产品的工艺路线、交货提前期、能力及物料数据进行计算,原理有些类似于火车或飞机的订票系统。例如,你决定某一天出行,可以在订票系统提前看你需要出行的一天是否有空座位。而在订单生产环境下,是在新订单到达时,需要看能力是否充分、物料是否齐备、是否可以及时开始生产,按顾客要求的时间完成。此时会出现两种情况:一是按顾客要求的时间测算(考虑能力约束),如开工的时间比当前时间晚,订单可以完成;二是按顾客要求的时间节点测算,如应该开始生产的时间比当前时间早,目前已经来不及了(或者时间不够，或者虽然时间够，但因为有些环节能力被占用，不能按时开工，参见图 9—4)。

(5)交货期确定。在上述两种情况下，前者非常理想，可以和顾客洽谈确定订单的交货期，而且根据前述的生产周期法安排进度，就能够按时交货。而对于后一种情况，需要根据目前的时间点以及能力占用状况，计算一个可以交货的时间(此时会比顾客要求的时间滞后)，与顾客协商确定交货期。这个过程实际是，首先根据顾客的要求，按生产周期向前推算，看开工时间是否在当前时间点之后，如果可以则安排批生产；如果开工时间点已经超过当前时间点，则以当前时间点再向后推算，计算出实际可以完工的时间，与顾客协商是否可以接受，如果可以则安排生产。这个过程如图 9—5 所示。

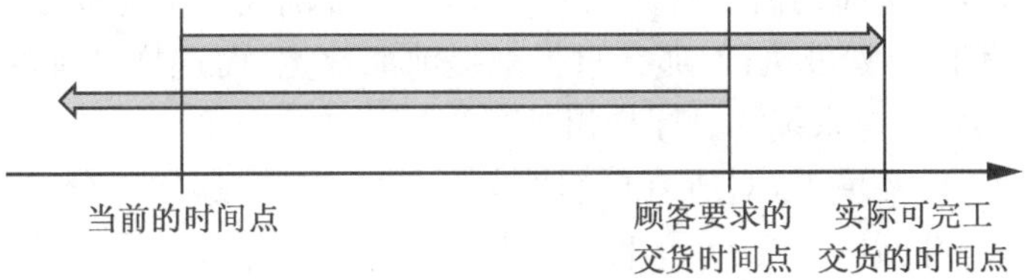

图 9—5 交货时间确定过程

经过反复测算以及同顾客协商，最后可以确定交货时间。当然，在上述实际交货期的计算过程中，需要有实时、详细的能力数据以及物料供应等信息，其中的难点就是考虑限制的提前期的确定，需要根据工作中心的实际数据分析计算，而且计算方法工作量大，经验性因素也比较多，需要分析确定。另外，如果交货期延迟过多会流失订单，这也是企业最为关注的，所以有时难免会采取加班、加点等措施。

第三节 OPT 系统的基本原理

最优生产技术(Optimized Production Technology，OPT)是 20 世纪 70 年代末由以色列物理学家高德拉特(Dr. E. Goldratt)博士首创的。1992 年，高德拉特撰写出版了一本畅销小说《目标》，在这本小说里以故事的形式介绍了他的管理思想，以及针对单件订货生产企业的特点，如何制订日程计划的思路，因此这种技术最初被称为最优生产时间表，之后因其在流程分析、资源利用，以及相应的管理思想等方面的特点，被称为最优生产技术。再后来，高德拉特在此基础上，进一步将其中的思想与方法扩展了应用范围，逐步发展形成了约束理论(Theory of Constrains，TOC)。目前这一理论已成为一种可用于多种行业(不局限于制造业)解决管理问题的思想与方法。

一、OPT 系统的基本思想

运用生产周期法制订作业计划，其优点是相对比较简单，如计算工作量不是特别大的话比较适用，但缺点是比较粗略，因为在产品品种多、结构工艺不同、物料种类非常多的情况下，在人工系统条件下不可能按每一种物料计算提前期与任务量，只能粗略地按成套产品规定流程各阶段工作单元的生产任务。那么，能否把 MRP 系统用于单件小批订货生产类型的计划制订呢？这是一个值得探讨的问题。

MRP 虽然适用于多品种、物料种类繁多、计算量大的特点，但要求产品结构及工艺标准，有准确的工艺及管理数据。需求有一定的重复性，且具有一定的规律，需求量应该是可以预测的。尤其是假定批量和提前期是确定的，计划方案经过能力平衡后一般可以实现。而这几个条件在单件小批按订单生产的环境下都是很难满足的，根据我们前面的讨论可知：

（1）订单是随机到达的，导致需求不均衡，无论能力配置如何，都会发生订单拥挤现象，无法按时均衡地出产，只能根据订单要求以及能力的约束排产。

（2）单件小批生产类型在接到订单之前，产品结构及工艺有时是不能确定的，也无法提供每一种零部件的准确批量与生产提前期信息，而且也不应该将这两种信息作为固定不变的参数。因为在单件小批生产中，每一份订单的数量是不确定的，不可能将本来不多的订单数量分批生产，且产品结构复杂，零件种类不计其数，这些产品生产数量少、重复率非常低，工艺数据本身准确度也不高，生产提前期需要根据工艺计算，而且准确度也不高。若要在这样的条件下运行 MRP 系统，为了使计划可执行，那么只得把提前期放宽，而这样处理的结果将导致生产周期延长、在制品增多，这与系统的目标是相背离的。

（3）在单件小批生产环境下，对所有自制件无法如同 MRP 那样不分主次地进行排序，需要考虑订单的优先顺序问题。因为在单件小批生产环境下，资源多是共用的（参见图 9—3），若对工件不分主次编排进度计划，计划汇总后进行能力平衡时，生产负荷的计算、计划方案的调整工作量极大，要采用较多的人机交互进行大量的调整才能实现，这样就失去了计算机系统运用的价值。

OPT 系统是针对单件小批、订货生产环境产生的一种计划系统，它最主要的特点是，在考虑资源约束的同时，做出作业进度计划方案，解决了方案制订后进行能力平衡的大计算量问题，以及计划方案不可行的问题。另外，批量与提前期也不是预先确定的（前定变量），而是方案制订中需要界定的（内生变量）。本节我们在简要介绍 OPT 系统思想的基础上，重点讨论和讲解其中的排产技术（DBR 系统）。

仅就计划排产问题而言，OPT 的主要特点是，在考虑资源约束的同时，制订排产计划，这与 MRP 系统排产的逻辑以及以往人工系统制订计划的逻辑都有很大的不同。以往计划方案制订的逻辑是：确定初始方案—进行能力平衡—判断方案是否可行，如果可行则执行计划方案；如不可行则调整初始方案，再进行能力检验，直至可行为止。这个过程可简略地如图 9—6(a)所示。

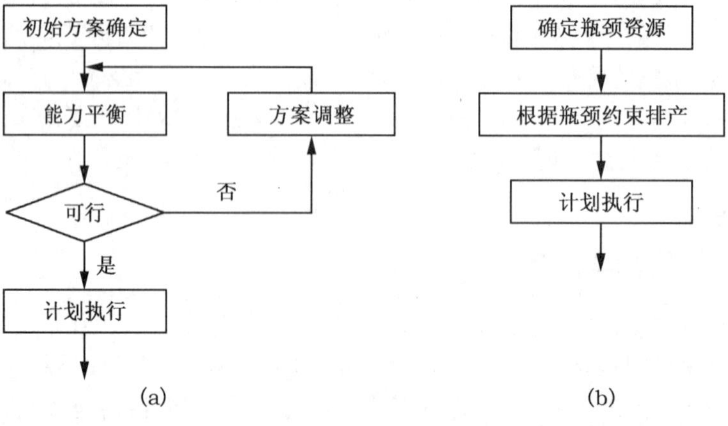

图 9—6　MRP 与 OPT 系统计划制订的思维逻辑

这种思维逻辑虽然很清晰，在 MRP 系统以及人工制订计划时也一直使用，不过这样的逻辑存在一个默认的前提（参见 MRP 的分析），也就是能力充分或基本匹配。如果流程能力不是很充分,有可能计划方案无论怎么调整也平衡不下来(系统不收敛)。在成批生产时由于需求有一定规律,批量与提前期相对稳定,生产能力的配置也可以与任务适应,制订计划时资源的冲突现象并不严重,其局限性表现不突出。但在单件订货生产的企业,由于资源共用程度高,订单到达时非常不规则,有时会集中到达,形成能力的供求矛盾,导致系统明显不适应。而在人工计划系统下,是采取粗略的计划方式,例如,时间单位按周计量,加工对象按台份、成套零件等单位计量,将资源冲突问题推移到现场调度,这样一方面导致此类企业生产的现场管理异常混乱,按期交货十分困难,降低了生产效率;另一方面,又会导致资源的利用率比较低,设备、人员忙闲不均衡。

OPT的思维逻辑是,在制订日程计划方案(初始方案)的同时,首先考虑生产能力(资源)的约束安排生产进度,这样制订出来的计划就是可行的。也可以说,MRP系统是一种后反馈式的能力平衡,而OPT是一种前馈式的能力平衡。更值得注意的是,OPT系统并不是对流程进行全面的能力平衡来制订计划,而是找出能力最弱(瓶颈)的一环,以此环节作为约束进行计划制订。简单地理解,如果能力最弱的环节都可以完成的计划方案,那么其他环节则应该毫无问题。这个思维逻辑如图9—6(b)所示。

如果做一个形象的比喻,OPT的排产思路是,将生产流程看作一个水流管道系统,找到其中口径最小的地方(瓶颈),确定它的最大通过量,按其最大流量确定水流系统的流量,也就是系统的最大输出量。对实物生产企业而言,在流程中流动的是物流,口径最小的地方就是能力最弱的地方,根据这个地方的通过能力,进行产品的出产进度安排,就是系统的最大输出了,如果不超过这个限度制订的计划方案,就应该是可行的。这样一来,不但可以直接得到可行的计划方案,而且计算工作量也会大幅度减少。

二、瓶颈资源的确定

所谓瓶颈(Bottleneck),是指制约流程产出的关键环节,所以将此环节的资源称为瓶颈资源。虽然上面我们用能力最弱的一环对瓶颈做了比喻,但实际上,一个流程中有时不仅存在一个瓶颈,有可能是几个,但一般也不会过多,高德拉特博士给出了一个经验数据:一个流程中的瓶颈一般不会超过5个。

资源是决定生产能力的主要因素,根据产品生产特点的不同,决定生产能力的关键资源会有不同,可以是机器设备,也可以是人力资源或生产场地。因此,生产系统中的瓶颈资源,有可能是制约系统产量的某种机器设备,或具有高技能的专门操作者,也可能是掌握某种知识与能力的管理人员或技术人员,一般制造业表现多为某种设备。具体瓶颈的资源是什么、有几处、在哪里,都需要根据流程分析确定。

从上面对制订计划逻辑的分析可知,运用OPT技术制订计划时,一个关键要素是找出流程中的瓶颈资源,但单件生产企业的流程非常复杂,找出瓶颈资源需要依据产品结构与工艺、生产流程组织模式、工序作业时间、设备转换时间等信息进行大量的计算才能得到。

往往瓶颈资源表现为能力小于对它的需求,或者能力最先达到饱和的地方。瓶颈资源是制约流程产出的一个关键因素,所以将这种制约称为对系统的约束。当物流或服务流(客流)经过瓶颈位置时,若安排不当常常会出现停顿、等待现象。例如,大家最熟悉的超市的收银台、银行的窗口、机场的安检口、医院的B超检查等地方,基本都表现出瓶颈的现象。

大多数企业一般存在瓶颈的问题,尽管在对运营系统初始设计时会充分考虑环节之间的能力平衡,但生产系统是动态的,随着需求的变化,产品结构与工艺参数都会发生变化,结果还是会有瓶颈产生。如果企业没有瓶颈,那就意味着设备投入数量较多,存在多余的能力。但多数情况下,企业为了充分利用能力,降低运行成本,不会过多地投入资源,尤其是设备等固定资产资源。因此,用增加资源的办法不是解决瓶颈问题的主要措施。当然,在能力明显不足的情况下,是可以考虑增加资源的。

从上面这些例子可知,瓶颈之所以存在,不仅仅是该环节设备数量配置的多少;还有一个因素就是,产品的生产流程都需要经过此环节,实际这就是寻找瓶颈的一个基本思路:先确定流程各环节的资源数量;再分析工艺路线经过哪些环节;再根据时间计算资源的负荷,找出瓶颈的位置。

一般计算资源的负荷是以工作中心为最小计量单位的,例如在图 9—3 所示的系统中有 6 个(按同类设备计)工作中心,每个中心中有若干相同的设备,在不增减设备的前提下,哪个单元会成为瓶颈主要取决于任务的数量,或者说使用该资源的产品种类及产量。下面我们通过一个例子来说明确定瓶颈资源的方法。

【例 9—2】 某企业的一个加工车间,有 5 个按工艺原则组织的生产单元,其中有一个为装配单元(AS),其余四个(A、B、C、D)为加工单元。生产 P、Q 两种产品,其生产流程如图 9—7 所示。①

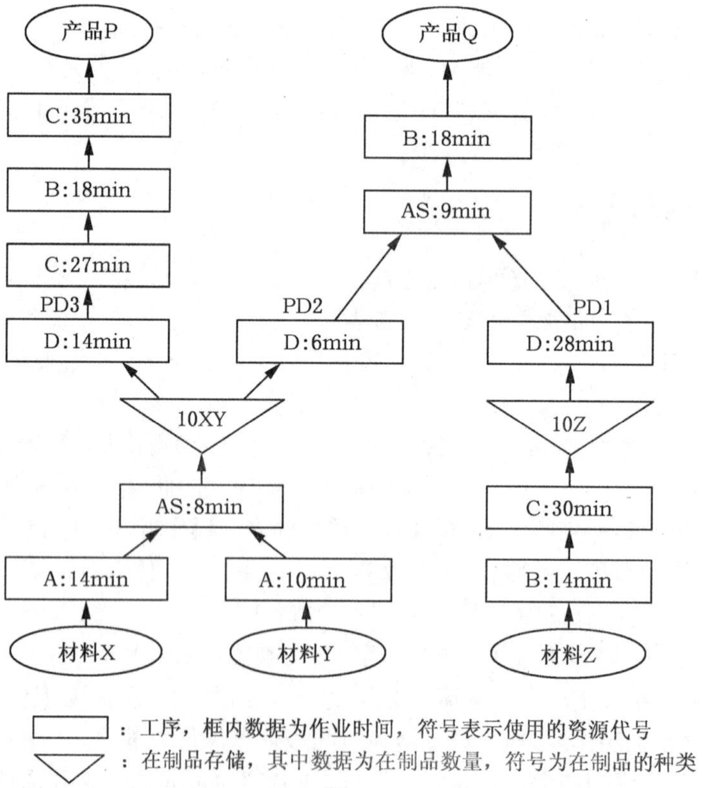

图 9—7　两种产品的生产流程

两种产品需要投入三种材料,共同使用 5 个单元的资源,其中尤其是 D 单元三种产品都

① 本例引自金升龙编著:《制约理论——突破企业瓶颈的有效方法》,广东经济出版社 2004 年版,略有修改。

需要使用。假设企业每天工作 8 小时，每周工作 5 天，本周接到订单为 P、Q 各需要 50 件，根据图 9－7 中给出的各工序加工时间，以及各单元的设备配置数量(见表 9－3)，我们可以计算找出瓶颈资源的位置。

表 9－3　　资源负荷及瓶颈确定计算过程　　单位：分

流程 产品	A 单元	B 单元	C 单元	D 单元	AS 单元	合计
P 产品	24	45	35	14	8	
50 件	1 200	2 250	1 750	700	400	6 300
Q 产品	24	32	30	34	17	
50 件	1 200	1 600	1 500	1 700	850	6 850
任务工时	2 400	3 850	3 250	2 400	1 250	13 150
设备数量	2	2	2	1	1	8
能力工时	4 800	4 800	4 800	2 400	2 400	19 200
负荷(%)	50	80.20	67.70	100	52.08	68.48

方法是，首先汇总各工作单元的资源消耗系数(生产一件产品需要该资源的时间)，如表 9－3 中的第 2、第 4 行数据。数据是根据图 9－7 中给出的各工序作业时间汇总得到的。例如，对于 A 单元，生产 P 产品时共计有两道工序，合计时间为 24 分钟；生产 Q 产品时也是两道工序，合计 24 分钟。其他类推，结果如表 9－3 所示。

其次，计算生产两种产品所需各单元的任务工时，公式为：

$$H=\sum N_i T_{ij} \tag{9-1}$$

式中：H——单元任务工时合计；

N_i——第 i 种产品的产量；

T_{ij}——第 i 种产品所需第 j 单元的加工时间之和。

例如，A 单元的任务工时为：50×24＋50×24＝2 400 分钟；B 单元为：50×45＋50×32＝3 850 分钟。其余计算方法相同，结果如表 9－3 所示。

再次，计算各单元的负荷，方法与成批生产相同(参见公式 8－11)，负荷为任务工时与能力工时之比。本例中，假设每天工作 8 小时，1 周工作 5 天，如不考虑工时损失时间的话，单元的能力工时为设备数量与工作时间的乘积，如 A 单元为 4 800 分钟(2 班×5 天×8 小时×60 分钟)，因此单元负荷为 50%(2 400/4 800)；同理，可计算 D 单元负荷为 100%(2 400/2 400)，其余计算方法相同。

最后，确定瓶颈资源位置。根据表 9－3 的计算结果可知，D 单元已经为 100%满负荷，如再增加产量已经不可能了，但其他几个资源均未达到能力限制，所以可以确定 D 单元为瓶颈资源。当然，如果产量结构、设备数量、作业时间数据发生变化，瓶颈位置也是会变化的。

需要指出的是，对于服务业来讲，瓶颈资源可能表现为人力，可以通过调整人员的配置数量来解决，也就是可以及时改变能力约束，这样的话问题就变成根据业务量确定人员的配置数量了。所以，制订服务业作业计划时，问题往往转化为人员的排班了。例如，超市的收银台、银行的服务窗口，就可以根据每个时段的客流量计算人员的配备数量。

三、计划排产方法

OPT系统排产的第一步实际是将资源分为瓶颈与非瓶颈两类，当然在一个流程中瓶颈资源是极少的，在此基础上，遵循如下九条原则进行排产，这些原则集中反映了OPT系统的指导思想及其运行机理。

1. OPT系统的排产原则

(1)追求物流的平衡(Logistics Balance)，而不是能力的平衡(Capacity Balance)。这里所说的能力平衡，是指流程各环节能力负荷的均衡；而物流平衡，是指通过各环节的物流量均等。道理很简单，因为如果按每个环节的能力投入产品，势必在非瓶颈资源上形成过多的产出，最终会导致在制品积压。

毫无疑问，作为一个理想(或者说最优)的生产过程，希望既能实现物流的平衡又能实现能力的平衡。但这种情况在单件小批生产环境下很难出现，其原因就是瓶颈资源的存在。

(2)在瓶颈资源上损失一小时，就使整个系统损失一小时。既然瓶颈资源是制约整个生产系统产出的关键资源，那么瓶颈资源工作的每一分钟都直接贡献于生产系统的产出。所以，为取得生产系统的最大产出，就应该保证瓶颈资源100%的利用率。而且，为提高系统的产出，应该尽力提高瓶颈资源的能力，OPT技术通常采用下述措施来提高瓶颈的产出量：

一是在瓶颈工序前设置质量检查站，保证流入瓶颈的产品100%都是合格品，避免因质量问题影响产出数量；

二是在瓶颈工序前设置缓冲环节，存储部分在制品(类似于保险在制品)，防止瓶颈之前工序的生产率波动、设备故障等影响瓶颈的产出；

三是加大瓶颈资源的生产批量，这样可以减少设备的转换调整次数，从而增加瓶颈设备的生产加工时间，提高其通过能力。

(3)非瓶颈资源的利用程度由瓶颈资源的能力来决定。由于系统总的物流量取决于瓶颈资源的通过能力，因此，非瓶颈资源的利用程度应根据物流平衡的原则，由瓶颈资源的通过能力来决定。否则，非瓶颈资源若满负荷工作，它生产出来的半成品瓶颈资源就吸收不了，就会增加库存而引起浪费。

(4)在非瓶颈资源上增加投入节省时间是没有意义的。由于系统的能力受瓶颈资源的制约，因此在非瓶颈资源上节省时间除了增加非瓶颈资源的空闲时间外，对整个系统来说不产生任何作用。相反，在非瓶颈资源上节省时间和提高生产率往往需要付出代价，而且这种代价的付出却不能获得经济效益，因此是没有价值的。

(5)瓶颈控制了整个生产系统的库存量和流程产出量。由于瓶颈资源决定了整个生产系统的产出量，为了保证瓶颈的能力被充分地利用，在生产系统中设置相应的缓冲环节，以免瓶颈资源受相关因素的干扰。

根据这个原则，缓冲设置的位置在瓶颈资源之前，以及在某些与瓶颈工序相关的装配环节之前，这些相关工序与通过瓶颈工序的物流一起进行装配，如图9－8所示。图中除了在瓶颈工序之前设置缓冲环节之外，还在与通过瓶颈的物流进行部装1之前，与通过瓶颈的部装1进行总装的部装2及零件5在总装之前均设置了缓冲环节。这是OPT系统缓冲(保险存储)设置的原则。

(6)对瓶颈工序的前导工序和后续工序应采用不同的计划方法。由于瓶颈制约了整个生产系统的产出，因此OPT计划系统在排产时，首先排定各种工件在瓶颈资源上的加工顺序。

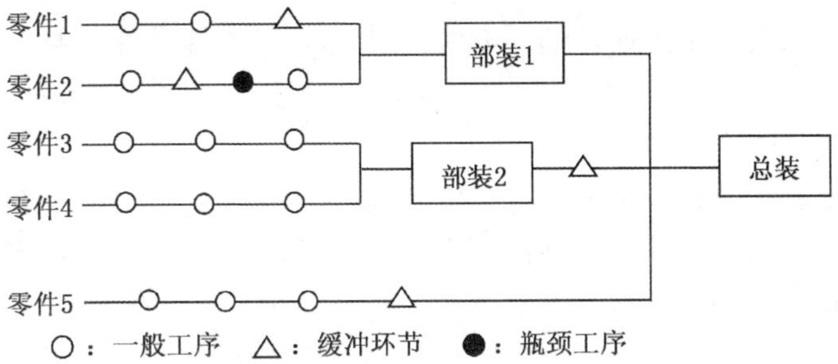

图 9－8　根据瓶颈设置缓冲环节的示意图

而其他不在瓶颈资源上的工序，则根据已排定的在瓶颈资源上的工序的开工、完工时间来决定。

处在瓶颈前的工序，则由瓶颈的开工时间从后往前推算前工序的开工、完工时间，即采用拉动式编制计划；对于在瓶颈之后的工序，则由瓶颈的完工时间从前往后推算后工序的开工、完工时间，即采用推动方式编制计划。采用这样的计划方式在瓶颈工序之前可以使工件不会过多地积压，以及在瓶颈工序之后可迅速投产流出。

(7)运输批量不一定等于加工批量。运输批量是在工序间一次运输的物料数量。与批量生产不同，在 OPT 系统中，一个加工批量一般不会在全部加工完后才运输，一般来说，运输批量可以小于等于加工批量。运输批量小于加工批量的好处是，可以缩短加工周期，减少在制品库存，但会增加物流搬运次数。

确定加工批量与运输批量的依据是不同的。加工批量的大小主要应该综合考虑资源的充分利用(减少设备调整次数，提高能力，参见原则 2)、减少在制品库存等因素；而运输批量的大小则要综合考虑减少运输工作量和运输次数，以及保证瓶颈工位生产的连续性、减少工件的等待时间、缩短提前期等因素。由于确定批量的依据不同，所以确定的加工批量和运输批量也不一定相同。

(8)各工序的加工批量是可变的。同一种工件在瓶颈资源和非瓶颈资源上采用不同的加工批量，以使生产系统有尽可能大的产出和较低的成本。由于瓶颈资源约束整个生产系统的产出，因此为提高其有效能力常采用较大的加工批量；而非瓶颈资源本来就负荷不足，因此主要考虑物流平衡及减少在制品库存而采用较小的加工批量。

(9)作业计划应该在考虑了整个系统资源约束条件之后进行安排，提前期不是事先确定、固定不变的，而是作业计划的结果。

如上所述，由于单件小批生产类型在编制作业计划时，部分资源已有不同程度被占用(未结订单)，这时如果根据固定的提前期反工艺顺序从后往前编排，那么计划将是不可行的，需要很大的调整计算。OPT 不采用这样的作业计划方式，而是在考虑了计划期内资源约束条件后，按一定的优先级原则编排作业计划。

因此，在 OPT 计划体系下，提前期是综合考虑资源负荷、排队时间、加工批量等因素后，由作业计划确定的结果(系统的内生变量)，而不是像 MRP 系统是一个固定的标准(前定变量)。

上述九条原则是 OPT 排产的核心理念，具体的排产技术也是根据上述原则进行的，这样一来，可以保证瓶颈资源最大限度地被利用，从而使系统获得最大产出(因为 OPT 技术产生的历史背景是供不应求)。OPT 技术实质是将计划与控制技术结合,并突出了系统控制的重点,将控制环节提前,保证了作业计划方案的合理与可行,具体的计划制订方法被称为 DBR 系统。

2. DBR 的工作原理与方法

DBR 是鼓(Drum)、缓冲(Buffer)与绳索(Rope)三个英文单词的缩写,是对 OPT 排产技术的一个形象的比喻。在分析如何制订作业计划时,OPT 技术将企业的流程形象地比喻为一列行进中的队伍,如图 9—9 所示。

图 9—9 一列行进中的队伍

如果在这个队列中,有一位成员的个子很小,没有任何限制行进的话,则队伍在行进中会逐渐变得混乱,因为前面的人个子较大,即便大家都以一样的步数行走,他们也会越走越远,队伍会变成如图 9—10 所示的情况。最后的结果是大家都可以想到的,个子大的人会先到达终点,但是如果以团队整体为单位的话,只有所有的人都到达终点才有意义。

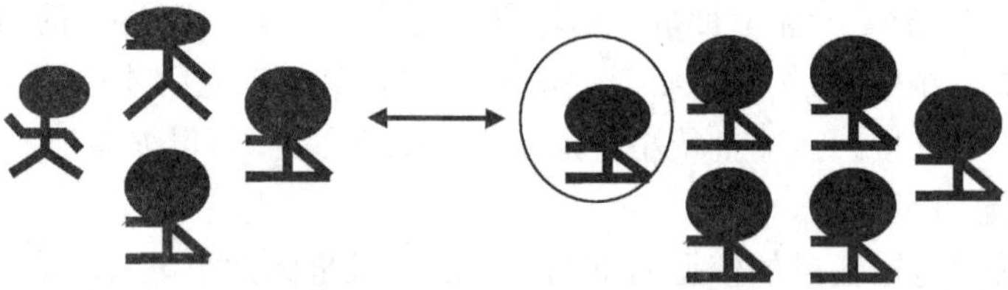

图 9—10 行进中逐步变成混乱状态的队伍

因此,为了保证队伍的整齐共同行进,大家应该以同样的步数前进,需要听从统一的口令,如同仪仗队采取鼓点作为口令一样,大家都按鼓点走,这样就可以保持步伐一致。

但另一个问题是,由于队伍成员的身高不一致(见图 9—9),即便是按统一步数走,前面的人也会逐步拉开距离。因此,采取一定的规则,以步伐最小的人为基准,作为统一行进的鼓点,对在其后面的成员不可以超过他,对前面的成员采取用绳索来限制其离开的距离,这个距离就是缓冲,如图 9—11 所示。

图 9—11 鼓、缓冲与绳索的示意

这样就可以保证队伍不散、不乱,一起行进了。这也就是鼓、缓冲与绳索的来历与含义。其中,鼓点为队伍行进的口令;缓冲就是允许前面成员离开鼓的距离;绳索是控制离开距离的手段,在前面成员离开到绳索拉直为止就不可以再走了。如果将队伍比作流程,那么队伍行进的路程就是流程的产出数量;鼓就是流程中的瓶颈,鼓点就是流程的产出率(或节拍);缓冲就是在制品的数量;绳索是投料的提前期,是控制信息。

如果将上述比喻还原为流程的话,如图 9—12 所示。只不过队伍的行进与流程的运行方向正好相反。

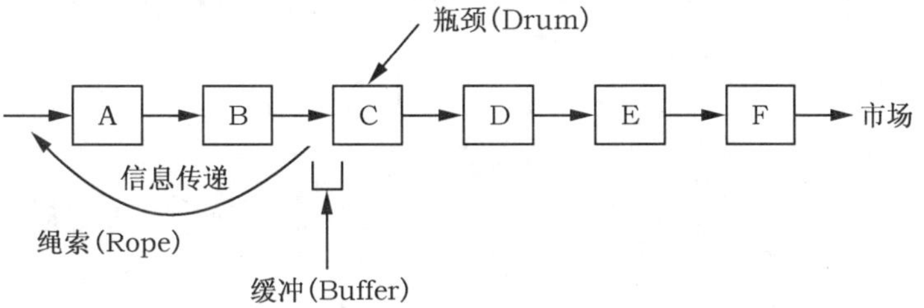

图 9—12　流程中鼓、缓冲与绳索的示意

其实，在大量生产的流程中鼓点就是流水线的节拍，但在单件小批生产的流程中鼓就是瓶颈资源，而鼓点是瓶颈资源的产出速度。因为它决定了生产系统其他部分运转的速度，以及工作的起止时间。由于瓶颈的能力小于对它的需求，所以把瓶颈作为控制点就可以确保前工序不过量生产(前面的人不至于走得太远)，以免前工序生产出过量的、瓶颈无法消化的在制品库存。

缓冲的概念与其他生产类型没什么区别，但在 OPT 系统中，对缓冲的设置具有突出的特点(见图 9—8)。即充分发挥瓶颈的作用，确保瓶颈工序始终有工作可做。为了让瓶颈连续有工作可做，重要的措施之一就是在瓶颈之前设置缓冲。在瓶颈前的库存实质是一种时间保险库存，例如提供 6 小时的库存量，就意味着当前道工序由于意外情况发生中断时，瓶颈工序还可以连续工作 6 小时而不至于缺货。

此外，为了保证系统总的产出不受影响，还会在非瓶颈资源与瓶颈资源路线交汇的地方设置缓冲(见图 9—8)。这样不仅确保系统总的产出不受影响，而且大家可以与其他类型的在制品库存情况比较，实际 OPT 系统的中间在制品库存会更少。

绳索的作用是控制生产速度较快的环节，不要产出得过多和过早。从图 9—12 可知，瓶颈资源后面的工序，因为瓶颈环节不供给它就不会生产，所以不会发生过多过早生产。所以，控制只是针对瓶颈环节前面的工序，也就是对物料投入数量与时间的控制(见图 9—7)。数量是根据产品结构计算的，时间的控制是规定一个投料的提前期，在此之前不可以投入生产。

在图 9—12 中，C 为瓶颈工序，因此鼓点的位置就设在 C，缓冲库存设置在鼓点之前，以保证 C 工序可连续作业，充分发挥其现有能力，以增加系统的输出量。而鼓工序的进度信息通过绳索从 C 传递到 A，让 A 工序了解 C 生产了多少，根据 C 的需求进行投入，以免过量生产而使库存增加(C 前设置的库存量不可任意增加)。这实际是用绳索来拉动前面的工序，与准时生产的拉动式理念是一致的。

如果将这种计划控制的思路向后推移，将市场作为生产系统总的瓶颈，也就是根据市场的需求来确定系统总的出产数量，或者说，可以认为生产系统的最终瓶颈是市场需求，内部瓶颈大于外部需求时，系统总的输出应按市场需求确定，然后用绳子拉动鼓(在准时生产体系中，将这样的位置称为定拍工序)，则就更与准时生产的理念相同了。此时系统运行如图 9—13 所示。图中假定系统内部的瓶颈工序是 D，此时，由于系统有两处设置缓冲，一处是内部的瓶颈之前，另一处是系统出口市场销售之前，所以缓冲的情况要通过绳索传递。一处的绳索是从 D 的缓冲处传向前面的 A、B、C，其作用与图 9—12 相似；另一处的绳索是从 F 后的成品库存传向 D，其作用是把市场需求的信息传递给鼓，以决定是增加还是减少生产量，实际也就是决定系统的总出产数量。因此，这样就可以实现整个系统的准时生产了。其实，在单件小批按订单生产的过程中，市场的需求就是订单，是以订单驱动系统来决定鼓的速度的。

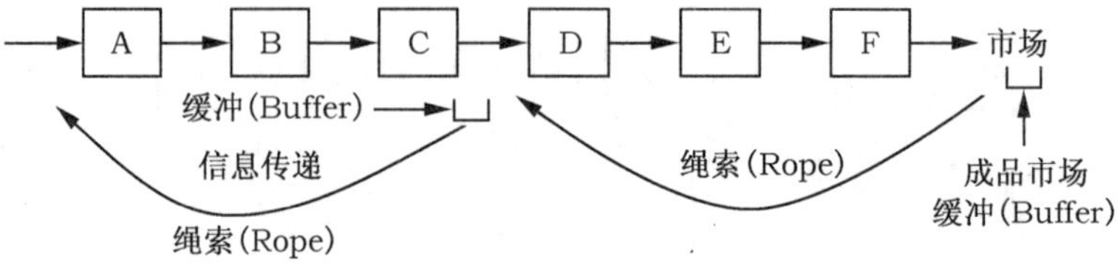

图 9—13 市场作为约束的系统运行

下面我们仍然用例 9—2 来说明 DBR 的具体排产方法，在前一节我们已经确定了 D 单元为该流程的瓶颈(见表 9—3)。OPT 系统的原则是区分资源的性质，采用不同的方法进行计划进度安排。首先是对瓶颈资源进行排产，原则是尽量不浪费瓶颈资源的时间，使其生产速度及产量都可以最大，这样可以在数量与时间上尽可能满足订单的要求。

如前所述，本例中在计划期(1 周)内，接到顾客订单是 P、Q 产品各需要 50 件，但是分两次交货，每次各交货 25 件。根据图 9—7 中的数据可知，在开始生产之前，在瓶颈资源前有 10 件 Z 与 10 件 XY 的半成品库存(可以认为是前一个计划期保留的，实际就是瓶颈前的缓冲库存)。

在计划期开始时，D 单元马上可以开始投产，因为该单元只有一台设备，而且负责生产三道工序，所以决定从工序 PD1 开始生产，首先投入 10 个半成品 Z，该工序的单件生产时间是 28 分钟，10 件合计为 280 分钟，折算为 4.66 小时；之后开始生产 PD2 工序[①]，投入 10 个 XY[②] 的半成品进行加工，单件时间为 6 分钟，10 件合计加工时间为 60 分钟，折算为 1 小时，此时累计时间消耗为 5.66 小时。

其余以此类推，直到本周结束时，共计消耗工时 40 小时，已经是 D 单元的能力上限，D 单元的进度计划安排完成，共计完成了 50 个 Z 与 50 个 XY 的半成品加工任务，与产品需求数量是一致的。计算过程及数据如表 9—4 所示。

表 9—4　　瓶颈单元 D(鼓)的排产计算过程

瓶颈排序 / 投入顺序	数量/工序	时间(分钟/件)	合计(分钟)	小时	累计
Z	10/PD1	28	280	4.66	4.66
XY	10/PD2	6	60	1	5.66
XY	10/PD3	14	140	2.33	8
Z	15/PD1	28	420	7	15
XY	15/PD2	6	90	1.5	16.5
XY	15/PD3	14	210	3.5	20
Z	10/PD1	28	280	4.66	24.66

① 为清楚起见，我们忽略了设备的转换时间。
② 注意这里的 XY 表示一个物品，是由 X 物料与 Y 物料组装而成的，不是 X 与 Y。

续表

投入顺序＼瓶颈排序	数量/工序	时间(分钟/件)	合计(分钟)	小时	累计
XY	10/PD2	6	60	1	25.66
XY	10/PD3	14	140	2.33	28
Z	15/PD1	28	420	7	35
XY	15/PD2	6	90	1.5	36.5
XY	15/PD3	14	210	3.5	40

对于非瓶颈资源的排产，可以分两种情况进行。在瓶颈资源之后的各环节，因为时间有空闲，而且由于在瓶颈之后，不可能提前生产，所以可以根据流程的逻辑关系，只要不影响总的交货期，怎么安排进度都可以，这里简略不再赘述。

对于瓶颈资源之前的工序，因为有比较宽松的时间，所以需要控制不要过早地投入，只要不影响瓶颈资源的进度，在最晚必须开工的时间投入就可以。我们将这段时间称为投料提前期(绳子的长度)。这是确定投料时间的关键参数，它的作用与 MRP 系统的提前期类似，但性质有所不同。

投料提前期应该等于从物料投入开始到瓶颈资源之前的流程完成时间。确定方法也可以借鉴批量生产提前期的算法，但是此时批量是变化的，所以要每次排产时都计算一次。在本例中，我们采取如下经验公式来确定：

$$LT=T_1+5T_2 \tag{9-2}$$

式中：T_1——从投料到瓶颈的各工序时间之和；

T_2——瓶颈资源加工一件产品的时间。

在本例中，工序 PD1 的提前期为：14+30+5×28=184 分钟；工序 PD2 的提前期为：14+8+5×6=52 分钟；工序 PD3 的提前期为：14+8+5×14=92 分钟。简单起见，我们统一取提前期为 3 小时来计算物料的投入时间。物料投入时间按下式计算：

$$TR=TD-LT \tag{9-3}$$

式中：TR——某种物料的投入时刻；

TD——瓶颈工序开始需要此种物料的时刻。

首先，在瓶颈资源(鼓)的进度基础上，确定第一次需要投入的物料数量与时间。因为开始时 D 单元前有 10 个 Z 与 10 个 XY 的缓冲，可以开始工作，直到进行到工序 PD3 开始时，需要再出产 10 个 XY(参见图 9—7)，此时的时刻为第 5.66 小时，我们近似地取 5.5 小时，所以物料的投入时刻为第 2.5 小时(5.5—3)，需要投入物料 X 与物料 Y 各 10 件。如表 9—5 中第一行对应的数据。

表 9—5　　物料投产(绳子)的计划排产

工序	鼓的进度	鼓的累计加工时间(小时)	投料数量	投料时刻	产品交付
PD1	10 个 Z	4.66	10 个 X,10 个 Y	第 2.5 小时	
PD2	10 个 XY	5.66	15 个 Z	第 5 小时	

续表

工序	鼓的进度	鼓的累计加工时间(小时)	投料数量	投料时刻	产品交付
PD3	10个XY	8	30个X,30个Y	第12小时	
PD1	15个Z	15			
PD2	15个XY	16.5			
PD3	15个XY	20	10个Z	第17小时	P25,Q25
PD1	10个Z	24.66	20个X,20个Y	第21.66小时	
PD2	10个XY	25.66	15个Z	第25小时	
PD3	10个XY	28	30个X,30个Y	第32小时	
PD1	15个Z	35			
PD2	15个XY	36.5			
PD3	15个XY	40			P25,Q25

同样的道理,可以推算出第二次投入是15个Z物料,因为这15个Z物料是从第8小时开始使用的,所以投入的时刻为第5小时。

其余的各个批次的投入均可以按上述原理计算得到,推算的过程可以用甘特图直观地表示,如本例的前20小时进度如图9—14所示。

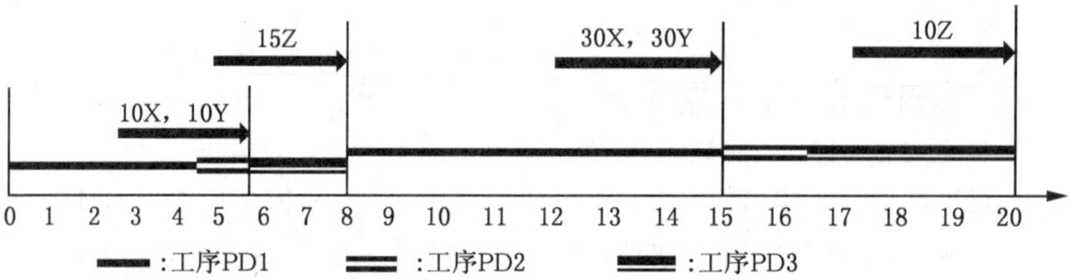

注:在本图中,如果按照公式计算,应该在第15小时与第16.5小时分别投入物料X与Y各15个,考虑时间很近,从实际出发将其合并,在第15小时一次投30个。

图9—14 物料投入的甘特图

关于物料的投入数量问题,如前所述,在OPT系统中,批量是变化的,是计划方案的结果。在本例中,因为前提条件是有在制品Z与XY各10个,另外订单是两种产品各50件,分两次交货,每次25件。所以,瓶颈资源开始投入批量选择为已有的10个,第二次是15个,这样可以完成第一次交货的25件。因此,物料也是按这个数量确定的。但在第二次投入X与Y物料时,考虑后面紧接着还要有相同的投入,所以选取一次投入30件两种物料。

3. 关于批量的确定

在上面的例子中,因为我们忽略了设备的转换时间,所以没有讨论如何根据能力确定批量的问题。前面也提到过,OPT系统的特点之一是批量是变化的,可以根据流程环节的能力采取不同的批量,这样相连接的两个工序的批量会不一致,也就是加工批量与运输批量不一样。

一般单件小批订货生产的企业,一份订单的数量不是很大,生产计划也就直接根据订单数量制订了,不存在批量问题。如例9—2中,订单是每种产品各50件,而且分两次交货,每次就是 25 件。而且计划期初有 10 件半成品，所以计划直接用 10 件和 15 件作为投入批量了。但在订单数量较大、持续时间较长，而且涉及流程的瓶颈资源能力时，还是应考虑能力来确定批量，这样会使瓶颈的能力提高。下面我们用一个简单的例子来说明能力与批量的关系。

【例 9—3】 某产品(C)由装入产品的 A、B 两种零件组成，如图 9—15 所示。两种零件由同一台设备生产，根据装配线的需要量轮流生产，每次改变加工对象时设备需要调整转换时间为 1 个小时，工序加工一个 A 零件需用 6 分钟，加工一个 B 零件需要 4 分钟。

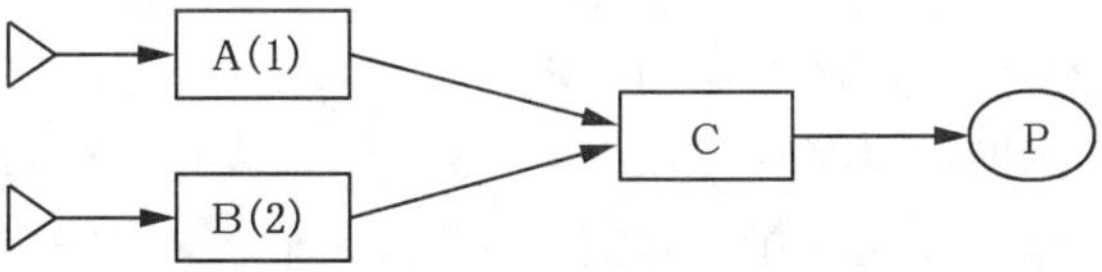

图 9—15　C 产品的构成及流程

假设装配 C 产品的速度为 18 分钟生产一个产品，所以两种零件的加工也需要在 18 分钟内出产一套，即平均 18 分钟内生产一件 A 零件、两件 B 零件(因每个 C 中装入两件 B 零件)。所以，从生产环节供求平衡的角度计算批量，可以达到供求平衡与能力的充分利用。在批量轮换生产的模式下，加工一件产品的平均时间为：

$$T=TS/n+P \qquad (9-4)$$

式中：TS——设备的转换时间，包括一个周期内所有调整的时间，本例为转换两次，共计 2 小时(120 分钟)；

n——批量规模，一个周期的生产产品数量；

P——单位产品(需要零件)的加工时间，是设备生产一个完整产品所需全部零件的时间，本例为 6+2×4=14 分钟。

因此，如果令式 9—4 中的 T 等于后续工序的需求时间(TR)时，可以求出供求平衡时的批量为：

$$n=TS/(TR-P) \qquad (9-5)$$

其中，TR 为后工序(或市场)需求一件产品的平均时间。

在上例中，因为后工序装配生产一件产品的平均时间为 18 分钟，所以供求平衡时的批量为：$n=120/(18-14)=30$ 件(注意，这里应该是 30 套，每套是一个 A、两个 B)。让此设备的生产能力等于后续生产线的需求速度求出的批量，就是前后流程供求平衡时的批量。如果后工序是市场需求，则可以求出与市场需求速度平衡的生产批量。

如果本例中加工 A、B 零件的设备是瓶颈资源，根据公式 9—5 可以计算其满足需求时的批量规模。当然，在瓶颈资源能力过小，求出的批量规模会远大于订单数量，此时只能以订单数量作为批量投入了。

第四节　作业排序与控制

在单件小批生产环境下，由于流程组织与计划编制方法的特点，以及订单到达的随机性所致，流程运行的状态更加复杂，加工对象在流程中的拥挤、排队现象会更加严重。所以，在做好作业计划的基础上，需要进行更细致的作业排序以及有效的进度控制。

一、作业排序

根据前面对单件小批生产流程运行特点，以及作业计划编制方法的讨论可知，在这种生产环境下，出现多个任务（订单）同时到达某个工作单元的情况是难免的，也就是有多个任务等待某一个生产单元（或设备）加工，因此，就会产生一个如何决定哪项任务先加工、哪项任务可以稍后一点加工的问题，这就是所谓的作业排序问题。虽然在成批生产环境下不一定没有排序问题，但因为成批生产可以是预测生产，流程的运行规律性较强，任务拥挤现象不会很突出，而在单件小批按订单生产条件下，问题会更加严重。

简单来讲，作业排序问题就是某一工作中心（生产单元或是一台设备）面对多个等待加工的任务，如何决定任务的作业优先顺序。其实，在服务系统中这是最常见的现象，即在某个机构的服务窗口前，许多顾客随机地达到，形成等待接受服务的排队现象。但因为服务系统，尤其是面对顾客的服务系统，一般的规则一定是按顾客到达的先后顺序来提供服务，所以形成的是排队问题，可以采用排队论的方法来解决。但在制造业流程中，面对等待加工的多个任务，可以采取一定的方法进行优先次序的安排，这样会尽量减少任务的通过时间，提高流程运行效率以及订单的按期交货率。这是作业进度控制，或者说是现场生产调度要完成的一项重要职能。

根据流程组织的原理可知，在单件小批生产环境下，流程一般是采取工艺分工原则组织的，工作中心是由相同设备组成的，是最基本的生产单位，而且多数情况下，某一个工作中心只完成任务的一道工序。所以，我们下面讨论的排序问题，主要是针对某一个工艺原则的工作中心，在面对多个任务要求时，即多个加工对象同时要求该中心加工时，如何确定优先次序的问题。[①]

从服务业的例子可知，作业次序的优先规则是先到先服务，因为这里有一个顾客的权利平等问题，也就是排序的目标是保证公平原则。但在制造业的流程中，尤其是按订单生产环境下，优先规则可以有不同的目标。例如，尽量缩短生产周期、努力按期交付订单可能是最主要的目标。另外，还可以是尽量减少在制品占用、提升周转效率等。但有时不同的目标之间是矛盾的，想要同时都向希望的方向发展是困难的。所以，作业优先排序应该以怎样的规则来决定，根据所要达到的目的不同，会有不同的结果。一般排序问题有以下几种常用的优先规则：

（1）先到先服务（First Come，First Served，FCFS）规则。即任务的处理（工件加工或提供服务）是按任务到达的先后顺序进行的。显然，这个规则的目标主要是可以保证公平原则。在服务系统中是最常见的一种，如大家都十分熟悉的银行窗口、超市收银台、医院挂号处、机场安检等。制造业中虽然也可以使用这样的规则，但通过稍后的分析就会知道，这个规则对于流程的运行指标是不理想的。

（2）最短作业时间（Shortest Operating Time，SOT）规则。这个规则的特点是，在所有等待加工（或接受服务）的任务中，选择作业时间（转换时间＋加工时间）最短的任务优先加工，如果忽略转换时间，这个规则也可以叫做加工时间最短规则。在服务业中一般是没有转换时间的，所以就是服务时间最短规则。这个规则的目标是可以保证全部任务通过单元的流程时间最短。

---

① 理论上讲，作业排序问题的种类很多，可以是单工序的排序（$n/1$ 排序问题），也可以是多工序的排序（n/m 排序问题）。我们这里仅对单件生产比较常见的单工序排序问题进行讨论，其他更多的排序问题，感兴趣的读者可以参考有关书籍。

(3)最早到期(Earliest Due Data,EDD)规则。即在所有排队等待的任务中,选择订单到期日最早的任务优先加工(或服务)。具体方法可以按订单的到期日排序,显而易见,这个规则主要是为了保证订单的按期交货。

(4)最短松弛时间(Least Slack Time,LS)规则。这个规则的特点是,不仅考虑订单的到期日,还会考虑松弛时间的多少来决定优先顺序。所谓松弛时间,是指某项任务到订单交货期的剩余时间与后续的作业时间之差。例如,有A、B两项任务,A任务到交货期为止还有6天时间,B任务到交货期为止还有10天时间,但A任务的后续作业时间是2天,而B任务的后续作业还需要8天。如果单纯地考虑交货期的长短,会选择A任务优先加工,这样一来,B任务有可能会拖期交货。而用最短松弛时间规则,则会选择B任务优先加工,可以尽量保证交货期的实现。这个规则的目的虽然也是按期交货,但考虑的时间因素更细致,对于后续工序较多的情况,应用效果会更好一些。

此外,还有许多排序问题的优先规则,我们这里不做详尽的叙述,下面仅对上述四种比较适用的规则用一个实例数据进行分析对比,说明其应用的情况。

【例9—4】 某一工作中心当前面临A、B、C三项任务正在等待加工,任务到达的先后顺序是A、B、C,各项任务的交货时间、作业时间如表9—6所示。

表9—6　　任务的到达次序即时间参数　　单位:天

任务及到达次序	作业时间	交货期限 (从当前计算)
A	10	18
B	4	10
C	8	12

注:表中的交货期限是从当前时间开始计算剩余的天数,作业时间假设已经包括设备的转换准备时间。

下面我们分别对以上四种规则的应用情况进行比较,此时,可以根据企业运营的特点及目标,选择评价指标。这里,我们简单地采用一般比较关注的流程平均通过时间以及订单平均延迟时间两项主要指标来衡量规则的效果。

首先,按FCFS规则,计算各项任务的流程通过时间(本身的作业时间+等待时间)以及交货的延迟时间,如表9—7所示。

表9—7　　FCFS规则的时间计算结果

任务次序	作业时间	通过时间	交货期	延迟时间
A	10	10	18	0
B	4	14	10	4
C	8	22	12	10
合　计	22	46		14

其中,各项任务的作业时间之和为22天(10+4+8),即工作中心(或是某个设备)完成全部任务的时间。

每项任务的流程通过时间应为本身的作业时间与等待时间之和(见表9—7),全部任务流程通过时间合计为46天(10+14+22),平均通过时间为15.3天(46÷3)。

各项任务的延迟时间合计为 14 天(0+4+10),平均订单延迟时间为 4.67 天(14÷3)。

其次,按 SOT 规则,按每项任务的作业时间长短,由小到大排序,计算各项时间,如表 9—8 所示。

表 9—8　　SOT 规则的时间计算结果

任务次序	作业时间	通过时间	交货期	延迟时间
B	4	4	10	0
C	8	12	12	0
A	10	22	18	4
合　计	22	38		4

其中,全部作业时间为 22 天。

各项任务的流程通过时间合计为 38 天(4+12+22),平均流程通过时间为 12.67 天(38÷3)。

各项任务的延迟交货时间合计为 4 天(0+0+4),平均订单延迟时间为 1.33 天(4÷3)。

再次,按 EDD 规则,按交货期的远近,由小到大排序,计算求得各项时间如表 9—9 所示。

表 9—9　　EDD 规则的时间计算结果

任务次序	作业时间	通过时间	交货期	延迟时间
B	4	4	10	0
C	8	12	12	0
A	10	22	18	4
合　计	22	38		4

其中,任务的全部作业时间为 22 天。

各项任务的流程通过时间合计为 38 天(4+12+22),平均流程通过时间为 12.67 天(38÷3)。

订单的延迟时间合计为 4 天(0+0+4),平均订单延迟时间 1.33 天(4÷3)。

最后,按 LS 规则,首先计算松弛时间,然后按从小到大排序,计算求得各项时间如表 9—10 所示。

表 9—10　　LS 规则的时间计算结果

任务次序	作业时间	通过时间	交货期	延迟时间
C	8	8	12	0
B	4	12	10	2
A	10	22	18	4
合　计	22	42		6

其中，全部作业时间为22天。

各项任务的流程通过时间合计为42天(8＋12＋22)，平均流程通过时间为14天(42÷3)。

各项任务的订单延迟时间为6天(0＋2＋4)，平均订单延迟时间为2天(6÷3)。

通过上述数字的实例分析可知，四种规则中，最短作业时间(SOT)和最早到期(EDD)规则效果最好。虽然四种规则总的作业完成时间是一样的，都是22天，但是总的通过时间、平均通过时间和平均订单的延迟时间是不同的。其中，平均通过时间短说明任务的排队等待时间会较少，而平均订单的延迟时间短说明按期交货的可能性更大。

在应用上述方法进行优先顺序决策时，需要注意以下几点：

(1)作业时间与订单数量。在上述的计算例子中，我们直接给出了各项任务的作业时间，分别为4天、8天和10天，在实际应用时，这个时间需要考虑任务在工序的单件作业时间、设备的转换准备时间，以及每份订单的产品数量来计算得到。例如，假设任务订单的数量为10件，单件加工时间为30分钟，为生产此任务设备需要准备作业3个小时的话，则任务的作业时间应为8个小时。而且，每份订单的数量都是不同的，单件加工时间、设备准备时间也会有所不同，需要按每项任务分别计算求得。

(2)任务的后续作业时间。一般一个加工对象会有多道工序需要作业，如果在当前工序进行排序时，后续还有若干工序未完成的话，在采用LS规则时，需要按交货期的剩余时间减去后续作业时间计算。本例没有给出后续的作业时间，只是按当前工序时间计算，仅是说明原理，在实际使用时应需要更详细地计算。

(3)评价指标的选择。在本例中，我们选择了订货生产比较侧重的指标，比较简单地对规则进行了对比分析。毫无疑问，选取不同的指标会对规则的评价有所不同，这需要根据企业的实际情况合理地选择。

二、制造号系统

与批量生产相比，单件小批订单生产的过程控制会更复杂，会有多个不同的任务同时存在于系统之中，面临的问题不仅仅是掌握生产进度，更重要的是产品的配套问题。因为单件小批生产产量很小，零部件都是分散到流程各个环节加工，很难掌握进度。尤其是对于大型产品，如重型的装备，零部件种类又多，工艺路线复杂，进度与配套问题更严重。在批量生产中使用的累计编号法，是一种连续的编号系统，并不适用于单件小批生产，因为此时产品产量不大，但是流程比较复杂，产品多是按订单生产，所以使用按订单成套的制造号系统更适合。

制造号系统的原理是以订单为对象，将对应的成套零部件按订单编号，是一种非连续的编号。实际上，一般企业的订单都是有编号的(而且目前在信息应用较好的企业，订单都是有条码的)，如果工艺比较健全，每一种零部件也是有编号的。所谓制造编号，就是针对一份订单，赋予对应的产品与零部件一个制造号，所有对应的产品及零部件都使用同一个制造号，其编制方法如表9－11所示。

表9－11　　制造号系统产品编号方法

订单号	产品制造号	部件制造号	零件制造号
BC13-4589-12	88403(2)	88403-201(2)	88403-401(4)

注：括号内的数字为一份订单中产品的件数。

在制造编号系统中，对应一份订单的产品、部件、零件都有一个统一的制造编号，如表9—11中的88403，这样如果有及时的生产实际统计数据反馈，就可以根据制造号，知道每一种零件的用途，以及加工进度，不仅可以检查订单产品的生产进度，还可以控制产品的配套，避免出现一份订单由于某一个零件没有按计划出产而不能按期交货的现象。反之，每一种物料一旦投入生产就知道用途，因此也不存在没有决定用途（无制造号）的物料，所以也就不会出现剩余库存的现象。

但是，在运用制造号系统对流程控制时，会出现多个不同的订单号使用相同零部件的情况，此时需要物料跟随订单的控制方法，不能混用，否则会导致物料用途混乱、订单配套不齐、不能按时交货的现象。例如，某个零件在三个订单中都有使用，但是三个订单的下达时间、进度是不同的，此时零件需要按制造号跟随订单使用，不能改变用途，如图9—16所示。

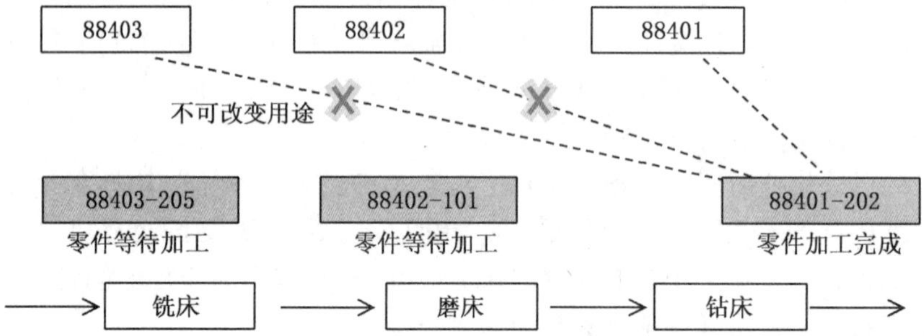

图9—16　制造号系统进度控制方法

从图9—16中可以看出，虽然零件是相同的，但在三个订单中的编号是不同的，由于订单下达的时间不同，零件的加工进度也不同，需要对零件与订单一对一地进行控制，这样既可以保证进度，又可以保证订单的配套。尤其对于一些大型成套装备的产品，运用制造号系统进行控制效果会更明显。另外，这种编号系统如果再结合信息技术的应用，例如目前应用已经很普遍的条码技术，这样跟踪作业进度以及配套情况会更准确、快速。

本章小结

单件小批、按订单生产的企业，流程的组织一般是工艺原则的，优点是具有较高的流程柔性，可以适应市场需求的多样性。但带来的问题是，流程运行状态无规律，导致计划与控制工作十分复杂。这种现象在服务系统中也是常见的，例如我们一再提到的大家也十分熟悉的医疗、银行、机场等流程。

同时，产品需求是不规律、重复性非常小的状态，企业只能按订单生产，尤其是定制产品更为严重。生产周期法是在人工计划体系下，对应此生产环境采取的基本方法，是一种比较简单的计划方法，虽然也具有一定的合理性，但是计划制订得很粗略。因此，将问题转化为现场的调度，导致现场管理工作混乱、复杂，难以实现按期交货。

订货生产有一个明显的特征，订单到达不规则，有时订单很少，系统比较空闲；但有时订单会集中到达，系统能力很难对应。因此，在订单到达时确定何时能交货是这类企业计划的一个难点。也就是能力和提前期这对矛盾如何调节的问题。如果能力配置较小，订单等待时间会很长，在服务系统中表现为顾客排队时间会很长；但能力配置过大，设备空闲资源浪费，会导致成本增加。加之批量与提前期的不确定性，使得MRP系统难以适用。

最优化生产技术（OPT）是以色列物理学家高德拉特博士创立的，比较适应这种生产环境的体系。其基本原理是将控制与计划结合，进行前馈控制，找出制约系统输出的主要瓶颈，提出了一系列提高瓶颈利用率的方法，然后根据瓶颈的能力排产，较好地解决了能力与产出的矛盾，尤其适合于单件小批订货类型企业的计划与控制，不失为一种先进的理念与方法体系。

本章仍然是采取在讨论流程运行规律的基础上，分析讲解计划制订的原理与方法，并介绍了先进的计划排产技术(OPT)。但由于 OPT 系统的传播理念不同于 MRP 体系，能够了解掌握的具体方法还很有限，会有不足之处，感兴趣的读者可以阅读相关的专著。但在这里想说的是，在第七、第八、第九章中，我们分别讨论了大量生产、成批生产和单件生产，但采用的分析思路是一样的：从流程运行规律的分析；到计划关键参数的确定；再到计划制订的方法讲解；最后介绍对应的先进系统，如 JIT 系统、MRP 系统，以及本章的 OPT 系统。其用意是，建立一个如何发现求解问题的思路，而并不在于具体某个方法、计算公式的追究。当然，尽量给大家一些使用的方法也是一个重要任务，但是与其相比，前者更为重要。因为，方法与工具是会随着环境不断变化的，而掌握了分析求解问题的思路，就有能力去探索求解新的问题，也有能力去将方法运用于新的领域。例如，很多读者一定会有这样的想法，我们讲的方法都是在制造业产生与运用的，那么在服务业可以应用吗？或者说在服务业还有其他方法吗？其实，如果能够理解前面说的分析求解问题的研究思路的话，这些将有可能是你自己可以回答的。

关键词

单件生产(Job Production)
生产周期法(Production Cycle Method)
订单评审(Order Review)
交货提前期(Delivery Lead Time)
最优生产技术(Optimization Production Technology)
约束理论(Theory of Constrains)
瓶颈(Bottleneck)
能力平衡(Capacity Balance)
物流平衡(Logistics Balance)
DBR 控制(DBR Control)

复习与思考

1. 单件小批生产的企业，一般会采取怎样的流程组织方式？流程的运行状态如何？为什么？
2. 你可以举出在服务业具有单件订货生产类型的企业吗？观察描述它的流程运行状态是怎样的。
3. 为什么说在单件小批订货生产环境下，生产能力与交货提前期是两个关键的参数？两者的关系如何？
4. 你能够找到一个服务流程，观察分析找到其瓶颈的位置吗？对应的服务流程计划应该如何制订呢？
5. 生产流程中瓶颈资源的含义是什么？应该如何分析确定？它的位置会变化吗？这是为什么？
6. OPT 系统的指导思想是什么？它的九项原则具有怎样的含义？对于计划排产工作有什么意义？
7. 谈谈你对“追求物流的平衡，而不是能力的平衡”的理解。采用 DBR 方法排产可以实现物流平衡吗？为什么？
8. 从作业计划的角度来分析 MRP 系统与 OPT 系统对资源约束的处理方法有什么不同。两者对流程运行的控制是怎样的？
9. “鼓”、“缓冲”和“绳索”的含义是什么？它们比喻的是什么参数？对计划排产有什么作用？
10. 请你分析一下 OPT 系统的在制品库存比 JIT 系统是多还是少。OPT 可以实现准时生产吗？

案例分析

安方达电控公司①

公司运营状况

位于中部地区的安方达电控公司，是一家为用户定做各种专用电源电控装置的生产制造商，公司的产品主要是根据顾客的要求，用不同的电器及金属材料制造的电控装置。由于产品是根据客户的需求定制的，品种非常多，产品结构变化也较大，而且随着市场的变化，每年还会有新品种不断推出。去年公司生产的品种有 300 多种，用到的不同种类的电子元器件、钢材以及各种合金和其他原材料有近千种之多，这些材料需要向不同的供应商采购，由于采购的数量并不是很大，也没有价格谈判的优势。其中，比较主要的物料及消耗状况如表 1 所示。

表 1　月度物料及消耗量统计

物料种类	月使用量(万元)	物料种类	月使用量(万元)
A	36	G	32
B	10	H	75
C	15	I	40
D	43	J	60
E	110	K	30
F	18	S	53

公司主要向通信机站、各种工程项目、研究所及实验室等特殊需求的客户定制生产销售其产品，每次订货都需要根据客户的要求做一些设计上的改变，这样一来，每次订单产品的结构以及选用的构件都会不同。除品种范围和物料种类繁多外，大多数订单的数量是很小的，几乎每次都不是同样的产品，有时一个订单订购数量只有一件，很难实现产品的标准化。去年 8 月主要产品的销售情况如表 2 所示。

表 2　8 月份产品销售数量统计

订货批量	订货次数	订货总值(万元)
1	80	32
2	53	42
3	69	81
4	32	48
5	82	163
8	47	159
10	84	268
15	22	131
20	42	315
25	27	236
30	18	216
40	22	320
50	10	186

① 本案例是根据作者收集的实际素材编写的，企业名称及数据都进行了适当处理，仅作为知识学习过程课堂讨论的基础材料，并不是为了评价企业的经营绩效，以及说明企业对管理问题的处理是否有效。

虽然公司的市场占有率以及销售收入状况都比较好，但是由于产品的生产与市场投入时间较短，成熟度不高，加之专用性强，产品的品种及物料种类过多，产品又是定制的专用品，需求预测非常困难，导致生产计划性差，生产过程非常被动，交货周期也很长，物料的库存积压比较严重。截至上年度期末，库存物品积压的数额已经达到8 000多万元，而且有些库存由于产品的变化，几乎不可能再用上了。

因此，最近公司高层决定让销售部门尽量接受一些数量较大的、订购产品比较标准的订单。尽管这些订单的价值会相对低一些，但这会有助于公司对产品结构及构件的标准化，提高生产过程的计划性，减少品种数量以及物料种类，最终达到降低库存、消除死库存的目标。

经过市场及设计部门的一段努力，改进产品设计，提高了产品的标准化程度，已经收到了一定的效果。产品的种类从300多种减少到了80多种，物料的种类也大幅度减少，而且标准的物料消耗比重在逐步增加，结果库存水平下降了50%多。

订单处理过程

当一个客户希望订购一台电控装置时，负责营销的业务员接到订单，同时客户通过对一个蓝图或草图的确认来说明需要产品的类型以及特殊要求等，如果需要，客户的工程师会在下订单以后打电话通知设计的变更。在这种情况下，有必要停止生产以等待新材料或对新设计的确认。客户对订单的书面确认并不总是包括加工的公差或所需要的详细要求，有时是不清楚的。所以，必要时要直接跟客户取得联系以获得这些信息。

收到客户订单，并经过营销部门确认后，将信息传送给生产总监，同时再送一份给物料采购部门。采购员拿到订单信息后，会对订单所需要的原材料进行核对，对特殊订购物料及时下采购订单。这些原料通常要花1～2周，甚至更长的时间才能到达，这取决于供应商和所订购材料的类型。

生产部门在收到客户订单后，要检查确认订单并把它纳入计划，直到所有原材料配货运到后，客户订单同原料一起传到工厂生产。在过去，大多数产品的生产过程在原材料准备好后，要花大约3周时间才能完成，最近由于大订单的增加，生产时间已经增加到5周。

这其中的一个主要原因是订单排队等待时间过长，生产经理对生产过程中出现的瓶颈问题一直非常关注，某一瓶颈可能出现在一台机器中，而另一个可能出现在其他地方。这些瓶颈问题使得按时完成订单变得很难。

设施布置和物料流程

公司采用的是标准的加工车间式流程布局，车间的布置如图1所示，每一个工作中心都有普通的机器或流程，原料流从一个工作中心到另外一个，这取决于针对特殊订单所需的工艺路线。

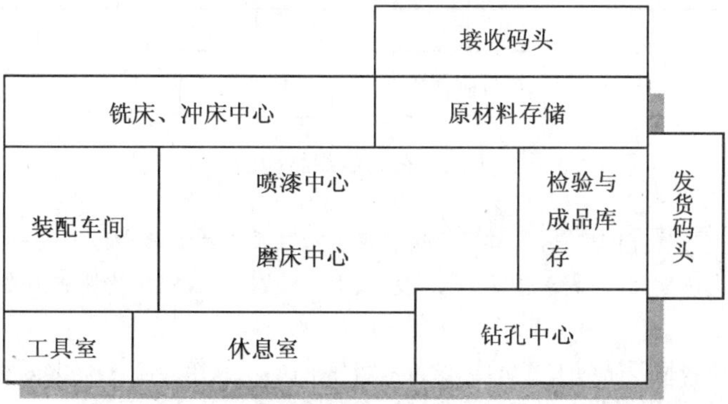

图1　工厂布局图

典型的订单需要经过如下过程：首先，原材料即各种需要自己加工的金属物料毛坯被送到冲床或铣床工作中心，在这里根据客户所要求的规格，对材料进行初步的加工；然后，送到钻孔中心，对框架结构进行打孔，打一个或者多个孔；之后，物料再送到磨床中心，对表面进行抛光；最后，如果客户需要，再将零部件进行喷涂处理。当一件产品的零部件全部完成生产之后，再送到最后装配车间，与外购的电器零部件一起组装成产品，调试后再由检验员进行检验，然后交付给客户。

在图1中，工厂分为4个车间以及相应的仓库、装卸货码头等。需要注意的是，车间里是如何按机器的相似类型来分组的。例如，所有的钻床放在一个工作中心，而所有的铣床放在另一个工作中心。尽管这种布局便利了工人技能的发挥和培训的发展，但它导致了车间产品流的拥挤。

车间加工的订单经常受到干扰，典型的订单要花90%的时间来排队等待需要加工的机器，实际花在加工上的时间只有10%。另外，因为产品是机电组装性质的，最后需要整体的调试与检验，目前的装配是采取定位式生产，所以组装调试的时间也比较长，订单花的时间就更长了(最多达到6周)。

目前大订单和小订单同时加工，对不同规模的订单没有特殊的工作流程，事实上，大订单帮助车间保持了饱满的生产负荷。

公司的经营背景

公司的业务一直很好。在最初的两年，公司是亏损的，但是在坚持了一段时间后即开始盈利，上个年度的销售收入增长了50%。

尽管销售额在不断增长，最近的市场调查显示，在未来几年中，销售收入可以进一步增长。按照市场调查，如果保持当前5～6周交货时间，明年的销售收入将可以达到2亿多元；如果总的交货准备时间减少到3～4周，销售额可能进一步增加。

但由于订单的随机到达，以及排产、设备拥挤等原因，交货时间比较长，准时交货率也一直比较低，因此，公司最近增加了负责加快进度的调度人员。他负责每天检查车间的工作进程，选择那些明显落后于进度的订单，并在每个落后的订单上放一个红色的标签，表示它应该加急处理。目前，大约有30%的订单上有加急处理的标签。调度人员还要花时间寻找过期的原材料、误期的订单，并向客户解释延期的原因。

公司是一个民营企业，虽然位于经济不是最发达的中部地区，但是交通很便利，而且近些年中部地区经济发展很快，对于市场的发展十分有利。企业规模并不是很大，采取的管理体系也比较经典，组织结构如图2所示。

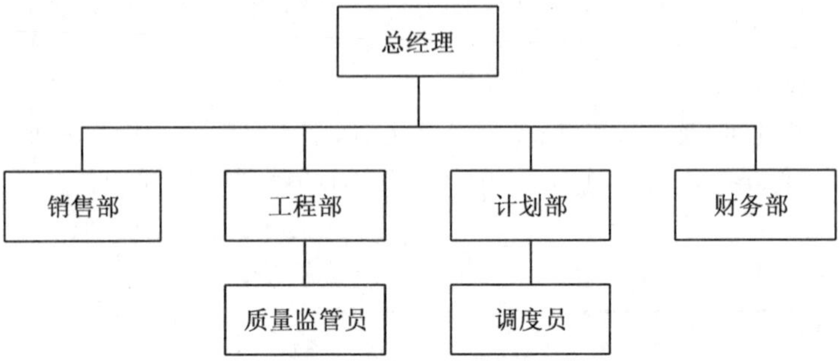

图2　公司组织结构图

一般会由总经理直接管理市场部门，并助销售经理负责联系一些大客户以及安排公司的财务，主持每周的生产协调会议。在会议期间，对需求预测、产品设计、生产计划、人员配置及其他相关问题，与各部门经理进行讨论。

公司的工程师职责包括产品与工艺设计、设备采购与维修，以及作为监管质量过程的主管，也会参加每周的生产协调会，而且他们一周要花上很多时间到工厂车间了解设计及质量问题。

目前，公司大约有8%的完成订单由于质量问题而返回重新加工。其中，75%是由于缺少一个或多个操作环节或作业失误造成的。例如，最近有一个返回的订单产品，有机箱框架缺少打孔。

有时，公司会接到客户的紧急订单。在这种情况下，订单直接由厂长审查批准。如果得到确认，便紧急订购原材料而且在第二天到货。收到原材料后，订单生产会在4天到1周内紧急完成。这是由调度来完成的，他亲自参加紧急订单的所有运营过程。大约有10%的订单是紧急订单。

公司有350多名员工，他们都经过一定的学习或培训，是一些具有较高技能或中等技能的员工。例如，铣床的操作就是高技能的，要求至少经历过两年的技术培训和几个月的工作培训。上季度，又增添了10名新员工。对于新员工，公司需要进行一段时间的培训，才能上岗操作。公司会采取一种分类的方法，对员工进行激励与绩效方面的管理，但令管理层头痛的是，人员的流动性较高，尤其是工程技术人员与高技能员工的流动，对公司的业务影响较大。

讨论问题：

1. 这个案例中，产品的需求、计划与控制，以及生产流程的组织有怎样的特点？目前公司的运营状况如何？面临的主要问题是什么？是什么原因引起的？

2. 为什么在市场及销售状况都比较好的情况下，却会出现较大的物料库存积压，以至于产生死库存？

3. 应该如何改变产品在生产过程中等待时间比例非常大、交货周期很长的问题？

参考文献

1. 艾利·高德拉特、杰夫·科克斯：《目标——简单而有效的常识管理》（第3版），电子工业出版社2009年版。

2. 金升龙编著：《制约理论——突破企业瓶颈的有效方法》，广东经济出版社2004年版。

3. F. 罗伯特·雅各布斯、理查德·B. 蔡斯：《运营管理》（第14版），机械工业出版社2015年版。

4. 威廉·J. 史蒂文森：《生产与运作管理》（第12版），机械工业出版社2016年版。

5. 罗杰·G. 施罗德等：《运营管理新概念与案例》，清华大学出版社2003年版。

6. 托尼·阿诺德等：《物料管理入门》，清华大学出版社2005年版。

7. 黄卫伟：《生产与运营管理》（第2版），中国人民大学出版社2006年版。

8. 托马斯·E. 沃尔曼等：《制造计划与控制》，中国人民大学出版社2008年版。

9. 李·克拉耶夫斯基等：《运营管理——流程与价值链》（第7版），人民邮电出版社2007年版。

10. 季建华等编著：《运营管理》（第2版），世纪出版集团、上海人民出版社2007年版。

第十章 供应链管理

如果你参加过旅行社组织的团队旅游的话，例如某条旅游线路的三日游或五日游等，实际上你就已经体验过了服务产品的供应链过程。因为在整个旅游过程中，所涉及的吃、住、行、游等要素是由不同的企业提供的。例如：用餐可能是由指定的餐馆提供的；住处是途经地的宾馆提供的；行走使用的是飞机、火车或是汽车，有时或许是游船；而游玩的是各个景点的设施。这些分别都是各自独立经营的企业，而向你提供旅游产品（旅游路线）并且根据你的游览计划将这些企业提供的服务协调组合起来，完成产品全部过程的是旅行社。实际上，旅行社在此过程中扮演的就是供应链的协调、组织（集成）者。可想而知，一个旅行社是无法提供上述所有服务要素的，而且社会分工的现实，也没有必要提供上述所有项目，但它可以组织协调不同的企业共同合作，来完成旅游产品所需的全部要素，这实际就是供应链管理。

通过这个例子也可以看到，在这个服务产品的链条上，任何一个企业的服务出现问题都会影响顾客的满意度，最终会导致对旅行社服务质量、信誉，以至于企业竞争优势的影响。因此，旅行社必须协调好各个企业，完成产品的提供过程并达到顾客满意，这也可以充分说明供应链管理的重要性。

供应链管理是在目前社会经济环境下，企业增强竞争力的一种有效途径，如第一章中所阐述的，供应链集成是一种新的运营模式，它与其他运营模式的主要不同点在于，以供应链系统整体集成、多个企业合作为基础，共同应对市场需求变化，这个变化将会引起诸多新的管理问题。例如，如何认识及建立企业间的合作关系，怎样协调各供应链参与企业的行为，如何建立与运行一个有效的供应链等，这些将是供应链管理所要研究的主要问题。

第一节　供应链管理概述

究竟什么是供应链管理，它与其他运营模式的管理有什么不同之处，这是学习供应链管理首先要解决的问题，也是一个难点，因为发展时间较短，目前理论上对供应链管理含义的描述还不一致，有些问题尚待进一步研究。但随着一些国内外著名企业在供应链管理的实践中取得的巨大成就，使人们对供应链管理的认识越来越清晰，下面我们主要通过一些实例分析来说明供应链管理的概念。

一、供应链与供应链管理

如果从商品的形成过程看，实际上供应链（Supply Chain）一直存在于生产与流通过程中，甚至可以说自从出现社会分工后就一直存在。所以，在我国国家标准物流术语中，比较简单地将供应链定义为：生产及流通过程中，涉及将产品或服务提供给最终用户活动的上游与下游企业所形成的网络结构。

一般意义上讲，每一种产品的生产与流通过程，大多是经过多个企业合作完成的，而且随着社会分工的不断细化，这个过程的环节会越来越多，在此过程中将企业联结起来的主要是供求关系。如果站在最终消费者的角度看，这个过程中所有商家都是供应商，因此，一般将此供求关系结成的企业间的链锁结构称为供应链。其含义可以简单地用图 10－1 来描述。

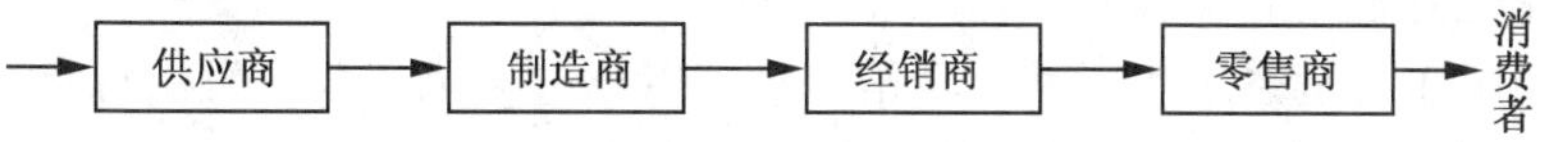

图 10－1　供应链的一般概念模型

上述过程在一个企业内部也可能都存在，如企业的采购、生产与销售部门之间也会存在协调关系。但供应链管理不同的是，这些环节由独立的企业来完成，合作关系完全不同于一个组织内部部门之间的合作，更多的是关注有独立利益的企业间合作。所以，供应链管理更突出的特点是，以利益共享为基础，通过建立企业间的联盟、计划与协调、组织与控制等管理手段，以满足顾客需求为核心，从采购原材料开始，经过制成中间产品以及最终产品，最后由销售网络把产品送到消费者手中，将参与其中的供应商、制造商、分销商、零售商作为一个整体，进行跨组织的协调与优化。

当然，具体怎样实现上述管理理念与过程，会有不同的情况，下面我们通过一个以供应链集成模式运行的实例，来对传统的供应链过程与供应链管理理念过程进行比较，说明供应链管理的内涵及意义。

【例 10－1】　花萼—花冠公司创立于 1988 年，是一个主要经营花卉的公司。当时的市场环境是，美国的花卉行业巨大而分散，每年用于鲜花方面的支出高达 15 亿美元之多。典型情况是，首先将鲜花空运至美国（美国人购买的鲜花中，67％是进口的），然后卖给经销商。经销商将鲜花转运给批发商，批发商再转给零售商，这些零售商通常在大城市的各个花卉市场设有零售点。

在这个过程中，有两个要点：第一，经销商和批发商都需要获取一定的利润，这就抬高了出售给最终消费者的鲜花价格；第二，经销商和批发商之间一般来说离得较远，鲜花运送较远的距离，装车、卸车好几回，鲜花变质的可能性很大。

这一销售过程的结果是：一般消费者购买的鲜花在销售前已被摘下长达 14 天时间。大多数情况下，只给消费者留下约 1 周的时间欣赏他们购买的鲜花。上述这个过程如图 10－2 所示。

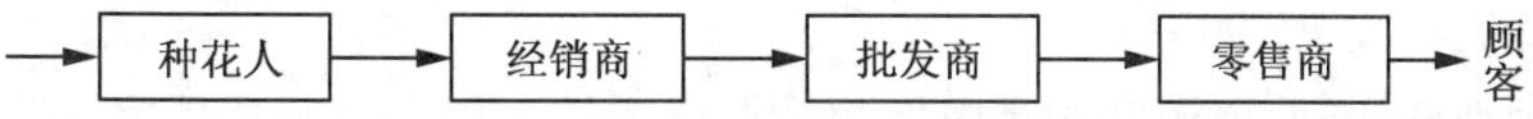

图 10－2　传统的鲜花供应链

因此，为了减少订购鲜花的中间环节，延长消费者欣赏所购鲜花的时间，公司围绕订购的便捷程度、配送的时间，以及满足消费者需求这三个方面，开发出一种新的花卉产品核心概念。实施这一概念的关键条件之一，是设计一个整体的供应系统，以及一个有效的销售系统。

根据信息技术的支持，公司设计了一个将中间环节剔除在外的销售系统以及集成的供应链系统。这种做法可以减少中间环节的成本，并确保鲜花在采摘后 72 小时之内送递到消费者手中。

首先，与花卉种植人合作，挑选那些花农种植所需要的花卉种类，其产品质量享有较高的信誉。向花农提出要求，希望他们一定要达到公司设定的质量标准。同时，与联邦快递公司合作，实施速递服务，要求联邦快递公司为其提供专项的配送服务，保证在规定日期内送抵。并且采取专用的包装，鲜花装进一种特制的盒子里，这个盒子是由公司以及联邦快递公司共同设计的，保证鲜花完好地送到顾客手中。

其次，使用电子订货系统实行网上直销。消费者通过电脑向公司发出订货要求，顾客也可以通过传真或联邦快递公司向公司发出订单。公司根据订购产品的质量要求，决定哪一位花农得到哪一份订单，然后由联邦快递进行配送。一旦所购花卉进入运输渠道，联邦快递公司将通过先进的追踪系统追踪这些鲜花。如果消费者要求了解所购花卉目前所处的确切地点，公司可以提供准确的信息。

整个花卉的供应链过程经过上述改进后，花萼—花冠公司的鲜花销售及供应过程可以简略为如图 10－3 所示。

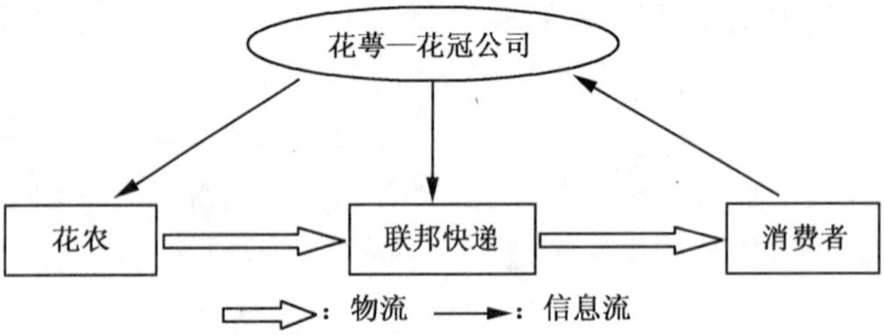

图 10－3　花萼—花冠公司的鲜花供应链

通过这个案例，我们可以对比传统的供应链运行模式(如图 10－2 所示)与新的运行模式(如图 10－3 所示)，得到以下一些启示。

在传统的供应链运行模式下，其特点是：

(1)企业之间是单纯的交易关系，供应链是依据这种简单的交易关系连接而成的，参与者互相是交易的对象，甚至为竞争关系。

(2)产品生产与销售(物流)过程是依次通过链条上的各个环节，每个企业都是独立地运行的，需要根据自己对市场需求进行预测，根据预测提前安排生产，企业之间的连接是依靠库存的，即库存控制驱动供应链。

(3)供应链的运行不是集成的，整体流程是被分割的，企业间没有信息的共享，链条上的信息是分散处理的。

(4)企业的业务活动、资源利用是内部化的。供应链上每个企业都是独立地面向市场来进行经营，而且由于利益冲突等原因，很难形成系统整体的力量。

而花萼—花冠公司所设计的新的供应链运行模式，使这些特征都发生了实质性变化，可以归纳如下：

(1)企业之间的关系由单纯的交易关系变为合作关系，相互合作共同完成供应链过程。在这个过程中任何一个企业的产品或服务出现问题，都会影响顾客的满意度，带来的损失会影响每个参与企业；反之，运行成功也会使每个企业获得收益。因此，参加者之间是战略伙伴关系。

(2)产品的生产与销售(物流)过程发生了变化，减少了流通过程的中间环节，改变了基于预测提前生产的模式，可以按订单生产与补货的方式驱动供应链。

(3)企业间的合作是按流程分工，不是按供、产、销的阶段分工的。例如，联邦快递只负责物流，而花萼—花冠公司负责的是信息与商务流程。所以，供应链中的物流是连续的，信息是可以集中处理的。

(4)企业的经营活动不仅仅依靠自己的内部资源，而且可以充分利用外部资源和活动，使社会分工进一步细化，或者说改变了分工的依据。可以说，企业之间相互借助外部力量增强市场的反应能力，形成企业间的联盟。

从上述分析可知，供应链实际一直存在于商品生产的过程中，但以往企业各自独立地运行自己的流程，企业之间仅是通过交易关系连接起来，并没有从供应链整体的角度进行优化，各自都是考虑自己的局部利益，最终可能导致整体并不一定是最优的，参与的企业也不一定得到很好的收益。而上例中的花萼—花冠公司改变了供应链的结构，实现了整体的集成管理，从而可以保证系统整体的优化，或者说从系统整体最佳的角度进行管理，企业之间也不是单纯的交易关系，而是一个合作的联盟。

在目前的企业实践中，上述案例描述的运营模式已经越来越多了。例如，大家都很熟悉的戴尔电脑的运营模式，以及生产体育运动用品的耐克公司、医疗用品的强生公司、家居用品的宜家公司、服装产品的香港利丰集团等，虽然每个企业的供应链管理过程都会有所不同，但可以说都与花萼—花冠公司供应链运营模式是类似的，有许多共同之处，这也是供应链管理思想产生的基础。

因此，我们根据分析得到的这些特征、规律，可以归纳出供应链管理的实质内涵为：供应链管理(Supply Chain Management, SCM)是以供应链为系统整体，对供应链中的资源、功能进行集成，达到系统整体优化的一种管理体系。它与传统意义上对供应链过程简单的交易管理不同，是以企业之间的合作为基础，以形成产品的供应链为纽带，以共同的利益为合作要点，以更好地满足市场需求、提升参与企业竞争力为目标，从系统整体优化的角度对供应链进行管理。

这里需要特别注意的是，在第一章中我们将供应链集成作为一种新的运营模式，这里强调的是，供应链管理正是在这种运营模式下出现的管理理论与方法，是一种新的管理理念与体系，而不仅仅是一种管理技术或方法，更不能理解为供应链管理就是管理企业的供应过程，或者是对采购与供应商的管理。这些都可以是供应链管理所涉及的内容，如在上例中看到的，企业的采购方法改变了，与供应商的关系改变了，但这些都不是供应链管理的全部或实质。另外需要注意的是信息技术(包括网络技术)的作用，没有信息技术的支持，企业之间如上述花萼—花冠公司的运营模式是难以实现的。

更进一步地分析，供应链的合作是由多个企业参与的，而且合作成员是根据市场需求的变化而变化的，也就是参与合作的企业群体是动态的。它们形成一种联盟性的组织，在理论上将供应链中企业的合作称为虚拟组织或动态联盟。它与企业的实体组织是不同的，是多个实体组织之间的合作群体。因此，我们根据供应链管理的这些基本属性，提炼出供应链管理的一般概念模型，如图 10－4 所示。

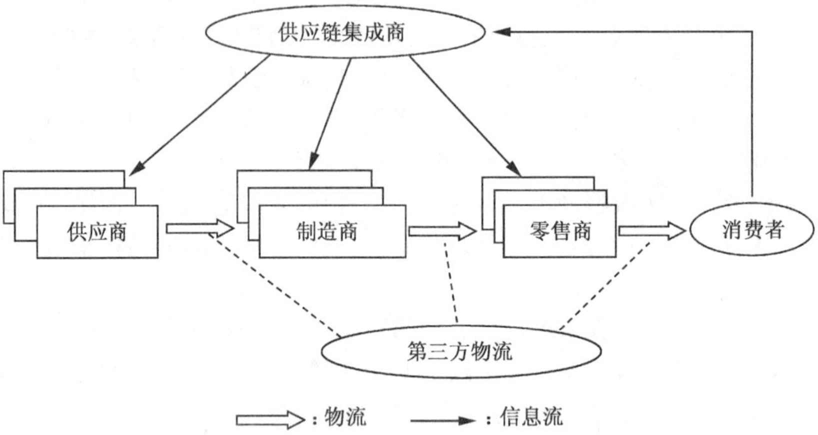

图 10－4　供应链管理的一般概念模型

在图 10－4 所示的模型中，所谓的供应链集成商，一般来说是指供应链的核心企业，例如，例 10－1 中的花萼—花冠公司，以及利丰、戴尔电脑等类似的公司。同时，这个概念模型仍然是考虑一般的情况，有时供应链的参与者会有不同。例如，采取网络销售的戴尔公司，其供应链中就没有零售商，而是消费者直接与戴尔公司联系订货；而利丰的供应链中有零售商，是零售商给利丰下订单。下面我们再来看一下戴尔电脑的实例。

【例 10－2】　戴尔公司一直采取直销的模式销售电脑，销售过程是在互联网上进行的，在接到顾客在网上下达的订单后，立即进入订单处理、计划安排，以及生产过程。电脑装好后由物流公司负责送到顾客手中。

戴尔公司在中国厦门设有装配工厂，同时，会在各地采购生产电脑所需的零部件，由供应商负责运送到厦门工厂（也有些产品外包给其他工厂），厦门工厂的总装线是按照订单排定的计划运行的。

产品的销售过程是这样的：首先顾客通过戴尔的网页找到自己所需要的电脑（有时可以选择配置），在网上直接确定、下达订单。戴尔公司的销售部门接到顾客的订单后很快会给顾客回一封邮件，告诉顾客已接受他的订单；同时告诉顾客，处理订单的信息需要 1 天的时间，在厦门的工厂组装好电脑需要 2 天的时间，将电脑运送到顾客手中需要 5 天的时间等时间信息，也就是告诉消费者交货提前期是多少。

而在戴尔公司的内部，这个订单会经过计划部门编入厦门工厂的装配生产计划中，工厂会按计划进行组装作业。但是，要保证两天的时间完成订单，必须事先准备好订单所需要的各种零部件，这些都是由戴尔的供应商生产的，并负责运送到厦门工厂，而这些零部件是需要根据戴尔的采购计划，提前生产准备好的。

装好的电脑运送到顾客手中，戴尔公司是外包给第三方物流来完成的，上述全部过程如图 10－5 所示。

通过上面两个实例以及理论模型的分析，我们基本可以得到供应链集成模式与传统的运营模式本质上的不同点，也就是供应链管理的特点。其中，核心的变化有两点：其一，企业间的分工与合作关系改变了，从企业间是按供应链的阶段分工，以交易关系为合作基础，变为企业

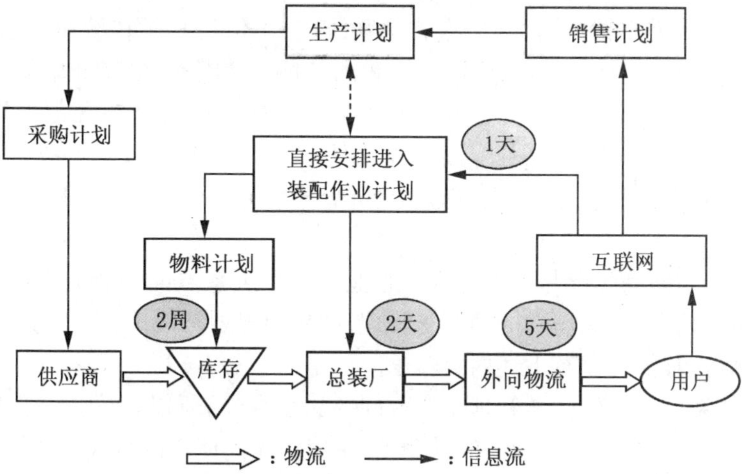

图 10－5　戴尔的供应链管理模式

之间是按功能分工，以战略伙伴关系为基础进行合作；其二，供应链的运行模式改变了，实现了商务流程与物流分开运行，这样一来，信息流程就可以改变分散处理的状态，形成集中处理的信息系统，可以对供应链系统整体进行统一计划与控制。

所以，从管理学原理的角度分析，供应链管理实质是基于某一目标，联合相关企业建立一种新的合作关系，一种由联盟形成的虚拟组织，并对其中的计划与控制、组织及执行等功能在企业间进行再分工；有的企业侧重于计划与控制，如例 10－1 中的花萼—花冠公司，以及例 10－2 中的戴尔公司；有的企业则主要负责执行功能，例如联邦快递负责物流、花农负责花卉种植以及戴尔案例中的厦门工厂负责产品总装。通过核心企业统一、协调地面向用户、面对市场需求。其中，几个关键的特征可以归纳如下：

（1）虚拟企业的组织模式。供应链管理是通过企业之间新的合作关系，共同实现商品生产与流通的全过程。这种合作关系是基于多个利益主体的联盟，在一定时期基于一定目标的一种动态联盟，可以更广泛地对资源进行优化。

（2）企业间的流程分工。供应链是一个跨企业的流程，供应链管理模式可以通过企业间的新型分工与合作关系实现供应链整体流程的优化，提升生产与流通过程的合理性。例如，通过业务外包充分利用企业外部资源；利用运输、库存的统一优化实现物流成本降低等。

（3）系统整体计划与控制。在供应链管理模式下，计划与控制功能会集中在核心企业。例如，在例 10－1 中会集中到花萼—花冠公司，以及例 10－2 中的戴尔公司。由核心企业对供应链系统整体进行计划与控制，参与的企业更多的是承担执行功能。这更有利于需求的预测，以及计划的科学性。

（4）信息共享与信息标准化。在供应链管理模式下，企业间的信息交流更加密切，同时也需要更深入的渗透。例如，核心企业需要知道供应商的生产与库存等信息，需要知道物流企业的运输能力信息等。这些都需要实现企业间的信息共享、信息传输的标准化。

二、供应链管理面临的问题

根据以上的分析可知，供应链管理是从系统整体观点出发，通过对原料、半成品和成品的生产、供应、销售直到最终消费者的整个过程，即供应链整体中商务流程、物流、资金流、信息流进行组织、协调,来满足市场需求。由于供应链管理重新组织了链条的流程,商品的转移过程(商务流程)发生了变化,同时扩大了原有物流系统,它不但延长了传统垂直一体化物流的长度,而且充分考虑了整个物流过程及影响此过程的各种环境因素,更充分显示了物流系统在其中的作用,形成了一个相对独立而完整的物流体系。另外,信息流程以及信息共享与信息技术在其中的作用都得到充分体现。因此,供应链管理所面临的问题,或者说要研究的内容,可以归纳为商务流程、物料流程、信息流程、资金流程四个方面。

1. 商务流程

这主要是对涉及商品生产与流通过程中企业间合作关系方面的研究。例如,合作伙伴的选择与合作关系的建立、市场需求的预测与管理、产品的规划与设计、生产与采购计划的制订、存储与物料控制等,具体可以有下述内容:

(1)供应链体系设计。供应链管理是企业间的深度合作,所以,首先需要对合作对象及合作关系进行管理。这主要是从企业战略的角度,决定供应商体系的构成,以及管理供应商合作伙伴关系。例如,基于怎样的原则选择供应商(也包括供应商的地理位置)、采取怎样的策略(例如长期还是短期)与供应商合作等。另外,供应商体系一旦形成,会决定供应链网络的结构,所以也可以说是供应链网络的设计与管理。

(2)供应链的规划。供应链管理是一种新的理念与模式,其中商务流程、物料流程、信息流程、资金流程都不同于以往的运营模式,需要进行系统整体的规划。例如,对市场需求的合作预测、基于资源约束与优化的集成计划、基于合作的供求数量平衡等。

(3)供应链的运营。这主要是对于供应链日常运行问题的管理,例如,订单接收与响应、生产安排、库存管理;企业内部与企业之间物料采购、运输管理;基于供应链集成模式的产品设计、制造过程管理,服务管理等内容。

2. 物料流程

这里所说的物料包括材料、半成品、产成品等各种实物,供应链的物流过程相对地可以独立运行,所以能够更合理地进行规划、运行。而且比较多地采用第三方物流(Third-Party Logistics)来承担具体的物流功能。所以,这也是近年物流备受关注的因素,这里物流要研究的内容也可以说与物流管理学科的研究密切相关,主要可以归纳为下述两个方面:

(1)物流体系的规划。根据供应链的构成来规划物流体系,如物流网络的布局、物流中心的设置、运输方式与线路的设计等。

(2)物流过程的组织。选择能为企业的产品提供物流服务的供应商,与供应商建立一套定价、配送和付款流程,同时实施监控和改善管理,并把对供应商提供的货品和服务的管理流程结合起来,包括提货、核实货单、转送货物到制造部门并批准对供应商的付款等。

3. 信息流程

信息技术是供应链集成模式产生与发展的重要因素,所以也是实现供应链管理过程的一个重要保证,需要在企业间进行信息共享与集中处理,在下一节我们将会看到信息分散处理产生的问题。因此,如何实现信息共享;企业间信息的交流与沟通的方式与方法;集中信息处理的实现,如合作预测、集成的计划方法等,都是供应链管理要研究的重要课题。

4. 资金流程

在供应链管理模式下,资金的运动会有新的规律,如成本的形成、资金的流动等都会有所不同。所以,成本的测算与控制、资金流动过程的组织、收益的分析与管理、利益的协调等,以至于目前出现的供应链金融,也是供应链管理需要研究的内容。

三、供应链运行的类型

虽然我们前面举的几个实例中，供应链的运行模式都类似于花萼—花冠公司那样，是供应链集成的类型，但其他类型的运行模式并不是不需要供应链管理，也都需要引入新的供应链管理的理念与方法，而且已经有许多企业的实践。例如，以丰田公司为代表的准时生产体系的供应链，就有其不同的运行特点，它的供应链管理也有许多特色。所以，供应链管理是一种新的理念以及相应的方法体系，主要是从系统整体的角度考虑，对供应链进行计划与控制，作为不同运营类型的供应链都会采取这样的理念进行管理。因此，可以根据产品与需求模式的不同、组织供应链管理目标的不同等因素，对供应链进行分析，根据供应链的特征实施相应的管理。

(1)稳定供应链与动态供应链。面向大量稳定性需求，可以组成稳定性较强的供应链，一般功能性产品属于此类。例如，汽车、家电、服装等需求量大、稳定的产品。而基于相对频繁变化、复杂的需求而组成的供应链动态性较强，一般创新性产品属于此类。例如，时装、玩具、手机等。

(2)效率型供应链与反应型供应链。其中，效率型供应链(Efficient Supply Chain，ESC)主要体现供应链的转换功能，即以最低的成本将原材料转化成零部件、半成品、产品，以及在供应链中的运输等。反应型供应链(Responsive Supply Chain，RSC)主要体现供应链的市场中介功能，即把产品分配到满足用户需求的市场，对不断变化的需求做出快速反应等。

上述分类只是两种常见的简单分析，还会有更多的标准进行分类，需要根据管理的对象以及目的进行分析。但更重要的是，针对不同的特点采取不同的管理策略。例如，对于需求量比较大、需求相对稳定的产品，管理的主要目标一般会定位在供应链的运行成本与效率方面；而对应需求变化较大、不确定性较强的产品，供应链管理的主要目标会定位在对市场的快速反应能力方面。

第二节　系统性机理

其实，在现实中每个企业都有对自己供应链管理的策略与方法，但供应链管理的一个最突出的特点是，从系统整体考虑实施管理对策，那么，这样的思路和做法与传统做法有什么不同，或者说会有怎样的好处呢，这是下面要讨论的问题。

一、库存型供应链

在第一章与第五章中，我们分别讨论了存货生产的运行逻辑，以及库存控制的各种策略与方法，尤其是给出了经济订购批量模型和订货点与安全库存的模型。根据这些理论与方法，企业可以对需求进行预测，采取按经济批量补货的策略，每当库存水平下降到订货点时，就发出订单，补充一个经济批量的货物，这样就可以保持库存的成本最低。对于某一个企业，毫无疑问，这是一个最优(或满意)策略。但是，在一个供应链体系中，如果每个企业都独立地采取这样的策略，结果却是相悖的。

如前所述(参见第一章的讲解)，存货生产的主要特点是，根据预测确定生产计划，在需求发生之前组织生产(提前生产)。如果产品的供产销环节都是在企业内部完成的，则企业内部的流程运行模式如图 10－6 所示。因为流程的每个环节都是依据计划推进的，所以一般将这种模式称为推动式生产(参见图 7－7)。

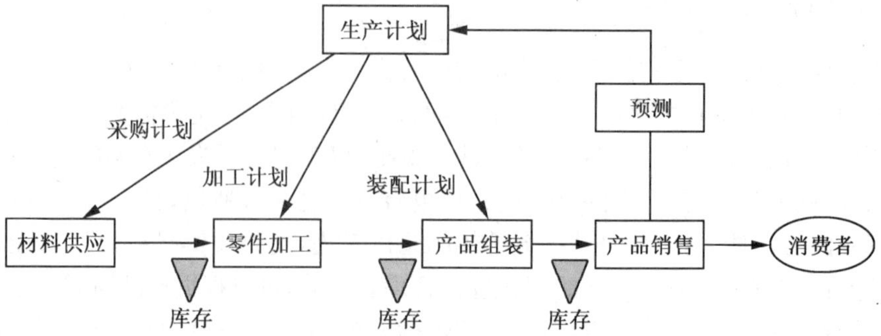

图 10—6　存货生产运行特征

这种情况下，生产计划的主要依据是对市场需求的预测，产品是在需求发生前生产出来的，链条的各个环节是有库存的，也就是依靠库存将流程的各个环节衔接起来。这个过程如果是在企业内部运行的话，链条的上游，例如材料供应、零件加工、产品组装都是根据生产计划执行的，理论上讲，应该不需要再进行预测，例如前面讲的 MRP 系统，就是按此模式运行的。

但这个过程如果是在多个企业分别运行的话，就变成用库存连接供应链了，也就是材料供应、零件加工、产品组装分别由不同企业完成，即在供应链上展开的话，假设企业之间没有信息共享，即企业间没有合作关系，仅是供求交易关系，那么每个企业都需要独立地对需求进行预测，再根据自己的库存情况进行计划与控制，组织生产供应给下游企业，我们将这种连接方式形成的供应链称为库存型供应链。其信息传递与物流运行过程如图 10—7 所示。

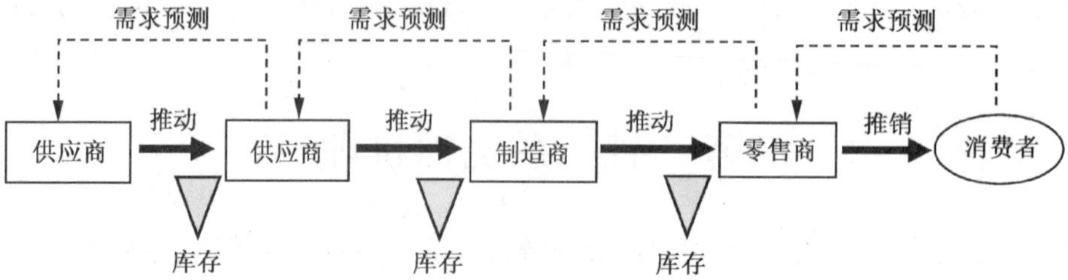

图 10—7　库存型供应链运行特征

二、需求变异放大效应

根据我们第一章对存货生产模式的分析可知，这种运行模式有两个管理的关键点，即预测技术与库存控制，两者本身的性质决定了，无论采取怎样的方法，预测误差一定存在，库存一定会有剩余或缺货现象发生，因此管理者一定会对预测数值有主观修正，对库存增加安全量等措施。这些对策、措施对于供应链上单独某一个企业或许是合理的、无可非议的，但是在供应链的系统中，如果每个企业都是如此的话，可想而知需求的失真会被逐渐放大（当然还会有其他因素影响），类似于技术系统的误差积累，这种现象称为需求变异放大效应，又被形象地比喻为供应链的牛鞭效应（Bullwhip Effect）。其表现如图 10—8 所示。

这种现象的表现是：在一个供应链系统中，如果需求终端（如零售）发生微小幅度的波动，通过整个系统的加乘作用，波动会沿着供应链向上游方向逐渐放大，最后导致供应链系统另一

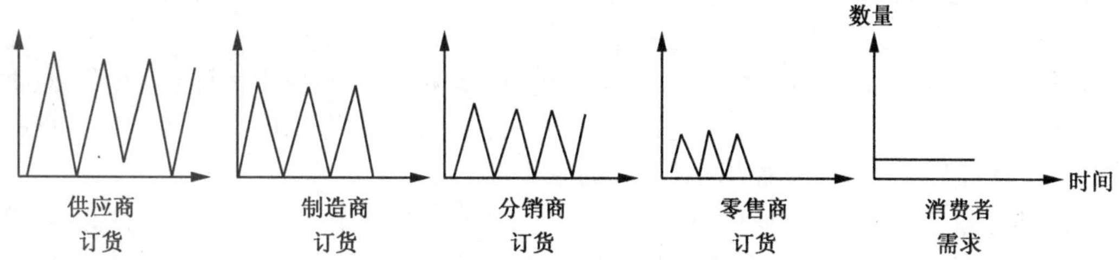

图 10－8　牛鞭效应示意图

端的需求信息失真。根据第五章库存控制理论分析可知[①]，需求波动幅度越大，库存越多。因此，牛鞭效应导致的后果是，供应链中各节点企业的库存会增加，运营成本上升。而且需要特别注意的是，这种失真的传递有一个时滞，数量是一个提前期（每个环节都有一个提前期），信息传递会滞后一个提前期到达上游企业，对于提前期较长的物品影响尤其严重。例如，有些企业在海外订购物品，提前期多为 2～3 个月，所以即便是发现失误想纠正也来不及了。

形成需求变异放大效应的原因主要有：需求预测修正，供应链中各厂商都会对需求预测进行修正，如增加安全库存；价格波动，厂商在价格低廉时会大量采购，导致波动加剧；批量订货，各个商家采取批量补货策略，会将连续需求变为脉冲式需求，形成波动；订单膨胀，在预期缺货时，厂商会加大订货量等。[②]

牛鞭效应现象不仅理论分析可以证明，而且企业运营的实际表现也有很好的说明。例如，在经济稍有波动尤其是下滑时，煤炭、钢铁、棉花等原料性物品都会出现大量库存积压；而在经济增长较快时，这些物品都会供不应求、价格暴涨。其实，这些都与需求变异放大效应有关。

无论是理论上，还是来源于实践的数据，都可以充分地说明需求变异放大效应现象的存在，以及带来的危害。这也是供应链管理模式产生的理论基础，所以供应链管理模式的实质是，改变企业间单纯的交易关系，建立起联盟性的合作关系，来实现信息的共享与集成处理，消除牛鞭效应带来的危害。同时，也带来了生产流通环节的改变、社会分工的改变。从这个角度看，丰田公司创立的准时生产体系的供应链，以及前面提到的花萼—花冠公司、戴尔公司、香港利丰等企业的供应链都有减少需求失真的作用，但两者有所不同。下面我们分别对两种运行模式予以讨论，分析其运行的机理。

第三节　准时生产供应链

准时生产的核心理念是与需求同步出产产品，这样可以最大限度地消除库存减少浪费。但如果仅是在企业（丰田公司）内部实施准时生产技术，供应链上其他企业仍然按以往的模式运行的话，根据我们上一节讨论的系统性作用，牛鞭效应仍然会发生，后果将是库存增加，但不同的是，制造商可能会将库存推给供应商，这不仅没有意义，也不是实施准时生产的目的。

所以，丰田公司在创立准时生产体系时，就一直强调要在整个供应链上实现准时化生产，在总装厂与零部件供应商之间、供应商与下级供应商之间，也采取看板方式（信息传递）来控制生产与供货过程，实现无库存的目标。这样就形成了一种不是依靠库存链接，而是依靠信息与

① 参见第五章库存控制模型，即公式 5－11。
② 关于牛鞭效应的具体表现，可参阅《第五项修炼》一书中啤酒游戏的内容。

准时供货链接的供应链，在整个供应链上消除了库存，我们将这种供应链称为准时（精益）生产供应链。

在供应链上实现准时生产的基本原理与企业内部是相同的，但由于物料本身的特点、供应商的地理位置等原因，丰田公司主要是采取后补充和顺序取货（前补充）两种方式实现准时供货的，下面我们先通过实例来说明两种方式的原理与方法。

【例 10－3】 日本平板玻璃公司的京都工厂汽车玻璃的供货过程。[①] 京都工厂为丰田公司的总装厂生产供应汽车挡风玻璃，该厂每年生产 60 万～70 万平方米的玻璃产品，其中一半是供应给丰田公司的，玻璃工厂位于距离丰田公司 200 千米左右的京都市，为丰田的 5 个总装工厂供应玻璃。供货采取看板方式，两者间的供货关系如图 10－9 所示。

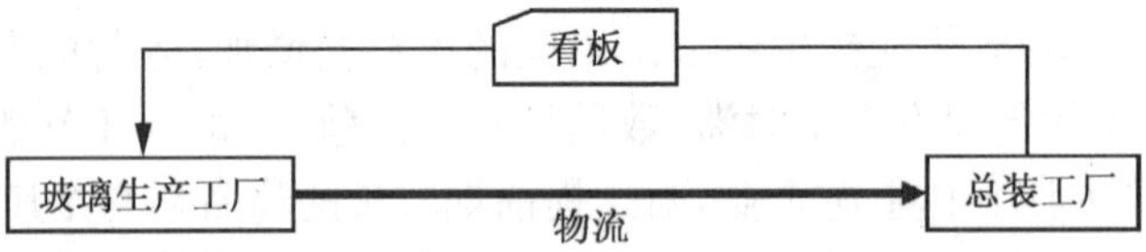

图 10－9　采用看板的后补充方式供货

看板的运行原理与企业内部是一致的，但在供应链上应用时，会考虑供应商的生产状况、物流运输距离与手段等，会有一定变化。下面我们以上例其中三个工厂的供货为例来说明使用方法。

在本例中，因运输距离为 200 千米，单程运行时间约为 3.5 小时，运输采用的是 11 吨位的卡车，负责完成看板与物料的传递。根据总装线的产量、节拍等参数，双方商定的准时供货计划如表 10－1 所示。

表 10－1　京都工厂的准时供货计划表

丰田工厂			京都工厂		看板	看板循环结构
堤	元町	高冈	发出	到达	到达时间	
1	1		3:20	8:00	13:30	堤工厂 1－16－16 元町工厂 1－10－10 高冈工厂 1－6－6
2	2	1	5:10	9:10	15:20	
3			4:10	8:20	14:20	
4	3	2	7:40	11:30	17:30	
5			7:20	11:20	17:30	
6	4		11:10	14:10	23:20	
7	5	3	12:20	15:50	24:30	
8			11:50	15:20	1:00	
9	6		14:20	21:00	2:30	
10	7	4	16:10	22:00	4:20	
11			15:10	21:20	3:20	
12	8	5	18:30	24:30	6:50	
13			18:20	24:20	6:30	
14	9		24:10	3:40	10:20	
15	10	6	1:20	4:50	11:30	
16			1:50	4:20	11:00	

这个例子采用的是后补充方式供货，丰田公司向供应商发送看板，供应商根据丰田看板指

① 资料来源：门田安弘：《新丰田生产方式》，河北大学出版社 2012 年版，第 75 页。

示的品种、数量、时间供货，看板的运行原理（参见第七章）以及物流的运输过程完全与企业内部相同，但是供应商的距离一般会比较远，需要有一定的运输时间，而且供应商企业内部的生产组织也会有所不同，所以运用时有些变化，本例需要有以下几点说明：

（1）本例中三个整车工厂都在丰田市，相距很近便于供货物流组织（混载运送）。实际的物流一般由独立的物流公司（第三方物流）承担。

（2）看板到达时间是指将物料送到丰田的总装工厂，同时带回取货看板（对供应商称外协看板），到达玻璃工厂的时间。例如，第一次送货 8 点到达丰田工厂，卸货后将空容器与看板一起带回的时间为 13 点 30 分。

（3）看板循环结构中的数字 1－16－16 的含义是，1 表示 1 天，第一个 16 表示送货 16 次，第二个 16 表示取货看板到达后，间隔 16 次按此看板送货，这点与工厂内部不同，不是马上按看板数量取货，而是留一个滞后时间，这是给供应商预留的生产与配套时间。

通过这个实例的分析，可以看到在供应链上的准时生产，主要是通过与供应商协商确定供货的时间间隔，即每天的供货次数来保证尽量减少库存，因为在产量一定的条件下，每天供货次数越多，库存会越小。例如在本例中，玻璃工厂向丰田的堤工厂每天供货 16 次，如果堤工厂是两班制 16 小时工作的话，供货频率为 1 个小时 1 次，可想而知，堤工厂总装线边的库存最高为 1 小时的用量，最低为零（不考虑安全库存的话）。如果装配线的节拍是 1 分钟，则每小时生产 60 辆汽车，则为 60 辆车的玻璃，所以平均库存只有 30 辆的用量，如果想再减少库存就再缩短供货的间隔时间。这就是通过准时供货降低库存的原理，也就是供货频率越高，库存会越小。

但是这样一来会有两个担心：一是如果每次如此小批量的供货会不会增加物流成本。对此本例也给出了一个很好的解释，即采取混载供货的方式，每次装载几个工厂的物料，可以保证运输工具满载的话，就不会增加运输成本。二是库存控制得如此准确，一旦发生意外，会不会断货。实际上这是每个系统都存在的问题，无论怎样好的条件都会有意外发生。本例中为防止运输中途发生故障，采取的措施是，在距离客户方（丰田的总装工厂）30 分钟路程处设置派出仓库，冬季保持 2 天，其他季节保持 1 天的安全库存。也就是说，在准时生产体系中，也会有安全库存的存在，但是数量要尽可能小。

【例 10－4】 某座椅（G）公司同步生产与准时供货过程。① 2006 年 3 月，在 G 公司与主要用户（H 整车厂）召开的一次联合供货工作会议上，整车厂提出希望能够减少座椅库存。主要原因是，一方面总装车间的产量不断增加，另一方面将引进新的车型，需要更多的生产场地。

当时座椅的供货方式是：G 公司根据 H 整车厂生产部门的计划，制订自己的生产计划提前进行生产，然后根据 H 厂物料部门的送货计划，将座椅送到 H 厂的外库，H 厂的总装车间根据每天的生产从外库领料到企业的内库，再由内库送到装配工位。当时 G 公司与 H 厂之间总的座椅库存将近有 1 000 套，库存占用场地有近 2 000 平方米。

针对 H 厂提出的要求，G 公司进行了仔细研究，认为解决这个问题的最好方法就是根据 H 厂的总装车间的进度进行准时供货，从而实现双赢。新的方式是：G 公司的座椅装配车间根据 H 厂的总装计划进行生产，同时根据这个计划进行准时供货，供货直接送到 H 厂总装车间的装配工位上。改变原来的供货方式，实行拉动的生产与准时供货方式，这样一来可以减少

① 本例意在说明顺序取货方式的运行过程与原理，不存在对企业经营的评价。为了保护企业的经营信息，同时也不影响我们对问题的理解，案例中隐去了企业的名字，并做了简化处理。

库存量、节省空间、节约资金的占用。但是，对G公司的生产与供货管理将有很高的要求，需要进行准备。

经过双方的协商，并且进行了有关的准备，G公司制订了一个准时供货的实施方案，具体方法如下：

(1)H厂及时将自己的总装线的投产信息，如各车型的投入顺序计划信息传递给G公司。具体方法是，H厂的装配车间流水线，从油漆车间进入总装车间的M1点(参见图10—10)，通过这一点的车型配置已经确定，不会再有改变了，可以作为G公司的生产依据。为了保证信息及时传递，将通过网络技术，直接登录H厂的内部网获取投产信息。

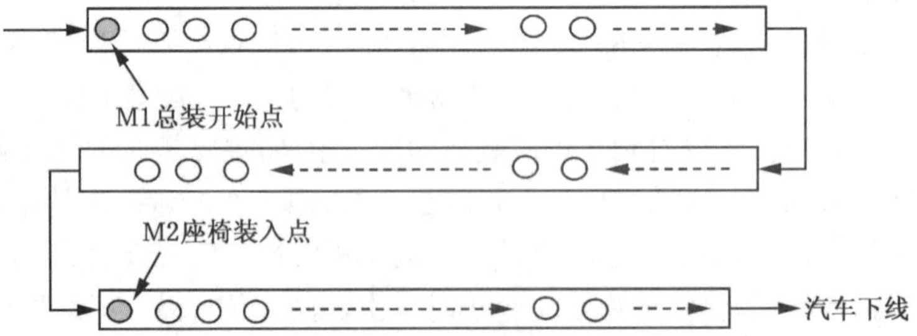

图10—10　汽车总装配线简图

(2)时间和节拍要求。从M1点到左前座的装配点M2点有200个工序，根据H厂的装配线运行节拍为1.5分/台，计算有5个小时(1.5分×200工序＝300分钟)的提前时间。也就是从获取总装线的投产顺序信息，到需要座椅供货到位的时间为5个小时。

(3)G公司内部生产组织的时间和节拍。针对H厂的要求，G公司进行了内部流程组织的改进，将座椅的生产线节拍也设计为1.5分/台套。采取按总装投产顺序组合供货，每次发运的批量是8个料架(座椅的包装物)，每个料架装6套产品，直接送到H厂的总装线边。这样在工厂内汇总一个发运批量的时间是：排序时间15分钟＋8个工位的冲线时间12分钟＋悬链的时间25分钟＋48套产品的生产时间72分钟，合计124分钟。运输情况是，因为两个工厂之间的距离比较近，单程20分钟，产品卸货时间20分钟，回来20分钟，合计60分钟。总的生产与供货时间为184分钟，远小于300分钟。因此，这种组织方式能够满足准时生产供货的要求。这是一个汽车企业采取准时生产供应链的改进案例，方案实施后取得了很好的效果，通过同步获取最终产品的出产信息，G公司实现了座椅同步排序、准时生产与供货，通过准时供货将总装厂1 000套库存降低为零库存，节省了生产和库存场地2 000平方米，达到了双赢的效果。

这个案例采取的是顺序取货方式，与后补充方式不同，不再使用看板，而是采用信息的及时传递来实现的，准时化程度更高，目前在汽车产业已有比较多的应用实例。虽然运用后补充方式送货频率达到每小时一次的实例有很多，准时化程度也很高，但是顺序取货方式下更重要的是，供应商内部的生产系统也与其对应地实现了准时化生产，如在本例中的座椅生产工厂，将座椅的生产线节拍调整至与总装线一致，这样不仅可以满足客户的要求，也改进了自己的生产流程。如果只是供货准时，而内部生产仍然是批量的，那么结果会是在制造商处没有库存，但是供应商仍然有库存，也就失去准时生产的意义。

在顺序取货方式下，制造商与供应商之间的数量衔接，是直接采取通过信息网络传递投产顺序计划的方法实现的，由制造商适时地传送日出产顺序计划给供应商(实际是信息共享)，供应商按规定的送货次数、时间直接送货。双方的衔接关系如图 10－11 所示。

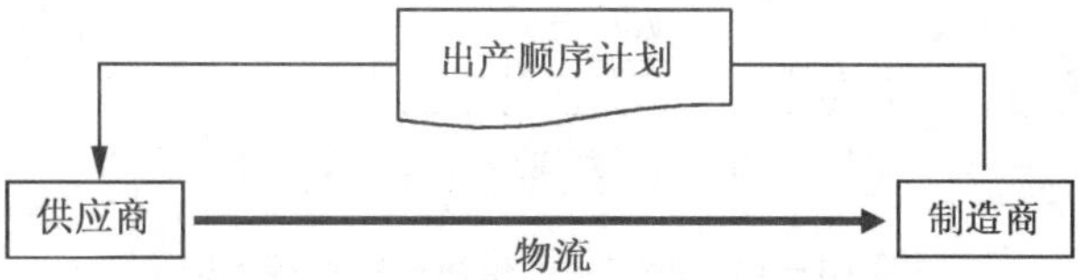

图 10－11 采取顺序取货方式的供货过程

在顺序取货的方式下，送货频率会更高，每次送货的数量也会更少，而且一般不经过中间仓库，直接配送到生产线边，基本接近零库存。这种方式一般用于比较大的部件，或者比较关键的构件，例如，发动机、变速箱、汽车座椅等产品，一方面，这些部件是产品的核心结构，企业之间的关系也比较密切；另一方面，这些产品本身体积较大，占用空间多，试想如果一条总装线生产若干品种的汽车，采取批量供货每一种部件都存一定数量在线边的话，占用的空间也是十分可观的，因此也必须采取顺序取货。

这要求供应商与制造商之间有信息网络连接(信息共享)，有比较便利的运输条件。如果供应商的主要产量都是针对某个制造商的话，实际制造商传递的出产计划，就可以作为自己的生产作业计划，例如丰田公司与供应商之间的信息连接如图 10－12 所示。

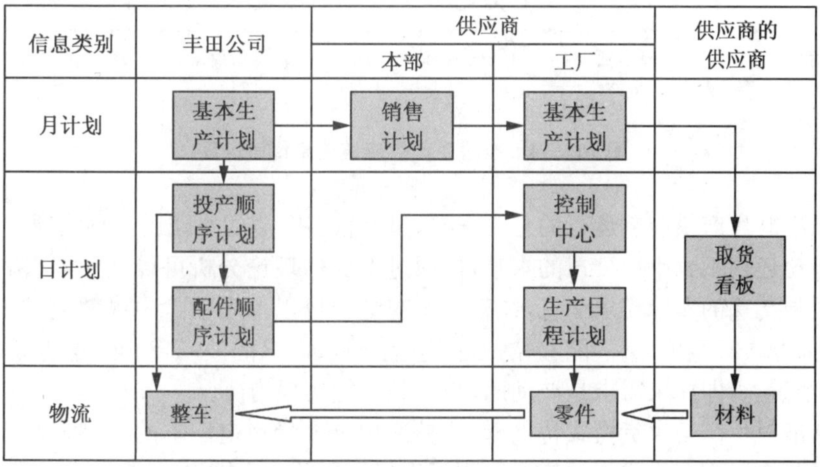

资料来源：门田安弘：《新丰田生产方式》，河北大学出版社 2012 年版，第 60 页。

图 10－12 丰田公司与供应商之间的信息连接情况

通过以上两个实例，我们说明了准时生产供应链体系中，基本是依靠信息的传递，无论是看板还是出产顺序计划，来实现企业之间的连接，这与存货生产或订货生产都是不同的，是根据后续企业的实际需求供货的，因此可以基本消除链条各环节的库存，这是准时生产供应链的主要特点。

同时再考虑准时生产计划体系的特点(参见图 7－5)，供应链的整个过程是采取计划技术与看板技术结合实现准时化的，实际上是以计划与控制系统拉动供应链的运行，实现供应链整体的准时生产与供货，其信息与物流的运行过程如图 10－13 所示。

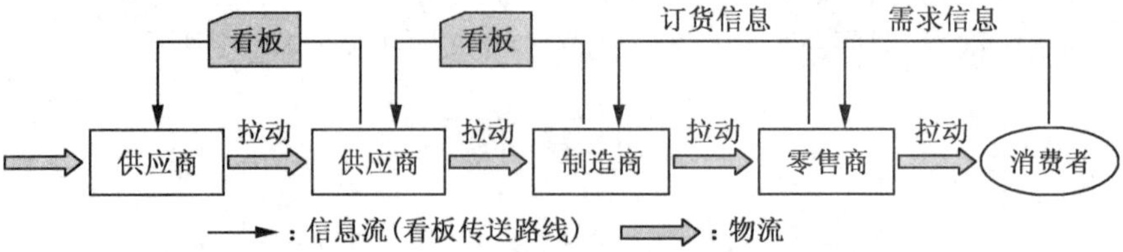

图 10－13　准时生产供应链的运行特征

现在我们再来回想准时生产一再强调的均衡生产，如果考虑供应链上信息的传递意义就更清楚了。实际上，均衡生产的计划技术，就等于制造商将有一定波动的需求变成相对比较均衡的生产速度（参见图 7－16），而且丰田公司编制的出产顺序计划特别强调物料需求的均衡，这样一来供应商见到的物料需求就是均衡的了，再经过看板或是出产顺序计划的逐级传递，就等于将均衡的需求信息不失真（不放大波动）地向前传递，这样供应链上游的企业得到的信息就是实际的需求，不但不会产生牛鞭效应现象，而且会有削减牛鞭效应的作用，如图 10－14 所示。

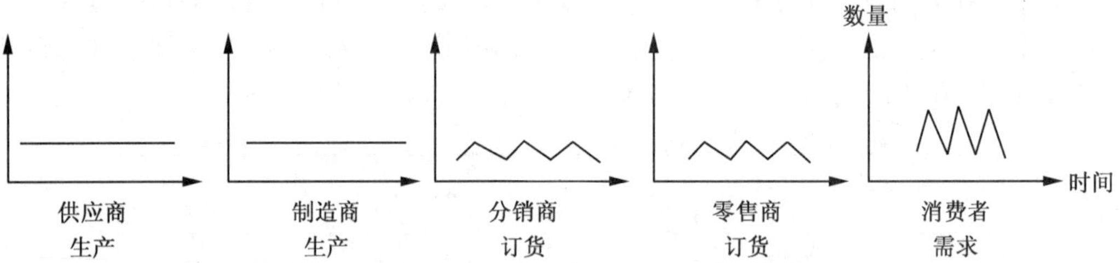

图 10－14　准时生产供应链信息传递过程

最后，从准时生产供应链运行的总结来看，虽然很多企业的实践还很难实现如上所述的理想状态，或者说还达不到丰田公司的水平，但通过上面的理论分析可以证明，均衡生产的计划技术，加上看板传递的实际需求信息，在整个供应链上可以彻底消除牛鞭效应的不利影响，从而消除库存问题。甚至可以说，能够在一定程度上吸收需求的波动，当然，这也是准时生产受到质疑的一个焦点，即如果需求是波动的，生产怎么能实现均衡。

所以，从准时生产与供货模式特点看，比较适用于大量稳定需求的产品，因为它强调均衡生产，这也是其在以汽车为代表的产业得到了很好运用的一个因素。同时，它也强调供应商体系的稳定，因为无论是采取看板的后补充方式，还是出产顺序计划信息共享的顺序取货方式，都需要供应商的合作，更需要供应商内部生产流程的改进，才会有系统的整体效应，只有长期合作才有这样的基础。因此，总的来讲，准时生产供应链是一种稳定的、成本效率型的供应链。

第四节　敏捷生产供应链

准时生产供应链的运行模式在机电制造企业，如汽车、家电等产业得到了广泛的应用，也取得了可观的成效。同时，随着信息技术的快速发展，已经有很多企业采用信息技术来代替看板，称为电子看板，它比传递纸质的卡片更便利。电子看板或许还有许多优越性，但从本质上讲，电子看板并没有改变看板系统的运行原理，也没有改变准时生产供应链体系的运行模式，信息仍然是在供应链上逐级传递的，仍然需要均衡生产，并且不失真地向上游企业传递信息，才能取得系统整体的预期效果，采用电子看板只是使信息传递得更快捷、更便利。

但许多产品的需求是不稳定、不连续，而且变化较大的。① 例如，时装、装饰品、玩具、电子信息类产品等，这类产品的生产企业追求均衡生产会更困难。同时，此类产品要求企业要有更灵活、更快捷的反应速度。所以，生产此类产品的企业供应链的模式也是不同的。正如前面提到的花萼—花冠公司、戴尔公司、利丰集团等企业的供应链，就是采用信息技术的支持，通过改变供应链上的商务流程，来实现对市场需求变化的快速响应的。与准时生产供应链的稳定、效率型相比，此类供应链的特点可以说是灵活、反应型的，因此我们将其称为敏捷生产供应链。下面我们分几种较典型的模式来讨论敏捷生产供应链的运行原理。

模式一：核心企业是制造商，用户直接与核心企业订货。典型的实例就是戴尔公司，所以也可以称为戴尔模式（参见图 10—5）。

在此模式下，消费者通过信息网络直接与核心企业联系，减掉了流通过程的诸多环节；物流也不再是经过批发、零售过程的逐级传递，而是直接运送到消费者，也去掉了诸多的周转、存储等环节。这是一种全新的运行模式，完全不同于准时生产供应链体系，供应链中需求信息不是逐级传递，而是核心企业直接可以得到终端需求信息，消除了流通环节需求信息的失真（牛鞭效应）。核心企业可以直接依据实际需求信息进行计划，通过信息的共享与集成，直接实现供应链整体的协调与调度。例如，戴尔公司可以根据订货信息做出生产计划、物料采购计划等，下达给制造工厂和供应商。这个过程如图 10—15 所示。

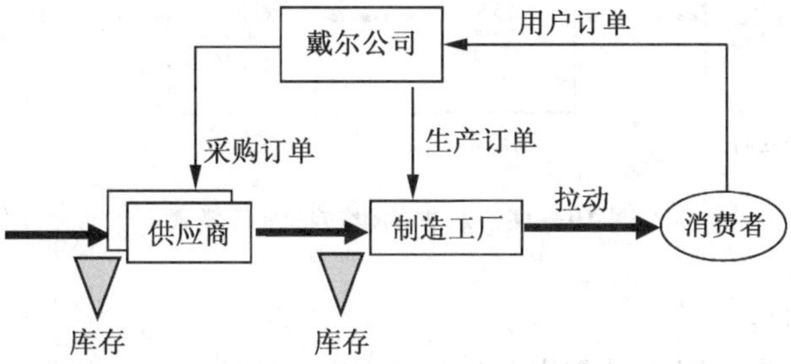

图 10—15　戴尔模式供应链的运行特点

在这个过程中，信息技术可以支持商务流程（如订单的传递）及资金流程独立地运行，但物流就只能从运输与存储的合理性组织实现。关于戴尔模式，我们可以总结以下几个特点：

（1）供应链中各个环节是订单连接的。消费者通过信息网络给戴尔下订单，戴尔向生产工厂及供应商下订单，这样一来，就排除了预测误差，以及需求变异的放大问题。

（2）戴尔公司可以对供应链整体集中进行计划与控制。将图 10—15 与图 10—6 的计划体系做比较可知，实际上戴尔公司可以将供应链的不同商家看成是自己的车间，进行统一的计划与调度。所不同的是，在图 10—6 的体系中传递的信息是需求的预测，而这里是订单。

（3）需要共享生产能力、库存等信息。既然企业之间是按订单连接的，就会有订货生产需要面对的问题，即如何合理地准备生产能力。所以，戴尔公司需要掌握制造工厂、供应商的能力数据。

① 参阅第一章对产品功能属性的讲解，创新性产品的需求一般是不确定的。

(4)按订单组装。另外,为了减少消费者的等待时间,在制造工厂、供应商等环节会有一定量的库存,这样订单下达后马上可以组装送货,大幅度缩短交货的提前期。但带来的问题是供应链上游企业需要有库存,此时应如何控制合理的库存数量,仍然是要解决的问题。

在戴尔的实例中,组装工厂是属于戴尔公司的,实际上也完全可以是一个独立的企业,接受戴尔的订单代加工(OEM 代工厂),事实上在组装工厂能力不足时,戴尔也会将订单给其他代工厂加工。如果这样的话,戴尔就完全成为一个供应链的集成商,与花萼—花冠公司的模式是一样的了,所以花萼—花冠的运行模式基本与戴尔是同一种类型。但由于产业不同,表现略有差异,戴尔模式目前在电子产业比较普遍。

模式二:中间商(批发或贸易商)为核心企业,零售商面向消费者,并向核心企业订货。较典型的例子是香港的利丰集团,所以我们可以称之为利丰模式。

利丰经营的产品主要是服装、玩具类,市场以欧美市场为主,制造工厂和供应商多在中国或日韩,制造工厂、供应商基本都是独立的企业,与利丰之间是委托代工的关系,利丰接受零售商的订单,然后经过分析整理,给代工厂下达生产订单,给供应商下达采购订单。其运行过程如图 10－16 所示。

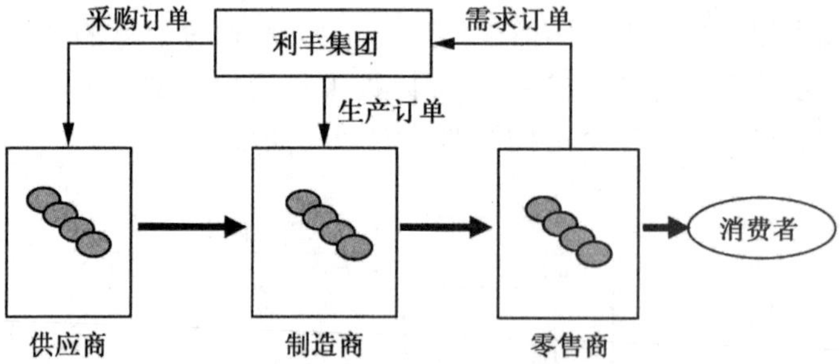

图 10－16　利丰的供应链运行模式

这种模式的特点是:

(1)批量的订单生产。因为是零售商订货,所以一般是以一定数量的方式订货的。例如,零售商对某种服装,会根据其在一个季节的需求确定订货数量,会提前一段时间订货,有一定的生产时间预留。这与戴尔模式略有不同,戴尔是直接面对消费者订货,有时订单可能只有一件,而且要求交货时间要短。

(2)供应链组成是根据订单动态变化的。实际上利丰与多家零售商、制造商及供应商有合作关系,每次接到某个零售商的订单,会根据产品的特点、数量与时间要求,确定下达给某个制造商生产,再根据使用的物料(如布料、辅料等)的特点,确定采购某个供应商的物料。这样一来,实际就是每一次订单会组成一个供应链,下一次订单又会由不同的供应链组成,但这些商家一般都是在利丰的合作伙伴中选择。

(3)利丰处于总供应商的地位。因为零售市场多半在欧美,销售由零售商负责,利丰只是负责协调生产、供应的过程,这一点也与戴尔不同,戴尔是自己直接销售,处于生产销售商的地位。

利丰的这种模式,在服装、玩具、文具等产业应用比较普遍,例如大家熟悉的耐克公司也是同样的模式,但与利丰不同的是,耐克公司所有的商品都使用自己的品牌。

模式三:零售商为核心企业,消费者到零售商处购物,零售商向制造商直接下采购订单。

比较典型的例子是宜家家具，所以我们可以称之为宜家模式。其运行模式如图 10－17 所示。

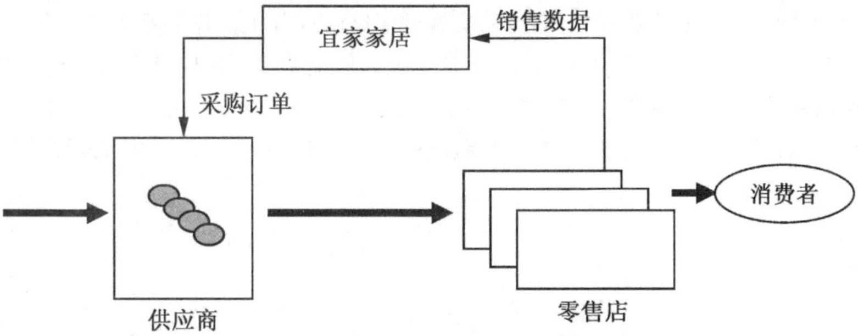

图 10－17　宜家的供应链运行模式

宜家模式的特点是：

(1)宜家的地位是总的零售商。零售门店都属于宜家自己所有，是连锁经营的店铺，但销售商品都是宜家的品牌，质量、售后服务等全部由宜家负责。

(2)宜家可以集中拥有实际的销售数据，消除了传递过程，这样宜家可以根据实际数据做出采购计划。

(3)宜家直接向供应商(实际是产品制造商)采购，没有中间环节，不会发生信息传递过程的失真问题。

(4)宜家需要对产品的质量、成本、供货时间等进行控制，实际是对供应链整体进行协调，以保证满足市场的需求。

宜家模式在普通的零售业应用还比较少，例如一般的大卖场，包括目前发展十分迅速的电子商务平台，都还只是一个销售平台，还没有达到供应链整体协调控制的功能。

通过上面几个实例运行模式的分析，我们可以对敏捷生产供应链管理归纳出以下几个共同的特点：

(1)信息是集中处理的。一般是由核心企业，统一对需求信息进行处理，根据需求制订出生产、采购计划，这样就实现了信息的集成与共享。

(2)企业之间传递的是订货信息，不是需求预测，参与的各企业基本是订货生产，这样可以有效地消除或者减少牛鞭效应的作用。

(3)改变了企业之间的分工与协作关系。实际上，核心企业基本是完成供应链整体的计划与控制职能，其他参与企业仅完成生产制造及物流职能，社会分工更加细化，会提升整体的效率。

当然，在供应链管理模式下，不同的企业计划应该如何制订；在哪个环节还会发生库存，应该如何控制；物流运输系统应该如何规划与组织；供应商关系如何管理，以至于供应链的网络如何规划等，一系列新的问题都有待于更加细致深入的研究。

本章小结

供应链是一种社会分工形成的生产流通过程，一直存在于经济环境中，但作为一种先进的管理理念，供应链管理出现或形成于近期，是由于企业市场环境的变化、信息技术的发展，以及管理实践的发展而形成的，目标是要通过企业的合作，充分利用信息、资源的共享，提高满足客户需求的能力。

实施供应链管理需要把供应商、制造商、分销商、零售商，以及物流企业在供应链上的所有节点企业都联系起来进行优化。因此，改变了基于某一企业为范围的管理模式，更主要的是基于企业之间的合作进行管理。这样将产生许多新的问题，例如，企业间如何合作；实施供应链管理分工协作关系怎样变化；适应供应链管理的计划控制怎样制订；供应链中的库存怎样控制；信息系统如何支持等。供应链管理的理论与实践时间都很短，内容还在迅速地发展。另外，本书主要目的是关于企业内部运营知识的讲解。因此，本章主要对供应链管理理论的发展脉络、运行模式的特点、基本的内容等，进行一个初步的分析、介绍，作为后续深入学习供应链管理知识的基础。

关键词

供应链(Supply Chain)
供应链管理(Supply Chain Management)
效率型供应链(Efficient Supply Chain)
反应型供应链(Responsive Supply Chain)
牛鞭效应(Bullwhip Effect)
供应链规划与协调(Supply Chain Planning and Coordination)
信息共享(Information Sharing)
第三方物流(Third-Party Logistics)

复习与思考

1. 供应链与供应链管理的含义是什么？供应链管理的理念、模式具有哪些基本的特点？
2. 从产品、需求的特点看，供应链的类型有哪几种？这对实施供应链管理有怎样的影响？
3. 供应链中的牛鞭效应是怎样形成的？如果存在这种现象，会有怎样的后果？如何消除它？
4. 精益生产的供应链体系运行特点是怎样的？其中的管理思想与方法具有什么特征？对于牛鞭效应有怎样的作用？
5. 敏捷生产供应链的特点是怎样的？其中几种不同的运行模式表现如何？是否存在库存？在哪里存在？为什么？
6. 如何理解在供应链管理模式下，商务流程、物料流程、信息流程的分离运行？这会对企业间的分工与合作产生什么影响？
7. 怎样理解供应链管理是建立一种动态的联盟、是一种虚拟组织？管理的职能在其中是如何分工的？

案例分析

一、巧克力供应链的困境

KND 公司是一家总部位于欧洲的食品生产企业，专门从事巧克力的生产与销售，企业拥有享誉全球的精良巧克力产品制作工艺，其产品的品牌具有非常大的影响力，在欧洲、美国等地有多家工厂，年营业额有 10 亿多美元，全球有 1 000 多家零售门店。

中国经济经历了过去几十年的发展，由高速增长阶段转向高质量增长阶段。公司认为，中国具备了开发高端巧克力市场的条件，于 2012 年开始大力开拓中国消费市场，抓住消费升级和对高端进口食品需求旺盛的发展阶段，同时预估中国的品牌巧克力门店潜在规模为 200 家左右。公司将其列入集团战略重点，规划了中国市场的扩张策略，并在 2014 年组建了中国的销售机构。内部报告显示，预计在 2 年内，中国会从 40 家店铺扩张到 130 家，在 2025 年达到 200 家，并且预计实现盈亏平衡。

品牌巧克力定位于高端巧克力市场和礼品市场，礼品市场就需要顺应全球各地的季节性变化。品牌的策略就是全球采购供应链配合开发链统筹运营，最终达到高端礼品全球季节性同步上市的效果。常见的主打产品有金装礼盒、松露礼盒，单价在300～1 000元不等。也有低单价的自用型产品，如巧克力片、巧克力豆、散装巧克力、巧克力饮品及蛋糕等，单价在30～100元。在渠道划分上，公司也颇为丰富，有传统的零售渠道、婚庆渠道、电商和批发渠道，以及大家常见的机场专柜渠道。每个渠道的运营特征、礼品包装和消费者偏好都各不相同。

供应链构成

由于企业经过多年的发展，经历了不断扩张以及合并等过程，形成了跨多个国家或地区的供应链结构。从供应链的结构来看，在比利时生产纯手工巧克力，在美国生产非手工巧克力（包括机器加工的巧克力、外包的巧克力粉及巧克力饼干等），在日本生产巧克力冰淇淋奶浆，在中国香港分包由土耳其进口的巧克力豆，在法国生产杯装巧克力冰淇淋。从全球供应链来看，比利时作为最大的巧克力源头，每个月发往美国、中国香港、日本、欧洲及其他国家或地区各种巧克力，第二大供应国是美国。

供应链的设置往往与其设计链和开发链有关，整个公司供应链有以下几个共同的复杂性特征：

（1）食品的有效期短，需要采用冷链运输，供货周期很长，跨国供应链运行涉及职能多，信息难同步。巧克力作为食品，属于冷链运输短效期产品。大部分产品在工厂生产完后存入冷冻库尚具有1年有效期，售卖之前解冻放入温控库，有效期变为总共210天。

既然巧克力有效期短，且未曾解冻之前可以存储1年之久，不同国家或地区都采用海运冷链零下18度运输和存储来延长销售和存储的时间。紧急情况下，才直接空运满足市场缺口。

每个国家或地区的进口情况流程也不同，海运时间一般是固定的，不同的是到达目的地国家或地区港口后，进口清关差异很大：日本需要1天，中国香港需要2～3天，而中国内地需要6～7周才可以通过清关及拿到CIQ证书。受到国家经济发展状况影响，我国国内冷链运输设施完善程度仍在提升之中，公司的产品即使进了大仓，受到冷链物流成本影响，从国内总仓到零售门店全部收到货需要3周。统计整个供货时间，从中国供应链团队下订单，到国内门店收到货，总共经历时间约最少120天。其他国家，整个供货周期比我国短，在供货周期上大概会短1～1.5个月，约为75天。

跨国供应链沟通涉及计划、物流、质量、进出口第三方团队等，因此，不仅供货周期长，而且确认信息时间也长。举例来说，由于品牌形象要求，新品和季节性产品在全球几乎是统一上市时间的。看似简单，却渗透着各部门和供应链背后的全链条工作量。生产国对全球各个国家的市场要考虑到不同产品、不同批次和出口的安排，进口国的供应链团队则需要考虑冗长的进口清关时间，质量要考虑到本国的合规要求、不同巧克力产品对不同运输条件的要求等多种因素。计划、采购、物流、质量、市场、销售全链条会受某个环节的影响而中断，信息同步非常困难。

（2）产品复杂性高、开发周期长、上架时间短，供需匹配有困难。季节性产品、新品开发团队跨国家、跨部门存在。以送礼奢侈品食品为例，季节性产品、新品较多是每年销售增长的重点。而全球的奢侈品巧克力市场不大，需要整合全球需求才能够降低生产和研发成本。一般季节性产品每个国家提前一年规划，提交预测给欧洲总部，做原材料的采购和包材的开发、生产。实际情况往往是一年后，季节性产品终于在某个限定的时间段上架销售，当地需求已经发生了巨大的变化，预测和实际差距大，也无可奈何接受较大的缺料或者呆料现象。

（3）信息基础建设不足。公司因为一直没有全球的ERP系统上线，各国家或地区分别采用本地化的信息系统处理日常运营活动。而出口国面对着所有其他国家的供应链团队，常常发生由于信息处理能力不足而发错货、迟发货等现象。例如，比利时是80%的巧克力出口国，它的工厂承担着生产、冷藏存储和发货分配的核心功能，工厂虽然已经引入了SAP系统，覆盖需求计划和供应计划模块，但这些数据并没有全球同步。

（4）小批量紧急需求处理成本高。产品有不同的温层要求，从零下30摄氏度的冷冻存储需求，到解冻后18～25度的恒温存储需求，从比利时到中国的门店都不可以断链才能保证食品的口感。而从法国进口的杯装冷冻冰淇淋，需要先将冷冻海运柜子运输到我国保税区，再从冷冻库出货以冷链运输到达全国门店。公司所有的奢侈品巧克力食品因为需求数量小，零散的需求无法大规模用冷藏车运输，在面对销售变化产生驱动时，物流运输成本极高。即使空运产品，从解冻那刻起，产品的有效期就开始不断缩水。即使是从比利时空运巧克力到中国，从下单到门店到货也需要 90 天左右。

尽管有如此多的限制因素，全球团队共同目标是所有新品、季节性产品同步上市，尽可能地压低物流成本、供货风险，每年持续提升库存管理水平。各个团队在需求变化、没有信息系统支持、有时间差、不同语言沟通的情况下，真的是苦不堪言。在总部甚至设立了专门的沟通团队，统筹协调所有新项目，保证沟通效率和季节性产品的节奏，但是复杂程度仍旧继续存在。

总之，整个供应链体现出缺乏柔性和难协同的特征，公司对人的依赖性很高，个别人员的流失，就意味着数据的缺失、流程的中断或者断链。而上下游的推动，信息联动，沟通效率低、成本高。在大力扩张的中国市场，销售突然变好时，会出现供应不足，2 个月后货物才能到达；销售不好时，食品有效期不断接近，浪费和库存销毁就发生。

面临的供应链挑战

在各种高资金成本投入的扩张准备中，公司的规划部门需要去寻找最好位置的店铺，做精美装修和陈列；销售部团队需要挖掘新的销售渠道；供应链部门需要找到低成本、有柔性的供应方案。公司扩张面临的挑战，除了体现在人才和资源的稀缺上，更体现在突破发展瓶颈方面。对于供应链运营的挑战，更明显地体现为产品进口成本高、仓储和配送缺乏柔性、进口清关时间长等。供应链预计会成为未来公司扩张计划的增长瓶颈，将会面临着供货周期长、断货频繁发生、无法应对市场变化、销售预测不准带来的缺货、过期和呆滞库存销毁比例高、流程太长不好管理等问题。具体问题描述如下：

（1）供货周期亟须缩短。从 5 个来源国进口不同的产成品，到国内港口清关、解冻作业，并拿到 CIQ 证书后，运往上海、北京、广州等大仓库，接着送至全国各地门店。从下单给国外的工厂，到产品到达门店，整个周期需要最少 120 天，对需求变化反应迟钝。

（2）预测准确率亟须提高。整个供应链的供货周期长约 4 个月，评估预测精准度的方法是用真实销售数据对比 4 个月之前的预测。历史数据显示，没有大幅度店铺扩张时，公司的年度预测准确率也仅仅维持在 60%～65%之间。

公司产品季节性特征明显，淡季在 3～8 月，旺季在 9～12 月、1～2 月，每年旺季刚开始的时候，常常因为反应不及时而门店缺货，畅销产品库存由于被低估而无货可供，损失了大好的销售机会。旺季结束后又由于需求预测不准，供需不匹配产生呆滞库存，公司每年做 2 场大型特卖清货活动。去年整个公司销毁的库存金额占公司营业额的 3%以上。

供应链有三道防线，往往需要需求计划、供应链计划、运营运输三大职能都有保障，才可以确保供货的稳定性。在增速可期的未来，需求预测准确性的提高，意味着整个公司销售业绩的保障，是库存周转提升和销毁库存减少的基础。

（3）库存管理亟须改善。在预测不准的情况下，食品的短效期和冷链存储环境给供应链管理带来更大的困难。产品自解冻以后，就只有 7 个月的生命周期，然而从保税区解冻到可以售卖拿到 CIQ 证书需要 7 周，从地区主库运输到门店需要 3～21 天不等，门店拿到货以后为了消费者好的体验会提前 1 个月下架。这意味着，可以由供应链团队放置在仓库和门店的时间仅仅只剩下 3～4 个月。然而需求预测准确率低，高估的时候，无法在 3～4 个月内把库存用完；低估的时候，无法在需求猛增时快速反应，缺货率太高。尤其旺季、淡季交替时，大批量的成品巧克力礼盒过期销毁，即使做大批量折扣促销也无法挽回运营和进口成本。整个公司库存报废金额占销售金额的比例居高不下。

如果说需求预测是第一道防线，那么库存管理和供应链计划就是第二道防线，公司的库存管理逻辑和设置亟须优化来改善这样的管理困境。

（4）供应流程亟须优化。公司产品随着季节性推广的特征明显，春节、情人节、复活节、白色情人节、中秋节、圣诞节是需求旺季。公司在过去发展的几十年中都以手工巧克力闻名遐迩。但同样是手工，还有公司的“管理系统”，考虑到成本问题，公司一直没有上线全球的 ERP 系统，每个国家或地区内部也只有部分的零碎系统。例如，300 个左右 SKU 的散装巧克力品种，也就意味着各国之间营运数据的沟通无法同步同时，大家只能用 Excel 和邮件确认很多订单、物流信息。整个供应链的链条信息和数据缺乏清晰可视性，流程和处理环节点多，供应链管理流程和人员配置侧重点不够突出。如何流程优化再造，如何提高供应链的反应速度和对供应链的把控能力，成了公司亟待解决的问题之一。

讨论问题：

1. 根据案例对企业背景的叙述，你是否能以中国市场为核心，对该企业巧克力产品的供应链网络进行粗略的描述？

2. 该公司目前的供应链运营状况如何？出现的困难、问题是怎样的？为什么会发生这样的状况？

3. 对于巧克力产品，在供应链背景下，关于需求预测、库存控制以及交货周期方面，你有什么好的思路与方法？

二、广州本田的供应链管理

广州本田于1998年开始在广州建厂生产汽车，开始时年产只有3万辆，到2006年生产能力已达到36万辆，企业规模如此迅速地扩张，要求供应商的能力也要同步扩展。但由于我国汽车产业政策对国产化问题有严格的要求，例如，第一年国产化率要达到40%的比例，第二年要达到60%的比例，第三年要达到80%以上。所以，广州本田就面临着如何迅速地构造，并运行一个本土化供应链的问题，这是广州本田公司投产初期面临的关键问题。

采购及供应链组建策略

在本田刚刚进入中国市场的当时(20世纪90年代)，消费者一般会认为，国产化率越高，产品质量就会越差，这主要是由于当时我国的汽车零部件制造企业的实力还较差，合资的零部件生产企业较少。所以，如何选择合格的供应商是一个关键问题。广州本田当时的策略是，在1992年进入中国生产摩托车时，大约有30多家供应商跟进，在我国境内设立了生产基地，本田开始建立汽车生产供应链体系时，基本是以原摩托车供应商体系为基础建立的供应链。在开始生产的初期，广州本田的市场定位是高端产品，而且品种比较少，零部件也尽量通用化，所以，外购零部件总量较少，在1 500种左右，在中国本地采购大约600种，这些零部件从120～150家一级供应商处采购，到2005年达到113家，由于新车型的增加，2005年6月增至129家供应商。

对于供应商的评价与选择，广州本田公司从以下五个方面去考察，包括质量、成本、供货、研发以及管理，即所谓的QCDDM原则。由于对零部件的质量控制在外包生产过程中是一个难点，而且，广州本田为了保证质量，维护其在中国市场上的品牌形象，对供应商的质量能力是非常重视的。另外，由于多采取从研发开始将业务综合外包给供应商，所以要求供应商有较强的技术及研发能力。同时，考虑成本、价格的协商，准时供货体系的运行等一系列因素，广州本田公司采取了优先选择日系(独资或合资)企业为供应商的策略。在广州本田投产之后，也在中国设厂的供应商会更优先；其次是进入中国生产的欧美系的企业，特别是进入中国时间较长的欧美企业；最后才是中国本地企业。

从1994年开始，广州本田就开始收集供应商的信息，共收集了150多家供应商的相关信息，在供应商数量方面同样采取复数供货源的采购策略，但在中国生产的初期，由于产量比较小，所以一般会集中在一个供应商，但会有后备供货源。在产量逐步扩大之后采取多供货源策略，但对于同一车型的同一材料或零件，一般集中在一个供应商，这主要是为了保证供应商有足够的产量，有利于质量与成本的控制。所以既有多个供应商保证，又能有相对稳定的采购量，以确保供应商的生产稳定。

到2005年为止，广州本田的供应商中，日本独资在中国生产的企业约占20%，与日本合资的企业约占45%强一些，欧美系的企业约占15%弱一些，中国企业约为20%；如果按价值比例计算，大约不足70%的日系企业，占采购价值的90%左右，而20%的中国企业，只占采购价值的5%左右。而且，在上述供应链系统中，有40家供应商是本田公司的系列企业，即关联企业、子公司等，采购金额占购入总金额的60%左右，这些供应商多在广州、上海地区设厂生产。

供应链中的合作与协调过程

广州本田追求精益生产，通过实现准时化生产，降低库存、节约成本，而且要在整个供应链过程中实现这一目标。所以要在物流、质量、成本等方面与供应商进行充分的协调。进入中国的日本汽车企业，基本是保持了精益生产的运行模式，尤其是在供应链中保持了企业之间特殊的合作关系。

广州本田与供应商在物流方面的协调，主要是由生产计划体系、物料采购计划，以及对应的控制过程来实现的。其中，生产计划体系由年度计划、月度计划、周计划以及日程计划构成，计算精度详细到每班、每小时；物料的采购计划基本是依据月度计划确定的，由于零部件的外购分为国内和国外（日本国内）两部分，采购的提前期大不相同，所以在年度计划确定后，就将其发送给相关的供应商，这样供应商将其作为年度需求的初步依据，可以做出年度总的产能安排。在此基础上，月度计划确定后，再次发给供应商作为采购的预计数量，供应商会据此安排短期生产计划；在周计划确定后，作为确定的采购数量再次发送给供应商，供应商将按此计划根据每日的日程进度准时送货。上述计划协调过程如图 1 所示。

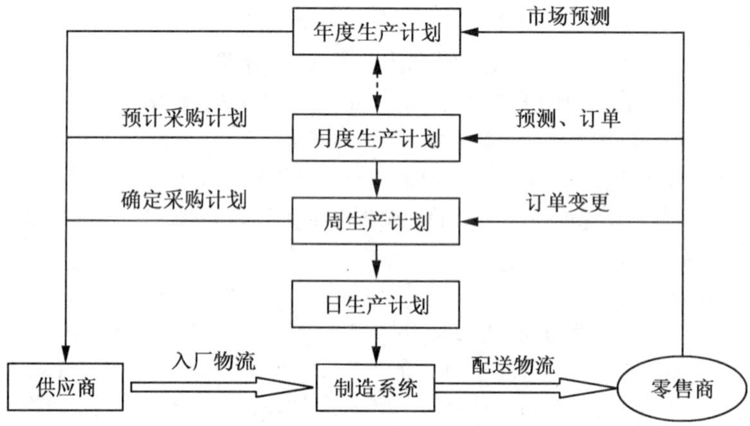

图 1　广州本田的生产计划体系及协调过程

在上述计划体系中，月度生产计划是起核心作用的，一般要提前 3 个月制订，因为在海外调运的物料提前期较长，要求 3 个月之前发给供应商。但每次制订 3 个月的计划，采取滚动式计划编制方法，根据营销部门给出的后 3 个月的预测及订单数据，在 3 个月之前制订一个季度分月的生产计划，第一个月到来前再次发送确定的月度计划；在此基础上每周再根据订单的变更数据确定周生产计划及确定采购信息，而且要提前两周用电子采购系统传递给供应商。

在物料的准时供货、运送方面，广州本田是推行准时供货体系的，它将采购的物料分为大件和小件两大类，大件物料直接送到生产线边，如车轮、座椅、玻璃等，基本是每小时送一次货，目标为 30 分钟供货一次，努力实现线边零库存；对于中小型物料设置工厂的物料中心（DCC），由供应商送入 DCC，然后从 DCC 准时向生产线供货，在到达 DCC 之前的物流及费用由供应商负责，但实际的采购价格是包括这部分费用的，这几年供应物流已经逐步外包给第三方物流企业，会更进一步降低物流成本。

由于广州本田在投入生产的初始阶段采取的是“保持市场饥饿”的营销策略，所以需求与生产之间的差异很小，在 2004 年以前基本没有，但在 2004 年之后这种差异发生了，主要是以下四个原因：①水灾等自然灾害导致物流中断；②电力供应的问题导致供应商不能及时供货；③库存的增加，生产计划的变更；④供应商发生系统、设备故障。而且今后也仍然会有此类问题发生，这是供应链协调面临的新课题。目前，本田的做法是与代理商共同分担差异产生的风险。例如，双方以季度计划为基本的契约数量，保证生产与销售的稳定，但如发生需求变化、生产调整等影响因素，发生费用时双方共同分担，即广州本田会尽量保证代理商的利益。

对于质量的协调，在产品研发、设计时，供应商的技术人员就参与，共同协调确定所承担的构件质量要求（设计阶段质量控制）；同时，在生产过程中出现质量问题时，本田并不是马上中止供货关系，而是派工程技术人员帮助供应商一起解决质量问题。实际上本田的技术及管理人员经常与供应商一起协作，对质量、技术、管理等问题提出解决方案，实质是通过长期培养供应商的能力来保证产品质量。

对于购买价格（成本）的协调，广州本田的做法与日本企业的惯例是一致的，从产品设计阶段开始，依据对产品、构件的价值分析，通过与供应商的协商，确定一个量产阶段的基本价格，在车型持续生产过程中会不断地调整，一般为每年调整一次，但都是在与供应商协商的基础上调整的。根据每年原料价格、产品销售价格变化等因素，调整下降的幅度会有不同。个别情况，如原料价格上涨等，可以随时协商调整，一般会由双方共同承担。

对于产能的协调，广州本田一般要求供应商跟随自己生产能力的增加而扩大生产供货能力，不轻易改变或增加供应商，所以在它扩大产能的同时提前通知供应商，要求随之增加产能，如在 2004 年广州本田从 12 万台扩大到 24 万台，也要求供应商要追加投资，扩大供货能力，而并不是采取增加其他供应商的策略。此时虽然供应商要承担专用资产投入的风险，但由于有长期合作与信任关系的保证，供应商一般会积极响应。

讨论问题：

1. 本田公司在中国生产销售汽车时，是如何构建它的供应链的？采取了怎样的供应商选择策略，为什么这样做？

2. 广州本田与供应商之间的协调表现在哪几个方面？是如何协调的？有什么特点？

参考文献

1. 利丰研究中心：《供应链管理：香港利丰集团的实践》（第二版），中国人民大学出版社 2009 年版。

2. 卡利斯・Y. 鲍德温等：《价值链管理——哈佛商业评论精粹译丛》，中国人民大学出版社、哈佛商学院出版社 2001 年版。

3. 森尼尔・乔普瑞、彼得・梅因德尔：《供应链管理——战略、规划与运营》，社会科学文献出版社 2003 年版。

4. 门田安弘著：《新丰田生产方式》（第 4 版），河北大学出版社 2012 年版。

5. 马蒂亚斯・霍尔韦格：《第二汽车世纪》，机械工业出版社 2006 年版。

6. 安纳兹・V. 艾费等：《丰田供应链管理》，机械工业出版社 2010 年版。

7. 彼得・圣吉：《第五项修炼：学习型组织的艺术和实务》，上海三联书店 2001 年版。

8. 李・克拉耶夫斯基等：《运营管理——流程与价值链》（第 7 版），人民邮电出版社 2007 年版。

9. 大卫・辛奇—利维等：《供应链设计与管理——概念、战略与案例研究》（第 3 版），中国人民大学出版社 2010 年版。

10. 迈克尔・戴尔：《戴尔战略》，上海远东出版社 1999 年版。